价值教育散论

魏贤超 王小飞 等 著

武汉大学出版社

图书在版编目(CIP)数据

价值教育散论/魏贤超等著. —武汉:武汉大学出版社,2017.11
ISBN 978-7-307-19838-8

Ⅰ.价… Ⅱ.魏… Ⅲ.品德教育—研究—中国 Ⅳ.D648

中国版本图书馆 CIP 数据核字(2017)第 276565 号

责任编辑:林 莉　　责任校对:李孟潇　　版式设计:汪冰滢

出版发行:武汉大学出版社　(430072　武昌　珞珈山)
　　　　　(电子邮件:cbs22@whu.edu.cn　网址:www.wdp.com.cn)
印刷:虎彩印艺股份有限公司
开本:720×1000　1/16　印张:23.5　字数:338 千字　插页:1
版次:2017 年 11 月第 1 版　　2017 年 11 月第 1 次印刷
ISBN 978-7-307-19838-8　　定价:58.00 元

版权所有,不得翻印;凡购买我社的图书,如有质量问题,请与当地图书销售部门联系调换。

前　言

　　在教育学原理领域，我们曾经多次提到，近现代教育在取得长足进步的同时，也付出了沉重的代价。因为认定人与人是一样的，共性取代了个性；由于认为人与物是一样的（人是机器），物性取代了人性，成为"见物不见人"的、"目中无人"的教育。曾经较好的古代的教育概念与实践，在近现代，被理解和实施为通过条件反射作用机制来传递（知识、科学、技术）、灌输（道德规范）、训练（技能、能力）和塑造（行为习惯）的活动和过程。"

　　"什么知识最有价值？""科学技术是第一生产力""学好数理化，走遍天下都不怕"……诸如此类的格言成为几乎所有教育人和公众的共识。体验让位于知识，感受被认知替代，情感大于理智，过程高于结果，价值被功用（理性、功利）取代……知识和技能的传递和训练占据了整个教育的90%的份额，实质上已经成为教育的中心任务和核心目标；体育、德育和美育成为可有可无的点缀，人们只相信"知识就是力量"，没有人会说"品德就是力量"，没有人认为"美也是力量"。这样的所谓的教育，是一种"多智""少体""缺德""无美"的假的"教育"，是一种残缺的、畸形的、丑陋的"教育"，是一种无德的"教育"，无品质的"教育"。从这个角度看，近现代教育，一言以蔽之，是一种"无价值的""教育"。

　　究竟什么是真正的教育？还是要回到教育学原理的本原问题：人的问题。人是教育的出发点，是教育的归宿。人是什么？人的本质属性是什么？"人的本质，在其现实性上，是一切社会关系的总和"。（马克思，《关于费尔巴哈的提纲》）因此，在教育学原理这个博士点中，在最早的博士生之一考虑以《对话教育研究》选作为论题时（2001年），我们就认为：21世纪，人类面临的最大问题之一可能就是"人与人之间"的"对话"问题，或者说，就是如何"与人共处"的问题。因此也可以说，教育的本质也在人与人之间的"对话"，或者说，教育的本质就是"对话"，因为，人的本质就在于"对话"。在《一八四四年经济学哲学手稿》中，马克思指出，人的本质就在于人是"自由自觉的动物"。人之不同于其他一切物种的地方在于，人可以"按照美的尺度"来劳动和创造。《美育价值研究》的博士论文选题也许就是由此而来。十七年来，在我直接指导的博士学位论文中，大概有三分之一选题是直接有关人的问题和价值问题的，比如对话教育、道德原型及其教育价值、西方教育中的他者、道德教育的价值基础、教材的价值基础、体育的本体价值、美育的本体价值、个体化社会的集体教育、教育与社会分层、校园文化的社会学问题、英语教育的文化学问题、非制度教育、网络时代的教育、教育智慧、女性主义教育观、教育人学等。

我们坚信，曾经和仍然被作为教育之主要任务的知识和技术（传递），对于真正的教育来说，可能只是其中之沧海一粟，是冰山之露出水面之一角。实用功利只是幼年时期的人类对于教育的初级要求。教育，要越过狭窄的知识走廊，超越眼前的功利小道，来到广阔的价值天空。

因此，我们把最近几年几位博士生有关教育价值问题的初步思考汇结成册。其中，前言由魏贤超撰写，第一章"学校价值教育践行"由郑国强撰写，第二章"德育教科书及其价值取向"由陶芳铭撰写，第三章"价值教育论略"由蒋红霞撰写，第四章"中国美育价值的嬗变"由王真撰写，第五章"非正式教育的价值取向"由高士晶撰写。

魏贤超

2017年8月

目　录

第一章　学校价值教育践行 1
第一节　学校价值教育的背景 1
一、时代背景 1
二、教育背景 4
三、学生背景 5
四、国际价值教育背景 6
第二节　学校价值教育的现状 10
一、调查意图 10
二、调查对象与方法 11
三、调查结果与分析 17
第三节　学校价值教育的践行 30
一、学校价值教育的原则 30
二、学校价值教育的内容 31
三、学校价值教育的途径 34
四、学校价值教育的方法 76

第二章　德育教科书及其价值取向 79
第一节　初中德育教科书的历史演变 80
一、教科书及德育教科书的概念 80
二、初中德育教科书发展的历史回顾 85
第二节　初中德育教科书价值取向分析 110
一、体现了民族文化和世界文化的统一 111
二、注重了文化的承接古今与融汇中外 129

第三章 价值教育论略·············146
第一节 价值教育概说·············148
一、价值教育的孕育·············148
二、价值教育的产生、讨论与反思·············161
第二节 中国价值教育的传统渊源·············182
一、中国古代价值体系的核心内容·············183
二、中国价值教育的传统路径·············197

第四章 中国美育价值的嬗变·············220
第一节 引论·············220
一、问题的提出·············220
二、概念辨析·············223
第二节 中国传统美育价值·············229
一、礼教、乐教和诗教中的美育价值·············230
二、中国传统美育价值的思想基础·············248
三、对中国传统美育价值的评价·············254
第三节 中国传统美育的现代变迁·············255
一、新旧美育价值观念的交汇与融合·············255
二、现代美育价值观念的正式形成·············271
三、对中国传统美育价值现代转型的评价·············283
第四节 启示·············285

第五章 非正式教育及其价值取向研究·············288
第一节 非正式教育概念界定与当前国内外研究进展·············289
一、非正式教育概念的提出与演变·············289
二、本研究对非正式教育的概念界定·············294
三、当前国内外非正式教育研究的进展·············297
第二节 非正式教育价值取向研究的出发点及意义·············304
一、非正式教育价值取向研究的出发点·············304
二、非正式教育价值取向研究的意义·············313
三、非正式教育价值研究在现代社会中遭遇的困境·············318

第三节 非正式教育的价值取向 …… 322
一、非正式教育正义的价值取向 …… 323
二、非正式教育无立场的价值取向 …… 342

参考文献 …… 354

撰写说明 …… 369

第一章 学校价值教育践行

教育是人类特有的社会现象,学校是系统教育的组织机构。学校通过有组织、有目的、有计划的教育教学活动,对受教育者进行德、智、体、美等方面的正面引导,使他们成为有理想、有道德、有文化、有素质的全面发展的人。当价值教育成为世界范围内人们共同关注的重要理论与实践问题时,学校理应成为价值教育的重要实践场所。"考虑到我们一般所说的'教育'特指制度化的学校教育,价值教育这里也是特指由学校这种专门的社会机构所负责实施的旨在引导、促进、反思和提升人们自身价值素质(价值观念、价值态度与情感、价值理性、价值信念及价值行动能力)的教育实践活动,其最终目的在于教导人们基于正确的价值原则为人处世。"① 其实,教育本身就是一种价值蕴含,教育不仅传递一定的社会理想和价值观,而且要培养具有创新能力和价值感的公民。

第一节 学校价值教育的背景

一、时代背景

当前我国正处在剧烈的社会转型期,社会生活多元化已成为不可逆转的潮流,这使得人们经常面临各种价值冲突与价值抉择的困惑。任何一个国家、民族都会对其青少年群体进行价值教育,以引导青少年的知、情、意、行与更大层面上的文化认同,从而使青少年形成正确的价值观念。一个人价值观的形成受很多外部因素的影

---

① 石中英. 价值教育的时代使命[J]. 中国民族教育,2009(1):19.

响，与他所处的社会环境密不可分。当今社会，"多元文化"、"全球化"、"信息化"、"后现代"等字眼已成为人们思想中的重要词汇。它们所预示的，不仅仅是社会的一些变化，更意味着社会转型时期所产生的深刻的内在变革。这些变化和变革影响着社会机构和社会规范秩序，影响着人们的思维方式和生活方式，特别是影响着最易受到这些力量冲击的中学生的生活方式和价值观念。同时，这些词汇背后反映的社会剧变也将对我们的价值教育带来巨大的冲击，给我们的价值教育提出严峻的挑战[1]。

1. 多元文化与价值教育

随着世界范围内各国政治、经济、文化发展日益紧密地联系和互相依恋，多元文化格局也日渐生成，也必然对学校价值教育产生积极影响和消极影响。多元文化对价值教育产生的积极影响表现为：首先，多元文化的社会环境丰富了价值教育的内容，也增强了青少年的智力和理解社会的能力；其次，多元文化激荡、多元思潮各领风骚，拓宽了价值教育的思路，也拓展了价值教育的思维方式；最后，多元文化的交汇，为价值教育提供了新的发展空间。多元文化对价值教育产生的消极影响表现为：首先，多元文化在丰富价值教育内容的同时，也使价值教育必须面对价值认同的危机；其次，多元文化在拓展价值教育思维方式的同时，也容易形成多元价值评判体系，导致青少年无所适从；最后，多元文化为价值教育提供了新的发展空间，同时也容易造成价值教育中"价值相对主义"思想的形成。

2. 全球化与价值教育

全球化是我们这个时代最重要的特征之一，是人类社会全方位地相互沟通、相互联系、相互影响和相互作用的一种整体化过程和趋势。全球化不仅是经济的全球化，而且也是文化与价值的全球化。全球化对中国社会的政治、经济、文化等诸多方面产生广泛而深刻的影响，同时，它也不可避免地广泛而深刻地影响着人们的意识形态、思维方式和生活方式，对价值教育也带来了积极影响和消

---

[1] 刘济良. 价值观教育[M]. 北京：教育科学出版社，2007：9.

极影响。全球化对价值教育带来的积极影响表现为：首先，全球化有助于人类共同价值观念的形成；其次，全球化为价值教育提供了发展的契机；最后，全球化的发展使价值教育的地位更加突出。全球化对价值教育带来的消极影响表现为：一方面，全球化的到来使如何在全球伦理、普遍伦理与各个民族不同的文化传统和它们的伦理道德之间形成平衡成为关注的焦点；另一方面，在全球化中，意识形态的渗透也在加剧，国家的主流意识和传统文化被削弱和淡忘，民族认同感受到一定程度的消解和弱化。

3. 信息化与价值教育

信息技术是把"双刃剑"，信息化给人类生活带来便捷的同时，也对价值教育提出了严峻的挑战，对价值教育的影响同样也有积极和消极两个方面。信息化对价值教育的积极影响表现为：首先，互联网的资源共享性为人们迅速地获取信息提供了方便；其次，信息网络为价值教育提供了新的途径和方式，有利于提高价值教育的实效；最后，信息化有利于价值教育中主体性的培养。信息化对价值教育的消极影响表现为：首先，互联网悄无声息地改变着青少年的道德认知结构和价值观念；其次，信息网络为价值教育提供新的途径和方式的同时，也弱化了价值教育的可控性；最后，在信息化条件下，价值教育在培养学生主体性的同时，也容易导致人与人之间关系的疏远；最后，信息化社会的广阔交流空间，为青少年犯罪提供了温床。

4. 后现代主义与价值教育

后现代主义是一种对"现代主义"或"现代性"的反思，起源于对现代性的解构和否定的后现代主义思潮，是对一些不言自明的主流社会观念的质疑，是一种崇尚多元性、差异性和不确定性的思维方式。它否定、拒斥真理，主张取消判断的价值倾向，恢复价值的平面性，旨在摧毁传统的封闭、僵化、简单的二元对立思维方式，对整个西方乃至世界都产生了重大的影响。后现代主义作为一种思想观念和思维方式对价值教育产生了深刻的影响。首先，促进了价值教育的变革；其次，有助于建立平等对话的师生关系；再次，后现代主义对现代科学技术的批判有助于形成价值教育中人文学视角和人文思维方式；最后，后现代主义对生态环境的重视，对于培养学生的环境价值颇有裨益①。

二、教育背景

从教育的角度看，在这个多元化的社会，存在着具有客观性和科学性，同时也能为中学生广泛接受的，对教育本身而言又应该能够传授的道德上的价值。这些价值是每一个人都有权利和责任来坚持的，所有人都应该根据这些普遍性的道德价值来行事，因为这些普遍性道德价值是相对于所有人的义务。因此，教育不仅要让学生认识到这些价值，还要帮助他们理解、吸收并实施这些价值。在复杂多变的社会现实中，从教育层面上对影响学生价值观形成发展的各种要素的积极探索越发重要，理清各种要素之后帮助学生形成正确的价值观，让他们认同并接受社会主流的价值观念，培养他们自主的价值判断能力与价值选择能力已成为当前学校道德教育的首要任务。

1. 精神层面的建构需求

价值观是文化的核心要素，也是个体精神世界的重要构念。价值观的作用既体现在对个体行为的导向上，还体现在一个社会的凝聚力和继续发展的潜力上。价值观状况反映着个体、群体乃至一个社会、一个时代的精神面貌，还可以对个体和群体的行为乃至社会未来的发展方向作出规范解释和预测。因此，无论是从个体层面、还是从社会层面看，价值观的作用都是十分重要的。价值观的重要性决定了价值教育的必要性尤其是对青少年进行价值教育的必要性。任何一个国家、民族都会对其青少年群体进行价值教育，以引导青少年的具体行为和文化认同。在这方面进行专项的课程开发也因此具有了特殊的意义。

2. 价值教育的系统性

价值教育是一个系统工程。价值系统性是价值形成规律在价值教育过程中的体现。价值教育的系统性决定价值教育工作必须避免

---

① 刘济良. 价值观教育[M]. 北京：教育科学出版社，2007：12-14.

盲目、随意、杂乱无章的状况，因此价值教育的设计也必须体现科学知识的系统性。价值教育活动应遵循道德认知的规律，其教育过程是由浅入深，由表及里，有层次、有系统的，在实施时，要精心策划，周密安排才能奏效。价值课程开发首先要在形态表达上实现系统性，同时课程的编排和设计也要考虑其系统性，绝不能随意、随便地进行。

3. 价值教育方法的创新

价值教育方法是指价值教育中认识和实践的手段、程序、操作过程等方面的总称。由于价值教育是一个由许多外部因素共同作用、青少年内部多层面获得发展、且有明显阶段性的复杂过程，因而，价值教育方法也必然是多样的、随境况不同多变的。通常学校在进行价值教育时会采用诸如榜样示范法、说理教育法、情感陶冶法、行为训练法、修养指导法、实践锻炼法、品德评价法等方法。但在价值教育实践中，运用传统和单一的方法很难达到预期的效果，必须基于价值教育模式的方法论积极实践创新，综合运用多种价值教育方法针对不同的个体、不同的阶段、不同的环境、不同的内容，加以创新运用。

三、学生背景

"价值教育不仅关注观念形态的价值范畴的呈现、阐释和宣传，还关注更加广泛的教育目标的达成，如正确的价值态度和情感的陶冶、价值理性或自主性的培育、价值信念的建立以及将某一价值观念整合到日常生活之中的行动等等。"[1]价值教育有助于青少年形成正确的价值观，价值观是一个人对他以外的世界、事物和人是否能够满足自己的需要，或对自己的发展是否具有肯定作用进行判断的总的标准体系。价值观是随着人的社会化的历程逐步形成和发展的，青少年时代是一个人价值观形成并逐步发展稳定的关键时期。研究表明，幼儿期对成人提供的观念完全信赖；儿童期虽已开始对人类、自然和社会现象产生兴趣和疑问，但尚未形成价值观；

---

[1] 石中英. 价值教育的时代使命[J]. 中国民族教育，2009(1)：18-19.

到了青年早期，价值观开始萌芽，这时既要学习传统社会价值观又要扩充个人价值观，会有冲突现象；进入青年中期，要克服观念与行为实践的矛盾，价值观逐渐形成和稳定。

进入中学阶段后，随着社会接触的扩大，生活阅历的积累、文化知识的增长及智力发育的成熟，中学生便开始考虑价值问题和价值观问题，其原因是：(1)中学生认知能力的发展使他们开始能够分析各类社会事件，掌握各类社会标准，并以此标准来衡量各种现象。(2)进入中学以后，很快就要面临择业或在继续求学中进行专业选择等问题。而在对职业、生活方式以及个人发展方向等问题进行判断时，需以个人的价值观为前提。(3)中学生常体验到更为广泛的内心冲突和压力，面临较多方面的价值取向。(4)由于自我意识的高度发展，中学生能更充分地认识自己，更正确地对待社会生活中所发生的一切，从而能按照社会的要求，开始设计自己的人生。自我意识的发展成为确立价值观的一个不可缺少的条件。同时，中学生的价值观毕竟还不像成人那样难以改变，仍具有一定的可塑性，这也给中学生提供了一个接受价值教育的机会。

四、国际价值教育背景

在中小学开展有效的价值教育是当前国际上基础教育变革的共同趋势。无论哪个国家，都把培养具有正确价值观念、丰富价值情感、良好价值判断与选择能力以及坚定价值信念的人作为整个教育体系追求的重要目标。价值教育在西方国家的兴起与西方社会转型所引发的精神、信仰、价值、道德等诸多方面的危机和混乱给学校教育改革带来巨大挑战和困难有着直接的关系。首先，西方各国对价值教育的呼吁是对现代西方社会中价值多元主义和价值相对主义所引发的价值取向危机的反思和回应。其次，价值教育的提出是反对"极端的个人主义"、反对片面强调"自我决定""反对权威""社会批判"和价值个人主义教育思想的体现。最后，价值教育的提出是西方学者对教育中科学主义只关注简单的知识内容传授和工具性的技能训练，忽视培养学生健全品格和良好价值品质的不良做法的反思和批判。①

美国是西方国家中较早提出价值教育的国家之一，其价值教育传统可以追溯到19世纪末20世纪初的人格品质教育；至20世纪20—30年代，价值教育逐渐过渡到公民教育，这时的教育主要强调公民的职责和权利；进入20世纪40—50年代，为了摆脱战争，使国家繁荣富强，这时的价值教育主要强调国家奉献精神的培养。但是，在美国最早明确提出价值教育并展开正式深入的研究则始于20世纪70年代的价值澄清德育模式。价值澄清德育模式建立在如下两个假设的基础上：第一，对学生来说，经过自己认真思考并且自己作决定的价值与强加在他们身上的价值相比，他们更关心前者；第二，在多元文化社会中给个体强加价值观是错误的。然而，价值澄清教育由于过于强调价值的多元性而造成价值相对主义，片面强调完全由学生自己作出价值选择，忽视了教师对学生价值素养培养的责任，从而导致美国学生价值品质、道德素养普遍下滑。20世纪80年代，品格教育运动开始在美国价值教育领域兴起。1988年，美国课程发展监督协会邀请11位德育专家组成专家组，起草了一份题为"学校生活中的道德教育"的文件，公开呼吁学校应当正面帮助孩子养成六种"品德"（包括公正、无私、勤奋、尊重、民主、诚实）。品格教育运动认为价值教育的两个主要任务分别是是：一、确定合适的价值，这是学校、教育者、被选出来的社会代表共同确定的基本价值原则和规范；二、把这些价值传递给孩子。②

英国的价值教育虽然起步比较晚，但是进展很快，不管是在理论领域还是在实践领域都有突出贡献。放眼全球，英国在价值教育领域一直走在国际社会的前列，欧美诸国以及澳大利亚的价值教育理论与实践都在很大程度上受到英国价值教育的影响。英国价值教

---

① 胡萨. 西方"价值教育"兴起、原因及启示[J]. 中国教育学刊，2011（12）：28.

② 胡萨. 西方"价值教育"兴起、原因及启示[J]. 中国教育学刊，2011（12）：27.

育发展的特点在于，首先得到政府的重视，出台了相关的国家性教育法规和政策，为英国价值教育的发展提供了政策和法律保障，促进了价值教育的全面开展。1988年英国教育改革法案在重点关注对课程进行控制的时候，就明确要求学校提供一种广泛而和谐的课程，注意学生在学校和社会中的精神、道德和文化的发展，以便年轻人为获得成年人生活的机会、责任和经验而作好准备。随着该法案的颁布和实施，国家课程委员会制定了价值教育方面的相关政策和标准，针对学校教育实践提出学校应当促进学生精神、道德、社会和文化的发展，并由教育标准办公室派出视察员去督查价值教育在全国各级各类学校的具体实施。其次，英国的一些价值教育提倡者还建立了全国性价值教育联盟以及多所价值教育示范学校，推动了英国价值教育从理论研究走向丰富的教育实践。① 在价值教育实施路径方面，英国价值教育领域的主要倡导者内尔·霍克斯博士带领团队总结出22种积极的价值品质（这22种积极的价值品质分别为：感恩、关怀、合作、勇气、自由、友谊、幸福、诚实、信心、谦逊、友爱、耐心、平和、品质、尊重、责任、简朴、体贴、宽容、信任、理解、团结），并对每一种价值品质的内涵作出通俗易懂的解释与说明，为每一种价值品质设计两种适合不同年龄段学生的海报，为每一种价值品格设计各种不同的实践路径。霍克斯提出了价值教育四段策略，分别为：教师理解—导入—讨论—活动，并为每一步活动制订详细的实践步骤与方法，使得教师可以很快很好地理解价值品质的内涵并在教育中进行实践。除了以不同价值品格为维度的价值实践方案以外，价值教育推进团队还设计了学校不同教育活动维度的实践方案，将学校的教育活动分解成不同的类型，为每种不同的教育活动类型设计不同的价值教育实践策略与行动步骤。如课堂教学中如何更好地贯彻价值教育，课外活动中如何积极

---

① 胡萨. 西方"价值教育"兴起、原因及启示[J]. 中国教育学刊，2011(12)：28.

开展价值教育实践等。①

德国价值教育的重点体现在道德主题意义上：道德或伦理教育，并与社会的、政治的和宗教的教育联系在一起。因此，我们可以把德国在道德主题意义上的价值教育内涵归纳为：促进学生社会化的行为方式，使学生了解与他人共同生活的意义，唤醒和促进他们的独立性和民主意识，尊重他人，具有责任心和判断能力，遵守社会秩序和社会各种行为规范，具有团结友爱精神，用礼貌的方式解决冲突，讨论和争执中的耐心和宽容等。德国的价值教育以独立性和自主意识为主要的价值导向；把培养学生学会关心、理解和尊重他人、团结、合作精神、诚实、责任、宽容与和平等这些做人的基本规范和基本价值目标作为构成其价值教育的基本内容；以培养和提高他们的价值判断、价值选择能力以及社会责任感为主要目标。在实施方法上，德国价值教育立足实践，形式灵活多样又卓有成效，如课堂讨论、课外活动、伙伴合作、角色扮演、合作学习等；在课程与教学的设置上注重与实际生活密切联系，设有伦理课、社会课、宗教课以及内容丰富的课外活动。德国价值教育既重视各种知识传授，更强调技能培养，注重把传授知识和发展能力相统一。德国价值教育致力于使青少年形成独立的、自由的道德人格，并具有高度的责任感和义务感。②

澳大利亚学校教育的国家框架所倡导推行的价值内容包括以下十种价值品质：关心与同情；自由；责任；正直；尽心尽力；尊重；公正；理解；宽容与包容；诚实与值得信赖。不同的学校根据自身情况，选取国家价值中的适当内容开展自身价值教育的实践。就国家框架的实践主题而言，具体可分为以下四个方面：价值教育对学校精神（校风）的引领；价值教育的内容；价值教育的有效教学；价值教育与社区的联系。不同的学校可以选取不同的主题，作

---

① 高政. 英国价值教育：经验与启示[J]. 外国中小学教育，2011(10)：23.

② 张坤. 德国特色价值教育——对一种隐性公民教育的探析及其启示[J]. 外国教育研究，2008(9)：92-96.

为自身开展价值教育的实践探索道路。①

在印度，政府成立了一个国家价值教育资源中心，该中心的主要任务是建立价值教育的网站，提供价值教育的资源，设计价值教育的项目，并促进中小学校价值教育的改进。

在新加坡，教育部明确提出，新世纪新加坡教育致力于培养自信的、自主的、积极的和有爱心的公民，注重"明智"、"诚信"、"关爱"、"合作"、"爱国"、"自信"、"创造性"等价值品质的培养，并对小学、中学、大专(高等教育)的学生提出了不同层次的要求。由博思大学于1996年推动制定和实施的"生活价值教育计划"得到了联合国教科文组织的支持，在世界上80多个国家8000多所学校开展，致力于12项核心价值的教育，包括——"合作"、"自由"、"快乐"、"诚实"、"谦虚"、"爱心"、"和平"、"尊重"、"责任"、"简朴"、"包容"、"团结"。

国际上有关价值教育的主张和政策提醒我们，在21世纪，教育竞争力不仅体现在造就多少有创新精神和能力的人才上面，而且还体现在一个国家的教育体系在多大程度上能够在提升民众的价值素养、促进不同社会群体的价值理解、凝聚社会价值共识上作出贡献。②

第二节 学校价值教育的现状

一、调查意图

价值教育是一种旨在引导、促进、反思和提升人们自身价值素质(价值观念、价值态度与情感、价值理性、价值信念及价值行动能力)的教育实践活动，这种活动的发生总是伴随在行为发

---

① 王占魁. 澳大利亚学校价值教育的国家框架及其实施[J]. 教育发展研究，2009(6)：26.

② 石中英. 关于当前我国中小学价值教育几个问题的思考[J]. 人民教育，2010(8)：8-9.

生所依赖的情境中，必定需要围绕人际-社会情境问题进行。如果情境设计来源于真实环境，情境中受访者容易进入角色产生代入感，情境中更容易体现价值认知的冲突、处理及其背后受访者所秉持的立场与观念即他们处事的准则评断等价值观所涵盖的内容。无论是柯尔伯格的认知发展模式还是价值澄清理论都主张在道德情境中进行讨论，引导人们对所发现的现实问题进行价值判断和评价，并做出价值选择。因此，调查学校价值教育现状的重要而有效的方法之一便是在情境中考察个体的价值素质。有关××市学校价值教育现状调查的情境问卷正是基于这样的思考，通过在情境中制造冲突和两难情况来考察学生价值素质的各个维度，在学生的道德认知失衡与道德判断、选择中解读学生的价值素质水平及影响因素。

二、调查对象与方法

2015年10月选取了××市5所不同层次的中学进行了抽样调查，其中学业整体水平较好的重点中学1所、学业整体水平中等的重点中学1所、学业整体水平较低的普通中学1所、学业整体水平中等的区属中学1所，另有1所中学以宏志班学生（指家庭经济困难、操行等级优良、学习成绩优秀、身心健康、由市慈善总会资助入学的学生）作为特殊的抽样对象。

调查采用问卷调查和座谈相结合的方法，问卷主要设计了24个涉及价值素质的情境问题（详见调查问卷），采取集中发放和回收的方式，其中5个学校各发400份，共发放问卷2000份，收回有效问卷1946份，有效率为97.3%。

中学生系列情景问卷

亲爱的同学：

你好！欢迎你参加本次调研活动。本调查只作研究之用，你的答案对你所在学校和班级没有任何评价之意。调查采取无记名方式，请按照你的真实想法作答，并把所选答案填入题号前的括号内

(没有特殊说明的都是单选,请选择最接近你真实想法的答案)。谢谢你的合作!

××市教育科学研究所

2015 年 10 月

1. 有一门重要考试无人监考,你发现很多同学都在看资料,你的态度是?(　　)

　A. 大家都看我也可以看

　B. 我不会看,我要凭实力考试

　C. 不公平,如果不看的话成绩就会落后,我可能会看

　D. 我不会看,被发现要受处分

　E. 其他

2. 考试时,你非常要好的朋友要求你把答案告诉他,你怎么办?(　　)

　A. 悄悄告诉他　　　　　　B. 不告诉他,要被老师发现的

　C. 不能告诉他,这是害他　　D. 其他

3. 一次聚会后餐桌上还剩下一些食物,有人提出要打包带走,你的态度是?(　　)

　A. 尽量打包　　　　　　　B. 看多少决定

　C. 不打包　　　　　　　　D. 无所谓

　E. 其他

4. 在自助餐厅用餐,你取用食物的态度是?(　　)

　A. 付过费的,随意取用　　　B. 选贵的取用比较合算

　C. 根据个人的口味取用　　　D. 遵守自助餐礼仪取用

　E. 其他

5. 排队购买客运车票,队伍很长,下列办法你倾向于哪一种?(　　)

　A. 改时间再来　　　　　　B. 花钱找"黄牛"解决

　C. 遵守秩序排队　　　　　D. 队伍长浪费时间,找机会插队

　E. 其他

6. 如果你的家长对你交友或出行作出种种限制或约束,你的

态度是？（　　）

　　A. 不能忍受，他们不尊重我的想法和权利

　　B. 愿意接受，父母是为我着想

　　C. 先口头答应，行动还是随自己的意愿

　　D. 其他

7. 一些学校对男女学生的发型有硬性规定，你的态度是？（　　）

　　A. 发型是个人自由，学校不能干涉

　　B. 赞成学校的这种做法

　　C. 应该尊重我们的选择，让我们决定是否遵从这个规定

　　D. 理解学校的用心，遵从规定但保留自己的意见

　　E. 无所谓　　　　　　　　F. 其他

8. 你的好朋友深夜来电请求你出门帮助，你的父母因为担忧你的安全劝阻你，这时你会怎么办？（　　）

　　A. 不管怎样都要去

　　B. 父母的担忧不无道理，那就不去了

　　C. 努力说服父母让我去

　　D. 请父母陪我一起去

　　E. 其他

9. 升学在即，你偶然得到一份升学考试的权威资料，老师得知后希望你将这份资料与同学分享，你会怎么办？（　　）

　　A. 竞争是残酷的，所以不会拿出

　　B. 拿出，大家一起提高最好

　　C. 拿出，对别人不一定有用

　　D. 这种要求过分了，不予理睬

　　E. 其他

10. 你很想考上某所学校，可是你的成绩离那所学校的分数线还有一段距离，你的父母想通过出资送礼帮你获得到那所学校上学的机会，你的态度是？（　　）

　　A. 不管什么方法，机会最重要

　　B. 如果让父母为难，我情愿放弃

C. 别人都这么做，我也得这么做

D. 不需要走任何门路，我要凭实力

E. 其他

11. 如果你的父母亲拥有一定的权力，有亲戚朋友来送礼希望行方便，你的态度是？（   ）

A. 收下也罢，社会风气就是这样的

B. 可能会给父母带来麻烦，不能收

C. 应该按规则办事，不能走后门

D. 这是大人之间的事，与我无关

E. 其他

12. 班长用班费去购买集体物品找回了假币，下列处理方法，你更倾向于？（   ）

A. 找到店主理论

B. 想办法用出去

C. 为集体办事而起，班费承担

D. 班长不仔细的责任，由他赔偿

E. 其他

13. 你组织了郊游活动，班里一位不受欢迎的同学几次明里暗里表示想去，你会怎么办呢？（   ）

A. 由大家决定　　　　　B. 请他一次，是改善关系的机会

C. 不请也不拒　　　　　D. 不请，会坏了大家的兴致

E. 其他

14. 每个家庭都有很多家务，在如何处置家务的问题上你的观点是？（多选）（   ）

A. 花钱请钟点工　　　　B. 孩子应该帮父母一起做家务

C. 个人的事情个人做　　D. 父母应该多做些家务

E. 其他

15. 关于男女同学交往的下列观点，你同意哪些？（多选）（   ）

A. 中学生没有异性朋友很没面子

B. 两人之间只要相爱就可以有肌肤之亲

C. 守贞操是针对女性的道德观念

D. 我不会找有婚前性行为的人作伴侣

E. 逛黄色网站不会产生什么副作用

F. 大人们应该与孩子坦诚地交流性话题

16. 一筐7个大小一样的苹果给3个人分，你更倾向于哪一种分配方法？（　　）

A. 每人两个，剩下的谁也不分

B. 每人两个，剩下的抓阄

C. 每人两个，剩下的谁最需要就给谁

D. 每人两个，剩下的三等分

E. 其他

17. 公交车上一般都设有给"老弱病残孕幼"的照顾专座。

①根据你的观察，大多数成人能给"老弱病残孕幼"让座吗？（　　）

A. 多数能　　　　　　B. 部分能

C. 很少有人能　　　　D. 我几乎没碰到过

②上下班高峰，你无意中坐到了照顾专座后发现身旁站着需要照顾的人，你的态度是？（　　）

A. 我会马上让

B. 我也很累，也许别人会让

C. 一样付钱都有权利坐，不让

D. 老弱病幼不该这个时候挤公车

E. 其他

③如果看到有年轻力壮的人占着照顾专座，旁边站着老弱病幼，你会提醒他让座吗？（　　）

A. 不会，不关我的事　　B. 不大会，很难开口

C. 会，因为这是照顾专座　D. 没想过这个问题

E. 其他

18. 行人闯红灯是违反交通规则的，现实生活中情况如何呢？

①平时你是否经常看到成人闯红灯？（　　）

A. 经常看到　　　　　B. 有时看到

C. 很少看到　　　　　　D. 几乎没看到过

②你觉得成人闯红灯的主要原因是什么？（　　）

A. 交警或协管不在　　　B. 十字路口没车子

C. 大家都在闯　　　　　D. 小心点儿就不会有危险

E. 赶时间没办法　　　　F. 其他

19. 开出租的阿强家境清寒，其父母挤在一间棚屋生活，阿强答应父母年内给他们改善一下居住条件却迟迟未能实现。可是年尾某天阿强发现有乘客遗落了现金包裹，将其归还。失主要重酬被阿强婉言谢绝。阿强的姐姐得知后责怪阿强不为自己考虑也得为父母考虑。你怎么看？（　　）

A. 可以拿，失主自愿给的　　B. 不能拿这种报酬

C. 不如拿了，还能为父母尽孝　D. 可以拿，保管也要费用

E. 其他

20. 篮球明星姚明脚踝受伤，火箭队基于俱乐部利益的考虑让姚明休息一阵子，但姚明表示如若因此缺席奥运会将是他终身的遗憾。有美国球迷对这番表示非常不解，认为姚明该首先对火箭队负责，可是他往往"过于爱国而忽视俱乐部的利益"。下列看法你更偏向于？（　　）

A. 姚明是中国人，他应该责无旁贷为国效力

B. 姚明拿 NBA 高薪，应该以火箭队利益为重

C. 应该尊重姚明的意愿和选择

D. 其他

21. 华教授家少了一笔现金，他们认定是小保姆拿走的，要将其解雇。小保姆蒙冤受屈，告上法庭要求名誉赔偿。华教授家不想打官司想私了。小保姆却铁了心讨个清白，官司打了三年，小保姆为此欠了大量的债。你怎么看小保姆的做法？（　　）

A. 清白最重要，支持小保姆的做法

B. 官司打 3 年，代价太大

C. 保姆是弱势群体，换个雇主就是了

D. 应该私了，索取经济赔偿

E. 其他

22. 贫困家庭的两兄弟，弟弟辍学打工供哥哥读书。弟弟因不能及时拿到工钱偷了工友的钱寄给哥哥。案发后警方要求哥哥协助警方抓捕弟弟。哥哥该如何做，你的态度是？（　　）

  A. 找工友私了　　　　B. 暗地里帮助弟弟

  C. 主动协助警方　　　D. 应付警方，不提供实质帮助

  E. 其他

23. 2006年，郑州一名男子当街持刀行凶，杀死一人后自残，被送往医院危在旦夕，但他家庭非常贫困。医院上报民政部门，而当地民政部门称嫌犯不在救助之列。为了救他，《河南商报》记者白润岱送去2000元医疗费，引发各方争议。你更倾向于赞成下列哪个观点？（　　）

  A. 挽救杀人犯的生命是对其他生命的漠视

  B. 可以不救，最后一样还是得判死刑

  C. 救归救，判归判，这是两码事

  D. 其他

24. 近来从网络到电视"恶搞"现象很严重（比如恶搞英雄人物或古典名著），你怎么看？（　　）

  A. 恶搞败坏社会风气，应阻止

  B. 娱乐也应该有道德底线

  C. 没必要上纲上线，玩玩而已

  D. 只要不犯法就没有理由干涉

  E. 其他

三、调查结果与分析

为了便于对比阐述，本文将用1类、2类、3类、4类、5类学校分别指代学业整体水平较好的重点中学、学业整体水平中等的重点中学、学业整体水平较低的普通中学、学业整体水平中等的区属中学和以宏志班学生为抽样对象的中学（见表1-1）。

表 1-1

1 类	学业整体水平较好的重点中学
2 类	学业整体水平中等的重点中学
3 类	学业整体水平较低的普通中学
4 类	学业整体水平中等的区属中学
5 类	以宏志班学生为抽样对象的中学

通过对 1946 份有效问卷的数据统计，对调查情况分析如下：

1. 影响青少年价值观形成的主要因素

价值观的形成是一个具有丰富内涵和多个层面的系统过程，它受到多种因素的制约，与个体、群体和社会之间发生着千丝万缕的联系，具有普遍规律的同时也受制于个体经验、群体特征和社会环境等多个角度，这些因素应然地作用并制约青少年理想价值观念的形成。

(1) 道德经验的获得与更新。

道德与价值观是在人的发展过程中潜移默化发生的，它需要被传授、讲解与实践，但同时更是一个习得的过程。道德学习论认为个体价值观念的形成与其道德经验的获得密切相关，而道德经验的获得主要依赖于个体的成长经历与不同年龄段的认知发展水平。依据科尔伯格的道德认知理论，中学阶段仍旧处在习俗水平和后习俗水平之间，遵循人际和谐一致、社会秩序、社会契约、个人权利以及普遍的伦理等原则，正是价值观形成的关键时期同时也是不稳定的时期。这种不稳定性制约了中学生道德经验的获得；同时，每个个体所处的家庭环境、教育和成长经历千差万别，从中所习得的道德经验也参差不齐，必然导致情境事件中价值选择的层次性与多样性，这种层次与多样性的同时使得仍处在形成阶段的价值观念上下波动①。

---

① 施蕾. 影响青少年价值选择的因素探析与思考[J]. 教育实践与研究，2013(10A)：6.

情境 1. 有一门重要考试无人监考，你发现很多同学都在看资料，你的态度是？（ ）

　　A. 大家都看我也可以看
　　B. 我不会看，我要凭实力考试
　　C. 不公平，如果不看的话成绩就会落后，我可能会看
　　D. 我不会看，被发现要受处分　　E. 其他
不同学校的学生回答如下（见表1-2）。

表 1-2

选项	1类	2类	3类	4类	5类
A	13.37%	11.97%	21.75%	16.62%	5.72%
B	47.06%	31.05%	21.25%	31.74%	60.20%
C	20.05%	35.90%	29.75%	33.00%	17.41%
D	11.76%	16.52%	19.25%	13.85%	12.19%

在情境1中，数据验证了成长经历对价值观的形成影响甚巨，价值认知的差异源自于其价值经验习得的差异，尤其在个体的成长经历中，如家庭背景、学业经历、环境氛围等。调查显示，不同学业水平之间的中学生群体呈现出一定的价值认知差异。在情境1学业成绩及其获得的公平性与诚信这两种价值取向之间的冲突中，宏志班即弱势群体家庭的学生（60.2%）在诚信的价值认同与选择上要比一般家庭的学生（21.25%）高出约40%；而在前三类处在不同学业水平的学生中，对诚信自律这一价值意义的认知体现出1类>2类>3类的情况，可见价值认知的水平与学业水平之间存在着联系，价值认知决定了价值行为的选择，学业整体水平较高（1类学校）的学生在价值认知的习得上较之学业整体水平较低（3类学校）的学生更能理解。

情境 8. 你的好朋友深夜来电请求你出门帮助，你的父母因为担忧你的安全劝阻你，这时你会怎么办？（ ）

　　A. 不管怎样都要去

B. 父母的担忧不无道理，那就不去了
C. 努力说服父母让我去
D. 请父母陪我一起去
E. 其他

不同学校的学生回答如下（见表1-3）。

表 1-3

选项	1类	2类	3类	4类	5类	平均
A	4.55%	5.41%	4.75%	4.79%	3.73%	4.63%
B	17.11%	27.07%	19.00%	16.62%	14.68%	18.71%
C	49.73%	42.45%	44.50%	57.43%	42.04%	47.30%
D	20.59%	18.52%	24.00%	29.22%	34.33%	25.57%

在情境8中，数据显示青少年在中学阶段表现出高度的同伴价值需求，对自我的评价形成，开始脱离家长和教师而寻求积极的自我评价，但同时又深受同伴的影响，因此在对待同伴的问题上对同伴价值的需求表现突出。无论是A、C、D的哪一个选项，在同伴请求帮助的情况下，说服让其去（47.30%）、陪着去（25.57%）都印证了这一点，同时也佐证了这一时期青少年处在相应的认知水平中。

（2）自我意识。

情境6. 如果你的家长对你交友或出行作出种种限制或约束，你的态度是？（　　）

A. 不能忍受，他们不尊重我的想法和权利
B. 愿意接受，父母是为我着想
C. 先口头答应，行动还是随自己的意愿
D. 其他

不同学校的学生回答如下（见表1-4）。

表 1-4

选项	1类	2类	3类	4类	5类	平均
A	26.20%	34.47%	24.50%	32.49%	26.62%	28.74%
C	31.28%	32.48%	33.00%	26.70%	21.39%	28.85%

中学时期是自我意识迅速增长、强化的时期，尤其是自我意识中独立意志的发展尤为显著。中学生已能意识到自己是一个独立的个体，他们要求独立、自主的愿望日趋强烈，在价值冲突中涉及自我意识、独立意志的问卷结果在这一点表现得尤为明显。面对父母的约束和限制，28.74%的学生非常强调自身的想法、权利和意愿，28.85%的学生表示会表面接受父母的管束，但是行动还是随自身意愿。

情境 7. 一些学校对男女学生的发型有硬性规定，你的态度是？（　　）

A. 发型是个人自由，学校不能干涉
B. 赞成学校的这种做法
C. 应该尊重我们的选择，让我们决定是否遵从这个规定
D. 理解学校的用心，遵从规定但保留自己的意见
E. 无所谓　　　　　　　F. 其他

不同学校的学生回答如下（见表 1-5）。

表 1-5

选项	1类	2类	3类	4类	5类	平均
A	16.31%	20.80%	19.00%	15.11%	8.71%	15.85%
C	18.18%	29.63%	34.50%	20.65%	15.92%	23.70%
D	42.78%	35.90%	36.25%	47.10%	48.26%	42.20%

青少年道德认知水平的特点决定了其处在自我意识增强的时期，他们渴求对事物做出自己的价值判断，但自我意识的指向却仍处在不稳定的状态。在他们价值观形成的过程中，不稳定的、形成

中的自我意识决定了他们对事物的基本看法，并由此影响到具体的价值选择。如在情境 7 关于学校规定学生发型是问题中，15.85%的学生强调发型是个人自由，学校不能干涉，23.7%的学生认为应该由学生自己决定是否接受规定，另外有 42.2%的学生表示遵从规定但要保留自己的意见。他们在有差别的选择中均对个人权利保持了高度的认同（个人自由、我们的选择、自己的意见），对自我的认同与对这种权利的认同是不能分割的，即道德选择的主体性。可见，青少年在已能区分"理想的我"和"现实的我"两个部分的情况下，初步形成的价值观念引领下做出的价值选择均带有强烈的自我意识，为价值观的深入提供了发展的主体性基础。

(3) 价值辨析能力。

价值观念的形成过程中，对道德事件的辨析能力是重要的一环。人们从对事件的解读中做出情境中是否存在道德原则的判断。所谓价值辨析能力，是指对事物中所隐含的原则与规范的清晰过程，从思辨到理解，做出符合主流价值观的价值选择之前，需要对既定的事实进行界定，进而进行价值选择。

情境 23. 2006 年，郑州一名男子当街持刀行凶，杀死一人后自残，被送往医院危在旦夕，但他家庭非常贫困。医院上报民政部门，而当地民政部门称嫌犯不在救助之列。为了救他，河南商报记者白润岱送去 2000 元医疗费，引发各方争议。你更倾向于赞成下列哪个观点？（　　）

　　A. 挽救杀人犯的生命是对其他生命的漠视
　　B. 可以不救，最后一样还是得判死刑
　　C. 救归救，判归判，这是两码事
　　D. 其他

不同学校的学生回答如下（见表 1-6）。

表 1-6

选项	1 类	2 类	3 类	4 类	5 类	平均
C	87.97%	75.21%	76.25%	80.10%	87.81%	81.55%

在生命观的情境设计中，81.55%的学生能准确辨析情境中生命权的体现，(救助生命与法律制裁是不可混淆的)积极认同并判断出价值冲突中生命权的积极意义即杀人犯的生命也应该得到尊重和救助。

情境16. 一筐7个大小一样的苹果给3个人分，你更倾向于哪一种分配方法？(　　)

A. 每人两个，剩下的谁也不分
B. 每人两个，剩下的抓阄
C. 每人两个，剩下的谁最需要就给谁
D. 每人两个，剩下的三等分
E. 其他

不同学校的学生回答如下(见表1-7)。

表1-7

选项	1类	2类	3类	4类	5类	平均
A	4.28%	3.99%	2.00%	2.77%	1.74%	2.91%
B	11.23%	15.67%	21.00%	9.82%	10.95%	13.72%
C	61.50%	52.14%	49.50%	59.70%	64.68%	57.59%
D	15.78%	22.79%	23.75%	26.70%	23.13%	22.51%

在从分配方式的选择考察青少年对公平概念的理解与行为选择的情境16中，数据结果却显示，对"绝对公平"与"相对公平"的理解与行为选择存在着一定的层次，选择绝对公平的人数并不少(39.14%)，无论是不分、抓阄还是等分平分，背后所潜藏的价值观念即是在分配中追求绝对的机会公平，要求得到一样的获得苹果的机会与可能；而只有"谁最需要就给谁"(57.59%)是倡导相对公平，机会可以倾斜给需要帮助的对象而非所有人。从这种层次中可以看出，对道德事件的解读与价值辨析能力高度相关，不同价值认知水平的人或者不同价值倾向的人对价值事件的解读层次不一，即他们的辨析能力不一，因而导致出现不同的价值选择。

两个题目的选项设计对比可见,对生命观的正确解读和对公平观的理解呈现了不同的层次与水平,价值辨析能力是使得二者显示出明显区别的关键所在,这是一个分析明辨事物中隐含的道德原则与规范的清晰过程,从思辨到理解才能做出符合期待的价值选择。

(4)价值冲突的处理能力。

情境中,事件冲突的解决体现了价值素质的各个维度,也只有在事件冲突中,对各种情况权衡之后的处理是价值观念的最终认知体现。理想的价值冲突能力要求人们在处理事件时,不违背主流价值但能最大程度地满足自身的发展需求(见表1-8)。

情境10. 你很想考上某所学校,可是你的成绩离那所学校的分数线还有一段距离,你的父母想通过出资送礼帮你获得到那所学校上学的机会,你的态度是?(　　)

　　A. 不管什么方法,机会最重要
　　B. 如果让父母为难,我情愿放弃
　　C. 别人都这么做,我也得这么做
　　D. 不需要走任何门路,我要凭实力
　　E. 其他

表1-8

选项	1类	2类	3类	4类	5类	平均
B	32.62%	33.33%	41.50%	41.31%	35.82%	37.06%
D	44.39%	33.33%	37.25%	36.27%	51.49%	40.70%

在是否走后门获取好的升学机会情境10中,坚持不走后门的学生占到40.7%,但同时也有37.06%的学生选择了委婉的表述"如果让父母为难,我情愿放弃",这一价值选择背后隐含了价值冲突中的处理能力区别,即他们认同公平与规则,但在与自身发展相冲突时中,是否能坚持道德原则或者寻求其他解决方法主要决定于冲突的处理能力。

(5)认同差异与开放多元的趋向。

价值素质的形成是一个系统的动态的过程，在个体价值素质的形成过程中，个体经历的发展深受社会思潮发展的影响。我国社会处在一个急剧转型的时代，社会发展也进入了一个认同、尊重差异与高度多元发展的阶段，这种社会性影响自然而然地反映到这一代青少年的价值观念中。如受访的中学生体现出的价值观念越来越倾向于中性，价值取向的相对中性突出表现在道德评价的日益宽容上。

情境20. 篮球明星姚明脚踝受伤，火箭队基于俱乐部利益的考虑让姚明休息一阵子，但姚明表示如若因此缺席奥运会将是他终身的遗憾。有美国球迷对这番表示非常不解，认为姚明该首先对火箭队负责，可是他往往"过于爱国而忽视俱乐部的利益"。下列看法你更偏向于？（　　）

　　A. 姚明是中国人，他应该责无旁贷为国效力
　　B. 姚明拿 NBA 高薪，应该以火箭队利益为重
　　C. 应该尊重姚明的意愿和选择
　　D. 其他

不同学校的学生回答如下（见表1-9）。

表1-9

选项	1类	2类	3类	4类	5类	平均
A	27.81%	29.06%	30.75%	44.08%	34.08%	33.32%
B	2.41%	3.99%	4.25%	2.77%	0.50%	2.75%
C	67.91%	52.14%	61.25%	52.39%	65.17%	59.88%

情境20在关于海外效力球员面对国家利益与俱乐部利益孰轻孰重的问题上，33.32%的学生选择"是中国人就该责无旁贷为国效力"，而有59.88%的学生选择"应该尊重球员的意愿和选择"这个表述，可见在爱国情操的价值认定上日益宽容。"应该尊重球员的意愿和选择"这一表述的高度认同一方面反映出他们在价值判断过

程中的独立性，同时也反映出在第三方的价值冲突中，他们在价值取向上更客观中立，较之以往国民在这一问题上的价值认知有了更多人本与时代特征。

(6)成人社会的失范。

道德与价值观念的形成也是一个习得的过程，而青少年道德与价值观念习得的主要环境即是成人社会，成人世界是孩子的未来镜像，他们就是从模仿成人开始走向社会的。有位教育界人士曾经说过："在学生面前说一句话，教育就开始了。"成人世界失范，为孩子们树立了坏的榜样。

情境17. 公交车上一般都设有给"老弱病残孕幼"的照顾专座。①根据你的观察，大多数成人能给"老弱病残孕幼"让座吗？（　　）

　　A. 多数能　　　　　B. 部分能
　　C. 很少有人能　　　D. 我几乎没碰到过

不同学校的学生回答如下（见表1-10）。

表1-10

选项	1类	2类	3类	4类	5类	平均
A	28.61%	19.94%	21.75%	9.57%	17.16%	19.28%
B	45.99%	41.60%	46.25%	33.25%	45.27%	42.46%
C	20.32%	29.34%	28.25%	44.33%	36.32%	31.91%
D	5.08%	7.12%	3.75%	13.35%	5.22%	6.91%

情境18. 行人闯红灯是违反交通规则的，现实生活中情况如何呢？①平时你是否经常看到成人闯红灯？（　　）

　　A. 经常看到　　　　B. 有时看到
　　C. 很少看到　　　　D. 几乎没看到过

不同学校的学生回答如下（见表1-11）。

表 1-11

选项	1类	2类	3类	4类	5类	平均
A	57.49%	48.15%	36.25%	39.55%	43.03%	44.65%
B	32.35%	16.24%	48.00%	43.58%	46.52%	37.94%
C	8.56%	9.12%	13.25%	12.09%	11.44%	10.97%
D	1.60%	9.40%	2.50%	4.03%	1.24%	3.64%

在情境 17、18 中，面对公交让座与路口闯红灯的现象，42.46%的孩子观察到的是只有部分成人能给需要的人让座，31.91%的孩子则称他们很少看到成人让座；44.65%的孩子称他们经常看到成人闯红灯。这种普遍的失范行为，一方面给了孩子错误的示范，另一方面也使得道德规则的说服力失去保障，在青少年价值观的形成中产生辐射性的负面影响。

2. 基于调查分析对价值教育的一些思考

在我国现今日益多元化的社会环境中，社会核心价值体系的建构还需多方面的磨合，社会价值导向的稳定还需一定时间，在宏观的大环境中导致中学生价值取向的不稳定，使得他们越发容易在价值行为上无所适从，形成不利于价值观健康发展的局面。整个混沌的价值观生成系统的现状必然会导致混沌的价值观念与价值表现，这些状态在处在价值观形成过程中的中学生身上体现得更加明显、典型。

但是，数据分析同时也表明，现在的中学生具备了价值辨析与价值判断的基本能力，他们能独立自觉的按照价值准则来调节自己的行为，在学习成人、适应成人社会，形成社会适应能力社会化成熟的过程中与认知规律步调一致，这为我们更好地帮助中学生形成价值观念提供了立体的平台。

（1）理解、接受并正确解读中学生所呈现的价值现状。

首先，我们需要在认识上理解并接受中学生所呈现的价值现状。中学生的价值观是一种亚稳定状态的价值观，它在社会价值导向与自身发展需要的双重压力下艰难地演变着。从总体上看，既没有达到社会的高预期,也没有太大的偏移,它按照社会的价值导向向前发展。尽管他们的价值取向更加趋重自我、更加中立,价值认知也存在着不同层次的差异,但总体上主流价值观念仍占据着主导的地位;价值认知与价值行为的矛盾冲突对处在辨析、践行这一认知规律发展阶段的中学生来说也是符合规律的表现,总体呈现正常的价值观发展态势。因此,我们应当实事求是地、客观地认识与分析当代中学生的价值现状,冷静地予以引导。

(2)坚持道德理想,明确主流价值取向的主导地位。

社会多元化发展已是不可逆转的潮流,面对社会加速转型引起的思想冲击,世界道德教育发展的经验与教训告诉我们,无导向的道德教育是极不负责任的,它所产生的后果不堪设想。20世纪60年代美国的"无导向教育"带来的巨大危害性就是最大的证据。因此,价值教育需要价值导向,尤其是引导人类灵魂走向的道德教育更需要有一个公众认同的和反映人类共同长远利益的核心价值观的引导。所以,在任何时候,道德理想都不应该被忽视,道德理想也仍然是价值教育的标高,尤其是在利益多元化条件下,越需要有一种能代表公众利益的,基于道德理想的主导价值观念来进行调节,以维护社会秩序,推进社会前进。因此,在我们的学校道德教育中,一方面要正视社会价值观的多元化现象,另一方面不能淡化学校具有核心价值观教育的功能,对道德理想、道德原则与道德规范的树立与践行应并行不悖,道德理想的激励作用、道德原则的指导作用与道德规则的约束作用是价值观形成的三个不同层次,均需要进行正确的传授与解读。

(3)提升青少年价值辨析的能力,培养价值冲突的处理能力。

无论是在认知还是在行为层面,选择何种价值是个体的主动选择而不是外部强加的结果,要建立价值认同的长效机制就必须重视个体的自由选择,个体越是感到自己是主动且自由地选择价值,他就越会觉得这一价值对他来说至关重要。因此,面对调查所呈现的目的性与手段性价值冲突和解释性与工具性价值冲突,需要在价值观教育中消解冲突,引导主流价值取向的认同,推动主流价值行为的选择与践行。发挥并利用中学生在价值观形成过程中的主动性要点在于：在价值观教育中赋予学生进行价值解读的能力；在价值观教育中进行价值判断的能力传授；在价值观教育中帮助他们界定所面临的真实情境中产生价值冲突的各种因素；在价值观教育中理清并肯定真实情境中冲突所体现的各种价值取向的普遍性意义；在价值观教育中进行主流价值取向的普世性论证与情境冲突中的首要地位论证。

(4)对价值教育的操作目标进行科学分层。

价值观的形成受到多方面因素的影响，价值认知的差异源自于其价值经验习得的差异，同体现在中学生学习与生活的环境中，如家庭背景、学业经历、环境氛围等。不同年龄段、不同学业水平、不同的群体之间的中学生呈现出一定的价值认知差异。同时，在价值观的具体思维流程中，思辨、选择、比较、组合、调整等又使得其道德行为的选择也在道德理想的激励、道德原则的指导与道德规则的约束下体现出了不同层次，个体既想践行道德理想，又想在不违反道德规则的前提下获得自身的道德与情感需求等个体发展的满足。因此，价值教育必须以现实为维度，高于现实的同时，更要源于现实。应从学生不同年龄层次、心理特点、认知水平和接受能力等实际出发，将一元化价值教育目标分成若干个层次，即在横向与纵向上，对各教育段、各群体确定不同层次的具体目标，规定不同层次目标的具体内容、方法和途径，各阶段的具体目标不是割裂的，而是有机地衔接起来的，逐步提高，才能达到良好的效果。具体说来，在纵向上，不同年龄段学生的德育目标定位要有合理的层次性；在横向上，对同一年龄段不同群体的学生之间，价值认知的目标要求要有合理的多样性。

(5)积极消解制约价值观理想发展的因素。

在价值教育过程中，常常会出现学生理解了道德要求与价值取向，也认识到执行价值取向的意义，但就是不能付诸行动，进行正确的价值选择，这往往是由于多方面的因素而造成的。主要表现在学生道德经验的经历不同、失范效应的影响与个体道德自我建构的冲突与平衡等方面。这些因素直接或间接地妨碍了青少年价值取向的正确理解与积极践行。如学生价值经验贫乏，对道德要求的内容和执行行为规则的意义有曲解；这些问题的产生涉及家庭背景、特殊经历、重大生活事件的影响等，需要学校层面对此进行积极的了解、分析、化解与引导；二是榜样和生成系统的负面因素，学生对家长、教师乃至整个社会失去信任、尊敬与理解。因此，教师要想消除学生价值观发展过程中影响其理想发展的负面因素，必须先弄清楚产生的原因即根源，改变方式，对症下药，有的放矢[①]。

第三节　学校价值教育的践行

一、学校价值教育的原则

基于教育教学规律和学生身心发展规律的要求以及对学校价值教育现状的调查，我们在对青少年进行价值教育时确立了以下原则：

1. 导向性

青少年时期是价值目标确立的关键时期，特别需要正确的教育和引导。要旗帜鲜明地告诉学生我们坚持怎样的社会主流价值，引导、帮助学生正确地进行价值选择，从而树立正确的价值观。

2. 针对性

应从学生不同身心发展水平出发，重视个体差异，区别对待不同的个体，不能采取过于简单的"一刀切"方式，要分层次逐步落实。

3. 平等性

教育者要摆正自己与被教育者之间的关系，教育者与被教育者是平等的，只有以平等的态度，因势利导，被教育者才有可能倾听你的说教，接受你的意见，从而转化为自己的思想信念。

4. 榜样性

身教重于言传，榜样的力量是无穷的。教育者以自己优秀的德

---

① 施蕾. 影响青少年价值选择的因素探析与思考[J]. 教育实践与研究，2013(10A)：6-7.

行为学生作出表率，无论是学识还是人品，都应当令学生产生强烈的认同感，让学生为之折服，并愿意倾听其教诲，接受其思想。

二、学校价值教育的内容

虽然价值教育在西方诸国已实施多年，但究竟什么是价值教育或价值教育的内容是什么，各国并没有清晰的界定与共同的标准。比如，许多国家把宗教教育列为价值教育的主要内容，如马耳他、意大利等国；还有把道德教育列为价值教育的主要内容，如比利时、芬兰等国；也有把文化审美方面的教育列为价值教育的主要内容，如罗马尼亚等国；而英国则把公民教育列为价值教育的主要内容。从西方各国价值教育的内容可以看出，西方诸国实施的价值教育内容已远远超过我们所理解的价值教育的内涵，实际上，西方各国往往立足于本国的实际情况选择相应的价值教育内容。这也就预示着我国现在兴起的价值教育也应有我们的特殊规定性。[①]

党的十六届六中全会提出建设社会主义核心价值体系的战略任务，其基本内容是马克思主义指导思想、中国特色社会主义共同理想、以爱国主义为核心的民族精神和以改革创新为核心的时代精神以及以"八荣八耻"为主要内容的社会主义荣辱观。

党的十八大提出，倡导富强、民主、文明、和谐，倡导自由、平等、公正、法治，倡导爱国、敬业、诚信、友善，积极培育和践行社会主义核心价值观。富强、民主、文明、和谐是国家层面的价值目标，自由、平等、公正、法治是社会层面的价值取向，爱国、敬业、诚信、友善是公民个人层面的价值准则，这 24 个字是社会主义核心价值观的基本内容。

《国家中长期教育改革和发展规划纲要（2010—2020 年）》指出，把社会主义核心价值体系融入国民教育全过程。加强马克思主义中国化最新成果教育，引导学生形成正确的世界观、人生观、价值观；加强理想信念教育，坚定学生对中国共产党领导、社会主义

[①] 魏宏聚，金保华. 价值教育——一个命题的诠释[J]. 教育理论与实践，2010(4)：34.

制度的信念和信心；加强民族精神和时代精神教育，增强学生爱国情感和改革创新精神；加强社会主义荣辱观教育，培养学生团结互助、诚实守信、遵纪守法、艰苦奋斗的良好品质。加强公民意识教育，树立社会主义民主法治、自由平等、公平正义理念，培养社会主义合格公民。

  石中英对中小学价值教育的主题与内容提出三个方面的建议：第一方面是人类基本价值教育，包括诸如"勤奋"、"节俭"、"诚信"、"平等"、"宽容"、"仁爱"、"责任"、"尊重"等不同的内容；第二方面是民族优秀传统价值教育，如"爱国"、"孝亲"、"诚信"、"勤奋"、"廉洁"、"节俭"、"谦逊"、"道义"等；第三方面是社会主流价值教育，如社会主义核心价值体系。① 陶志琼提出对中小学生的关键性价值教育内容由三大板块组成：一是人的价值的教育，二是教育价值的教育，三是知识价值的教育。② 李斌雄提出从思想政治教育活动的实际出发，同时主要按照人的活动领域来划分价值和价值教育的类型，这样，价值教育的内容主要有科技价值观教育、经济价值观教育、政治价值观教育、教育价值观教育、文化价值观教育、道德价值观教育、审美价值观教育、宗教价值观教育以及人生价值观教育等。在这些价值观教育的内容中，又有价值观理论教育、价值观念培养、价值心理引导和价值判断、价值选择能力的培养等层次。③

  当前，迫于青少年学生身上的某些价值缺失，一些中小学校也自主地开展一些价值教育，如"感恩教育"、"尊重教育"、"理解教育"、"关爱教育"、"合作教育"等。同时，基本上每所学校都会结合中国的传统节日，开展爱国主义教育、弘扬民族精神教育等。

  浙江大学国家品德课程研制课题组曾对初中生进行了内容主题

---

① 石中英. 关于当前我国中小学价值教育几个问题的思考[J]. 人民教育，2010(8)：9-10.
② 陶志琼. 中小学生价值教育的关键内容构成[J]. 教育发展研究，2013(8)：34.
③ 李斌雄. 论知识教育·价值教育·思想政治教育[J]. 思想教育研究，2001(6)：22.

的"偏好"的调查,也就是直接以学生的眼光来对内容进行预测或选择,部分调查结果如下(见表 1-12)。

表 1-12　　　　　初中学生喜好的内容主题排序①

主题排序 \ 年级	初一 (113 人)	初二 (79 人)	初三 (129 人)
1	休闲方式(92)	休闲方式(60)	休闲方式(96)
2	个人隐私(79)	个人隐私(47) 人格尊严(47)	异域文化(75)
3	毕业选择(77)	友谊(46)	毕业选择(72)
4	友谊(73)	世界和平(44)	个人隐私(69) 自我保护(69)
5	合理消费(72) 世界和平(72)	社交礼仪(43)	世界和平(68)
6	人格尊严(71)	家庭和睦(42) 生命价值(42)	人格尊严(66)
7	寻求救助(68) 自我保护(68) 师生关系(68)	责任诚信(40)	战争(65)
8	法律援助(66) 可持续发展(66) 战争灾难(66) 宇宙开发(66)	偶像崇拜(39) 宇宙开发(39)	友谊(63)
9	生命价值(65)	法律援助(38)	生命价值(62)
10	社交礼仪(64)	生活态度(37)	网络道德(61)

根据党的方针政策、价值教育的理论与实践、青少年学生自身

---

① 浙江大学国家品德课程研制课题组.杭州市初中思想政治或思想品德教材调查报告(内部资料),2003.

的需求,我们对青少年学生进行价值教育的内容主要包括三个方面:社会主义核心价值观教育、中华优秀传统文化教育、人类基本价值教育。

三、学校价值教育的途径

中小学价值教育的途径在很大程度上与传统德育的途径很类似,因此,开展中小学价值教育无需开辟什么新的途径,只需对德育的途径做一些改造,以便使得它们更加适合于更广泛的价值教育目标的达成。在对青少年学生进行价值教育时,我们主要进行两条途径的尝试:学科教育和主题教育。

(一)学科教育

课堂教学是中小学价值教育的主要渠道,如何在课堂教学中挖掘价值教育因素、渗透价值教育思想、实施价值教育活动,是一个非常值得研究的课题。其实,早在 21 世纪初开展基础教育课程改革时,改革者们就把课程目标表述为知识与技能、过程与方法以及情感、态度和价值观三个维度,明确地提出了在教学活动中实施价值教育的要求。[1] 思想品德课程是一门以初中学生生活为基础,以引导和促进初中学生思想品德发展为根本目的的综合性课程。[2] 思想品德课程以社会主义核心价值体系为导向,旨在促进初中学生正确思想观念和良好道德品质的形成与发展,为使学生成为有理想、有道德、有文化、有纪律的社会主义合格公民奠定基础。思想品德课程的性质也就决定了思想品德教学理应成为价值教育的有效途径。

1. 利用教材主题文进行价值教育

语言文字是教材最主要的表意工具。教材中的主题文是教师教、学生学的主要来源和重要内容,体现着课程性质,承载着情

---

[1] 石中英. 关于当前我国中小学价值教育几个问题的思考[J]. 人民教育,2010(8):10.

[2] 中华人民共和国教育部制定. 思想品德课程标准(2011 年版)[M]. 北京:北京师范大学出版社,2012:1.

感、态度、价值观教育、能力培养和知识教育等功能。教育科学出版社出版的初中思想品德教材（注：本书中出现的初中思想品德教材都指由魏贤超教授主编、教育科学出版社出版的思想品德教材）中许多主题文都体现了价值教育的内涵。

初中思想品德教材九上第一单元第二课有一个三级标题是《培育和践行社会主义核心价值观》的文章，里面的主题文内容都是直接涉及社会主义核心价值观的：一个民族、一个国家的核心价值观，维系着这个民族、这个国家的生存和发展。中国共产党第十八次全国代表大会报告提出，倡导富强、民主、文明、和谐，倡导自由、平等、公正、法治，倡导爱国、敬业、诚信、友善，积极培育和践行社会主义核心价值观。"富强、民主、文明、和谐"，是中华民族的美好愿景，是我们国家的价值目标，回答了我们要建设什么样的国家的重大问题。民族的伟大复兴，需要强大的精神支撑；国家繁荣昌盛，需要崇高的价值指引。富强、民主、文明、和谐对于凝聚人心、汇集人们的智慧和才能，推动国家的建设和发展具有特别重要的作用。"自由、平等、公正、法治"，是对美好社会的生动表述，是全社会的价值取向，体现着一个社会评判是非曲直的价值标准，回答了我们要建设什么样的社会的重大问题。它是全社会崇尚的道德风尚，是推动社会文明进步的精神力量。"爱国、敬业、诚信、友善"，是个人的基本道德规范和价值准则，回答了我们要成为什么样的公民的重大问题。我们每个人都应当有深刻的认识，树立更高的追求，让24字核心价值观更好地指导我们生活的方方面面。

与"富强"有关的主题文如八上第84页：我们与国家福祸相依，休戚与共。只有国家富强了，人民的幸福生活才能真正得到保障。八下第44页：我们是21世纪社会主义现代化事业的建设者，国家富强、民族复兴的重任落在了我们的肩上。此外，九年级上册第一单元"历史启示录"、第二单元"行动的指南"、第四单元"市场考察"，九年级下册第一单元"财富论坛"也有内容涉及"富强"这一核心价值观。

与"民主"有关的主题文如七下第39页：我们不再像小学生那

样把老师看作至高无上的，而是逐步用批判的态度与眼光评价老师，希望与老师建立起平等、民主、互相尊重和共同发展的新型师生关系。七下第 44 页：只要我们愿意真诚地与老师沟通，就能与老师建立起平等、民主、尊重、和谐、互助的师生关系，使老师成为我们成长道路上的良师益友。八上第 35 页：在公共生活中，每一个人都应该得到关心和尊重，其合法利益应当受到保护。个人利益的有效实现，充分体现了一个社会的民主与文明。八下第七课第 53 页：展望未来，中国共产党提出了在建党一百年时全面建成小康社会，在新中国成立一百年时建成富强、民主、文明、和谐的社会主义现代化国家。另外，九年级上册第二单元"行动的指南"、九年级下册第二单元"在同一片土地上"也有内容涉及"民主"这一核心价值观。

与"文明"有关的主题文如七下第 15 页：文明礼貌首先反映在语言上。谦虚恭敬、文明高雅的语言不仅可以反映个人的优秀品质，还可以熏陶他人，影响社会。七下第 17 页：文明礼貌还体现在行为中，行为应该谦虚、恭敬、彬彬有礼。一个人的文明行为反映了他的品德修养。八上第 56 页：如在网络聊天室、公告栏等公共网络空间，要语言文明，不辱骂他人；与网友交流，要真诚友好，不欺诈他人；对于求助者，要出于爱心，真诚帮助对方。八上第 82 页：个人的健康成长、幸福生活离不开社会所提供的种种支持，社会的文明有序、和谐发展也离不开个人的奉献。另外，在九年级上册第三单元"市场考察"、第四单元"财富论坛"也涉及市场和财富领域中的"文明"。

与"和谐"有关的主题文如七下第 33 页：子女与父母要站在对方的立场上考虑问题，加强沟通。这不仅有利于消除矛盾和冲突，而且能促进双方相互理解，相互体谅，和谐相处。七下第 35 页：总之，我们要采取恰当的方式处理与父母、长辈之间的矛盾，做到依靠而不依赖、自主而不逆反，真正走向自立与成熟；在与父母的和谐相处中，学会相互尊重、相互关心、相互理解、共同发展。七下第 88 页：为了保证社会生活的有序、安全、和谐和文明，人类制定了一系列社会规则来规范自己的行为。七下第 99 页：处处守法，个人的幸福快乐才会成为可能；人人守法，社会的和谐有序才能得到保障。八下第 59 页：除了政府之外，社会上还有不少扶贫救困的组织。这些组织为扶持社会弱势群体和困难人群而不懈地努力，在救助失学儿童和扶贫济困等方面发挥着越来越重要的作用，用行动和爱心抒写了社会和谐的篇章。八下第 93 页：和谐融洽的邻里关系不仅有利于我们的生活、学习、工作，也会给社区的发展带来积极的影响。在社区里，邻里之间不仅和睦相处，而且互相关心、互相帮助。这种关系使我们感到和谐、温暖。另外，在九年级下册第二单元"在同一片土地上"、第三单元"漫步地球村"涉及了民族和谐、世界和谐。

与"自由"有关的主题文如七下第 106 页：纪律、法律等规则制约着人的行为，也保障着人的权利和自由。如果说规则是河道，自由则是河道中的水。没有了河道的约束，河道中的水不仅会泛滥成灾，而且最终也将于广袤的田野中干涸而不复存在。因此，只有内心甘愿接受规则的约束，我们的心灵才会获得真正的自由；相反，无视规则，违背规则，我们就不可能有真正的自由。八上第 67 页：如果人身自由得不到保障，我们也就无法自主地进行各种活动。我国宪法规定，公民的人身自由不受侵犯，禁止非法剥夺或限制公民的人身自由，禁止非法搜查公民的身体。另外，在九年级上册第三单元"市场考察"和第四单元"财富论坛"中涉及了在市场领域中的"自由"。

与"平等"有关的主题文如七下第 7 页：在现代社会，平等、尊重、宽容、理解、关心、互助，这些都是人际交往成功的前提条件，是文明交往的内在基础。人人生而平等，民族、种族、性别、职业、家庭出身、宗教信仰、教育程度、财产状况等，一律平等。这不仅是法律的规定，更是文明社会的理想追求。在社会交往中，每个人都应该得到平等的对待。在社会生活中，每个人都希望拥有与他人一样的平等权利，希望得到他人的尊重。没有人愿意受到他人的歧视，没有人愿意与歧视自己的人交往。因此，平等待人是人与人之间进行社会交往、建立良好人际关系的基本前提。七下第 8 页：在与同学交往时，我们不能因为这些差别把人分为三六九等，而应该平等地对待每一位同学。八上第 74 页：每个人在法律上都是平等的。八下第 50 页：人人生而平等，没有高低贵贱之分。八下第 51 页：在社会生活中，人人都平等地享有法律规定的生存权和发展权，都平等地拥有政治、经济、社会、文化等各方面的权利。八下第 57 页：长期以来，我国政府力求通过教育尽可能地消除因家庭、地域、遗传、性别等客观因素所造成的不平等，使每个公民都能获得平等的发展机会，拥有创造美好人生的能力。八下第 59 页：政府还通过帮助残疾人康复、入学和就业，对艾滋病患者实施救治和关怀政策等，力求为每个公民创造平等参与社会生活的机会。另外，在九年级下册第二单元"在同一片土地上"、第三单元"漫步地球村"、第四单元"新的旅程"也涉及"平等"这一核心价值。

与"公正"有关的主题文如七上第 103 页：作弊破坏了一个班级、学校、团体的风气，破坏了维系社会公共秩序的诚实与公正的原则。八下第 51 页：维护社会所有成员特别是社会中处境不利的人的基本尊严和基本生存条件，使社会每一个成员享有均等的发展机会，获得平等参与社会的能力，这是一个合理社会的道德责任和道德义务，也是每一个社会成员的责任和义务。只有维护这些权利，才能保证社会的和谐稳定和公平正义。八下第 53 页：展望未来，中国共产党提出了在建党一百年时全面建成小康社会，在新中国成立一百年时建成富强、民主、文明、和谐的社会主义现代化国家。这为每个公民实现政治、经济、文化等各方面的权利，创造了日益公平、公正的社会环境。另外，在九年级上册第三单元"市场考察"、第四单元"财富论坛"涉及了市场和财富中的公正问题，九年级下册第三单元"漫步地球村"涉及了国际公正秩序的问题。

与"法治"有关的主题文如七下第五单元"无序与有序"中的第十二课"法律与生活"很多内容，包括第 99 页：现代社会是法治社会，社会生活的各个领域都需要法律的规范。八上第三单元"网络世界"中的第八课"匿名世界的'游戏规则'"，其中"遵守网络法律"部分也涉及了法治内容。九下第一单元的标题就是"走近民主与法治"，其中第二课"共建法治中国"绝大部分内容涉及"法治"，如第 12 页：依法治国就是广大人民群众在中国共产党的领导下，依照宪法和法律的规定，通过各种形式和途径管理国家。依法治国是我们党领导人民治理国家的基本方略。全面推进依法治国，就要做到科学立法、严格执法、公正司法和全民守法。第 20 页：在一个法治社会中，每个公民都应该养成自觉守法、遇事找法、解决问题靠法的良好习惯。此外，九上第三单元"市场考察"中也涉及"法治"的价值观。

与"爱国"有关的主题文如七上第 33 页：把个人的发展与社会的进步、祖国的命运、人类的幸福结合起来，我们的学习才会有更大的动力，也才更加有意义。八上第 84 页：维护祖国的安全、荣誉和利益，是每个公民义不容辞的责任。九上第 4 页：我们为祖国曾经创造的伟大文明而骄傲，为我们是中国人而自豪！九上第 28 页：实现中华民族伟大复兴的中国梦是历史和时代赋予我们的责任和挑战，我们应该勇敢地肩负起这一伟大的历史使命，胸怀理想、脚踏实地，练就本领，自觉报效祖国，为振兴中华贡献自己的力量！此外，九下第二单元"在同一片土地上"、九下第三单元"漫步地球村"也有大量体现"爱国"的内容。

与"敬业"有关的主题文如七上第 34 页：青少年时期是人生的黄金时期，初中三年的学习是终身学习的基础。家庭、学校和国家为我们提供了良好的学习条件，我们要珍惜机会，勤奋学习。八下第 34 页：在社会主义现代化建设中，一大批科研人员用他们艰苦的劳动为国家、为社会、为人民做出了突出的贡献。在改革开放中涌现出的一大批企业家、管理人员、个体和私营企业劳动者，他们开拓创新，锐意进取，用自己的勤劳和智慧为社会创造了巨大的财富，为社会的发展和人民的幸福做出了贡献，他们也同样应该受到人们的尊重。九下第 101 页：不管我们将来从事什么职业，都要脚踏实地，从基层做起，不能好高骛远；要敬业爱岗，对本职工作要有高度的责任心和荣誉感；要乐群友善，在工作中妥善处理好与同事的关系；要遵守职业纪律和职业道德；要勤奋工作，努力钻研，不断开拓进取。

与"诚信"有关的主题文如七上第 97 页：2003 年 4 月，《福布斯》中国内地百富榜编制者在北京首次推出的"中国财富品质榜"表明，中国内地企业家最看重的财富品质首推"诚信"，其次为"把握机遇""创新""务实""勤奋""领导才能""执着"等。如果以 5 分为满分，在企业家心中，得分最高的"诚信"为 4.9 分。在考试和成绩的问题上，我们要坚守诚实的原则。七上第 98 页：成绩的真假反映了一个人是否具有诚实这一重要的品质。所谓诚实，就是指实事求是，不说谎，不欺骗，不作假。诚实是为人处世的基本原则。只有诚实的人，才能得到别人的信任。诚实也是社会生活得以正常进行的重要条件之一。九上第 78 页：在经济领域，"诚信"是人们普遍认同的非常重要的商业道德。"诚"要求人们诚实经营，不制造和销售假冒伪劣产品，不欺诈，不坑蒙拐骗；"信"要求人们重合同，重承诺，遵守契约。此外九上第四单元"财富论坛"、九下第三单元"漫步地球村"也从不同层面涉及"诚信"这一价值观。

与"友善"有关的主题文如七下第 42 页：如果我们的观点与老师的有分歧，或对老师有意见，我们要选择合适的时机，以善意的态度，采取恰当的方式向老师指出，并与老师探讨解决的办法。八上第 56 页：与网友交流，要真诚友好，不欺诈他人；对于求助者，要出于爱心，真诚帮助对方。八下第 63 页：作为公民，我们中学生也有责任和义务从自己做起，学会尊重，学会关心，学会宽容，学会理解，学会帮助。只要人人都献出自己的爱心，世界将变得更加美好。九下第 83 页：爱与关心是化解各种矛盾与纷争的起点。作为"地球村"的一名成员，我们每个人都应该积极地关心这个世界，都应该学会去爱整个人类和整个地球——这是一种博爱，也是世间的大爱。只有这样，人类才能建立一个互相宽容而不是互相仇恨，互相合作而不是互相争斗，互相给予而不是互相掠夺的世界。

初中思想品德教材九上第一单元第二课有一篇三级标题是"继承和弘扬中华优秀传统文化"的文章，里面的主题文内容都是直接涉及中华优秀传统文化的：中华优秀传统文化源远流长，积淀了中华民族最深层的精神追求，是中华民族独特的精神标识，是中华民族生生不息、繁荣发展的精神源泉，是中华文明历经五千年而绵延不绝的内在动力。中华优秀传统文化以其博大精深闻名于世，它博采众长、兼收并蓄，既保持了中华民族的特色，又维护和增加了世界文化的多样性，为人类文明的进步做出了巨大贡献。中华优秀传统文化传承了中华民族的精神血脉，已经成为中华民族的精神根基。如"天下兴亡，匹夫有责"的爱国精神，"自强不息，厚德载物"的奋斗精神，"仁者爱人"的关爱精神，等等，它们潜移默化地影响着我们的思想观念和行为方式。中华优秀传统文化是中华民族宝贵的精神财富，构成了中华民族的共同记忆，是人们树立文化自觉、文化自信和民族自豪感的重要基础。例如，古人们讲求"天时、地利、人和"。在当代，崇尚和谐等中华优秀传统文化仍然能够帮助我们正确处理人与人、人与社会、人与自然的关系，它既是我们在世界文化激荡和交流中站稳脚跟的基础，又为培育和践行社会主义核心价值观提供了丰厚的滋养。对我们青少年来说，中华优秀传统文化是我们认识历史、尊重历史和珍惜历史的重要依据，是我们开创未来生活的基础。我们应该在日常生活和学习中，感悟中华优秀传统文化的深邃，自觉地继承和弘扬中华优秀传统文化，更好地开创未来。

与"责任"有关的主题文如八上第 21 页：集体的事情是每个集体成员共同的责任。当我们以主人翁的态度对待集体的时候，我们就会把集体的事情放在心上，就会把集体利益看得很重，也就会自觉承担作为集体一员应尽的责任。九下第 78 页：作为联合国的创始国和安理会常任理事国之一，我国在国际社会中履行着作为一个大国的责任，支持并积极参加联合国维和行动，为维护世界和平与地区稳定发挥了重要作用。九下第 81 页："地球村"是世界各国人民共同生活的家园。我们要树立和培养平等、开放的全球观念，与其他"村民"相互尊重、和谐共处，共同建设持久和平、共同繁荣的和谐世界。

与"勤俭节约"有关的主题文如九上第 105 页：勤俭节约是中华民族的传统美德。小到一个人、一个家庭，大到一个国家，乃至整个人类，要想生存，要想发展，都离不开勤俭节约。勤俭节约是治国安邦之道。墨子说："俭节则昌，淫佚则亡。"从厉行节约的晏婴到"一钱太守"刘宠，从一代名相魏徵到民主革命家孙中山，都为后人留下一份份勤劳天下、节俭为民的珍贵遗产。老一辈无产阶级革命家鞠躬尽瘁、艰苦朴素的光辉事迹，更是彪炳千秋。九上第106页：勤俭节约是企业家取得成功的法宝。"成由节俭败由奢"，古今中外许多成功的企业家，崇尚艰苦朴素的生活作风。在创业初期，他们靠着艰苦奋斗、勤俭节约的作风打拼天下；成功之后，他们仍然保持着这种作风，过着非常俭朴的生活，他们反对浮华，痛恨享乐与奢靡。勤俭节约是做人的美德。"勤以立志，俭以养德"，勤俭节约是古今中外有志之士和有德之士恪守的美德。古人云：勤，德之共也；侈，恶之大也。可见勤俭节约对于个人道德品质培养的重要性。九上第107页：随着经济的发展，生活水平的提高，有些人把勤俭节约当做"过时"的观念加以否定，这是不对的。历史上多少人，贫困时勤俭节约，奋发有为，终于成就大事；又有多少人富贵时铺张浪费，使千万家财、百年基业毁于一旦。历史教训告诉我们，即使国家足够发达了，我们的生活真正富足了，勤俭节约的美德也不能丢。勤俭节约、合理消费，无论什么年代，都值得提倡。

与"感恩"、"孝敬"有关的主题文如七下第24~26页：父母的养育之恩，我们怎能忘怀；父母给予的关心和爱护，我们怎能不铭记在心。对于父母，我们怎能不深深地感恩和孝敬！"百善孝为先。"在中国古代，"孝悌"是为人之本，孝敬父母既是为人的基本要求，也是中华民族的传统美德。在现代社会，孝敬父母同样是基本的道德规范。一个孝敬父母的人，一般都能够做到遵纪守法，与人和睦相处，不愿因自己的过失、错误累及父母、家庭，能自觉地调节、控制自己的行为；反之，一个不孝敬父母的人，往往也不能处理好与亲友、师长、同事的关系。孝敬父母也是法律的要求。成年子女如果不履行赡养、扶助父母的义务，不仅会受到舆论的谴责，还要受到法律的惩罚。孝敬父母要体现在日常生活中。孝敬父母，就要听从父母的正确教导，认真学习，踏实做人。学会学习、学会做人，既是父母对我们的殷切期望，也是我们孝敬父母的具体表现。孝敬父母，就要体谅父母和家庭的困难，生活上艰苦朴素、勤俭节约，不向父母提过分的要求。孝敬父母，就要亲近、关心和帮助父母，同父母保持亲密融洽的关系；在衣食住行上首先想到父母。主动承担家务劳动，努力减轻父母的负担。孝敬父母，就要赡养父母。我们长大以后，不仅要在物质上赡养父母，更要在精神上关心父母。

  与"尊重"、"宽容"有关的主题文如七下第9~11页：尊重他人包括尊重他人的人格尊严、自由、合法权利、宗教信仰和民族习惯；尊重他人的思想、情感、言行和生活方式；尊重他人的劳动与创造等。我们在与人交往中，要注意尊重他人，不嘲笑、讽刺、挖苦和侮辱他人，不轻视或歧视他人。学会宽容，需要具有宽阔的胸怀、豁达大度的气量。宽容包括：宽容他人的不同观点，不把自己的观点强加给别人；对于他人的成绩、长处和优点，不嫉妒；对于别人的缺点和不足、错误或过失，不过分苛责。当然，宽容并不等于无原则地纵容，宽容是在不违背是非原则基础上的求同存异。七下第37页：从1985年起，我国把每年的9月10日定为"教师节"，充分体现了党和国家对教师的尊重。八下第33页：党和政府一直提倡尊重劳动，尊重劳动者。八下第35页：劳动光荣，劳动者可敬。我们应该尊重劳动，尊重劳动者，要以辛勤劳动为荣，以好逸恶劳为耻。珍惜劳动成果，就是尊重劳动，尊重劳动人民的具体表现。八下第62页：社会上处于弱势地位或困难处境的人们，特别需要大家的关心、帮助与尊重。

  与"理解"、"关心"、"互助"有关的主题文如七下第11~14页：理解他人是指了解他人的思想、情感与言行，理解他人的处境、问题和困难，理解他人的愿望与需要等，并给予关心。学会理解的关键是学会换位思考。关心他人，不仅要关心他人的身体健康、学习情况、生活状况，也要关心他人的情绪、愿望和需要等，并在他人需要时，及时伸出真诚的援助之手。帮助别人既可以是物质上的，也可以是精神上的。帮助别人时要考虑对方的心理感受，不能伤害别人的自尊；不要期待对方的回报，还要看自己是否力所能及。

2. 利用教材格言进行价值教育

格言是"含有教育意义可为准则的话"。① 格言语言虽然简洁，但内容都富有哲理，且具有警策、约束意义，或激情启智，或砺志抑性，或明义引向，或讽喻谏策，或警示提醒，或规劝诱导，教育性是其基本性质。格言是语言的精华、文化的积淀、价值的浓缩。在初中思想品德教材中，就有许多格言，而其中很多格言都蕴含着价值教育的内容和意义（见表1-13）。

表1-13　　　初中思想品德教材中与价值有关的格言

格言位置	格言内容	价值体现
七上第16页	理想是石，敲出星星之火；理想是火，点燃熄灭的灯；理想是灯，照亮夜行的路；理想是路，引你走到黎明。理想开花，桃李要结甜果；理想抽芽，榆杨会有浓荫。请乘理想之马，挥鞭从此起程，路上春色正好，天上太阳正晴。——流沙河	理想
七上第17页	恰同学少年，风华正茂；书生意气，挥斥方遒。指点江山，激扬文字，粪土当年万户侯。——毛泽东	理想
七上第23页	盛年不重来，一日难再晨。及时当勉励，岁月不待人。——陶渊明	勤奋
七上第23页	明日复明日，明日何其多。我生待明日，万事成蹉跎。——文嘉	勤奋
七上第28页	独学而无友，则孤陋而寡闻。——《学记》	合作
七上第64页	富贵不能淫，贫贱不能移，威武不能屈。——《孟子·滕文公下》	自尊

---

① 广东、广西、湖南、河南辞源修订组，商务印书馆编辑部. 辞源（修订本）第二册[Z]. 北京：商务印书馆，1980：1569.

续表

格言位置	格言内容	价值体现
七上第 64 页	人必其自爱也，而后人爱诸；人必其自敬也，而后人敬诸。——《法言·君子》	自尊
七上第 65 页	天行健，君子以自强不息。——《周易·乾》	自强
七上第 98 页	诚者，天之道也；诚之者，人之道也。——《中庸》	诚实
七上第 100 页	说谎话的人所得到的，就只是即使说了真话也没有人相信。——《伊索寓言》	诚实
七上第 102 页	宁向直中取，不可曲中求。——《增广贤文》	公正
七上第 103 页	在真相永无人知的情况下，一个人的所作所为，最能显示他的品质。——汤姆斯·麦考莱	诚实
七上第 108	天才是百分之一的灵感，加上百分之九十九的汗水。——爱迪生	勤奋
七下第 5 页	天时不如地利，地利不如人和。——孟子	团结
七下第 9 页	中华人民共和国公民的人格尊严不受侵犯。禁止用任何方法对公民进行侮辱、诽谤和诬告陷害。——《中华人民共和国宪法》	尊重
七下第 10 页	海纳百川，有容乃大。——林则徐	宽容
七下第 11 页	世界上最广阔的是海洋，比海洋更广阔的是天空，比天空更广阔的是人的心灵。——雨果	宽容
七下第 12 页	己欲立而立人，己欲达而达人。——《论语》	理解
七下第 15 页	良言一句三冬暖，恶语伤人六月寒。——中国谚语	文明
七下第 17 页	彬彬有礼是高贵的品格中最美丽的花朵。——温特	文明
七下第 17 页	生活里最重要的是有礼貌，它比最高智慧，比一切学识都重要。——赫尔岑	礼貌
七下第 18 页	礼貌是人类共处的金钥匙。——松苏内吉	礼貌

续表

格言位置	格言内容	价值体现
七下第24页	慈母手中线，游子身上衣。临行密密缝，意恐迟迟归。谁言寸草心，报得三春晖。——孟郊	感恩
七下第53页	友谊首先是真诚，就是对同志过失的批评。——奥斯特洛夫斯基	真诚
七下第70页	盲目追随别人的人，追随不到什么。——蒙田	自主
七下第94页	立善法于天下，则天下治；立善法于一国，则一国治。——王安石	法治
七下第98页	法立于上则俗成于下。——苏辙	法治
七下第98页	明法者强，慢法者弱。——韩非子	守法
七下第99页	法令行则国治，法令弛则国乱。——《潜夫论》	守法
七下第104页	有两种东西，我对它们的思考越是深沉和持久，它们在我心灵中唤起的惊奇和敬畏就会日新月异，不断增长，这就是我头上的星空和心中的道德律。——康德	自律
七下第106页	一个人只要宣称自己是自由的，就会同时感到他是受限制的。如果他敢于宣称自己是受限制的，他就会感到自己是自由的。——歌德	规则、自由
七下第107页	莫见乎隐，莫显乎微。是故君子慎其独也。——《礼记·中庸》	慎独
八上第8页	虽然是细小的螺丝钉，然而如果缺了它，整个机器就无法运转了；但是再好的螺丝钉，再精密的齿轮，若离开了机器这个整体，也不免要被当作废料，扔到仓库里去。——雷锋	集体
八上第11页	人，力不若牛，走不若马，而牛马为用，何也？曰：人能群，彼不能群也。——荀子	集体
八上第11页	单则易折，众则难摧。——《北史》	集体
八上第12页	独脚难行，孤掌难鸣。——谚语	合作

续表

格言位置	格言内容	价值体现
八上第 14 页	只有在集体中,才能真正感受到人的美。——苏霍姆林斯基	集体
八上第 15 页	纪律是集体的面貌、集体的声音、集体的动作、集体的表情和集体的信念。——马卡连柯	纪律
八上第 34 页	人需要有一颗牺牲自己私利的心。——屠格涅夫	公益
八上第 42 页	社会犹如一条船,每个人都要有掌舵的准备。——易卜生	责任
八上第 42 页	英雄的真正含义是对社会和他人的责任感和服务精神。——D. J. 梵纳斯	责任、服务
八上第 74 页	中华人民共和国公民在行使自由和权利的时候,不得损害国家的、社会的、集体的利益和其他公民的合法的自由和权利。——《中华人民共和国宪法》	权利
八上第 75 页	自由是做法律所许可的一切事情的权利。如果一个公民能够做法律所禁止的事情,他就不再自由了,因为其他人也同样会有这个权利。——孟德斯鸠	自由、权利
八上第 79 页	没有无义务的权利,也没有无权利的义务。——马克思	权利、义务
八上第 84 页	苟利国家生死以,岂因祸福避趋之。——林则徐	爱国
八上第 87 页	故今日之责任,不在他人,而全在少年。少年智则国智,少年富则国富,少年强则国强,少年独立则国独立,少年自由则国自由,少年进步则国进步,少年胜于欧洲,则国胜于欧洲,少年雄于地球,则国雄于地球。——梁启超《少年中国说》	爱国、责任

续表

格言位置	格言内容	价值体现
八上第94页	凡是能使我们的精神获得自由而又不给我们以自制能力的事物,都是毁灭性的。——歌德	自控
八上第95页	欲不可纵,纵欲成灾。——吴兢	自控
八上第99页	君子之所取者远,则必有所待;所就者大,则必有所忍。——苏轼	自尊
八上第99页	为了使国家、公共利益、本人或者他人的人身、财产和其他权利免受正在进行的不法侵害,而采取的制止不法侵害的行为,对不法侵害人造成损害的,属于正当防卫,不负刑事责任。——《中华人民共和国刑法》	正当
八上第100页	每一次克制自己,就意味着比以前更强大了。——高尔基	克制
八上第108页	过者自大贤所不免,然不害其卒为大贤者,为其能改也。故不贵于无过,而贵于能改过。——王守仁	真诚、勇气
八下第10页	如果还不珍惜,人类的最后一滴水将与血等价!——佚名	环保
八下第13页	我们不要过分陶醉于我们人类对自然界的胜利。对于每一次这样的胜利,自然界都会对我们进行报复。——恩格斯	环保
八下第27页	民生在勤,勤则不匮。——《左传》	勤劳
八下第35页	一粥一饭,当思来处不易;半丝半缕,恒念物力维艰。——朱柏庐	尊重
八下第37页	历览前贤国与家,成由勤俭破由奢。——李商隐	勤俭
八下第40页	中华人民共和国公民有劳动的权利和义务。——《中华人民共和国宪法》	权利、义务

续表

格言位置	格言内容	价值体现
八下第51页	世界上的每一个人都具有享受自然所恩典的共同权利，以及得以尊重别人的共同权利。——列夫·托尔斯泰	平等
八下第52页	人人相亲，人人平等，天下为公，是谓大同。——康有为	平等
八下第61页	故人不独亲其亲，不独子其子，使老有所终，壮有所用，幼有所长，鳏寡孤独废疾者皆有所养。——《礼记·礼运》	关爱
八下第63页	爱人者，人恒爱之；敬人者，人恒敬之。——孟子	关爱
八下第70页	生活情况愈艰难，我愈感到自己更坚强，甚至更聪明。——高尔基	坚强
八下第85页	理想能使人在黑暗中看到光明，在困难和挫折中看到希望。	理想
八下第86页	宝剑锋从磨砺出，梅花香自苦寒来。——《警世贤文》	意志
八下第94页	老吾老，以及人之老；幼吾幼，以及人之幼。——孟子	关爱
九上第5页	彬彬哉我文明！五千余岁历史古，光焰相续何绳绳。——梁启超	爱国
九上第7页	中国者，中国人之中国。可容外族之研究，不容外族之探险；可容外族之赞叹，不容外族之觊觎。——鲁迅	爱国
九上第8页	不辞艰险出夔门，救国图强一片心；莫谓东方皆落后，亚洲崛起有黄人。——吴玉章	爱国
九上第10页	文明以止，人文也。……观乎人文，以化成天下。——《周易》	文明
九上第12页	礼之用，和为贵。——《论语》	和谐

续表

格言位置	格言内容	价值体现
九上第 12 页	我爱中国固因他是我的祖国,而尤因他是有那种可敬爱的文化的国家。——闻一多	爱国
九上第 13 页	革命尚未成功,同志仍需努力。——孙中山	奋斗
九上第 24 页	忧劳可以兴国,逸豫可以亡身。——欧阳修	忧患
九上第 27 页	昆仑之山,为黄之源,洋洋万里,东入于海,中有伟大民族,代产英雄,以维其邦国。——孙中山	爱国
九上第 28 页	以青春之我,创造青春之家庭,青春之国家,青春之民族,青春之人类,青春之地球,青春之宇宙,资以乐其无涯之生。——李大钊	爱国
九上第 75 页	自爱、自律、劳动习惯、诚实、公平、正义感、勇气、谦逊、公共精神以及公共道德规范等,所以这些都是人们在前往市场之前就必须拥有的。——亚当·斯密	诚信、公平
九上第 102 页	君子喻于义,小人喻于利。——孔子	遵纪守法
九上第 105 页	静以修身,俭以养德。——诸葛亮	勤俭节约
九上第 105 页	由俭入奢易,由奢入俭难。——司马光	勤俭节约
九下第 8 页	新民主主义的议事精神不在于最后的表决,主要是在于事前的协商和反复的讨论。——周恩来	民主
九下第 13 页	法治应该包含两重含义:已制定的法律获得普遍服从,而大家所服从的法律又应该本身是制定得良好的法律。——亚里士多德	法治
九下第 15 页	天下之事,不难于立法,而难于法之必行。——张居正	法治
九下第 16 页	如果法律不能被执行,那就等于没有法律。——洛克	法治

续表

格言位置	格言内容	价值体现
九下第 22 页	道之以政，齐之以刑，民免而无耻；道之以德，齐之以礼，有耻且格。——《论语》	法治德治
九下第 39 页	各民族都有使用和发展自己的语言文字的自由，都有保持或者改革自己的风俗习惯的自由。——《中华人民共和国宪法》	自由
九下第 41 页	同胞共气，家国所凭。——《北齐书·孝昭纪》	团结
九下第 74 页	万物并育而不相害，道并行而不相悖。——《中庸》	尊重
九下第 76 页	各美其美，美人之美，美美与共，天下大同。——费孝通	尊重、和谐
九下第 103 页	如果你不知道你要到哪儿去，通常你哪儿也去不了。——谚语	理想
九下第 104 页	人的一生应当这样度过：当回首往事的时候，他不至于因为虚度年华而悔恨，也不至于因为过去的碌碌无为而羞愧。——奥斯特洛夫斯基	理想
九下第 105 页	现实是此岸，理想是彼岸。中间隔着湍急的河流，行动则是架在川上的桥梁。——克雷洛夫	奋斗、努力

3. 利用教材阅读材料进行价值教育

教材阅读材料是指在教材中出现的单独成文，供师生阅读的一段文字材料。教材中的阅读材料既是对主题文的补充，又是教育的重要素材。初中思想品德教材中有很多阅读材料，利用相关的阅读材料可有效地进行价值教育。

涉及价值教育的阅读材料如七下第 107 页：美国开国元勋之一富兰克林青年时曾立志要达到道德上的完善，还为自己设定了 10 多条自律戒条，帮助自己实现道德自律。其中包括以下几条。节制：吃饭不过饱，饮酒不过量。慎言：说话要对人对己有利，避免琐碎的闲聊。秩序：什么地方放什么东西，什么时候做什么事情，按部就班。决心：下决心去做自己应该做的事情，一旦决定了就要坚持到底。节俭：花钱要对人对己有利，换言之要避免浪费。勤奋：不虚度光阴，每时每刻都做些有益的事，不采取任何没有必要的行动。诚实：不欺骗他人，纯洁、正直地思考，说话时也一样。正直：不做损害他人的事，不忘记履行那些有利于他人的义务。适度：避免走极端，学会容忍来自他人的伤害。镇定：不要为小事心烦，也不要为常见的或不可避免的意外担忧。

涉及"中华优秀传统文化"的阅读材料如九上第10页：儒、道、法、墨等诸子百家思想体系，对中华民族共同价值观的形成和发展起到了重要作用，展示了中华民族的性格、气节和气魄。九上第11页："男儿铁石志，总是报国心"。世代中华优秀儿女为祖国的团结和统一、民族的独立和振兴奉献了他们的智慧、才能，甚至生命。中华民族历来以自强不息著称于世。讲仁爱、尚和谐一直是中华民族的传统。九上第12页：中华民族一直是崇尚和谐的民族。"己所不欲，勿施于人""民吾同胞；物，吾与也""亲仁善邻，国之宝也"等，反映了和谐一直是古人为人处世、治国安邦的思想。

涉及"文明"的阅读材料如七下第17页：基本的文明礼貌行为有：遇见他人时，礼貌地点头或问候；与人分别时，礼貌地告别；与人交谈时，注意倾听，不随意打断他人；访问他人要提前征求对方的同意；进入别人的房间应先敲门；在公共场所按先后顺序排队办事，不大声喧哗；遇到老弱病残孕者主动让座并给予帮助；家里来了客人要站起来欢迎，端茶时双手捧上；等等。七下第92页：我最近到上海旅游，深切地感受到了这颗"东方明珠"的有序及市民的良好素质。晚11时许，飞机降落在浦东国际机场。我乘机场大巴去市里，沿途有许多路口。深更半夜，既无交警站岗，又无监视摄像头，然而每遇红灯，大巴司机总是规规矩矩地停下，等待绿灯放行。其他同行的车辆亦如此。我问司机，既无交警何不开过去，司机说"这是绝对不行的"。上海公交车站候车分立（站）队和坐队。也就是说，如有急事就排立队，上车站着马上就可走，若是不急，就稍微多等会儿，有座位。上海的出租车司机，热情不说，还特别讲规矩，绝大多数出租车都使用计价器计费；乘客在什么路、几点钟上车,几点钟、在哪里下车,行程多少、价格多少,通通打印出来,让乘客明明白白。发票上有出租公司名称、本车编号以及投诉电话。假如某乘客怀疑绕了道,一打电话投诉,监控中心通过市区交通监控系统,马上就可以肯定地告诉乘客是否绕了道。上海管理的有序和市民的文明,构成了一道道靓丽的风景线,从而使这颗"东方明珠"更加璀璨夺目。八上第56页:全国青少年网络文明公约:要善于网上学习,不浏览不良信息;要诚实友好交流,不侮辱欺诈他人;要增强自护意识,不随意约会网友;要维护网络安全,不破坏网络秩序;要有益身心健康,不沉溺虚拟时空。

涉及"民主"的阅读材料如八上第35页:在一个民主文明的社会中,个人的合法利益应当受到保护,公共利益需遵循如下标准。八下第52页:《大同书》描绘的"大同"社会,带有空想社会主义的色彩。它强调天赋人权、自由、平等、博爱诸原则,在一定程度上表达了中国人民对幸福生活的渴望,对科学发达的希望,对封建专制统治的憎恨,对民主、平等的要求,具有进步的意义。

涉及"自由"的阅读材料如七下第106页:自由究竟是什么?是不是意味着有权为所欲为,甚至可以损害别人,比方说盗窃和杀人呢?不!法律禁止这样做!是不是说自己有权不做自己不愿意做的事情,比方说可以任意不纳税?不!法律规定你必须做这些事情!是不是说自己有权在大热天一丝不挂地走在街上呢?不!风俗习惯不允许你这样做!是不是说自己有权对人忘恩负义呢?不!社会舆论谴责这种行为!是不是说自己有权随意吃喝或者拒绝饮食呢?不!自然规律不允许这样做!九上第20页:目前,我国正在加快推进户籍制度改革,努力为城乡居民的自由流动创造更好的制度环境,这将更有利于保障人们的迁徙自由,它从一个侧面反映出我国社会的进步。

涉及"平等"的阅读材料如七下第7页:人人生而自由,在尊严和权利上一律平等。人人有资格享有本宣言所载的一切权利和自由,不分种族、肤色、性别、语言、宗教、政治或其他见解、国籍或社会出身、财产、出生或其他身份等任何区别。法律面前人人平等,并有权享受法律的平等保护,不受任何歧视。八下第50~51

页：从 2003 年起，杭州市图书馆就开始对所有读者免费开放，包括乞丐和拾荒者，图书馆对这些特殊读者的唯一要求，就是把手洗干净再阅读。10 年过去了，杭州市图书馆的全面开放从未停止。杭州市图书馆"不拒乞丐"的做法，真正体现出了公共图书馆的公益性，体现了公民获取信息的民主、公平、平等原则，更体现了人人生而平等的理念。"八下第 51 页"《中华人民共和国宪法》第 33 条规定：凡具有中华人民共和国国籍的人都是中华人民共和国公民。中华人民共和国公民在法律面前一律平等。九上第 20 页：我国正在逐步建立统一的、城乡一体的居民基本医疗保险制度，使农民能够同城市居民一起在医疗方面享受同等的待遇。这是我国在社会管理体制方面的重大举措，也反映了党和政府在保障人们的平等权利方面所做出的努力。

涉及"爱国"的材料如七上第 33 页：周恩来在沈阳读书的时候，是个十二三岁的少年。他学习非常勤奋、刻苦。有一天，校长问大家："读书是为了什么？"有的同学说："为了给自己的将来找出路。"有的说："为了能发财致富。"还有同学说："为了帮助父母记账。"校长问周恩来："你呢，为什么读书？"周恩来站起来大声地说："为中华之崛起而读书。"八上第 84 页：2008 年 4 月 7 日，在法国巴黎著名的埃菲尔铁塔旁，被人们称为"轮椅上的微笑天使"的北京奥运火炬传递手、中国轮椅击剑运动员金晶正手持祥云火炬，等待传递活动的开始。就在这时，从围观的人群中冲出几名试图干扰奥运火炬传递的不法分子，想要把祥云火炬从金晶手中夺走！金晶面对突如其来的冲击毫不畏惧，用双手紧紧抱住火炬，没有让暴徒得逞，同时脸上流露出骄傲的神情。金晶用残弱的身驱守护祥云火炬的画面感动了在场的所有人，也让全世界读懂了奥运的神圣和中国人的尊严。九上第 21 页：钱学森，被誉为"中国航天之父""火箭之王"和"导弹之父"。当年，因担心他杰出的科研能力会对美国造成威胁，美国联邦调查局不仅阻挠他回国，还把他关押了 5 年。回国后，钱学森把一生都奉献给了中国的航天事业，他不仅是一位伟大的科学家，更是一位模范的爱国者。

涉及"公正"的阅读材料如九上第 20 页：2011 年年底，全国所有县级行政单位全面普及了九年义务教育，并免除所有学生的学杂费，为农村学生和城市家庭经济困难学生免费提供教科书，对家庭经济困难寄宿生提供生活补助。九年义务教育的普及和均衡化全面体现了"公正"的价值观。

涉及"法治"的阅读材料如九上第 20 页：2014 年 10 月，中国共产党第十八届中央委员会第四次全体会议在北京召开，会议通过了《中共中央关于全面推进依法治国若干重大问题的决定》，明确提出全面推进依法治国的总目标是建设社会主义法治国家。法治已经成为我国治国理政的基本方式。

涉及"敬业"的阅读材料如八上第 33 页：当太阳还未升起，人们还在梦乡的时候，那些"城市美容师"就已忙碌起来，投入到清扫街道、铲除垃圾的劳动中了。当人们呼吸着新鲜空气、走在清洁的马路上，心情无比舒畅时，他们却悄然隐去。还有那些建筑工人，冒着严寒酷暑，用一砖一石筑成大厦。这些用心血和汗水为人民创造舒适的生活环境的人们，理应受到我们的尊重。时传祥，20 世纪 50、60 年代北京市崇文区清洁队工人。他十年如一日，无冬无夏、挨家挨户地给首都千家万户掏粪扫污，用一人脏换万人净，为美化首都的环境作出了贡献。1959 年，他被评为全国劳动模范。毛泽东、刘少奇、周恩来、朱德等中央领导人曾亲切接见时传祥。刘少奇同志还对时传祥给予了高度评价，他说："你掏大粪是人民的勤务员，我当主席也是人民的勤务员，这只是革命分工不同。"九上第 21 页：林亚业，一名普通的邮政局工作人员。30 多年来他始终坚守在工作第一线，每天扛着邮包在转运车间、车站和码头间穿梭，接发上万个邮包、数十万邮件，却无一差错。林亚业身上闪耀着敬业的光辉。

涉及"诚信"的阅读材料如九上第 21 页：孙东林，一位质朴的农民。在哥哥一家不幸遇难后，他不躲、不藏、不找借口，赶在春节前代替哥哥将 33.6 万元工钱一分不少地送到 60 余位农民工手中。孙东林用实际行动为人们树立了诚信的榜样。九上第 78 页：改革开放初期，"温州货"几乎是假冒伪劣的代名词，上海、杭州等十几个城市火烧温州鞋，以致温州企业都不敢打本地品牌，只好与外地厂商联营，市场损失巨大。现实的惨痛教训终于使温州人明白，要彻底改变温州品牌留在人们心中的不良印象，就必须树起信用大旗，打造"信用温州"，只有这样才能重新获得消费者的信任，企业才能生存、发展。在政府的引导下，如今讲究诚信已在温州蔚然成风，温州民营经济一枝独秀，出现了一批知名品牌，人们开始对温州货刮目相看。九上第82页：在我国古代，有一个叫蔡嶙的人向朋友借了一千两黄金，未打借条。几年后，朋友去世了，他就把朋友的儿子叫到家中，把一千两黄金还给他。朋友的儿子很惊愕，坚决不受，笑道："没有这回事，父亲没有留给我借条，也没有口头告诉我有这事。"蔡嶙说："借条就在我心里，不在纸上。心中的诚信才是根本，你父亲知道我是个讲诚信的人，才没有告诉你。他如此相信我，我又岂能失信呢？"

涉及"友善"的阅读材料如九上第21页：刘盛兰，一位贫苦的孤寡老人。他17年几乎未尝肉味，没添过一件新衣，却慷慨地把靠拾荒挣得的所有钱财捐给了全国各地的100多个贫困学生。刘盛兰老人的身上彰显的正是友善的价值观。

涉及"责任"的阅读材料如七下第102页：在20世纪20年代的美国，有个11岁的男孩踢足球时不小心打碎了邻居家的玻璃，邻居向他索赔12.5美元，在当时这可是个大数目。男孩知道自己闯了大祸，就去向父亲寻求帮助。父亲让他对自己的过失负责。男孩为难地说："我哪来那么多钱赔给人家？"父亲拿出12.5美元说："这钱先借给你，一年以后还给我。"从此，这个男孩每逢周末、假日都会外出打工。经过半年的努力，他终于还清了因自己的过失而欠下的"债务"。这个男孩叫罗纳德·里根，后来成为美国总统。他在回忆这件事情的时候说：通过自己的劳动来承担过失，使我懂得了什么叫责任。八上第21页：由于班级管理的需要，我们班设立了"班级管理日志"。老师动员大家主动承担写班级日志的任务。同学们都知道，这是一个非常麻烦的任务，都没有勇气承担。说实在的，我也和同学们一样。但是，经过一番思想斗争，我还是大着胆子承担了下来。接受任务之后我才发现，这个工作非常繁杂。班级日志要天天写，不但要记录每天发生的事情，而且要有"抒情"，哪有那么多可写的！但是，我想，既然答应了老师和同学们，就要坚持下来，不能因为自己而影响了整个班级的发展。于是，我每天认真观察班里发生的事情，努力与同学们沟通，并利用下午放学后的一段时间，认真地撰写日志。一学期结束了，我写的日志给班级的总结工作带来很大帮助，同学们回忆着日志中所记录的每一件事情，感慨颇深。更重要的是，我的写作能力、与同学交往的能力都大大地提高了。爸爸妈妈说，我做事认真多了。

涉及"勤俭节约"的阅读材料如九上第106页：春秋战国时期，齐桓公、晋文公、秦穆公等都极力提倡俭朴而摒弃奢华，从而能够富国强兵、称雄列国。西汉文帝躬行节俭，与民生息，轻徭薄赋，使当时出现了社会安定、人民富足的繁荣景象。隋文帝、唐太宗、明太祖等明君，也都以勤俭治国，而使国富民强、社会繁荣。洛克菲勒虽然拥有巨额财产，但其子女的零花钱却少得可怜。他对孩子零花钱的规定是：7~8岁每周30美分；11~12岁每周1美元；12岁以上每周3美元。零花钱每周发一次。孩子要记清每笔支出的用途，下次领钱时要检查。账目清楚、用途正当者，下周增发5美分；反之，则要减少。洛克菲勒对孩子从小就严格要求，使他们学会了勤俭节约和当家理财的本领。九上第107页：著名华侨实业家、教育家陈嘉庚一生倡办和赞助的学校有110多所，逝世后在国内的300余万元存款也全部捐给了国家。但他自己却一辈子保持勤俭节约的作风，生活中所用的蚊帐、被褥、衣服、皮鞋、雨伞等物品都非常破旧；甚至，他还为自己规定每天五角钱的伙食标准，经常吃番薯粥、花生米、豆干等食品。陈嘉庚的座右铭是："应该用的钱，千万百万也不要吝惜，不应该用的钱，一分也不要浪费。"

涉及"自律"的阅读材料如七下第105页："自律"不是人人都喜欢的字眼。但是，如果你能适度地自律，你的人生就会截然不同。如果你贪图眼前的享受，势必得不到长远的回报。能在小事上自律，不看电视、认真读书，就会有更好的成绩。能在小事上自律，养成锻炼身体的习惯，就会有健康的身体。自律的关键是要知道自己为什么要这样做。如果你有想买的东西，就有助于你下定存钱的决心；如果你知道自己为什么想拥有更好的成绩，念起书来才会有精神。如果你能自律，你就不需要他人的管束。结果你就能够主宰你自己的生活，不需要旁人告诉你这样做或那样做。缺乏自律的人，就只有依靠外力来管束自己。七下第 107 页：从前有位老木匠，在给人做好木箱之后，总是要把木箱里外磨光才肯交出。有一个年轻的徒弟，见他的师傅每次做好木箱之后，总用长满老茧的手掌把木箱的内壁摩挲一遍，确认内壁光滑无糙，甚至连角落也无遗漏，忍不住说："您这是何苦呢！做得这么费心，别人又看不到。"老木匠说："别人是看不到，可是，我的心里知道啊！"

4. 利用教材插图进行价值教育

随着社会的日益开放，人类文明程度的不断提高，信息技术的飞速发展，现代化媒体的日益增多，人类认识客体的深度不断延伸，广度不断拓展，由于认识工具的形式多样、处理日益精确，使认识主体对各种信息的接受也日趋多元，加工日益整合，存贮日渐外化。由此，给人类带来了现代思维方式的立体化、系统化、结构化；现在人类的认识内容已不局限于知识的载体——书本；认识方式也不再拘泥于单一的信息符号——文字；认识工具也不满足于单纯的人自身，转而依附于机器或人机的结合。加上如今"快餐文化"泛滥，"弃文读图"的方式兴起，使文化呈现出越来越明显的"视觉化"倾向，即文字向图像化的发展。① 当单一、呆板的思维方式和文化格局被多元、鲜活所替代时，图片已慢慢进入各类教材并占据较大的篇幅，图片已成为教材不可或缺的一部分。因此，教师必须对原以为仅仅是教材衍生物或工具的图片作出全新理解和把握，对图片的价值要有新的认识。

初中思想品德教材中有大量关于事件、人物和文化等丰富多彩的插图，它以形象生动直观的方式表达出丰富的信息，相当一部分教材插图还替代了文字说明，起到了"以图代文"的作用。图文并茂的编排，有助于提高学生的学习兴趣，培养学生观察、想象、思维、分析、综合等方面的能力，同时相关插图也是进行价值教育的重要资源。

---

① 高水红. 教材插图初探[J]. 教育研究与实验，2000(3)：36.

跟"富强"有关的插图如九上图1-23 富强、民主、文明、和谐，其中第一幅图展示的是"神舟"九号和"天宫"一号对接的场面，显示出国家强大的实力。九上图2-12 发展是第一要义，三张图分别展示了我国在工业、农业和市场方面的繁荣昌盛，显示了我国经济的持续健康发展。九上图3-6 蓬勃发展的国有经济、图3-7 浙江航民村、图3-8 魅力商城——义乌，这几张图分别展示了我国国有经济、集体经济以及个体、私营和外资等非公有制经济的蓬勃发展。

跟"民主"有关的插图如八下图5-5 怎么分组，图中不同的同学有不同的意见，有人提出想跟谁一组，有人提出不想跟谁一组，让学生明白要通过民主讨论与协商，决定如何分组。九下图1-2 全国人大代表投票表决宪法修正案草案，图片展示了人大代表在对草案进行投票表决，让学生明白宪法的修正案广泛听取了民意，集中了民智，凝聚着全党、全国人民的集体智慧，反映了全党和全国各族人民的共同意志。九下图1-9 投票选举人大代表，图片显示选民在排队进行投票，让学生感受到民主就在身边。

跟"文明"有关的插图如七下图4-2 不文明地过马路，图片显示了过马路时，一两个人带头闯红灯，后面会有一群人跟着一起闯，反映了"中国式"过马路的现状，让学生感受到在日常生活中，不文明现象还是比较常见的。七下图5-8 文明有序的上海外滩，图片显示上海外滩上，无论是行人还是车辆都井然有序，构成了一道靓丽的风景线，让学生感受到文明需要每个人的努力。八上图3-10 不文明的网络用语、图3-11 文明上网、拒绝网瘾教育活动，两张图片显示在网络空间，我们也要语言文明。

跟"和谐"有关的插图如八上图4-10 56个民族在一起，图片展示了不同民族的人共同抬着一面巨大的五星红旗往前走，让学生感受到各族人民和睦相处，友好往来，共同谱写中华民族的团结之歌。八下图5-4 互助抢收水稻，图片展示了几户人家互相帮助抢收水稻，让学生感受到和谐、融洽、温暖的邻里关系。九上图1-13 六尺巷，图片显示了六尺宽的巷道，让学生感受到和谐的邻里关系。九上图2-15 人与自然和谐共处，图片展示了优美的自然和人文环境，让学生感受到人与自然的和谐共存共处。

跟"自由"有关的插图如九上图1-24自由、平等、公正、法治，其中第一张图片显示的是户籍制度改革，这项改革为城乡居民的自由流动创造了更好的制度环境，将更有利于保障人们的迁徙自由。九上图3-4粮票，粮票是我国计划经济的产物，看到粮票不仅让人想到当时的经济条件，同时也让人想到当下市场经济体制下的自由。

跟"平等"有关的插图如七下图1-5乡下人进城、图1-6城里人下乡，图片显示了乡下人在城里和城里人在乡下的遭遇，让学生感受到需要平等地对待每一个人。七下图2-4母女平等，图片显示一对母女面带笑容，关系非常融洽地站在一起，女儿的手还搭在母亲的肩上，让学生感受到子女与父母平等的关系。八下图3-4向所有读者开放，图片显示两位乞丐坐在图书馆看书，让学生感受到图书馆"不拒乞丐"的做法，体现了公民获取信息的公平，更体现了人人生而平等的理念。

跟"公正"有关的插图如九上图1-24自由、平等、公正、法治，其中第三张图显示的是九年义务教育全面普及，体现了公正的价值观。九下图1-15向宪法宣誓、图1-16国家公务员宣誓依法行政，两张图片都展示了国家工作人员宣誓，要做到公正无私、清正廉洁。

跟"法治"有关的插图如八上图3-8网络立法，图片显示全国人大常委会表决通过关于加强网络信息保护的决定，决定以法律形式保护公民安全、赋予有关部门必要的监管权力等，这是法治社会的体现。八下图3-7劳动者的合法权益受法律保护，左图显示的是《中华人民共和国劳动合同法》封面，右图显示的是一群劳动者领到工资时喜笑颜开，让学生感受到劳动者的合法权益受法律的保护。九上图3-11工商部门查获假药，图片显示了工商部门人员在处理假药事件，让学生感受到损害消费者利益的行为都会受到法律的制裁。

跟"爱国"有关的插图如八上图4-9祖国在我心中，图片展示的是升旗仪式，这是对学生进行爱国教育的契机。九上图1-3签订《南京条约》时的情景，图片展示了当年清政府被迫与英国侵略者签订中国近代史上第一个不平等条约时的情景，学生一方面会有怒其不争的感受，另一方面也会有为振兴中华而努力的决心。九上图1-4 圆明园遗址，图片显示了曾经的"万园之园"如今只有几根残存的石柱立在那里，残垣断壁，如同一座耻辱纪念碑，提醒着人们：不要忘记历史！每个人要为祖国的尊严奉献自己的力量。

跟"敬业"有关的插图如七下图2-9 徐特立，徐老勤勤恳恳、兢兢业业，成为教师的表率。八下图2-8 城市清洁工和图2-9 建筑工人，图片展示"城市美容师"和建筑工人工作的场景，让学生感受到清洁工和建筑工人这些普通劳动者的敬业精神。八下图2-10 时传祥、八下图2-11 王选、九上图1-26 林亚业，虽然他们生活在不同的年代，从事不同的职业，但他们身上体现了共同的优秀品质，那就是敬业。

跟"诚信"有关的插图如九上图1-27 孙东林，一位质朴的农民，在哥哥一家不幸遇难后，他不躲、不藏、不找借口，赶在春节前代替哥哥将33.6万元工钱一分不少地送到60余位农民工手中。孙东林用实际行动为人们树立了诚信的标杆。九上图3-17 立木取信，商鞅以木为证，说明了自己的"言必信，行必果"。九上图3-18 "日昌升"号，这也是当时诚信的代表。

跟"友善"有关的插图如八下图3-8 张平宜，她放弃了原本衣食无忧的优越生活，十余年如一日，专心投入凉山彝族自治州越西县麻风病康复村——大营盘村的教育事业，克服各种困难和偏见，取得了巨大成果。九上图1-28 刘盛兰，一位贫苦的孤寡老人，17年几乎未尝肉味，没添过一件新衣，却慷慨地把靠拾荒挣得的所有钱财捐给了全国各地的100多个贫困学生。张平宜和刘盛兰的身上彰显的正是友善的价值观。

跟"感恩"有关的插图如七下图2-2 替父母分担家务，图片显示在家里从事一些力所能及的家务劳动，其实就是一种孝敬父母、感恩父母的表现。七下图2-10 教师节快乐，图片显示一群学生教师节时看望教师，让学生感受到对教师的浓浓感恩之情。八上图1-4 和同学们在一起和图1-5 集体的力量，两张图片让学生感受到了集体的力量和温暖，学生自然而然会产生一种学校里有同学的陪伴真好的感受，对学校里的这个集体会有一种感恩的心理。八下图 1-1 自然资源保障着人类的生活，图片让学生懂得人类的生活每时每刻都离不开自然资源，我们的衣食住行都离不开自然资源。八下图 1-2 多样的生物，图片展示了各种各样的生物资源，他们给人类提供了丰富的生物资源，满足了人类的多样化的需求。八下图 1-4 大自然给予人类的馈赠和图 1-5 我们生存的地方，让学生感受到大自然给人类提供了适宜的生存空间。我们应该感谢大自然给予我们的自然资源、生物资源和生存空间。

跟"尊重"有关的插图如七下图 2-11 专心听课和图 2-12 虚心接受老师的指导，这是对老师的尊重。七下图 3-10 男女同学之间，这是男女同学之间的尊重。八下图 2-8 城市清洁工、图 2-9 建筑工人、图 2-10 时传祥、图 2-11 王选，这是对劳动者的尊重。八下图 3-9 尊重是最好的礼物，这是对弱势群体的尊重。

跟"责任"有关的插图如八上图 2-13 红其拉甫边防哨所，这是军人用青春热血和生命履行着自己的神圣职责。八上图 2-14 学生参加社会服务和八下图 1-17 保护环境，从小事做起，这是社会成员承担起对他人、对社会的责任。八下图 5-8 1880 年的某地"乡规民约"石碑，这是乡村里的村民应尽的责任。八下图 5-9 社区里的服务者和图 5-10 "小居委会主任"在工作，这是社区成员承担起建设社区的责任。九上图 2-9 "最美女教师"张丽莉，这是人民教师所负的责任。九下图 1-15 向宪法宣誓和图 1-16 国家公务员宣誓依法行政，这是国家公务人员应尽的责任。

5. 利用教材活动进行价值教育

活动是教学的基本形式。2004 版初中思想品德教材增加了活动栏目，教材中的每一单元、每一课都安排有活动栏目，这些活动设计为学生提供了大量案例、情景和问题，为学生搭建了探究的平台。随着 2011 年版的义务教育思想品德课程标准的颁布和新教材的修订出版，教材在活动设计方面又向前迈进了一步，教材中有许多既符合教学目标，创意又好的活动，这些活动遍布课程的主题文间、主题文后，活动已成为教材的重要组成部分，它们与主题文紧密联系、相辅相成，有的是对主题文内容的进一步拓展；有的是提供相关的资料和线索，鼓励学生发散性思维、创造性探究；有的是创设情境，引导学生运用知识探究问题、解决问题。更重要的是，初中思想品德教材中有很多活动都涉及价值教育，利用教材中的各种活动可有效地进行价值教育。

九上第22页的活动、讨论、思考直接涉及"社会主义核心价值观"：在七年级和八年级所学习的每一个单元中，都不同程度地渗透和反映了社会主义核心价值观。回顾学过的这些内容，把涉及社会主义核心价值观的主要内容找出来，做比较全面的整理，联系实际，以"我心中的社会主义核心价值观"为题写一篇文章，并在班级里交流。寻找身边的"好同学""好老师""好邻居"……讲述他们的"好故事"，讨论和感受他们身上所体现的社会主义核心价值观。用社会主义核心价值观的要求对照自己的言行，想想自己有哪些地方做得比较好，哪些地方做得还不够好，今后应该如何努力。

涉及"中华优秀传统文化"的活动如九上第9页：结合学过的内容和阅读过的中华典籍，列举出最能反映中华优秀传统文化的名言名句或寓言、故事，并说说它们分别体现了中华优秀传统文化中的什么思想或精神。九上第12页：仔细观察身边人们的言行举止，说说中华优秀传统文化对人们为人处世有什么积极作用。在日常生活中，我们中学生应该如何继承和弘扬中华优秀传统文化？

涉及"爱国"的活动如八上第85页：我们还知道哪些维护祖国安全、荣誉和利益的故事？大家共同欣赏几首表达爱国主义情感的歌曲，然后说说自己的感受。八上第87页：想一想，作为一名初中生，我们能为自己的祖国做些什么？把答案填在下面的横线上，然后每个人将自己的答案大声地念出来。我爱我的祖国，我愿意。现在的我，可以。九上第27页：20世纪，一首《毕业歌》唱出了莘莘学子的爱国热情，表达了他们强烈的社会责任感和历史使命感，激励了无数青年献身祖国。了解《毕业歌》创作的时代背景，欣赏并学唱《毕业歌》。

涉及"自由"的活动如七下第106页：搜集有关规则与自由关系的格言，选出自己最喜爱的一条与其他同学分享，说说自己喜欢它的理由。八上第68页：营业员有权把小何关起来吗，为什么？

除了人身自由遭到侵犯以外，小何还受到了哪些伤害？

涉及"平等"的活动如七下第 8 页：我受到过不平等的对待吗？如果有，当时我的感受是。我以不平等的态度对待过他人吗？如果有，他人的感受会是。八下第 51 页：学历的高低、权力的大小、金钱的多少、相貌的美丑，能否影响生命的平等性，为什么？

涉及"法治"的活动如九下第 19 页：在我们生活的社区里，可以发现一些法制宣传教育的海报、横幅、标语，在电视和广播里也经常可以观看或收听到法制宣传公益广告。收集它们的主要内容并与大家分享。

涉及"责任"的活动如七下第 102 页：在我们的校园生活中，发生过哪些勇于对自己的行为负责的事例？读了以上这则故事，我们有什么感想？如果类似的事情发生在我们身上，我们可以选择哪些方式来承担自己的责任？八上第 22 页：我们在班集体的日常生活中应该承担哪些责任？

涉及"诚信"的活动如七上第 100 页：除考试作弊外，学习上的不诚实行为还有哪些？选择一种不诚实的行为或现象，评说其"利"与"弊"。九上第 79 页：根据当地或者自己了解某个企业、商店或者个人因制售假冒伪劣产品、坑蒙拐骗受到查处的实际事例，分析他们为此付出的代价，讨论我们应该从中吸取的教训。九上第 81 页：通过各种途径，了解古代或现代社会"重合同，守信用"的典型。

涉及"勤俭节约"的活动如九上第 106 页：搜集中外历史上关于勤俭持家、节俭治国的典型的人和事。九上第 107 页：自己有没有不合理的"人情消费"？如果有，应该怎样改正？

涉及"文明"的活动如七下第 16 页：根据自己的亲身经历，从正反两方面分析比较在日常生活中使用文明礼貌用语和不文明用语的不同结果。七下第 19 页：在公共场所大声喧哗和轻声细语，周围人的反应如何？根据自己的亲身经历，体会文明礼貌的行为习惯在生活中的作用。

涉及"感恩"的活动如七下第 25 页：回忆成长过程中父母关爱我们的情景，体会父母给我们的无私的爱，和同学分享。七下第

26页：每年的"母亲节"，世界各地都举办各式各样的感恩活动，作为对无私母爱的回报。母亲节到来时，我最想为母亲做的一件事是什么？日常生活中我们又该如何孝敬父母？

涉及"规则"的活动如七下第89页：假如在课堂中没有规则，会发生什么情况？找出你认为最重要的三条课堂规则，分析其作用。为了方便师生，学校在校内开设了一家小商店。然而，问题也随之而来。许多同学一下课就争先恐后地往小商店跑，并随意丢弃垃圾。对于这些问题，学校采取了很多措施，但收效甚微。于是，学校宣布，如果同学们拿不出有效的办法保证校园的正常秩序，仍然乱扔垃圾，学校将关闭这家小商店。谈谈应该采用什么办法、制定什么样的规则，才能保证校园的正常秩序和整洁，让小商店继续开下去。七下第90页：如果遇到类似情况，你有排队的习惯吗？如果在排队时遇到插队的人，你应该怎么办？在公共生活中，还应遵守哪些规则？七下第93页：回顾这一课所提到的种种规则，设想如果大家都不遵守这些规则，我们的生活将会变成什么样。

涉及"公平"的活动如七下第101页：如果有很多人考试作弊，目前的升学考试制度还能发挥正常的作用吗？假如作弊现象泛滥，假文凭泛滥，对我们会有怎样的影响？七下第103页：在我们的学习与生活中，还有哪些涉及公平原则但又令人为难的事？说出来大家一起讨论解决。八下第58页：结合自己的亲身经历，举例说明政府在促进教育公平方面还采取了哪些措施。

涉及"尊重"的活动如七下第9页：我在尊重他人方面做得比较好的是。我在尊重他人方面不足之处是。我想要这样改进。八下第35页：检查自己在日常生活中的言行举止，看看自己有没有轻视劳动、歧视劳动者的思想和行为。如果有，想办法改正。

(二) 主题教育

主题教育是中小学价值教育的一个基本渠道。在国内外一些中小学校，都非常重视以主题教育的形式开展价值教育。有的学校每月围绕着一个价值主题开展丰富多彩的教育活动，如3月份围绕着"感恩"开展价值教育活动，通过开主题班会、朗诵有关感恩的诗歌、观看有关感恩的电影、进行感恩回报等多种形式，帮助青少年学生明白"感恩"作为一种价值范畴对于个体行为的意义和要求，体验自己在成长过程中从他人那里领受到的关爱、鼓励和帮助，并产生从内心里感谢他人、回报社会的意愿和行为。每月一个价值主题，一个学年下来学校就可以进行 10 个主题的价值教育活动。每月价值教育的主题可以全校统一，也可以由各个年级或班级根据自己的情况自行选择和组织，以便加强价值教育主题活动的积极性、针对性和时效性。[①]

1. 设计了主题教育的标准

经过几年利用主题教育开展青少年价值教育的探索和实践，我们几经讨论修改，最终设计了主题教育的六个元素、八项标准以及主题选择的标准等。

在进行青少年价值教育时，我们认为主题教育必须具备六个元素，具体为：(1)同伴(2)学生(3)教师(4)主题(5)目标(6)形式

同时，我们也认为青少年主题教育也需要具备八项标准，具体为：(1)主题的鲜明性(2)主题的适宜性(3)形式、方法的合理性(4)信息使用的适合性(5)学生参与"主题"的自主性(6)学生对"主题"认知的发展性(7)教师在"主题"深化中的引领性(8)师生在"主题"中的互动性。

此外，我们认为选择的主题是否有价值，前提是是否符合学生的道德推理水平和思维发展水平，应该根据是否是可以讨论的话题、话题能否表达清楚、主题是否能促进学生发展来判定。在实践中，我们发现如果教育的主题过大，就会导致没有抓手；如果教育主题不清，会让教师和学生无法入手。

2. 进行了主题教育的案例研究

近几年，我们选择了"做最好的自己"、"在付出(奉献)中升华"、"我与集体同成长"、"劳动者是美丽的"、"和谐是佳境"、"勿以善小而不为，勿以恶小而为之"、"责任伴我成功"、"学会感

---

① 石中英. 关于当前我国中小学价值教育几个问题的思考[J]. 人民教育，2010(8): 10.

恩"、"祖国在我心中"、"我与诚信"、"让世界充满爱"、"敬业"等主题组织班主任利用班会课进行价值教育的探索和实践。同时我们也把这些案例编辑成册,组织班主任对这些案例进行讨论与研究,在中学进行交流和推广。

如杭州第十一中学章冬萍老师设计了一节"学会感恩"的课。

学 会 感 恩

设计意图

通过与学生的近距离接触与了解,发现现在的学生不太了解自己的父母,更不能理解父母的一片苦心,往往把父母对他们的关爱当作唠叨,表示不理解甚至反感。通过大量的家访,与家长沟通发现很多家长对孩子的教育无能为力,家长与孩子沟通不畅让家长很苦恼。我觉得这些现象的发生都反映出我们的学生缺乏一颗感恩的心,所以设计这个"学会感恩"主题班会。希望通过班会使学生有所感悟,懂得感恩父母、感恩老师、感恩社会。

设计思路与效果

由一首《感恩的心》歌曲开场,虽然大多数人都听过这首歌,但并不一定知道这首歌的由来,于是请学生讲述这首歌背后的让人感动的故事,创造感人的氛围。

第1环节是爱的体验。请学生说一说让自己感动的事,前3位同学说的都是发生在四川地震中的一些感人事迹,第4位同学说出了发生在我们身边的很朴实的事——那就是小时候父母走了很多路抱着他去医院看病,当时身边没什么钱,妈妈祈求医生……由这件事引发学生的思考,这样的事几乎每个人都遇到过,但是你感恩了吗?然后进入第2环节,观看学生自编自导的小品《其实你比我更富有》,去体会小品中妈妈的艰辛,反思自己是否用言行表达过对父母的感激之情。然后结合小品中的人物,请几位有家长一起参与班会的同学谈谈自己像物质上富有但精神上贫瘠又不懂事的小渊呢,还是像虽然物质上贫瘠但精神上富有的小波。然后邀请家长对自己的孩子在家的表现进行评价。通过母子互动，让学生深入思考自己过去的行为，并明确今后努力的方向，意识到"我们要学会感恩"，进入第3环节。但是学生对感恩的概念很模糊，不知道怎样的行为才算是感恩，由此进入班会的第4环节，如何表达你的感恩之情？由一个视频《我的好爸爸》让学生体会：其实感恩就在于平时一点一滴细小的行为，努力学习，理解父母是感恩，同样简单地叫一声爸爸也是一种感恩。在观看这段视频时有很多学生和老师都感动得流下了眼泪，班里有一位曾经与父亲经常顶嘴的男孩一直抱头痛哭从观看视频开始到结束。相信他的内心一定已经有所感触，才会表现得如此伤心与后悔。看完视频之后，请几位感触较深的学生说说自己的感想，这位男生哭着说自己实在太对不起父亲了，一定要给父亲道一声歉。然后请其他同学把自己对父母的感恩行为记录下来，并转告给父母。第5环节学会感恩，表达自己对父母、对老师的感恩。学生给老师送上红烛，表达感谢。给妈妈代表送上红烛和拥抱，表达孩子对妈妈的感恩。在这个环节中，老师被感动了，学生妈妈被感动了，在室外听课的老师们也都忍不住流下感动眼泪。

最后，全班唱响《感恩的心》，把所有的感恩通过手语表达，通过感悟歌词，唱响歌曲表达，将班会推向高潮。

主要流程

开场音乐——感恩的心，介绍这首歌的由来《感恩的心小故事》

第1环节：爱的体验（分别由学生讲述感动自己的事迹）

第2环节：你感恩了吗？（小品——其实你比我更富有）

第3环节：我们要学会感恩（同学谈感想：对照小品中的人物，评价自己；妈妈谈感想：评价自己孩子）

第4环节：如何表达你的感恩之情？（先看视频《邝丹的小秘密——我的好爸爸》，然后同学谈谈感想：自己该怎样感恩父母？）

第5环节：学会感恩

（1）记下（说出）想对父母表达的感恩语

(2) 给要感恩的人(老师、母亲)送上红蜡烛，表达感恩之情
(3) 老师寄语
结束：唱响《感恩的心》手语表演，把所有的感恩通过唱，通过手语表达出来。

如杭州富阳区郁达夫中学许冰老师设计了一节"奉献之花处处开"的课。

奉献之花处处开

活动目标
1. 引导学生理解奉献的内涵，初步感知奉献的快乐。
2. 鼓励学生学会在奉献中实现自己的人生价值。

活动准备
1. 学生准备讲述童话故事《受伤的蝴蝶》以及诗朗诵《作为学生》。
2. 全班同学学唱《爱的奉献》。
3. 全班同学收集在汶川抗震救灾中涌现出来的感人故事。

活动过程
(一)情境导入
先请一位同学讲述童话故事《受伤的蝴蝶》。
一个小女孩走进了一片茂密的森林，她看见一只蝴蝶的翅膀被荆棘刺伤了，她小心翼翼地拔掉了蝴蝶翅膀上的刺，让它自由地飞向天空。

后来，蝴蝶化作一位美丽的仙女来到她的身边，说："你很善良，许个愿吧，我会让它实现。"

小女孩想了想说："我希望快乐。"仙女就在她耳边细语一番。

后来，小女孩果然很快乐地度过了一生。

当她年老时，邻人问她："仙女究竟对你说了什么？"

同学们，大家猜猜看，仙女对小姑娘到底说了什么？

由此引出本节班会课主题：奉献之花处处开。

(二) 讨论交流

在大家十多年的生命历程中，你有没有因为帮助别人而获得快乐的感受呢？比如说学习上、生活上……

小组讨论后全班交流。

(三) 感悟升华

1. 有同学提到在为汶川地震受灾人员捐款中获得快乐，请学生先看一组显示汶川地震中悲惨场面的图片，接着和学生一起为死难者默哀。

2. 面对这么悲惨的事实，灾区人民自己做了什么？我们的国家、我们的人民又做了些什么？还有哪些人也在帮助他们？请谈谈你收集到的抗震救灾中涌现出来的感人故事。

小组讨论后全班交流。

3. 全国人民已经行动起来，以最大的热忱奉献自己的爱心。作为学生，我们能为汶川等灾区人民做些什么？

全班同学畅所欲言。

诗朗诵：《作为学生》。

全班宣誓：《我们的誓言》。

4. 全班齐唱《爱的奉献》，同时配合放一组幻灯片，内容以抗震救灾中的感人图片为主。

(四) 教师小结

爱因斯坦曾说：一个人的价值，不应当看他索取了什么，而应当看他贡献了什么。一个人心里有别人，总能设身处地地为他人着想，那么他得到的将是内心的充实，人格的高尚。甘愿为社会付出真情和爱的人，是最幸福的人。

只要我们人人都付出一点爱，奉献之花就会处处开放。

如杭州第九中学王素美老师设计了一节"让青春与诚信同行"的课。

让青春与诚信同行

活动目的

1. 通过具体引导，教会学生应当如何明辨是非、应当如何投身于道德建设中，从而以实际行动，展现新时期中学生的道德风采。

2. 让学生了解"诚信"的意义，明了作为时代主人的内在素质要求和外在行为要求。

3. 思考：在校园这片心灵净土上如何展现"诚信"，应从哪些方面做起。

4. 如何有效促进"诚信"之风在校园中深入人心。

活动方式

利用多媒体播放音乐、视频、图片等进行情绪感染，通过学生参与的环节互动，体现我班开展"诚信"教育的成果，体现学生通过"诚信"教育，认知、判断、行为等方面素质的提高。

[主持人]

蒋清舒　金青阳　沈诗音

活动过程

（一）主持人导入

主持人（女）：诚信是金。俗话说："是金子总会发光的！"一个人有了诚信，他的生命就会闪光。

主持人（男）：诚信是真。有时候，幸福围绕在我们周围，可我们常不自知，因为我们需要一双慧眼来把世界看得清清楚楚，真真切切，但最重要的是彼此都需要诚信，彼此相互了解，相互融洽，相互真诚。

主持人（女）：诚信是美，当代人都追求美，追求外表的华丽，漂亮，却忘掉了心灵美，其实心灵美才是真正的美。

主持人（男）：诚信是德，人们常说："艰苦奋斗是中华民族的传统美德。"而我却要说："诚信也是人与人交往中必不可缺的一种美德。"

主持人（女）：生活有了诚信才更加灿烂。

主持人(男)：人生有了诚信才更加迷人。

合：世界因为有了诚信才更加精彩。

女：现在就让我们走入青春，走近诚信，走进主题班会《让青春与诚信同行》。

(二)观看FLASH，阐发诚信的内涵

1. 观看FLASH《诚信的典故》

2. 主持人：请大家谈谈什么是诚信？

主持人："诚信"就是诚实守信。诚信，乃做人之本。当今，在社会主义市场经济建设中，诚信显得越来越重要，一个单位、一个地方、一个人一旦失去"诚信"，那他将会变成"孤雁"之行，他的事业将会变成"断水之源"、"无本之木"。世界因为有了诚信才更加精彩。

(三)观看FLASH《蜗牛》

主持人：那么失去诚信呢？请看FLASH《蜗牛》。

主持人：看过以后你肯定有许多感想，能否联系现实谈谈身边一些像蜗牛一样扔掉诚信的例子？

(四)小品演出：《二十年前后》

主持人：是啊，随着社会的高度发展，许多人就像这只蜗牛，只顾眼前，丧失了许多美德，不讲诚信的事情也时有发生，让我们来看一段二十年前后的诚信故事吧！有请黄薇等五位同学为我们演绎一段关于诚信的故事。

第一段：二十年前……

同学们看了这个小品肯定会有很多的想法，你认为她这样做吃亏吗？你觉得她应该怎样做呢？

(同学讨论，发言)

第二段：二十年后……

1. 小品给你哪些启发？

2. 你还能讲讲在同学中发生的有关诚信的故事吗？

3. 作为一名学生应该如何做到讲诚信？

主持人：有人说"诚信就是一种轮回"，怎么理解呢？就是说，这一轮的信用行为构成下一轮的信用代价，也可能构成下一轮的信用财富，这种轮回是以诚信引导诚信，构成循环。那么作为一名中学生，我们还不必去迎接社会的风浪，那我们有没有在接受着诚信的考验呢？有。我们的诚信精神体现在哪里呢？那就是不作假，作业不作假，说话不作假，考试更不能作假。

(五)欣赏一则感人的诚信故事

主持人：请观赏视频《三十七年的承诺》

主持人：中华民族自古就有诚实守信和忠义仁厚的传统美德。陈健与金训华同为上海下乡的知识青年，在金训华为抢救集体财产牺牲后，陈健就发誓要为他守墓一辈子，尽管在这过去的37年间，当年和他们一起下乡的知青都已返回上海，但陈健却始终在信守当年的诺言。37年，多么漫长的岁月，但为了一个承诺，为了两个字：诚信，他做到了。

a) 为何这则故事如此感人？

b) 坚守诚信的本质是要做到什么？

主持人总结：诚信"首先是处理个人与社会、个人与个人之间相互关系的基础性道德规范。孔子讲"民无信不立"，是指国家的统治者应取信于民，否则就得不到老百姓的支持。孔子讲的是国家与民众的关系。把孔子的话引申开来，在个人与社会、个人与个人之间，也可以说是"无信不立"。国"无信不立"，领导者"无信不立"，家庭"无信不立"，个人当然也是"无信不立"。今天我们在公民道德建设中，要大力倡导做老实人、说老实话、办老实事，以信待人、以信取人、以信立人的美德。坚守诚信的本质就是坚守住自己心灵的承诺，无论时世变迁，无论沧海桑田，永远不变的是许下的诺言。

(六)配乐朗读《诚信与青春同行》

不知是人们背弃了自我，还是诚信厌倦了我们：在人生的这个跨栏前，我们停滞了脚步。我无法想象当诚信与我们擦肩而过，沦为一种千载难逢的邂逅时，我们是否依然步履平稳，足音坚实！

以诚为本，信能化金。

拥有诚信，一缕烛光可以温暖一片空虚的心灵；

拥有诚信，一片绿叶可以倾倒一个姹紫嫣红的季节；

拥有诚信，一朵浪花可以飞溅起整个海洋，激起惊涛骇浪……

正是因为有了诚信，诸葛亮才得以七擒孟获，化蛮悍为玉帛；

正是因为有了诚信，管鲍之谊才得以名垂千古，鉴后人而醒世。

正是因为有了诚信，"风萧萧兮易水寒，壮士一去兮不复还。"毅然诀别易水的荆轲，尽管深知前方路途艰险，然而他依旧义无返顾。可敬可佩！

正是因为有了诚信，"以先国家之急而后私仇也。"独闯龙潭的蔺相如，尽管也晓得前途未卜，然而他仍旧抱着对人民的诚信，完璧归赵。

诚信是高山之巅的水，洗尽铅华，洗尽躁动，洗尽虚诈，留下启悟心灵的妙谛。多一份真诚的感情，多一点信任的目光，脚踏一方诚信的净土，方可浇灌出人生最美的花朵。人生之舟，不堪重负，有弃有取，有失有得。失去了美貌，有健康陪伴；失去了健康，有才学追随；失去了才学，有机敏相随。但失去了诚信呢？失去诚信，我们所拥有一切：金钱、荣誉、才学、机敏……就不过是水中月，镜中花，如过眼云烟，终会随风消逝。

青春与诚信同行。一路有它，我们不再害怕空虚，因为它比金钱更具内蕴。举着"金钱万能"的招牌东奔西走的人生注定是无聊乏味的人生，满身的铜臭味最终带来的也不过是由金钱堆砌而成的冰冷墓穴，甚至捎带着千夫指万人诟的悲凉；而诚信，能给人生打底润色，让人生燃烧起火一样的激情，充满温馨祥和的气息，它给生命灌注醉人的色泽与丰富含蕴，让生命在天地之中盈润注目，善始善终。没有谁能阻挡住它的步伐，谁也阻挡不了。生命因诚信而更可贵；生活因诚信而更绚烂！

青春与诚信同行。一路有它，我们不再害怕孤寂，因为它比荣誉更具时效性。荣誉是短暂的，它只是人生旅途上一小片美丽的风景，好花不常开，好景不常在，它再美丽，也只能像流星一样消逝在遥远的天际，仅留下无奈的瞬间和遥遥无期的等待；而诚信是孕育人生靓丽风景的种子，你的辛勤耕耘，将化做美丽的天使，伴你度过每一个收获的季节。一路奔波，播撒诚信的种子在生机盎然的春色满园，你将永远生活在诗情画意里。

抛掉诚信的背囊与失去自我殊途同归！！！

青春与诚信同行，让诚信的风徜徉在每一个角落。

(七) 用诚信卡许下青春的诺言

诚信是试金石；诚信是成长的法则；诚信是折射人品的三棱镜。

(八) 主持人结语

主持人(男)：拥有诚信，一根小小的火柴，可以燃烧一片星空。拥有诚信，一片小小的绿叶，可以倾倒一个季节。拥有诚信，一朵小小的浪花，可以飞溅起整片海洋……

主持人(女)：我们崇尚这样一种诚信：仰起希冀的脸庞，拍拍手，歪歪头，说："相信你！"

主持人(男)：此时此刻，难道你心底能不涌起一股激动的热潮？

主持人(女)：我们向往这样一种诚信：舒开紧蹙的眉头，露出笑颜，快步走到朋友面前，说："真诚地祝福你！"

主持人(男)：此景此境，难道你的头脑没有闪烁过一片快乐的彩云？

主持人(合)：播种诚信，你收获的就不仅仅是朋友的信任，还有——可以信任的世界！

(九) 在诚信树前照全家福

3. 举办全国主题教育学术研讨会

在研究和实践的基础上，举办了全国中学生价值教育的学术研讨会。在举办的第23届三市一区(开封市、无锡市、杭州市和上海闸北区)德育研讨会和第3届百校班集体建设共同体研讨会中，会议内容之一就是三市一区和全国百校的代表围绕社会主流价值观的内容进行同课异构的设计，代表展示了他们设计的课，专家进行了课例的点评，并对如果进行青少年价值教育进行了现场指导，同时探讨了下一步价值教育的方向和思路。

四、学校价值教育的方法

在对青少年进行价值教育时，我们主要运用了讲授式、积累效应式、两难问题讨论式、主动发展式、价值梳理式、角色扮演式和文化传递式等方法，但在具体运用过程中，针对不同特点的学生有所偏重，很多时候，在进行价值教育时，往往都是这些方法综合交叉运用的。

1. 讲授式

讲授式是教师在课堂教学中以讲授的方式向学生传递价值信条和价值观念、灌输道德规范和行为准则的指导性方法。尽管仅仅依靠教师讲授并不能达到价值教育的理想效果，但这种传统的教学方法在日常教学中的重要作用仍无法取代。在许多学校，讲授式仍是一种基本的价值教育方法和显性的价值传递手段。

2. 积累效应式

积累效应式是一种非强制性、愉悦性、隐蔽性、无意识性和影响持久性的价值观影响模式，是陶冶教育法的具体形式。通过有目的、有计划地设置和组织目标价值取向的情境和活动，对学生进行人格感化、环境陶冶和艺术陶冶等。此方法既用于进行群体教学，也针对问题学生。

3. 两难问题讨论式

两难问题讨论是学生在教师的指导下，通过开放式讨论或公开性辩论，就某些价值两难问题发表个人看法，并尝试提出解决方案。这种方法有助于激发学生的参与性和创造性，使其在积极、活跃的氛围中自我表达，加深对不同观点的理解，进而形成独立思考能力、批判意识和创造性精神。这种以两难问题假设为基础的教学方法，是价值教育的重要手段，具有较强的实效性。它主要应用于中学阶段的课堂教学及实践活动，这一阶段的学生的身心都趋于成熟，形成了一定的价值观念和价值态度，因此在讨论价值两难问题时，不仅能较为完整、明确地表达个人观点，还能对他人的见解做出敏感回应及适当评价。

4. 主动发展式

教育者抓住时机引导学生主动地自觉学习、自我反思、自我锻炼，通过思想转化和行为控制来形成正确的价值观的方法。特点是把学生放在价值主体的地位上，调动他们自身的积极性、主动性和创造性，使他们能够运用正确的理论通过自身学习、反思、实践、判断、评价和选择，丰富自己的精神生活，提高自己的思想觉悟，见贤思齐，从而择善而行，践行正确的价值观。

5. 价值梳理式

所谓价值梳理式指主要基于道德两难与价值澄清模式整合而成的，对价值观事件进行多角度价值分析、整合与价值取向引导的教育教学过程。通过价值选择—价值溯源—价值排序—价值辩论—价值澄清—价值引导（主流或倾向）—价值行动等步骤让学生产生价值辨析和价值反思，让学生在复杂情境中做出强制的最突出的价值取向选择，考察学生集中的价值观念体现；在情景问题的多种价值取向中诱发学生的认知冲突，激发学生的道德兴趣，在肯定其他价值取向的普遍意义时弱化、质疑其他价值取向在情景中的重要性，然后给出主流的价值取向；肯定、褒扬主流的价值取向，论证主流价值取向符合大多数人的最大利益；最后通过这些步骤和程序达到价值观教育过程中价值认知到内化价值观的目的。比如，对价值观事件进行集中的讨论。

6. 角色扮演式

角色扮演是指学生通过扮演各种社会角色，了解其相应的道德期望和价值诉求，并形成与之一致的行为模式。角色扮演以社会经验为基础，遵循"设置情境—扮演角色—讨论评价—总结经验"的操作过程。角色扮演是师生非常喜欢的一种价值教育方法。学生通过扮演实际生活情境中的角色，亲身体验其心理感受、情绪反应及行为选择。教师通过角色扮演法间接施以价值渗透，不仅灵活有趣，易于激发学生的主动性和观察力，还能使他们模拟各种社会角色及其行为方式，体会不同人物对争议性问题的认识。

7. 文化传递式

文化传递法作为传统德育方法之一，就是通过生动的吸引人的形式把优秀的文化价值观和道德标准传递给学生。它的目标是通过教学，把过去累积下来的知识、规则或道德标准传递给学生，让学生愿意并主动接受所传递的价值观念。这种教学方法是以教师利用实例、生活事件、故事、诗歌等，引导学生进入所呈现的生活情境或历史事件、寓言故事等道德情境中，并通过启发、思考、问答、讨论等活动教学法，使学生辨别正误、知道是非，树立起正确的道德思想。这种方法主要程度上沿袭了传统的教学方法，但要求非常注重材料的有效性和学生的参与性。比如，中国古代优秀的人文历史故事，现代对经典的解读，优秀的文艺作品，宏大的社会叙事如奥运开幕式，国家仪式等。

　　在对青少年进行价值教育时，我们遵循价值认知规律，教育方式从灌输转向对话，通过价值判断发现主流价值取向意义；我们关注价值盲点，从知识转向故事，借助叙事引发道德与价值移情；我们进行主流价值取向的肯定、引领与论证，从多元肯定到一元提倡，把握、巩固主流价值观结构层次；注重情境的创设与情感氛围的调动，从大道理转向小细节，关注生活情境，提高价值敏感；注重社会行动，重在价值活动践行，从感悟转向践履，建构生态体验式价值内化机制。

第二章　德育教科书及其价值取向

德育课程(课程名称随着时代的变化而稍有变化：自中华人民共和国成立以来，以初中德育课程为例，先后经历了"政治""思想政治""思想品德""道德与法治"等名称的历史衍变，但总体上可以将其概括为德育课程)作为一门独立的学科在我国中小学设置，旨在帮助学生从小树立正确的道德价值观，并将这些内化的价值观通过良好的行为表现出来，形成从道德他律到道德自律的转变。中小学德育教科书作为蕴含一定意识形态和文化的产物，不仅承担着传授知识的任务，而且反映着一定的价值取向，代表着一定的价值观念。正如课程社会学研究的基本问题(课程社会学研究的课题可归纳为三个基本问题：课程所代表的与所拒斥的是谁的知识？这些知识是由谁、且为什么要这样来选择与组织？这些知识在实际的教学过程中被置于什么样的地位、充当着什么样的成分？[1])一样，我们也可以将教科书研究的基本问题对应地理解为："教科书中所代表的与所拒斥的是谁的知识？为什么要以这样的形式来选择与组织教科书中的知识与内容？这些知识代表着谁的价值观和什么样的价值观？"这三个问题。依据阿普尔等人发现"在斯宾塞著名问题——'什么知识最有价值？'的背后，存在着另一个更具有争议性的问题，即"谁的知识最有价值？"[2]问题背后，我们也可以追问，在德育教科书中"什么道德最有价值？"同时继续追问，在德育教科书中"谁的道德最有价值？"是什么决定了他们成为最有价值的道德？这

---

[1] 吴康宁.课程社会学研究[M].南京：江苏教育出版社，2003：28.
[2] [美]阿普尔，史密斯主编.侯定凯译.教科书政治学[M].上海：华东师范大学出版社，2005：1.

些道德又是依据什么被选入德育教科书之中？为此，可以对我国初中德育教科书的演变及其价值取向进行简要分析概括。

第一节　初中德育教科书的历史演变

　　研究德育教科书的价值取向，需要对我国初中德育教科书发展的历史作简要了解。本节从两个部分来展开论述。第一部分是相关概念的界定，对研究对象概念的界定是研究的前提和基础，通过对教科书、德育教科书以及初中德育教科书这些概念的界定来明确研究对象的外延和内涵，从而便于准确地把握初中德育教科书的本质。第二部分是我国教科书及德育教科书发展的历史回顾，通过对教科书发展总述、近现代德育课程和初中德育教科书发展脉络这三个方面的梳理来说明我国初中德育教科书的历史演变。

一、教科书及德育教科书的概念

　　讲述"德育教科书"之前，有必要对"教科书"这个上位概念进行界定，也只有在"教科书"的概念明确之后，才会对"德育教科书"和"初中德育教科书"的概念有清晰地认识和理解。为此，本文在此基础上分别对教科书、德育教科书和初中德育教科书这几个概念进行追根溯源地分析和界定。

（一）教科书

　　按照习惯说法，有些人经常将"教材"（subject matter）和"教科书"（textbook）等同于一个词，从而造成人们在很多地方将这两个词混用的现象，认为这两个词不外乎是同一个物品的不同称谓而已。事实情况果真如此吗？其实不然。因此，先要辨析和界定"教材"和"教科书"这两个概念。"教材"和"教科书"这两个词在大多数的词典里面往往都被当作同义词，将这两个概念放在一起使用。而实际上"教材"和"教科书"在现行的几种汉语词典里的解释都有出入，这样缺乏严格的界定和区分，容易让人造成对这两个词的混淆和误用的情况发生。因此，我们有必要对"教材"和"教科书"这两个概念进行简要辨析和界定。

关于"教材"的概念,《辞海》将其解释为"根据教学大纲编选的供教学用和要求学生掌握的基本材料",而在《汉语大词典》被解释为"根据教学大纲和实际需要,为师生教学用而编选的材料"。①这两个解释都强调了教材是根据教学大纲而编写的,即先有教学大纲而后才有教材。而实际上,教学大纲与教材之间并没有想象中那种鱼水相连的紧密关系,教学大纲并非一定早于教材而出现。在我国晚清时期的学校教育中就一直没有所谓的教学大纲。教材通常是按照课程标准(或教学大纲)的规定,分学科门类和年级顺序编辑,它包括文字教材和试听教材,其中文字教材主要由教科书、讲义、讲授提纲、图表和教学参考书等部分组成。它是教师和学生据此进行教学活动的材料,它的内容要素一般包括三个部分,即构成知识体系的术语、事实、概念、法则和理论;与技能和能力有关的各种技术、作业方式和步骤;作为世界观基础的态度、观念以及可以激发非认知因素的事实②。因此,本书更赞同"供教学用的材料,包括教科书、讲义、参考资料、录像、图片,等等"③的界定。从这个界定中,我们可以看出教材包括教科书和其他资料等,教科书隶属于教材之中,是其中的一种。

　　通过上面的界定可以看出,虽然教科书隶属于教材之中实存已久,然而"教科书"这一名称在中国的出现始于 19 世纪 70 年代。由来华的基督教传教士在中国成立的"学校教科书委员会"(School and Textbook Series Committee)于 1877 年 5 月统一编订教会学校教科书开始,"教科书"一词开始在中国使用,一般也因此认为"教科书"一词由此而来④。教科书亦称"课本"、"教本",在《辞海》里

---

　　① 辞海编辑委员会. 辞海(缩印本)[M]. 上海:上海辞书出版社,1999:819;汉语大词典编辑委员会、汉语大词典编纂处. 汉语大词典(第5卷)[M]. 上海:汉语大词典出版社,1990:446.

　　② 顾明远. 教育大辞典(增订合编本)[M]. 上海:上海教育出版社,1998:695.

　　③ 李行健主编. 现代汉语规范词典[M]. 北京:外语教学与研究出版社、语文出版社,2004:661.

　　④ 石鸥,吴小鸥. 简明中国教科书书史[M]. 北京:知识产权出版社,2015:7.

的解释是："按照教学大纲编写的教师和学生用书。"①在《汉语大词典》里被解释为："根据教学大纲的要求，专门为学生上课和复习而编写的书。"②《现代汉语词典》里的解释是："专门编写的为学生上课和复习用的书。"③《现代汉语规范词典》将其解释为："根据教学大纲编写的供教师讲授和学生学习的正式课本。"④《中国大百科全书·教育》中也将它称为课本，"是根据教学大纲（或课程标准）编写的系统地反映学科内容的教学用书，是教学内容的主要依据和师生教与学的主要材料。"⑤因此，通过上述不同词典对教科书所描述的概念可以看出教科书的共性，它是教材的主体部分，是各科根据教学大纲（或课程标准）而编写的供教学使用的图书，是教学中教师"教"和学生"学"的主要材料，同时也是教育部门及学校考核教学效果的主要依据。目前在我国的学校教育系统中，教科书通常是按学年或学期来进行分册编写。在教科书的结构和内容上，每册被划分成单元或章节的形式，主要有主题文（课文）、注释、练习等组成部分，当然，不同学科的教科书其组成部分又有不同，具体另论。

　　就逻辑学上来说，根据概念之间上下属关系，可以将概念对应地分为上位概念与下位概念两种⑥。"教材"和"教科书"这对概念就是上位和下位概念之间的关系。在对"教材"和"教科书"概念进行梳理后，我们不难发现，"教材"这一概念的外延比"教科书"要大，是教科书的属概念或称上位概念，它是成套化的系列，不仅仅局限于"教科书"；而"教科书"是"教材"的种概念或称下位概念，是最具代表性的核心"教材"。教科书虽然隶属于教材，但又不完

---

① 辞海（缩印本）[M]．上海：上海辞书出版社，1999：819．
② 汉语大词典（第5卷）[M]．上海：汉语大词典出版社，1990：448．
③ 现代汉语词典[M]．北京：商务印书馆，1983：571．
④ 现代汉语规范词典[M]．北京：外语教学与研究出版社、语文出版社，2004：661．
⑤ 陈桂生．常用教育概念辨析[M]．上海：华东师范出版社，2008：132．
⑥ 金岳霖．形式逻辑[M]．北京：人民出版社，1979：36-37．

全等同于教材，教科书是在课程演变到一定阶段之后才形成的特殊的教材样式①。简单来说，所有的教科书都是教材，而有的教材却不一定是教科书；因为教材除含教科书之外，还包括教学参考书、习题集、教学挂图等其他众多的印刷出版物，以及随着现代化教学手段的使用而出现的一些非印刷出版物等②。另外，从使用的学段范围看，"教科书"一词主要用于基础教育阶段的中小学教育领域，而在高等教育系统中则一般多用"教材"这一概念。

综上所述，本文立足于教科书的研究，为了避免由于词汇的不同而造成"教材"和"教科书"语义上的差别，特将研究概念界定在"教科书"范围内，在综述前人概念的基础上尝试性地给出教科书的定义：教科书是在教学过程中，供师生分别教授和学习的基本用书，主要是指师生用的课本，但同时也包括仅供教师用的教学参考书。它是教师进行教学活动的主要依据，也是学生获取基本知识的重要来源。但在本文的研究中，所提及的教科书就专指正式课本，不包括正式课本以外的其他参考书，专指"依据教学大纲编写的供教师讲授和学生学习的正式课本"，研究的教科书均以这种正式课本为准，下同。

（二）德育教科书和初中德育教科书

在对本研究中教科书的概念进行明确界定之后，接下来对"德育教科书"和"初中德育教科书"的概念进行说明。有研究者指出，"从学理上看，德育不能成为一门学科课程，因为德育本身包括高度综合性的教育内容，并无专门的学术性学科作为其知识背景，也不存在固有的逻辑和系统，需要多种学科内容和通过多种途径实现整合。"③但是，通过设置专门的课程对学生进行道德教育则是学校教育中的一种现实需求。所以，从现实存在的角度来看，德育课

---

① 陈桂生. 普通教育学纲要[M]. 上海：华东师范大学出版社，2008：178.

② 瞿葆奎. 教育学文集：课程与教材（下册）[M]. 北京：人民教育出版社，1993：145.

③ 刘黔敏. 道德人的生成与流变：中国中小学德育课价值取向研究[M]. 北京：中国社会科学出版社，2014：13.

程，尤其是中小学德育课程是存在的。我国目前中小学也开设了专门的德育课程，德育课程与其他课程一样，有着明确的课程标准（教学大纲）、教科书以及专门的德育课程教师队伍等。因此，可以说，德育课程是学校在明确的道德教育目的指引下，通过一定的内容载体进行道德教育的一门制度化的课程①。因此，德育课程是真实存在于学校教育教学的实践之中的。与上面的论述相类似的是，在具体的教科书名称上，也没有专门以"德育"二字来命名的教科书。但既然存在着真实的德育课程，也就会有相对应的德育教科书。在此思路的基础上，德育教科书即是对学生进行道德品质教育的教科书。同理，初中德育教科书就是在初中阶段对学生进行道德品质教育而使用的《思想品德》教科书，在我国目前的中小学学校教育的课程设置体系中，德育教科书就是指中小学思想品德道德与法论教科书。德育教科书既有着一般教科书的共性，也有着德育学科教科书的特殊性。共性自然不必言说，其特殊性主要体现为旨在培养学生养成良好的行为规范和道德情操。但由于历史的发展和时代的变迁，新中国成立以来，尤其是改革开放以来的不同阶段我国中小学德育教科书的课程名称也在不断演进，小学的德育课程就先后经历了从"政治课"到"思想品德"到"品德与生活（社会）"（小学一年级为"品德与生活"，三至六年级为"品德与社会"）再到"道德与法治"的演变，而初中的德育课程先后经历了从"政治"课到"思想政治"课再到"思想品德"课以及"道德与法治"课的变化②。因此也相继出现了德育教科书的名称略有变化的这一现象，为了研究的便捷性和用词的统一和规范性，本研究将此类教科书统称为德育教科书，特此说明。同样，在此基础之上，初中德育教科书就是指初中阶段学生使用的德育教科书。

---

① 刘黔敏. 道德人的生成与流变：中国中小学德育课价值取向研究[M]. 北京：中国社会科学出版社，2014：13.

② 注：思想品德教科书在各阶段的名称略有不同（以初中为例，1978年以后德育教科书分别经历了从社会发展简史、科学社会主义、青少年修养、法律常识、公民、中国社会主义建设常识、思想政治、思想品德、道德与法治等名称的变迁），本研究根据目前的教科书名称在此将其统称为德育教科书。

二、初中德育教科书发展的历史回顾

研究初中德育教科书，离不开对教科书、德育课程以及德育教科书本身发展脉络的梳理。按照这三者之间的逻辑关系，在出现德育教科书之前必定会是教科书和德育课程。教科书作为德育教科书的上位概念，在梳理德育教科书发展脉络之前需要对教科书的本体及发展做简要概述；同时，因为设置了德育课程才会有德育教科书的需要，德育教科书是为德育课程服务的，是德育课程贯彻落实的具体体现。为此，以下从三方面对我国德育课程及德育教科书的演变进行论述。首先，简要介绍我国教科书的历史发展进程；其次，对近代以来我国基础教育学段的初中德育课程进行简要梳理；最后，对近百年来，尤其是新中国成立以来不同阶段的初中德育教科书进行具体说明。

（一）我国教科书发展简述

在中国的学校教育渊源较早，《礼记·学记第十八》中有记载："家有塾，党有庠，术有序，国有学①。"教科书的起源可以追溯到原始社会。那时的社会生活和生产经验就是自然形成的教材②。只不过没有将其正式命名为教科书或者教材而已。就教材而论，商周时期就出现了作为教材的典籍。《四书》、《五经》是对传统教育产生了重大影响的文献，可以称之为传统社会最具代表性的教科书。《三字经》、《百家姓》、《弟子规》、《千家诗》、《千字文》等更是中国社会历来影响深远的蒙学教材，在其特定的时代发挥着教科书的作用。教科书像所有传统时代的典籍一样，担负着接续传统文化，传播社会教化的职责③。但那个时候并无"教科书"一词之称，而用诸如"课本"、"读本"之类的词来概括。"课本"一词可以从"凡

---

① 《礼记·学记第十八》.
② 曾天山. 教材论[M]. 南昌：江西教育出版社，1997：38-39.
③ 毕苑. 建造常识：教科书与近代中国文化转型[M]. 福州：福建教育出版社，2010：1.

定有程式而实验稽核之，皆曰课"①和"凡事之根源为本"两句中组合而成。这些词语在教科书出现之前，已在各种官私文献中得到使用，接近于俗语和泛称，在中国近代的使用上与教科书的概念呈现出并行同一的趋势②。据毕苑考证，光绪23年(1897年)，南洋公学外院成立，使用的教科书有《笔算教科书》一种，董瑞椿译《物算教科书》一种，张相文编《本国初中地理教科书》两种。这是"教科书"一词第一次在中国出现③。石鸥教授(2007)认为现代意义的教科书应该满足"产生了现代学制，根据学制，依学年学期编写出版；有与之配套的教授书(教授法、教学法)或教学参考书；依据教学计划规定的学科分门别类地编写出版"这三个条件④。基于这一认识，石鸥，刘学利(2013)认为现代意义的教科书肇始时间应该在19～20世纪之交⑤。据此，中国第一套现代意义上教科书的出现以1903年商务印书馆出版的与学制配套的"最新教科书"系列为标志⑥，这也是晚清唯一一套完整的，始终最重要、最有影响力的中小学教科书⑦。"最新教科书"由各年级的各个课程组成。由于每种、每门、每册书上都有"最新教科书"五个字(比如《最新初等小学国文教科书》、《最新初等小学算术教科书》、《最新高等小学国文教科书》《最新高等小学算术教科书》等)，所以称为"最新教科书"⑧。民国时期，中华书局的诞生打破了商务印书馆

---

① 《辞源》.

② 吴小鸥.中国近代教科书的启蒙价值[M].福州：福建教育出版社，2011：8.

③ 毕苑.中国近代教科书研究[D].博士学位论文，北京师范大学，2004：10.

④ 石鸥.最不该忽视的研究——关于教科书研究的几点思考[J].湖南师范大学教育科学学报，2007(5)：5.

⑤ 石鸥，刘学利.跌宕的百年：现代教科书发展回顾与展望[J].湖南师范大学教育科学学报，2013(5)：28.

⑥ 吴小鸥.中国近代教科书的启蒙价值[M].福州：福建教育出版社，2011：109.

⑦ 汪家熔.民族魂——教科书变迁[M].北京：商务印书馆，2008：55.

⑧ 汪家熔.民族魂——教科书变迁[M].北京：商务印书馆，2008：55.

在教科书市场独家垄断的局面,也促进了国文、修身等教科书的发展。中华人民共和国成立之初,中央要求在可能的条件下教科书的出版,有计划、有步骤地走向统一集中,自此教科书的出版渐次统一并在全国通用。中华人民共和国成立以来,我国针对不同时代教育教学的实际情况,提出了中小学教科书建设的指导思想和编写方针,并相应地采取了一系列措施保证教科书的编写工作,促使教科书质量不断提高[①]。"文化大革命"期间,由于受政治等因素的影响,我国的课程结构和教材体系都遭到了严重的破坏,"停课闹革命",全盘否定原有教科书的地位,教科书的发展基本处于停滞阶段,没有明显的进步。改革开放初期,我国的教科书编写和出版工作得到了恢复与规范,中小学通用教科书得到了迅速启动和出版,并呈现出异彩纷呈之势。1985年,教育部颁发的《全国中小学教材审定委员会工作条例(试行)》指出,"今后中小学教材建设,把编写和审查分开,全国中小学教材审定委员会负责审定,审定后的教材由教育部推荐,供各地选用。"由此开启了我国教科书"一纲多本"的模式,将我国教科书建设推到了新的发展阶段。1985年到1999年,我国中小学教科书建设从编审合一到编审分离,从"一纲一本"到"一纲多本"的多样化发展模式。进入21世纪以来,随着2001年第八次基础教育课程改革的全面推进和我国《基础教育课程改革纲要(试行)》的实施和义务教育课程标准(实验稿)的颁布,人民教育出版社、北京师范大学出版社、教育科学出版社、语文出版社、江苏凤凰出版传媒集团等多家出版单位相继编撰中小学教科书,标志着教科书的编写和出版发行进入了群雄逐鹿的繁荣时代。

(二)我国近代中小学德育课程概览

在我国目前的中小学课程设置中,小学一、二年级开设的"品德与生活",三至六年级开设的"品德与社会",初中开设的"思想品德"和高中开设的"思想政治"课程就是人们常说的中小学德育课程(另注:2016年4月教育部办公厅颁发的《关于2016年中小学教

[①] 石鸥,吴小鸥.百年中国教科书图说[M].长沙:湖南教育出版社,2009:1.

学用书有关事项的通知》"教基二厅[2016]12号"文件中，明确指出为了贯彻落实十八届四中全会精神中要求在中小学设立法治知识课程，决定从2016年起，将义务教育阶段起始年级的"品德与生活"和"思想品德"教科书名称统一更改为"道德与法治"①）。回顾百年来我国中小学德育课程的发展，在不同时期、不同学段所使用的名称虽然不一样，但总体目标基本一致，都是为了对学生进行道德品质教育，为此，可以将其统称为德育课程。

在我国基础教育阶段的学科课程体系中，德育课程（当时的"政治课"）的源头可以追溯到新民主主义革命时期②。自1917年"十月革命"后，马列主义开始在中国传播。中国共产党成立后，毛泽东、何叔衡等人于1921年8月创办了湖南自修大学，这是中国共产党创办的最早的一所传播马列主义和培养革命干部的学校。为了适应一般知识青年和一般青年工人的学习需求，自修大学又正式设立"补习学校"，并附设初中班，要求在国文和史地学科中进行马列主义教育。1922—1927年，中国共产党在上海大学进行过比较系统的马列主义传播。土地革命战争时期，苏维埃政府所属的各列宁小学、中专学校、各种类型的干部学生和军事学校均开设对学生和学员进行政治思想教育的专门课程。抗日战争时期，陕甘宁边区、华中苏皖边区、冀鲁豫边区、山东抗日民主根据地等地的中小学，普遍设置贯穿新民主主义政治思想教育的宣传抗日救国课程。到解放战争时期，辛安亭编写的《新三字经》在延安正式出版，成为西北、华北、东北等地农村地区家庭中进行道德教育的启蒙教材而广为流传。1946年初，政治课教师首次作为独立课程的代表，参加了在延安召开的边区中学教育会议。这次会议，充分肯定了开设政治课的意义，对统一边区各中学政治课的设置起到了重要的作用，并有力推动了解放战争时期新、老解放区中学政治课教学③。

---

① [EB/OL]. http://www.moe.gov.cn/srcsite/A26/moe_714/201604/t20160428_241261.html.

② 课程教材研究所编著. 新中国中小学教材建设史(1949—2000)研究丛书·政治卷[M]. 北京：人民教育出版社，2012：7.

③ 课程教材研究所编著. 新中国中小学教材建设史(1949—2000)研究丛书·政治卷[M]. 北京：人民教育出版社，2012：8.

中华人民共和国成立之初，由于全国大部分地区刚解放，开学后的学校，在废除训导制度、推行民主管理的同时，取消了"党义""公民""童子军""军事训练"等课程，开设了全新的"政治课"。在小学阶段，德育课程尚未形成统一、独立的学科形态，德育课程的教学主要依托各科教学及课外活动。相比之下，在中学阶段，逐步形成了统一、独立的德育学科课程，德育任务主要是由政治课来承载完成。这一时期，从政策文本层面也多次对德育课程做了具体规定：1951年6月23日，中央人民政府教育部发出《关于改进中学政治课名称、教学时数及教材的通知》，首次统一规范了中学政治课程的名称、课时和教材，之后也相应有其他类似《通知》对德育课程做了具体规定。从新中国成立之初到"文化大革命"之前的这一阶段，由于真正的德育学科课程体系还处于才创立的初创期，因此德育课程变动较为频繁，但课程的总体发展是在曲折中前进的。尤其是这一期间的"社会发展简史"和"辩证唯物主义常识"等课程，在中学学科课程体系中有着很高的声誉，对这一阶段的学生形成正确世界观和人生观产生了较为深刻的影响。

"文化大革命"期间，中学德育课遭到了一场浩劫。1966—1971年学校被迫进行"停课闹革命"，课程基本停止，课程体系被搞乱，教师队伍被打散，声誉被败坏，学生思想被毒害。1972—1974年，各年级虽然开设"政治课"，但内容极不稳定，有的学习"语录"，有的学习马列和毛泽东著作选编，有的选学报刊文章，各地的情况也不统一（课程内容见后面所附表格中列出的部分）。在这期间，全国没有统一的教学计划和教学大纲，教科书由地方自编，这一阶段的政治课，主要是追随当时政治运动的需要，从而变成了所谓的"运动"课。本来师生们对政治课的学科地位是认同的，但被这种错误运动所挟持的课程，无论在内容和形式上都引起广大师生的反感。这十年是课程发展经历的重大挫折和磨难的时期。

粉碎"四人帮"后，从1977年下半年开始，中学先后开设了"社会发展简史""科学社会主义常识""政治经济学常识""辩证唯物主义常识"四门课程，编写了统一教科书，初步恢复了正常教学秩序。十一届三中全会以后，中小学思想政治课也在拨乱反正、正本清源的基础上，重新走上了健康发展的轨道。1979年4月22日至5月7日，教育部根据中共中央58号文件批转中共中央宣传部等8个单位所提交的《关于提请全党重视解决青少年违法犯罪问题的报告》，在北京召开了全国中小学思想政治教育工作座谈会，针对当时形势下部分学生确实存在的一些严重问题，会议提出不能放任不管，掉以轻心，我们必须高度重视，认真对待。会议认为，要加强中小学的思想政治教育工作，必须从新时期的总任务出发，联系整个中小学教育工作的全局，从根本上解决好"要面向全体学生，全面完成中小学的培养任务"和"要坚持'三好'原则，全面贯彻执行党的教育方针"这两个方面的问题。会议专题讨论了"政治课"工作，9月印发了《全国中小学思想政治工作座谈会纪要》，提出要下大力气编出一套政治课教材。1980年教育部《改进和加强中学政治课的意见》（教政字013号文件）中明确了中学政治课的地位和任务，并提出了课程设置方案：在初中一年级开设"青少年修养"，在初中二年级开设"政治常识"，在初中三年级开设"社会发展简史"的教学内容①。这些课程的设置和教科书的出版发行在一定程度上促进了学校德育工作的发展，可以算是在文革之后学校德育工作初步走向正轨的标志。

20世纪80年代后，国内国际形势发生了巨大的变化。为了适应现代科学技术和经济政治的变化，1985年8月，中共中央印发中发[1985]18号《中共中央关于改革学校思想品德和政治理论课程教学的通知》（以下简称《通知》），对各级各类学校德育的课程设置、教学内容和教学方法都提出具体的改革目标。其中对中学德育的内容和要求是："在初中阶段，要进行道德、民主和法制、纪律教育，进行社会生活和社会发展规律以及社会主义建设常识的教育，使学生逐步养成爱国主义和社会主义人道主义的道德品质和高尚的审美情趣，了解和遵守社会主义民主、社会主义法制和民主集

---

① 20世纪中国中小学课程标准、教学大纲汇编·思想政治卷[M].北京：人民教育出版社，2001：234-235.

中制的原则,树立遵守法律和纪律的观念,对我国社会主义社会的实际情况和发展方向有一个初步的认识,树立自己对社会的责任感。在高中阶段,要进行初步的经济学和其他社会科学的教育,使学生正确认识人生的意义,以及个人与社会、权利与义务、主观与客观、自由与必然、幸福与牺牲、革新与传统、成功与失败、感情与理智、环境与毅力、精神与物质、先进性与群众性、理想与现实、现象与本质、中国与世界等一系列相互关系,初步学习运用马克思主义的观点和方法分析和观察社会现象,逐步树立为建立高度民主、高度文明的社会主义现代化国家和实现共产主义事业而奋斗的远大理想。中学的语文课、历史课、艺术课和课外活动,要按照各自的特点同时注意与思想理论课互相密切配合。中学(特别是初中,甚至部分小学高年级)学生正值身心发育的重要阶段,必须适时地以亲切严肃的态度教好生理卫生课,进行自尊互尊教育,防止早恋现象和其他失误发生。初中和各类高中的绝大多数毕业生都面临着就业问题,因此,在初中和高中的最后一年都要安排时间对全体学生讲授职业生活知识、职业道德、劳动纪律、劳动安全、就业和部分待业青年的光辉榜样(包括艰苦创业、坚守信誉、奉公守法、为人民服务、团结合作、自学成才等方面),并使学生有各种机会直接参加各类职业生活的访问和练习;这些内容都需要在职业技术教育课程以外的时间专门认真进行,不可草草了事。"①对中学阶段德育的内容和方法都做了非常明确和具体的阐述,既有道德方面的规定,也有人生理想、个人与社会等关乎个人、国家和社会等不同层面的具体要求。

1988年8月20日国家教委颁布了《中学德育大纲》(试行)。该大纲在遵循以马克思主义为指导,以社会主义初级阶段的理论和基本路线为依据,适应我国大力发展生产力、大力发展社会主义的商品经济和改革开放的需要,适应建设民主政治,加强社会主义精神文明的需要原则的基础上,从中学生实际出发,重视基本道德、基

---

① 20世纪中国中小学课程标准、教学大纲汇编·思想政治卷[M].北京:人民教育出版社,2001:266.

本观点、基础文明行为的教育和养成，重视个性心理品质和能力的培养；坚持实践的观点，引导学生适应改革开放和商品经济的社会环境，并做到知行统一。其具体内容包括中学德育的培养目标、中学德育的基本内容和要求、中学德育的途径、学生品德的评定、实施德育大纲的领导和管理五个部分。经过几年的试行，在总结改革实验课程设置方案经验的基础上，国家教委于 1992 年确定了新的中学思想政治课课程设置方案，并制定了新的《中学思想政治课教学大纲》，并按照教学大纲统一编写了教科书，且中学德育课程名称统一定为"思想政治课"。课程内容要求初中一年级主要进行公民道德、国家观念、法制观念教育；初中二年级主要进行社会发展常识教育；初中三年级主要进行有中国特色的社会主义和中华人民共和国宪法常识的教育。

  20 世纪 90 年代后期，经济全球化、世界多极化以及信息化推动了教育领域的改革。1997 年 3 月国家教委颁发了《九年义务教育小学思想品德和初中思想政治课课程标准(试行)》，使九年义务教育阶段中小学德育课程在教学内容、教学原则、教学方法、教学管理和考核评价方面都贯通起来，形成一个整体。课程内容主要体现为：小学一、二年级主要通过具体的日常行为指导，帮助学生养成良好的行为习惯；小学三至五年级通过典型事例或故事，使学生在基本道德问题上明辨是非，指导如何选择正确的行为；小学六年级通过系统地对学生进行道德规范教育，使学生能够对社会生活中遇到的道德问题进行比较，做出正确的道德选择，从而提高道德行为的自觉性；初中一年级主要是对学生进行心理品质、道德情操和思想方法的教育，使学生具有面对挫折的承受能力和对待成功的正确态度；初中二年级主要是对学生进行法律常识的教育，形成必须的法律意识；初中三年级主要是对学生进行社会发展常识和我国基本国情的教育，使学生明确历史使命，树立社会理想[1]。使中小学德育课程在各个方面实现了整体的融合，体现了中小学德育课程的差

---

  [1] 中华人民共和国国家教育委员会编订. 小学思想品德课和初中思想政治课课程标准(试行)[M]. 北京：人民教育出版社，1997：3-66.

异性和连贯性的统一。

2000年底,中共中央办公厅和国务院办公厅发出《关于适应新形势进一步加强和改进中小学德育工作的意见》,要求进一步加强和改进中小学德育课程建设。在国务院批准《基础教育课程改革纲要(试行)》(2001)的基础上,教育部于2003年5月颁发了《全日制义务教育初中思想品德课程标准(实验稿)》,初中课程名称改为"思想品德",课程本着正确引导价值观念和帮助学生学习做负责任的公民的原则,从学生的生活出发,逐步扩展学生的生活,帮助学生过积极健康的生活的基本理念来安排设置课程①。初中德育课程从"成长中的我"、"我与他人的关系"、"我与集体、国家与社会的关系"三个方面的标准来设置,在内容上包括道德教育、心理健康教育、法律教育和国情教育四个部分。

2012年,由教育部制定,北京师范大学出版社出版的《义务教育思想品德课程标准》(2011年版),以社会主义核心价值体系为导向,旨在促进初中学生正确思想观念和良好的道德品质的形成与发展,标志着我国思想品德课程进入了全新的阶段。该版课程标准的内容在实验稿的基础上做了微调,围绕"成长中的我"、"我与他人和集体"、"我与国家和社会"三个模块,着重整合了道德、心理健康、法律和国情的内容。其中,道德教育是课程的基础,心理健康、法律和国情是课程的重要构成。2014年,教育部颁发了《关于培育和践行社会主义核心价值观进一步加强中小学德育工作的意见》(教基一[2014]4号)更加清晰地明确了培育和践行社会主义核心价值观的时代性、规律性和实效性,将社会主义核心价值观的理念落实到德育课程中去。

简而言之,我国德育课程的设置始于革命战争年代,经历了以革命干部学校教育为主的新民主主义革命时期,抗日战争和解放战争时期的形成与发展,到中华人民共和国成立后的重新发展这些阶段。尤其是中华人民共和国成立以来,我国德育课程发展迅速,国家和教育主管部门对德育课程也非常重视,制定和出台了一系列的

---

① 教育部基础教育司编.全日制义务教育思想品德课程标准(实验稿)[M].北京:北京师范大学出版社,2003:2-3.

文件和政策来加强和改进我国学校德育工作。为论述方便，现用表格来简单描述中华人民共和国成立以来我国初中德育课程文件、课程名称与课程内容的变化(见表2-1)。

表2-1　中华人民共和国成立以来我国初中德育课程文件、名称及内容一览表

时段	文件 （包括通知与规定等）	具体时间	课程名称及内容
1949—1965年 （中华人民共和国成立17年）	1951年6月，教育部颁发《关于改定中学政治课名称、教学时数及教材的通知》	1951	中国革命常识
	1951年11月，教育部发出《关于中学"政治课"略有变更的通知》	1951	中国革命常识 时事政策
	1954年4月，政务院通过《关于改进和发展中等教育的指示》 1954年7月，教育部《关于中学部分学科的设置、授课时数的变更及政治教材的通知》	1954	中国革命常识 时事政策 卫生常识
	1957年8月，教育部、团中央发出《关于对中学和师范学校学生进行社会主义思想教育的联合通知》	1957	以"反右"斗争为中心的社会主义思想教育运动
	1959年7月，教育部颁布《中等学校政治课教学大纲（试行草案）》	1959	政治常识 时事政策
	1961年8月，教育部《关于1961—1962学年度中等学校政治课课程设置和教学用书的通知》	1961	中国革命和中国共产党 道德品质教育 社会发展简史
	1963年7月，教育部《关于试行全日制中小学新教学计划（草案）的通知》	1963	道德品质教育 社会发展简史 中国革命和简史 时事政策
	1964年，教育部《关于改进高等学校中等学校政治理论课的意见》	1964	选读毛泽东著作 做革命接班人 社会发展简史 我国社会主义革命和建设 时事政策

续表

时段	文件 （包括通知与规定等）	具体时间	课程名称及内容
1966—1976年（"文化大革命"十年）（以北京为例）	这一期间，全国没有统一的教学计划和教学大纲	1972	初一、初二学习毛泽东著作一、二册，初三学习毛泽东著作三、四册
		1974	毛泽东《我的一点意见》等著作及马、恩、列、斯、毛语录等
		1975	毛泽东关于理论问题的指示，马、恩、列、斯33条语录，四届人大文件，毛泽东三项指示，《哥达纲领批判》、《反杜林论》、《国家与革命》、《关于正确处理人民内部矛盾的问题》、《论人民民主专政》节选
		1976	毛泽东诗词二首，元旦社论，"反击右倾翻案风"文章，《社会发展简史》，《实践论》、《矛盾论》、《人的正确思想是从哪里来的?》
1978—1985年（拨乱反正）	1979年全国中小学思想政治教育工作座谈会纪要 1980年《关于印发改进和加强中学政治课的意见的通知》 1982年四个教学大纲（试行草案）	1980	青少年修养 政治常识 社会发展简史
		1982	青少年修养 社会发展简史

续表

时段	文件 (包括通知与规定等)	具体时间	课程名称及内容
1986—1996年（改革发展）	1985年中共中央《关于改革学校思想品德和政治理论课程教学的通知》 11月8日《关于落实中学思想政治课改革实验的通知》 1986年《中学思想政治课改革实验的通知》 1986年《中学思想政治课改革实验教学大纲(初稿)》 1987年《关于进一步扩大中学思想政治课改革实验的通知》 1988年六个改革实验教学大纲 1992年《全日制中学思想政治教学大纲(试行)》 1993年《九年义务教育全日制初级中学思想政治课教学的大纲(试用)》	1986	公民 社会发展简史 中国社会主义建设常识
		1992	思想政治
		1993	公民 社会发展简史 中国社会主义建设常识
1996—2002年	1994年中共中央《关于进一步加强和改进学校德育工作的若干意见》 1997年《九年义务教育小学思想品德课和初中思想政治课课程标准(试行)》 2000年中办国办《关于适应新形势，进一步加强和改进中小学德育工作的意见》	1996—1997	良好心理品质、高尚道德情操和正确思想方法 法律常识 社会发展简史和基本国情
2003年至今	2003年教育部全日制义务教育思想品德课程标准(实验稿) 2007年教育部印发了《初中思想品德课和高中思想政治课贯彻党的十七大精神的指导意见》 2012年《教育部全日制义务教育思想品德课程标准(2011年版)》 2014年教育部《关于培育和践行社会主义核心价值观进一步加强中小学德育工作的意见》	2003年至今	思想品德 三个学习模块： 成长中的我 我与他人关系 我与集体、国家和社会的关系 三个模块微调为： 成长中的我 我与他人和集体 我与国家和社会

(三) 我国初中德育教科书的发展脉络

在前面简要概述了我国中小学德育课程之后,接下来对与之对应的一个多世纪初中德育教科书的发展脉络进行梳理。20世纪以来,中国社会历经多次重大变革。自清末以来,一个多世纪的中小学学校德育课程的名称频繁变动,与之相配套的德育课程标准(大纲)和教科书也在此基础上数次改变。纵观我国20世纪以来的学校德育类教科书发展,先后经历了"修身""公民""党义""公民""政治""毛泽东思想""思想政治""品德与生活(社会)""思想品德""道德与法治"等名称的变化。"名正"才能"言顺",在教科书"名"变的同时,其"言"必然会作相应变化。我国一百余年的中小学德育教科书名称的变化清晰地反映了主流意识观念控制下的德育教科书内在价值观念的变迁与发展。

从20世纪初直到现在,由于受到历史和政治等因素的影响,我国中小学德育教科书历经100多年的发展演变,名称几经变化,与之对应的德育教科书文本所传播的主流价值观,也随之而发生了一些变化。总体来说,可以将其分为起步的"修身"教科书、博弈中的"公民"和"党义"教科书、中华人民共和国成立初期的"政治"教科书、"文化大革命"的"政治"教科书、统分结合的"思想政治"教科书以及群雄逐鹿的"思想品德"及"道德与法治"教科书六个发展阶段。

1. 重新起步的"修身"教科书(1903—1922年)

修身,即修养好自身的品德,强调的是自我境界的提升。修身一科,自古有之(因此,在清初设"修身"一科,本文称之为重新起步,特此说明),在儒家的政治哲学著作《礼记·大学》提出的八条目中就有其一席之地:"古之欲明明德于天下者,……欲齐其家者,先修其身;欲修其身者,先正其心;……"①清末的"修身"课程,正如其名称所言,关注的是个体的道德修养水平的提升,旨在培养统治者需要的驯服的人才。1902年清政府颁布的由管学大臣

---

① 陈晓芬,徐儒宗译注. 论语·大学·中庸[M]. 北京:中华书局,2011:250.

张百熙拟定的《钦定蒙学堂章程》《钦定小学堂章程》《钦定中学堂章程》中均将修身列为第一学科,"蒙学堂课程门目表:修身第一……教以孝悌、忠信、礼仪廉耻、……";"寻常小学堂课程门目表:修身第一……取《曲礼》、朱子《小学》诸书之平切实者教之";"中学堂课程门目表:修身第一……当本《论语》《孝经》之旨趣,授以人伦道德之要领"。在1903年的《奏定学堂章程》再次将"修身"作为教授科目之首①。并依据上述章程由商务印书馆编撰出版了《蒙学修身教科书》和《最新修身教科书》,这些教科书主体上以"忠君尊孔"为中心,努力教育学生养成"忠孝知礼"的观念。随着"修身"这门课用法令的形式来命名,标志着关乎政治和道德教育课程在学校教育中地位的确立,虽然在后面的时代里经历了很多次名称的变化,但其关于政治和道德教育的教学目标是一脉相承的。

　　随着清王朝的寿终正寝,民国时期,时任教育部长的著名教育家蔡元培先生主张中小学仍然开设"修身"一科,名称和清末"修身"一致,但在具体内容上与以前不甚相同,民国初年对德育课的内容和形式都进行了重大的变革。从1912年中华书局出版的《中华修身教科书》到商务印书馆出版的《共和国新修身教科书》再到1916年教育部对"修身"课程内容的挑战,不难发现"修身"课程在延续传统伦理道德观念的基础上,出现了"中华"和"共和国"之类的民主字眼,突出了国家、民主和共和的时代观念,同时兼顾公民须知等内容,尤其是在1916年以后,公民教育逐渐成为一种教育思潮,为后面"公民"课程的出场打下了思想和知识的基础。

　　2. 博弈中的"公民""党义"教科书(1922—1949年)

　　高举"民主"和"科学"大旗的"五四运动"拉开了新文化运动的帷幕。与之相配套的"修身"教科书中关乎公民的内容逐渐增多,在学校专设"公民课"被提上议事日程。从1919年全国教育联合会通过的《编写公民教材案》到1922年中华教育改进社的专门公民教

---

　　① 20世纪中国中小学课程标准、教学大纲汇编·思想政治卷[M]. 北京:人民教育出版社,2001:3-132.

育问题讨论会，再到1923年教育部颁发的《新学制课程标准纲要》中的"中小学公民课程纲要"的出台（其中，由杨贤江起草的《小学公民课程纲要》重点是让学生了解自己和家庭、学校、社团、地方、国家、国际的关系；周鲠生起草的《初级中学公民学课程纲要》旨在让学生关注社会；由黄炎培起草的《高级中学公共必修的人生哲学课程纲要》目的在使学者渐明人生之真象与修养之方法①），改"修身"课为"公民"课，实现了德育教科书从"修身"到"公民"的变身，是公民课的正式开始。同时，教科书在内容上发生了从重传统道德思想向重共和意识的公民素质转变，这表明德育课程的培养重心正在实现从注重形成个人道德修养向培养合格公民的转变。此阶段有中华书局1924年出版的《新小学教科书公民课本》成为其教科书的代表。1927年以蒋介石为代表的国民党在南京建立国民政府，为了加强其"一党专政"的统治，提出"以党义治国"的口号，并于1928年8月取消"公民"一科，教学"党义"，并由世界书局出版发行了《初中党义教本》和中华书局的《新时代党义教科书》。在一定程度上来看，党义教科书的出现就是当时执政党实行"一党专政"的强烈信号。然而，由于"党义"教科书过分突出了意识形态的控制功能，期望通过强制教育来加强执政党的控制，遭到了诸多学者的批判和反对。胡适先生就提出"党义教育"是在摧残思想自由，为此疾呼"取消统一思想与党化教育"②。"党义"课程和教科书也在一片反对声中退出历史舞台，"公民"教科书又再次回归到学校课程中。然而，此阶段的"公民"教科书仅仅只是名称上的变化而已，在实质内容上却仍然是之前"党义"教科书要言说的内容。从1922年到1949年新中国诞生之前这段时间内，德育教科书在名称上经历了"公民"—"党义"—"公民"的变化，但其内容却在公民和党义之间进行着一种处于统治地位的主流意识形态

---

① 20世纪中国中小学课程标准、教学大纲汇编·思想政治卷[M]. 北京：人民教育出版社，2001：3，137，140.

② 赵慧峰. 简述人权运动时期的胡适思想[J]. 民国档案，1996(2)：84-87.

观念的博弈，孰是孰非，岂能简单通过课程及教科书的名称来决断？

3. 中华人民共和国成立初期的"政治"教科书（1949—1966年）

新中国成立后，1949年12月召开的全国教育工作会议对青少年教育提出了新的要求：在青少年学生中进行政治与思想教育，其主要目的乃是逐步建立革命的人生观。这种教育首先要反对买办的、封建的、法西斯主义思想，建立为人民服务的思想。但是为了建立和巩固为人民服务的思想，应提倡和鼓励学习马克思列宁主义和毛泽东思想。为此，教育部废除"公民"课程，将政治和道德教育的课程统一命名为"政治"，以"政治"命名的课程和教科书进入了新中国中小学课堂。然而，却又在1951年颁布的《关于改进中学政治课名称、教学时数及教材的通知》和《关于中学"政治课"略有变更的通知》中将政治课及教科书的名称取消，"原教学计划所列政治一科名称，应即取消"①。在初中三年级开设《中国革命常识》，在高中开设《社会科学基本知识》和《共同纲领》内容。1957年8月17日教育部《关于中学、师范学校设置政治课的通知》中将课程名称总称为"政治课"，在初中一、二年级讲"青少年修养"；初中三年级讲"政治常识"；高中一、二年级开设"社会科学常识"；高中三年级设"社会主义建设"内容。在上述通知颁布后的10天（1957年8月27日），教育部、团中央又联合下达对中学和师范学校学生进行社会主义思想教育的通知，决定将前述内容改为进行以右派斗争为中心的社会主义思想教育，旨在使学生提高社会主义思想觉悟，受到实际的阶级教育，直到1959年"政治常识"课的重新恢复。纵观中华人民共和国成立初期到"文化大革命"前的17年，不难发现这段时间德育课程的名称和内容安排频繁变更，这样不断地变更必然对教科书的建设和编写带来巨大挑战，导致教材编制的供不应求，除了应急临时编写的一些《社会主义教育教材》《政治常识》《道德品质教育》《社会发展简史》《做革命接班人》外，一度只

---

① 20世纪中国中小学课程标准、教学大纲汇编·思想政治卷[M]. 北京：人民教育出版社，2001：194-195.

能使用胡绳等人发表在《学习杂志》上的文章，王惠德、于光远的《中国革命读本》和"毛主席著作"中的《中国革命和中国共产党》《毛泽东著作选读》《做革命的接班人》等作为教科书，这样的频繁变动也为接下来文革期间德育教科书的异化埋下了伏笔。

4. "文化大革命"的"政治"教科书（1966—1976年）

"文化大革命"期间，我国中小学德育课程遭受了一场浩劫。课程体系被搞乱，教师队伍被打散，声誉被败坏，学生思想被毒害。"政治统帅一切，冲击一切"，在思想政治教育方面，传统教科书被彻底否定，红彤彤的革命教科书出现，这是前无古人后无来者的教科书①。1966年，文化大革命爆发，当年6月13日，中共中央、国务院批转教育部党组《关于1966—1967学年度中学政治、语文、历史教材处理意见的请示报告》指出："中学历史课暂停开设，政治和语文合开，以毛主席著作为基本教材，选读文化大革命的好文章和革命作品，发动师生揭发批判原有教材。"自此，全国统编中小学教材停止使用。在这期间，德育课变成了追随当时的政治运动的需要的所谓"运动"课，政治教育被窄化为毛泽东思想教育，对应学校各年级的政治教科书也就是毛泽东的文章与关于毛泽东的文章。以北京市为例，这期间中学各年级"政治"课的内容均为毛泽东著作选集，教科书就是以这些著作选编、报刊和文集为主，另加一些马克思、恩格斯、列宁、斯大林语录等。这种状况持续到1972年"林彪事件"后才稍微有所好转，各地恢复"政治"课程和教科书，相关的德育教科书有《我的一点意见》《国家与革命》《关于正确处理人们内部矛盾的问题》《社会发展简史》《实践论》《矛盾论》《人的正确思想是从哪里来的》《哥达纲领批判》《反杜林论》等。但总的来说，这一阶段是对正统教科书进行彻底革命的时期，是全面构建红色革命课本的时期②。

---

① 石鸥，刘毕燕. 何谓名正，如何言顺——百年中国中小学政治教科书名称的演变[J]. 河北师范大学学报（教育科学版），2014（6）：18.

② 石鸥. 百年中国教科书论[M]. 长沙：湖南师范大学出版社，2013：18.

5. 统分结合的"思想政治"教科书（1977—2002 年）

粉碎"四人帮"后，从 1977 年下半年开始，中学先后开设了"社会发展简史""科学社会主义常识""辩证唯物主义常识""政治经济学常识"四门课，编写了统一教材，初步恢复了正常教学秩序。十一届三中全会以来，随着改革开放政策的制定与社会主义现代化建设的发展，我国中小学思想政治课也在拨乱反正、正本清源的基础上，重新走上了健康发展的轨道。1980 年教育部《改进和加强中学政治课的意见》(教政字 013 号文件)中明确了中学政治课的地位和任务，并提出了课程设置方案：在初中一年级开设"青少年修养"，在初中二年级开设"政治常识"，在初中三年级开设"社会发展简史"，高中一年级开设"政治经济学常识"，高中二年级开设"辩证唯物主义常识"的教学内容①。教育部于 1982 年颁发了《全日制五年制小学思想品德课教学大纲(试行草案)》和中学各年级政治课教学大纲(简称《1982 年教学大纲》)，与此相配套的这一时期的德育教科书包括《全日制十年制学校小学政治课教材》《青少年修养》《政治常识》《社会发展简史》《政治经济学常识》和《辩证唯物主义常识》等。1992 年国家教委确定了新的中学思想政治课课程设置方案，并制定了新的《中学思想政治课教学大纲》，同时按照教学大纲统一编写了教科书，将中学德育课程名称统一定为《思想政治课》，与之对应的教科书为《思想政治》，并一直延续至 21 世纪以来的新一轮课程改革。从改革开放后至 21 世纪之初，在时间上看，从 1977 年到 1984 年期间，均是以国家的统编教科书为准，教科书在全国的使用高度统一。从 1985 年到 2000 年，教科书出版发行的大一统局面已经逐渐被打破，并且朝着"一纲多本"的方向发展；1985 年 1 月 11 日，教育部颁发《全国中小学教材审定委员会工作条例(试行)》，指出：今后中小学教材建设，把编写和审查分开，全国中小学教材审定委员会负责审定，审定后的教材由教育部推荐，供各地选用。这标志着我国中小学教材由"一纲一本"的统编

---

① 20 世纪中国中小学课程标准、教学大纲汇编·思想政治卷[M]. 北京：人民教育出版社，2001：234-235.

通用制改革为"一纲多本"的竞编选用制①。全国大一统的教科书模式正在改变，教科书由此也正式朝着"一纲多本"的新时代在迈进。因此，总体来说，在1978年改革开放后至2002年这一期间，我国德育教科书正在逐渐从统一向逐渐放开的模式发展。

如前面所述，改革开放以来我国初中德育教科书的名称经历了一些变化。为此，对应的初中德育教科书的内容也会相应地随着名称的变化而做些调整。这一时期的初中德育教科书分别是《社会发展简史》《青少年修养》《公民》《中国社会主义建设常识》《思想政治》等，下面就依照这种顺序来分别简述这些教科书内容。

(1)《社会发展简史》教科书。

1963年7月教育部颁布的《关于实行全日制中小学新教学计划(草案)的通知》中，将"社会发展简史"这门课建议安排在初二或初二至初三年级开设。在1982年版《初级中学社会发展简史教学大纲》(试行草案)中，该课程被定位为"社会发展简史是一门讲述人类社会由低级阶段向高级阶段发展的一般过程及规律的课程。"它是对中学生进行马克思主义基础知识教育的启蒙课。教学目的是"使学生初步掌握人类社会发展的规律和历史唯物主义的最基本的观点，为逐步树立共产主义世界观打下初步基础"。② 教科书具体包括前言、原始社会、奴隶社会、封建社会、资本主义社会、社会主义和共产主义社会、结语这七个部分。1988年初级中学《社会发展简史》改革实验教学大纲虽然在原有基础上稍有修订，但总体上还是保持着原来的结构。1993年德育教科书名称统一为《思想政治》，但是其中初中二年级仍然安排的是"社会发展简史"的内容。在教科书的内容和结构上有所变化，初中二年级《思想政治》教科书(上、下册)总共包括"原始社会是没有剥削和压迫的社会；奴隶社会是第一个阶级社会；封建社会地主对农民的剥削和压迫；资产

---

① 石鸥，吴小鸥.百年中国教科书图说[M].长沙：湖南教育出版社，2009：9.

② 20世纪中国中小学课程标准、教学大纲汇编·思想政治卷[M].北京：人民教育出版社，2001：246.

阶级是靠剥削和掠夺起家的；资本主义社会资本家和雇佣工人的对立和斗争；垄断资本对内对外的剥削和掠夺；资本主义的灭亡和社会主义的胜利是不可避免的；只有社会主义才能救中国"等八个方面的内容。

(2)《青少年修养》教科书。

《青少年修养》从1980年开始设置，到1986年《公民》教科书出现后结束。在1982年版的《初级中学青少年修养教学大纲》(试行草案)中，对其课程教学目的和要求都作了规定："对学生进行思想品德教育，使他们逐步树立正确的道德观念、革命的理想和情操，形成良好的行为和习惯。通过教学使学生懂得，加强修养是社会主义事业和党的教育方针的要求。社会主义事业是人类崭新的事业，又是极其艰巨的事业。担负这一伟大事业的人，必须有高度的思想觉悟和良好的道德品质。通过教学使学生懂得，修养的内容是多方面的。包括热爱祖国、热爱人民、热爱中国共产党、热爱科学、遵守纪律、热爱劳动、助人为乐、艰苦奋斗、英勇对敌等道德规范和共产主义的理想、风格、情操等方面的内容。通过教学使学生懂得，修养的主要方法就是加强学习、努力实践、言行一致，自觉地开展批评和自我批评。"[1]《青少年修养》教科书的内容除了序言(做一个优秀的中学生)和结语(让青春闪闪发光)外，具体包括热爱祖国，热爱人民，热爱中国共产党，热爱科学，热爱劳动，热爱集体，尊敬师长，遵守社会公德，树立崇高的理想，明是非、辨美丑，培养正当的爱好和兴趣，活泼乐观，诚实谦虚，艰苦朴素，锻炼意志，发扬革命英雄主义等十六个部分。该教科书以道德品质教育为主要内容，着重分析道德规范；同时，还将革命理想、情操和智、体、美等方面的修养内容结合起来，注重对学生正确态度的培养。

(3)《公民》教科书。

《公民》这套教科书从1986年开始设置，直至1996年止(其中

---

[1] 20世纪中国中小学课程标准、教学大纲汇编·思想政治卷[M]. 北京：人民教育出版社，2001：238.

自1993年以来课程名称统一为思想政治，但是分成公民、社会发展简史和中国社会主义建设常识三个部分在初中一年级、初中二年级和初中三年级分别开设)。1986年《中学思想政治课改革实验教学大纲》(初稿)"公民"部分对教学目的和要求做出了规定："通过教学，使学生懂得做一个社会主义公民必须具备的基本道德规范、法律规范和社会生活准则；逐步培养爱国主义和社会主义人道主义的道德品质及高尚的审美情趣和劳动观念；初步树立社会主义的法制观念和自觉的纪律观念，养成遵纪守法，遵守民主集中制的良好行为习惯；具有初步的辨别是非、善恶、美丑，抵制不良影响的能力，为培养有理想、有道德、有文化、有纪律的公民打下良好基础。通过教学，使学生懂得必须从现在开始，努力学习，积极向上，勇于实践，做一个既懂道理，又有良好行为习惯的中学生。"①与之配套的《公民》教科书具体内容包括"祖国和人民的利益高于一切的观念；集体主义观点；自觉纪律观念；劳动观点；热爱科学；培养审美情趣；珍惜时间的观念；社会主义人与人的新型关系；培养良好的个人品德；民主观念；树立法制观念；初步掌握一些法律知识；抵制不良影响，预防违法、犯罪"等十三个方面的内容。1988年《初级中学〈公民〉改革实验教学大纲》中将教科书的教学内容调整为"热爱祖国，热爱人民，热爱集体，文明交往，遵守纪律，热爱劳动，热爱科学，艰苦奋斗，审美情趣，民主观念，法律知识，法制观念"等十二个部分。1993年开始，初中德育教科书名称统一为《思想政治》，但关于"公民"方面的内容仍然安排在初中一年级的教科书中，通过教学，努力使学生做一个有理想、有道德、有文化、有纪律的社会主义好公民。教科书中关于"公民"部分的内容包括"祖国的利益高于一切；热爱社会主义祖国；培养为人民服务的思想；发扬集体主义精神；公民要自觉遵守纪律；热爱劳动，艰苦奋斗；热爱科学勤奋学习；尊重他人尊敬师长；认真学习社会主义法律知识；守法、护法是公民责任"等十个方面。

---

① 20世纪中国中小学课程标准、教学大纲汇编·思想政治卷[M]. 北京：人民教育出版社，2001：272.

(4)《中国社会主义建设常识》教科书。

《中国社会主义建设常识》教科书从 1986 年开始使用,《初级中学〈中国社会主义建设常识〉改革实验教学大纲》对该课程的教学目的和要求指出:"通过教学,使学生初步认识我国社会主义建设取得的重大成就和面临的艰巨任务;初步认识我国处于社会主义初级阶段的实际情况和发展方向;初步了解党在社会主义初级阶段的基本路线和各项具有长远意义的指导方针。通过教学,激发学生建设社会主义的历史责任感;帮助学生树立正确的学习目的和艰苦奋斗的精神;帮助学生树立遵纪守法观念;引导他们正确对待升学和就业;使他们立志成为有理想、有道德、有文化、有纪律的社会主义建设者。"①《中国社会主义建设常识》教科书的主要内容包括"我国处于社会主义初级阶段;经济建设是社会主义建设的中心;经济体制改革;对外开放;社会主义建设与人口问题;社会主义精神文明建设;社会主义民主建设;社会主义法制建设;中国共产党的领导;青年在社会主义建设中的责任"等十个方面。以吉林教育出版社(1987 年 8 月第 1 版)出版的《中国社会主义建设常识》教科书为例,教科书内容安排"建设有中国特色的社会主义;建设现代化工业;建设现代化农业;建设现代化国防和科学技术;对外开放;社会主义建设与人口发展;建设社会主义精神文明;建设社会主义民主;建设社会主义法制;坚持党的领导,努力建设社会主义"等十课。到 1993 年统一的《思想政治》教科书中,初中三年级教科书中关于"中国社会主义建设常识"的内容安排,旨在通过教学使学生认清我国的基本国情,增强法制观念,认清自己在当代的历史使命,树立崇高的理想,做社会主义事业的建设者和接班人。该部分内容在教科书中主要包括"我国正处在社会主义初级阶段;我国实行以社会主义公有制为基础的经济制度;我国人民当家作主的国家政权;重视和加强社会主义精神文明建设;控制人口数量,提高人口素质;增强法制观念,维护安定团结;正确行使公民权利,自觉

---

① 20 世纪中国中小学课程标准、教学大纲汇编·思想政治卷[M]. 北京:人民教育出版社,2001:275-276.

履行公民义务；做社会主义事业建设者和接班人"等八个部分。通过教科书这部分内容的教学，阐明我国社会主义初级阶段建设的基本问题，使学生认识到社会主义建设是一个长期的、复杂的、艰巨的探索和实践过程，对我国社会主义建设事业的前途充满信心。

(5)《思想政治》教科书。

从1992年开始，中学德育课程统一课程名称为《思想政治》，其中1993年《九年义务教育全日制初级中学思想政治课教学大纲（试用）》将教学内容分成"公民""社会发展简史""中国社会主义建设常识"三个部分，德育教科书的内容在上述几个教科书的概述中已经提及，在此不在重述。1997年《九年义务教育小学思想品德和初中思想政治课程标准（试行）》中将初中德育教科书的教学内容划分为"良好心理品质、高尚道德情操和正确思想方法""法律常识""社会发展简史和基本国情"三个部分，分别在初中一、二、三年级开设。以人民教育出版社2001年第2版初中思想政治教科书内容为例①，初中一年级思想政治教科书（上、下册）的教学内容包括"锻炼心理品质，加强品格修养""善于调节情绪，保持乐观心态""磨砺坚强意志，拒绝不良诱惑""能够承受挫折，勇于开拓进取""正确看待自己，增强自尊自信""发挥性格优势，养成良好习惯""待人真诚热情，建立真挚友谊""融入社会生活，陶冶高雅情趣""培养爱国情操，树立崇高理想""增强自律能力，培养健康人格"十课，体现了"良好心理品质、高尚道德情操和正确思想方法"的课程标准要求。初中二年级思想政治教科书（上、下册）依据课程标准中"法律常识"的要求，将具体内容安排到"法律是一种特殊的行为规范""依法维护社会公共生活""依法维护社会主义经济秩序""依法保障、促进社会主义精神文明建设""依法保护人类共有的家园""依法保护青少年健康成长""依法制裁违法犯罪""宪法是国家的根本大法""公民的人身权利受法律保护""公民在婚姻家庭

---

① 注：之所以选择2001年第2版是因为在1998年第1版的基础上依据2001年10月《九年义务教育小学思想品德课和初中思想政治课课程标准》（修订）的基础上修订完成的。

关系中的权利和义务""公民有受教育的权利和义务""公民在经济生活中的权利和义务""公民在政治生活中享有重要的权利""公民要履行维护国家统一、保卫祖国安全的义务""公民要依法同违法犯罪做斗争,维护自己的合法权益""正确行使公民权利,自觉履行公民义务"等十六课中。初中三年级思想政治教科书通过"人类社会的发展历程""社会主义是中国人民的历史选择""中国正处在社会主义初级阶段""建设中国特色社会主义""当代青年的历史责任"等五课内容来阐述课程标准中"社会发展简史和基本国情"的要求。教科书通过对学生进行个人生活、家庭生活、学校生活、社会公共生活、国家民族生活中的基本道德规范教育,进行思想方法、心理品质、法律意识、社会发展常识和基本国情的教育,逐步培养学生爱祖国、爱人民、爱劳动、爱科学、爱社会主义的思想情感和养成文明礼貌、遵纪守法的行为习惯,帮助学生树立崇高理想和参加社会主义现代化建设的社会责任感。

6. 群雄逐鹿的"思想品德"及"道德与法治"教科书(2003年至今)

在国务院批准的《基础教育课程改革纲要(试行)》(2001)的基础上,教育部于2003年5月颁发了《小学品德与生活课程标准》、《小学品德与社会课程标准》、《全日制义务教育初中思想品德课程标准(实验稿)》和《普通高中思想政治课程标准(实验稿)》。小学德育课程按照低年级和中高年级分成"品德与生活"、"品德与社会"两门,将初中和高中的课程名称分别改为"思想品德"和"思想政治",课程本着正确价值观念的引导和帮助学生学习成为负责任的公民的原则,从学生的生活出发,逐步扩展学生的生活,基于帮助学生过积极健康的生活的基本理念来安排设置课程①。小学在内容上按照"儿童与自我""儿童与社会""儿童与自然"三条主线展开,初中在内容上从"成长中的我""我与他人的关系""我与集体、国家与社会的关系"这三个方面的标准来设置,高中在内容上设置

---

① 教育部基础教育司编. 全日制义务教育思想品德课程标准(实验稿)[M]. 北京:北京师范大学出版社,2003:2-3.

经济生活、政治生活、文化生活、生活与哲学四个模块。中小学德育教科书也从此开启了真正意义上的"一纲多本"时代,根据统一的《课程标准》,各家出版社可以出版发行不同版本的教科书。据不完全统计,同期全国不同出版社出版发行的初中《思想品德》教科书就有十余种(分别有人教版、教科版、人民版、粤教版、湘教版、陕教版、山东人民版、苏教版、北师大版、沪教版等版本),其出版和发行都出现了"百花齐放"的繁荣态势,可谓是迎来了我国初中德育教科书群雄逐鹿的时代。这一时期的教科书由于版本较多,基于不同的教科书编写团队中编写者价值取向的不同,在统一课程标准理念的指引下编撰出来的教科书在基本价值取向一致的前提下也呈现出各自的特色。当然,这些特色既有出彩的地方,也有值得进一步商榷和提升的空间,总体来说,德育教科书市场良莠不齐,有待进一步规范和提升。

2012 年,教育部制定,由北京师范大学出版社出版的《义务教育思想品德课程标准》(2011 年版),该课程标准在延续 2002 年实验版课程标准中划分的"成长中的我""我与他人关系""我与集体、国家和社会的关系"三个模块的基础上将其调整为"成长中的我""我与他人和集体""我与国家和社会"三个模块。该课程标准以社会主义核心价值体系为导向,旨在促进初中学生正确思想观念和良好道德品质的形成与发展,也标志着我国德育教科书进入了全新的繁荣发展阶段(见表 2-2)。

表 2-2　中华人民共和国成立以来我国初中德育教科书一览表

年代	初中各年级及教科书名称	备注
1951—	初中三年级《中国革命常识》	增设"时事政策"
1957—	初中一、二年级《青年修养》 初中三年级《政治常识》	
1959—	初中一年级《政治常识》 初中二、三年级《社会发展简史》	增设"时事政策"

续表

年代	初中各年级及教科书名称	备注
1961—	初中一年级《道德品质教育》 初中二年级《社会发展简史》 初中三年级《中国革命和中国共产党》	一段时间内,初中二年级也设有"道德品质教育",初中三年级有"社会发展简史"
1979—1982	初中一年级《社会发展简史》 初中二年级《社会发展简史》 初中三年级《科学社会主义常识》	
1982—1986	初中一年级《青少年修养》 初中二年级《社会发展简史》 初中三年级《法律常识》	
1886—1993	初中一年级《公民》 初中二年级《社会发展简史》 初中三年级《中国社会主义建设常识》	
1993—1997	初中一年级《思想政治》 初中二年级《思想政治》 初中三年级《思想政治》	公民教育 社会发展简史 社会主义基本国情
1997—2003	初中一年级《思想政治》 初中二年级《思想政治》 初中三年级《思想政治》	公民道德、心理品质教育 法制教育 社会发展简史、基本国情教育
2003—	七年级《思想品德》 八年级《思想品德》 九年级《思想品德》 七年级《道德与法治》	新课改后,教科书进入了"一纲多本"的时代,各版本《思想品德》教科书内容在遵循课程标准的基础上具体安排也不尽相同

第二节　初中德育教科书价值取向分析

古语有云:"以铜为镜,可以正衣冠;以史为镜,可以知兴替;以人为镜,可以明得失。"(《旧唐书·魏徵传》)。研究历史不仅仅在于能够准确地认识过去,更重要的是能够真正从历史的经验教训中吸取有用的、为我所用的东西,这样才能尽可能准确地、科学地洞察现在和预测指导未来。杜威就曾指出:"历史叙述过去，但这个历史乃是现在的历史。"①通过对新中国以来我国初中德育教科书文本的追根溯源，尤其是对新课改以来教育科学出版社出版的初中《思想品德》实验教科书作为主要研究对象的聚焦分析，可以对我国初中德育教科书的价值取向进行概括总结。总的来说，初中德育教科书的价值取向主要表现为以下两方面：第一，德育教科书中价值教育内容涉及中华优秀传统文化、外国优秀文明成果和社会主义核心价值观等各个维度，体现了民族文化和世界文化的统一；第二，德育教科书文本中妥善处理了传统文化与现代文化、外国文明与中国文明之间的关系，注重了文化的承接古今与汇通中外。

一、体现了民族文化和世界文化的统一

各国的文化林林总总，属于世界性的；同时文化又是有民族性和区域性的，这是因为民族性和国度性是文化的重要属性之一。②所以，我们可以说文化既有国度，又没有国度。以中国为例，我们说文化有国度，是因为中华民族在几千年文明史的发展过程中，创造性地继承和发展了中国文化，在这个过程中形成了独具中国特色的民族文化的瑰宝。我们又说文化没有国度，是因为几千年来中国优秀文化的精华，既属于中国，又属于世界，在丰富了中华文化体系的同时也充实了世界人类文化的宝库。我国学校教育既要培养学生具有"民族灵魂"和"中国灵魂"，同时又强调"国际视野"和"世界眼光"，也就是说要求学生的德行素养既是民族的，又是世界的，体现出民族精神与世界精神统一③。毫无疑问，作为对青少年学生进行道德教育的德育教科书，既应该反映人类文明共性和人类

---

① [美]杜威著.王承绪译.民主主义与教育[M].北京：人民教育出版社，2001：231.
② 张岱年，方克立.中国文化概论(修订版)[M].北京：北京师范大学出版社，2004：6.
③ 班华.德育目标应有的要求：民族精神与世界精神统一[J].教育研究，2013(2)：54-58.

共同价值的东西，又要将中华民族特色的文化传递下去，将这些重要的、共同的价值理念体现到教科书中对学生进行影响和教育，这也就对应着世界文化和民族文化这对关系的问题。

我国初中德育教科书从弘扬了中华优秀传统文化、实现了中西方文化融合、全面渗透了核心价值观这三个方面，全面体现了世界文化和民族文化的精华，将这些优秀文化以教科书文本的形式传递给学生，达到教育的目的和效果。教科书中的中华优秀传统文化、外国优秀文明成果和社会主义核心价值观，这三者采用了时空维度和纵横维度相结合的方法，在初中德育教科书中实现了将古今中外文化精品的全方位展示和覆盖。一方面，时空维度上，从时间上看，既有中国优秀传统文化的继承，又有现当代精神的弘扬，突出了古典与现代的紧密衔接；从空间上看，既有中国的本土文化又有外国的异域文化，充分体现了世界文明成果，体现了民族文化和世界文化的全面融合。可见，这三者之间的关系在德育教科书中不是彼此孤立的，而是三位一体和彼此融合的，并且共同统一于社会主义核心价值观之中。另一方面，纵横维度上，从纵向来看，我国初中德育教科书包含了我国从古至今的文化精品，既有传统文化中的精华（中华优秀传统文化），又有现今社会发展的时代精神（社会主义核心价值观），体现了教科书对文化传承的连续性和发展性；从横向看，我国初中德育教科书不仅包含中国的文化精品（民族文化），同时还拥有着除中国元素之外的外国优秀文明成果，全面体现了在"古为今用，洋为中用"思想指引下的教科书价值观念。

（一）初中德育教科书实现了中华优秀传统文化的传承

中华民族在五千多年的发展历史中创造了光辉灿烂的文化，形成了以儒家文化为核心的中华优秀传统文化，在很大程度上成为中华民族的深层心理积淀，构成了中华民族的民族性格，成为中华文明屹立于世界文明史上的独特风格。从历时性和共时性角度分析，中国传统社会的价值观念有"大传统"和"小传统"之分。所谓"大传统"是指经过思想阶层和统治阶层的思想家加工定型的，并为统治阶级所提倡的作为社会主流的价值观念；而所谓"小传统"则指社会的贫民阶层在民间流行的不定型的，作为潜意识存在的社会心理和风俗习惯①。与之类似，德育教科书在文化和价值观念的传承上，既需要有主流价值观念的"大传统"作为主导，同时又需要有潜伏于主流价值观念之下的"小传统"。我国初中德育教科书坚持以弘扬中华优秀传统文化为己任，在教科书主题文的编写、阅读材料的选择以及名言警句的使用甚至教科书图片的选择方面都能够将几千年来中华文化的精华体现出来。依据德育教科书的课程标准中划分的关于国情教育、道德教育、心理健康教育和法律教育四个大方面的内容，中华优秀传统文化尤其在道德教育的内容上表现较为突出，所占比例最为明显。在道德教育方面更是注重将中国传统伦理道德文化的精华在教科书中给予了充分的呈现。以德育教科书中的名言警句为例，依照道德教育、心理健康教育、法律教育和国情教育四个部分对教科书中出现的名言警句进行分类划分，其中1997年人教版初中德育教科书中道德教育方面占全套教科书名言警句的40%（其中全套教科书中共有名言警句132条，道德教育方面的占53条），2003年人教版初中德育教科书中对应的道德教育方面的占全部比例的57%（全套教科书中共有103条，关于道德教育方面的为59条），而2003年教科版《思想品德》实验教科书的比例则高达70%（全套教科书中有名言警句108条，道德教育方面的有76条）。这个数据可以在一定程度上反映出德育教科书中对中华传统文化尤其是中华优秀传统道德的重视。中国文化博大精深，传统伦理道德源远流长，在历史发展的长河中不断充实、更新和完善，其内涵丰富，博大精深。中国传统伦理道德是中华民族传统文化的核心，体现在人们的思想和行为之中，是人与人之间关系的准则。但对于传统文化我们应该以审视的眼光来看待，因为在这些传统的伦理道德文化中，既有凝聚着民族精神、推动社会进步和发展的精神精华，但同时也有着阻碍社会进步与个人发展的精神糟粕，在继承和弘扬中国传统伦理道德文化的时候，需要明确究竟要符合什么样标准的才是中国传统伦理道德文化的精华，必须要有一个客

---

① 戴茂堂，江畅. 传统价值观念与当代中国[M]. 武汉：湖北人民出版社，2001：13-14.

观公正的态度，这样才能很好地将中华优秀传统文化向青少年进行弘扬和传承。

中华人民共和国成立以来的初中德育教科书，尤其是改革开放三十多年来我国出版发行的德育教科书中随处都可以感受到中华优秀文化，特别是中华传统道德的精华。德育教科书的价值取向浓缩了中华优秀传统文化的内容，也吸收了中华传统道德文化的精华。无论是从张岱年先生倡导的中国伦理道德优秀传统的爱国主义思想、个人价值观念、人际和谐思想和社会责任观念这四个方面来分析，还是从罗国杰先生从基本道德、职业道德、家庭伦理、文明礼仪四个部分关于中国传统道德规范的解说来看，德育教科书中都广泛涉及了这些内容。如果依据这些规范来一一对照德育教科书，可以发现大部分的道德规范都得到了不同程度的体现。如在罗国杰提出的基本道德规范中，德育教科书中至少体现出"公忠、正义、仁爱、中和、孝慈、诚信、宽恕、谦敬、礼让、自强、知耻、勇毅、节制、勤俭、爱物"等方面的规范；在家庭伦理规范中的亲子关系、长幼关系，在初中德育教科书中分别都有专门章节来论述；在文明礼仪规范中，罗国杰提出的"尊老敬贤之礼、接人待物之礼、仪态言谈之礼、庆典婚丧之礼"四个方面的礼仪，除了最后一个庆典婚丧之礼在教科书中没有提及外，其他三个方面的文明礼仪都是不同时期初中德育教科书论述的重要组成部分。具体到初中德育教科书中关于中华优秀传统文化的表现，可以从德育课程的设计理念和教科书内容的选择上来分析。对照常规的中华优秀传统文化的核心理念，中华优秀文化的核心理念都能在德育课程标准和教科书中寻到踪影。无论是从初中德育教科书中有关中华优秀传统文化的"家国情怀、社会关爱和人格修养"这三个方面维度的分析框架来看，还是依据"忠、孝、仁、义、礼、智、信"的中华美德的传统来比照，或就常规的从"爱国、敬业、孝亲、惜缘、尊师、重友"等方面来衡量，初中德育教科书中都基本上包含了这些关于中华优秀传统文化的核心内容。教科书中都有很大的篇幅对这些关于爱国、爱家、尊师、孝亲和如何与人友善相处的中华优秀文化的精髓进行了阐述，让学生在进行思想道德教育的同时自然而然地感受到中华传统文化的魅力，从而接受中华优秀传统文化的熏陶。

以教科版《思想品德》实验教科书为例，《财富论坛》《又到两会时》和《国策经纬》等单元就是通过对伟大祖国的介绍来让学生更加热爱自己的祖国，对祖国产生浓厚的感情，从而达到爱国主义教育的目的。《扬帆起航》和《走进社区》两个单元分别通过对学生学校生活环境和家庭生活环境的介绍来使学生产生强烈的爱校爱家的情怀。《跨越代沟》单元围绕着"尊师"和"孝亲"的主题来阐述如何与父母和老师相处，突出了中华传统文化的尊师重道和孝老爱亲的理念。《人与人之间》单元则体现了如何与人友善相处，教育学生在与人的交往中学会平等与尊重、宽容与理解、关心与互助、负责与合作，真正做到"仁义信"的标准。《在同一片土地上》和《自然的声音》两个单元分别让学生热爱中华民族56个民族大家庭以及关心爱护自然并学会与自然和谐相处，体现了传统文化中的和谐思想。《在分数的背后》单元则是从学生平时非常熟悉的考试入手，通过"分数的品质"一课来讲述诚实和公平的重要性，体现了中华文化中诚实的优良传统。现代社会的"礼"主要就是要遵守规则，遵守道德律令和法律法规，德育教科书中对如何遵守规则、法律和道德等诸多问题都进行了探讨，向学生展示了"礼"的现代意义。

除了这些理念的凸显之外，在德育教科书所选取的一些名言警句和阅读材料的内容上也有很多是关于中华传统文化的精品。在教科书选用的名言警句上，通过对改革开放以来初中德育教科书国别的统计分析，其中中国名言警句的所占比例有逐渐上升的趋势，从1997年人教版《思想政治》教科书（据统计，我国初中德育教科书中名言警句这一栏目最早出现于1997年人教版《思想政治》教科书中）中中国名言警句占比46%到2003年实验版《思想品德》教科书名人警句占比60%~70%（其中教科版《思想品德》实验教科书占60%，人教版《思想品德》实验教科书占70%），而且这些名言警句中除了部分反映时代精神的领导人经典话语之外，其他的基本上都是古代圣贤的经典名句或作品。如孔子、孟子等先哲的经典语录就经常被选用为各套初中德育教科书中的名言警句。在论述有关立德修身、教育求学等方面的内容时，1997年和2003年人教版以及

2003年教科版三套初中教科书中都引用了大量的孔子和孟子等中国古代哲学家的名言，"己欲立而立人，己欲达而达人""见贤思齐焉，见不贤而内自省也""不学礼，无以立""人不可以无耻。无耻之耻，无耻矣""人必自侮，然后人侮之""三人行，必有我师焉"等这些名言警句都占据了绝对的比例。除了名言警句展现出中华优秀传统文化之外，教科书中所选用的阅读材料很多都是中华文化中的精品，这些阅读材料大部分是通过故事的形式来呈现，起到对教科书中主题文的补充说明作用，让教科书的说理变得更加通俗易懂，属于真正的"小故事，大道理"。这些阅读材料融趣味性、知识性和教育性于一体，用通俗易懂的文字言简意赅地表达了深刻的道理，让人读起来很受启发和震撼。以教科版《思想品德》实验教科书为例，据统计，教科版全套《思想品德》教科书中共有这样的故事60余则，充分体现了中华传统文化的精华。从国别上看，中国和外国的故事所占比例基本平衡；其中中国故事中关于中国经典的故事有"迟之悟读书、二子学弈、乡下人与城里人、滴水藏海、尊重、法的传说、从排队开始、慎独的故事、毛泽东敬老尊贤、程门立雪、高山流水遇知音、割席绝交、管鲍之交、梨虽无主我心有主、松赞干布与文成公主、郑成功收复台湾、李时珍和《本草纲目》、北京同仁堂、父亲、立木取信、日升昌票号、只赚一文钱、蔡嶙还债、周髀算经、孙子兵法、虎门销烟、三元里抗英、甲午海战、戊戌变法、辛亥革命、齐桓公等倡导简朴、李离自刑、周恩来为中华之崛起而读书、华罗庚自强不息"等30余则。这些中华经典小故事在德育教科书中大量出现，无疑是一种极好的课程资源。它们一方面避免德育教科书内容的空洞说教，不仅仅是向学生简单地讲述道德的大道理，而是运用故事的表达方式来增添道德教育的趣味性和可读性，是对主题文内容的有益补充和完善，起到了主题文难以达到的教育效果，在教科书中起到了一定的增色作用。另一方面，这些中华经典小故事也是对中华优秀传统文化的一种传承和弘扬，将这些经典的文化精品通过通俗易懂的故事在教科书中向学生进行展示和呈现，既使学生在学习懂得了一些基本的道德教育的道理，又让学生进一步深入了解了中华传统文化的内容，为初中德育教科书传承和弘扬中华优秀传统文化起到了积极的推动作用。

德育教科书中关于中华优秀传统文化在总量上所占比例的逐渐上升显示了作为中国德育教科书的特点，表明德育教科书在尽可能地体现中国文化元素上所做的努力和贡献。中华优秀传统文化中有着很多中华传统伦理道德的精华，将这些方面的内容选择作为德育教科书的素材，体现了课程思想性和人文性。我国初中德育教科书中既有对中华优秀传统文化的显性介绍，又有着对相关内容的隐性渗透或融合，同时在教科书中还通过设计各种活动来引导学生了解和感知中华优秀传统文化的博大精深，起到了弘扬和传承的效果。因此，总的来说，初中德育教科书较好地贯彻落实了促进中华优秀传统文化的传承和发展的任务，起到了运用德育教科书这一平台对学生进行中华优秀传统文化教育的效果，发挥着德育教科书弘扬中华文化的作用。

（二）初中德育教科书积极体现了中西方文化的融合及恒久性教育价值

中西方文化代表着两种不同的文化类型。季羡林先生曾将世界文化分成中国文化、印度文化、伊斯兰的选择文化及欧美文化四大体系。并据此将世界文化分为东方文化(日本、韩国、朝鲜、越南文化均属于中国文化圈，加伊斯兰选择文化圈和印度文化圈这三者可以统称为东方文化)和西方文化(从古希腊一直到现今的欧美文化可以称为西方文化)两种类型，并将思维模式和思维方式作为两种文化最根本的区别①。这是因为西方文化注重分析(analytical)，一分为二；而东方文化则注重综合(comprehensive)，合二为一。同时，季先生又指出，分析思维就是抓住物质一个劲地分析下去，一直分析到基本粒子，用通俗的话来讲，就是"只见树木，不见森林"或"头痛医头，脚痛医脚"。而综合思维的特点就是整体概念和普遍联系，即可以概括为"既见树木，又见森林"或"头痛可以医脚，反之亦然"②。从本质上讲，无论是以中国文化为主流的东方

---

① 季羡林. 季羡林谈东西方文化(典藏本)[M]. 北京：当代中国出版社，2015：2-3.

② 季羡林. 季羡林谈东西方文化(典藏本)[M]. 北京：当代中国出版社，2015：130-131.

文化也好，还是在外国文化中占主导的西方文化也罢，都没有孰优孰劣之分，两者都是人类文明的结晶，都旨在提高人的本质，提升人类的生活和享受水平，为了给人类造福服务。在全球化的今天，国与国之间的交流更趋普遍和频繁，在各国人们的交往中就会有着文化的交流和碰撞，这就应该注重中西两种文化的交流，在碰撞中融合，共同发展。两种文化在彼此比较和碰撞的过程中，一方面，使我们中华优秀传统文化的精华更加熠熠闪光；另一方面，在比较中也能发现我们自身文化在发展中存在的弊端与局限性，为进一步在保存自身传统的精华、吸纳与借鉴异域优秀文化的基础上，创造与生成新的文化而努力①。为此，在学校教育中就应该注重教育学生正确面对中西方文化，帮助学生树立正确的态度来对待这两种文化。而传递学校教育信息的教科书就需要用一种客观的态度来处理好教科书中关于中西方文化及价值观的比较。

通过前面的分析，明确了我国初中德育教科书中应该注重弘扬中华优秀传统文化和突出当代中国时代精神；但在全球化的当下，这还不够，还需要将外国优秀文明成果吸收进来，尤其是以西方为代表的外国文明成果中的精品更应该在教科书中得以展示和体现。因为这些文化是没有国界的，属于西方国家，更属于全人类和全世界。纵观我国新中国以来的德育教科书，在主题文部分明确表现出来的关于西方文化成分的内容其实并不多，只是在教科书中零散地出现了少数一些革命导师、哲学家的经典论述。相对来说，德育教科书中关于西方文化呈现方式更多在名言警句和阅读材料两方面。在作品上，无论是外国优秀作品中的叙事，还是书中列举出的外国名言警句，都是一些集中反映国外文化的精品，可以帮助学生掌握和了解国外这些作品对关于学习、工作和生活方面的哲理性探讨，并从这些探讨和论述中掌握必要的道德规范，养成良好的道德行为。并在教科书中讲述了不同国家和地区的风土人情，教学生学会在国际化形势下如何面对多元文化。

---

① 李申申等. 传承的使命：中华优秀文化传统教育问题研究[M]. 北京：人民出版社，2011：264-265.

通过分析，外国优秀文明成果的成分在教科书中也呈现出变化之势。这个变化趋势从德育教科书中关于中外名言警句的比例变化上就可见一斑。初中德育教科书中的名言警句从国别上看由中国和外国两部分组成，其中关于中国的名言警句随着时代的发展而有逐渐增加之势。相对而言，关于外国的一些经典名言警句有所减少，但这些随着时代的发展仍然在教科书中出现的外国名言警句都是一些十分经典的、被广为传颂的精品，对学生起到了很好的教育效果。如教科书中关于学习的部分，教科版《思想品德》实验教科书中引用了弗兰斯西·培根和威廉·詹姆斯的名言"读史使人明智，读诗使人灵秀，数学使人周密，科学使人深刻，伦理学使人庄重，逻辑修辞之学使人善辩：凡有所学，皆成性格"和"播种一种观念，收获一种行为；播种一种行为，收获一种习惯；播种一种习惯，收获一种性格；播种一种性格，收获一种命运"，这两句话可以说是论述读书的经典之作，尤其是培根的《论读书》(Of Studies)中的名句更是世界上论述学习的经典之作，学生可以从这些名言警句中领会其背后深刻的意义，从而帮助学生树立良好的学习习惯。再如在跨越代沟一节中，就引用了玛格丽特·米德的经典话语"整个世界处于一个前所未有的局面之中，青年人和老年人，青少年和所有比他们年长的人，隔着一条深沟在互相望着"来描述代沟，代沟问题的研究就是以人类学家玛格丽特·米德为代表的，选取她的经典话语来描述代沟，其权威性自然是无可厚非。类似的例子很多，在此不一一列举。阅读材料的选择更是体现了这种外国优秀文明成果的价值特点，很多经典案例的选择都是来源于外国文化之中，在教科版《思想品德》实验教科书中，像"哈佛的校规、没有赚到的钱、古罗马的双面神像、瓦匠与建筑师、鲁滨孙漂流记、囚徒与小草、一群光头男孩、一大杯牛奶、忠实的听众、鲶鱼效应、一滴水与大海、蝴蝶效应、生命的活力来自竞争、阿基米德发现浮力定律、马克思恩格斯的友谊、异性效应、愚蠢的毛毛虫、林肯的年谱、弗莱克与乔布斯、爱迪生的发明、只赚一文钱、安然效应、一个金币、史蒂芬·霍金、浅水洼里的小鱼"等经典故事都是异域文化中非常有教育意义的代表性作品，将其选取到德育教科书中，既弥补了中华文化故事描述中的不足，同时也开拓了学生的视野，将学生带到全球化的国际视野中对学生进行道德教育，起到了良好的教育效果。

其实，在道德教育方面，中国与西方存在着若干较为明显的差异。比较地看，中国实施的"高"道德教育与西方实施的"低"道德教育，或者说"准法的"德育，在特征、结果、过程、效果和适用性方面有明显差别。从特征看，中国的社会和交互充满了激情、理想主义、英雄主义，表现为伟大、理想、超越和神圣；西方的社会和教育表现为理想、功利主义、实用主义，特点是平凡、现实、适应和世俗。在中国，道德义愤常常是正当的；在西方，法制和理性衡量一切①。正是因为中西方文化的这些若干差异，在国际化和全球化的大趋势下，我们更应该注重不同文化的类型的交流、碰撞和融合，提炼出符合时代发展的、适合中国特色的有价值文化，并在道德教育主阵地之一的德育教科书中加以体现和展示，向学生进行价值教育。20世纪下半叶以来，全球化的发展打破了过去世界那种壁垒分明的界限，国家与国家之间涉及政治、经济和文化价值观方面的交流愈发频繁，也因此引发了国际社会成员对待自身文化和国际核心文化的一种态度，而且逐步形成了国际社会核心价值观。当然，形成国际社会核心价值观念并不是说要在全世界文化中达成一种文化模式的趋同化，而应该是一种"和而不同"的国际共识。也就是说允许各国在保留和发扬自身文化价值观的基础上具有一种或几种共同的国际社会核心价值观念。努力做到与国际接轨，这也符合马克思主义与时俱进的理论本质，体现了德育教科书传承与发展的品质。

西方学者曾指出，经典文本本身就具有认知、情感、劝说、对话、元语言、审美等功能②。这些功能与道德教育文本的叙事传统

---

① 魏贤超，王小飞等. 在历史和伦理之间：中西方德育比较研究[M]. 杭州：浙江大学出版社，2009：1-3.

② D. 佛克马，E. 蚁布思. 文学研究与文化参与[M]. 俞国强，译. 北京：北京大学出版社，1996：194-201.

不谋而合。道德教育文本中应该注重经典性著作的选择，从而突出德育教科书选文文本的恒久价值。初中德育教科书中有很多体现这些恒久价值的经典叙事作品，诸如"二子学弈、高山流水遇知音、管鲍之交、哈佛的校规、囚徒与小草、一大杯牛奶"等这些经过时间考验、广为流传的经典哲理小故事在德育教科书中的阅读材料部分出现。这些中外的经典小故事虽然很简短，但都有一定的趣味性和可读性，而且还蕴含着深刻的内涵，具有着经典性和恒久性。通过这些故事的补充说明，对教科书的主题文进行了很好的解释，让教科书的说理变得更加通俗易懂，属于真正的"小故事，大道理"。这些经典的叙事不仅"迎合"了学生阅读的"胃口"和需要，而且体现了道德教育的效果，经历了时间的发展和历练，具有恒久性的教育价值。这些哲理性的经典小故事在2003年教科版《思想品德》实验教科书中尤为明显。据统计，该套实验版教科书中共有类似中外经典叙事作品60余则。从国别上看，其中选材为国内的34则，包括"程门立雪、高山流水遇知音、割席绝交、管鲍之交"等；国外的故事有27则，包括"哈佛的校规、没有赚到的钱、马克思和恩格斯的友谊、浅水洼里的小鱼"等。这些故事涉及生活的各个方面，每个故事都体现了一定的价值观念，而且这些经典的故事都经过了时间的历练，从而成为教科书中经典的选文材料。选入教科书中经典的内容都必须经得起时代的检验，既符合当时的时代背景，又能够在当下的现实中起到一定的教育意义，符合现代社会的价值取向。如若不然，就可能会引起不必要的质疑和争议。如语文出版社新版《语文》教科书中课文《南京大屠杀》被替换成《死里逃生》，《鲁提辖拳打镇关西》被替换成《智取生辰纲》就引起了社会和学界的广泛关注和热议，虽说这些争论孰是孰非还有待进一步确定，但通过这些足以说明教科书选材内容的重要性，教科书文本需要体现恒久价值观。

鉴于教育所肩负的历史使命，当今很多现代民主国家都将教科书的教育作用提到了一定的高度，使之趋向于"神圣化"方向发展。同时对于什么样的内容可以进入教科书、什么样的内容不能被选进教科书都有着严格的要求和规定，每个国家对基础教育阶段的教科书都实行严格的控制①。这不仅仅是教育部门、出版社以及教科书主编可以直接决定的,还必须经过专门的部门审查通过才能出版发行使用。这是因为要保证教科书"百年树人"的教育价值能够得到充分实现,从而不至于被短视的利益所左右,确保教科书教育的恒久价值。为此,很多教科书中的内容,始终保持着选文经典性的原则,让经得起时间考验的文本在教科书中占据主导地位,这不失为一种成功之举。和选取当下万变的现实中活着的人和事相比,选取经典性的材料更具保险性和恒久性,因为经典性材料经过了时间的考验,有着其独特的优越性,并且都是已经盖棺定论的判断,不会存在价值教育上重新定位的可能,"只有坟墓中的尸体才不会改变人生的轨迹,任何活着的人,都存在着从星光闪耀的天空,坠落向平凡地面甚至地狱的可能"②。试想,如果一套教科书选取了某一个活跃在当下的明星人物作为道德教育的正面典型,万一这个明星由于个人生活的私德问题背离了道德教育的标准时(如,当下很多明星在被爆出因为私生活的吸毒、逃税、嫖娼等个人丑闻后公众道德形象轰然倒塌,试想,如果这样的公众人物之前被选进教科书,当这些人物出事之后,教科书该如何应对?这种情况下,试图用"明星"来促使学生好好学习,无疑无异于"与虎谋皮"),这样的教科书就面临着要及时更换材料的尴尬,让教科书的价值教育受到影响。

周国平先生曾强调教育应该比市场站得高看得远。在此基础上,我们可以尝试进一步倡导教育应该比现实站得高和看得远,也就是说教育应该站在现实的头顶上,穿越历史的迷雾,用它独有的价值理性,去建设下一代恒久价值的心灵家园。教育不应当被短视的利益所左右,更不能被短视的利益所利用。教科书的内容本质上是选择,"教科书需要精选内容,需要在泛化的知识世界里为学生树立起主流价值"③,在此基础上,可以将这个理念运用到教科书

---

① 钟启泉. 对话与文本:教学规范的转型[J]. 教育研究,2001(3):33-39.

② 曹保印. 教材要选择恒久价值[N]. 青年时报,2005-10-22.

③ 蒙石荣. 教科书:在泛化的知识世界树立起主流价值——专访首都师范大学石鸥教授[M]. 今日教育,2016(10):30-31.

的编写之中，突出教科书主流价值和教育价值的恒久性。所以，教科书尤其是德育教科书选文所选取的材料及其材料中的人物，要注意其永恒的教育价值，明星也罢，经典也好，除非它有恒久的教育价值，否则，都不应该被选入教科书之中，不应该走进学生心灵的深处。

(三)初中德育教科书全面渗透了社会主义核心价值观念和政治教育意识

社会主义核心价值观是在社会发展过程中高度概括和总结出来的时代精神。社会主义核心价值观的建构离不开对中华优秀传统文化的继承和对外国优秀文明成果的借鉴。一方面，中国几千年来形成的具有深厚文化底蕴和民族特色的传统文化给社会主义核心价值观提供了理论基础和实践支撑，成为核心价值观的重要源泉；另一方面，世界各国在发展过程中创造和积累的优秀文明成果也为社会主义核心价值观提供了丰富的理论支持和智力保障。

初中德育教科书为培育和践行社会主义核心价值观，始终保持了与时俱进的精神状态，能够准确及时地将时代最具代表性的精神体现到教科书中与学生共享，起到了教育的作用。社会主义核心价值观既继承和发扬了中华民族传统文化的精华，同时又将近年来中国在改革开放和社会主义现代化建设进程中的与时俱进的新思想、新观念和新行为集中反映和体现出来，并充分吸纳和借鉴了世界其他国家的优秀文明成果，实现了传统与现代、外国与中国的紧密结合。传统文化和核心价值观体现了历史与现实的统一，中华优秀传统文化为社会主义核心价值观提供了源泉和基础，核心价值观则在继承传统文化的基础上进行了进一步的丰富和发展。传统文化产生于过去，是历史积淀的产物，是对历史以往时代精神的概括和总结，当然也就不可避免地带有过去时代的烙印；但它又传承至现在，充分体现了优秀文化发展的历史逻辑特征。前者为后者的形成提供了源源不断的文化根基，而后者则为前者的进一步深化发展赋予了新的契机。在初中德育教科书中，不能将二者绝对地界定开来，有些核心的思想和理念，可能既属于中华优秀传统文化，同时也属于社会主义核心价值体系中不可或缺的重要组成部分。如教科书中的"诚实守信、团结友爱、互助奉献"等精神品质和风尚,既是几千年来中华民族一直流传下来的优良传统,又是新时期需要继续坚持和弘扬的核心价值观念。

新时期呼唤新的时代精神,时代的转变必然会引起人们思想观念的发展与变迁。自人类文明产生以来,人类就不断地从发展中汲取优秀的精华为己所用。同时,在应对经济全球化和世界文化的交流碰撞中所带来的新问题和新挑战时,也需要有新的精神力量来正确处理和面对。另外,时代精神还为社会提供了一个价值坐标,帮助社会成员分清这个时代什么精神值得提倡,什么精神需要摒弃,真正理解真善美和假恶丑,从而引领社会的精神追求和人们的价值取向,让青少年一代学会如何求真、至善、臻美。在经济社会发展方面,时代精神有着价值评判的功能。随着社会的新发展而凸显出来一些时代特征的东西,如之前不被人们广为关注的保护生态环境,其促进人与自然的可持续发展理念逐渐引起人们的广泛共识,从而变成时代精神而备受重视。

随着时代的发展,初中德育教科书都及时地将中央的一些精神理念体现到教科书中。近年来,党中央对社会主义文明以及思想道德建设都非常重视,尤其是近20年来,出台了一系列国家层面的相关文件,对精神文明和思想道德建设起到了很好的规范和引导作用。比较有代表性的文件有1996年中共十四届六中全会通过的《中共中央关于加强社会主义精神文明建设若干重要问题的决议》,2001年中共中央关于印发《公民道德建设实施纲要》的通知,以及2012年11月中共十八大中首次以12词概括出的"社会主义核心价值观"等。为了能够将中央这些思想道德建设方面的精神贯彻落实到德育课程及教科书中,教育部也相应地颁发了一些加强和改进中学德育工作的通知及意见,从1980年开始分别有《教育部关于改进和加强中学政治课的意见》(1980年)《中国中央关于改革学校思想品德和政治理论课程教学的通知》(1985年)《中共中央关于改革和加强中小学德育工作的通知》(1988年)《中共中央关于进一步加强和改进学校德育工作的若干意见》(1994年)《中共中央、国务院关于适应新形势进一步加强和改进中小学德育工作的若干意见》

(2001年)《教育部关于培育和践行社会主义核心价值观进一步加强中小学德育工作的意见》(2014年)。从这些中央文件以及与之对应的教育部的通知意见中,可以看出德育课程以及教科书在体现发展过程中的时代精神上努力。每一个阶段都有着对应的时代精神需要在德育教科书中体现,以现阶段初中德育教科书如何体现社会主义核心价值观的要求为例,在《义务教育思想品德课程标准》(2011年)总共54条的课程标准内容中,直接体现社会主义核心价值观要求的课程标准就有33条,全部覆盖了社会主义核心价值观的12个范畴①。这样的比例足以说明德育课程对社会主义核心价值观渗透和融合的力度,在这样课程标准指引下的德育教科书,自然会依据当代中国形势发展的需要,将社会主义核心价值观念很好地体现出来。

德育教科书担负着学校价值观教育和道德教育的重要任务,国家始终高度重视德育在学校教育中的地位。因此,德育课程及教科书在一定程度上就应该将国家的主流价值观念传递给学生,政治教育功能明显。通过对不同时期的初中德育教科书进行分析,德育教科书一直承担着对学生进行政治教育的任务。无论是《思想政治》教科书、《思想品德》教科书还是已经在修订使用的《道德与法治》教科书,尽管课程和教科书的名称一直在变化,但德育学科及教科书的政治教育功能却仍然处于重要地位,肩负着对学生进行政治教育的功能,履行着对国家主流意识形态的价值观念进行传递的职责。初中德育教科书中的论述就是社会公众舆论中权威文本的体现,这些论述一般通过名人、名言警句、典故等来进行说理论道,从这些名人的权威话语出发,从他们的经典行为出发,层层深入地论述这些权威话语的合理性,从而将主流的价值观融入到教科书中,也在融入的过程中实现了教科书中意识形态的控制,从而突出了德育教科书的政治教育意识。

德育教科书在注重落实社会主义核心价值观和政治教育功能的

---

① 中华人民共和国教育部制定. 义务教育思想品德课程标准(2011年版)[M]. 北京:北京师范大学出版社,2012:7-16.

同时，也朝着更加关注普通人的生活世界的方向发展。相比于之前的初中德育教科书，新课改以来的德育教科书选文越来越注重对学生生活世界的关注，更加地贴近学生的日常生活和现实。根据对教科版《思想品德》实验教科书编写人员的访谈调查，了解到该套教科书编写团队成员在编写之前曾在浙江省杭州市进行了一次大规模的调查，就初中学生理想文本内容的主题、文本形式、教学形式对在校初中学生、家长、班主任和德育课程教师进行了调查①，展现了对学生生活世界的关注。通过课题组上千份的回收问卷结果显示，初中学生始终关心的生活事件与问题一直是学习（包括学习的习惯和方法、学习竞争、学习压力、学习焦虑等），同时在不同时间段的关注和侧重的生活事件有所不同（初中一年级主要为生长发育、初中二年级主要为学习和交往、初中三年级是学业竞争、升学就业等问题）②。同时也发现初中学生对文本呈现形式表现出不同的偏好。（见表 2-3）

---

① 浙江大学国家品德课程研制课题组. 杭州市初中思想政治或思想品德教材调查报告（内部资料），2003.

② 注：该调查采用问卷调查形式。调查对象为在校初中学生、学生家长、班主任与思想政治课教师。调查随机抽取一所重点中学、三所普通中学中的初一、初二、初三学生，每个班中的 10 位家长，两所普通中学的现任班主任、任课教师。调查共回收问卷 1000 多份，未说明有效问卷有多少份；初中生活内容倾向学生问卷 321 份，新教科书内容形式倾向性调查学生问卷 413 份，初中学生主要生活内容与问题家长问卷 57 份，初中学生主要生活内容与问题班主任问卷 35 份，对新教科书的编写意见任课教师问卷 15 份。结果显示出初中学生关注的主要生活事件与问题：第一，初中学生始终经历和关注的问题：根据对学生有效问卷的分析，初中学生始终经历和关心的重点问题是学习。除初一刚入学的第一个月和寒暑假，学习问题是学生很关心的"突出"主题，包括学习竞争、学习压力、学习焦虑、学习习惯与方法、学习枯燥疲惫感等。第二，在不同时间段侧重经历和关心的问题：贯穿整个初一年级的生活事件为生长发育；而学习和交往等则是初二学生的主要生活事件，学习疲惫感较为突出；在初三，上学期主要表现为学习竞争问题和情绪情感体验的繁杂性以及对生活意义的思考，下学期则主要是学习竞争和毕业去向以及心理健康问题等。

表 2-3　　　　　　初中学生对文本呈现形式的偏好①

项目		初一	初二	初三	备注 （较集中的学生意见）
主要内容形式	正文	36	28	41	重点难点用不同字体、颜色或加下画线
	图片	55	43	61	教材编写应多些图画
	漫画	77	74	73	可以画得很难看
	格言	34	35	44	
	生活案例	56	50	58	增加内容
	故事	70	70	71	
	法律判例	29	28	33	
	社会热点	36	40	49	
	国情	35	32	23	反映热点
	世界时政	35	34	44	多涉及各国文化，贴近学生爱好
辅助形式	音乐	79	49	75	流行音乐
	报纸	29	43	55	
	课外书	73	59	65	
	期刊	50	55	62	《读者》等杂志
	影视	77	73	73	
	录音	37	44	54	
	广播	45	43	52	
	多媒体	72	69	74	
	其他				了解更多的社会信息；上网；实践

同样，以教科版《思想品德》实验教科书七年级上册为例，教

---

① 浙江大学国家品德课程研制课题组．杭州市初中思想政治或思想品德教材调查报告（内部资料），2003．

科书中的阅读材料除了一些经典的叙事材料之外，其余的大多数都是以学生的口吻或面貌出现的，都是贴近中学生日常生活的"杨亮""小明"等。(阅读材料统计见表2-4)。

表2-4　教科版《思想品德》实验版(七上)阅读材料汇总表①

单元	阅读材料
第一单元	我们的校园、北师大二附中校训、杨亮的材料、卓灵的材料、我们的初一(1)班、林琳的材料、哈佛的校规、承担新角色、制订计划注意事项、没有赚到的钱、双面神像
第二单元	学习方法、歌曲《童年》歌词、比尔·盖茨的建议、迟之悟、劳逸结合、李伟与我的材料、恩格斯的故事、玩的规则、二子学弈、瓦匠与建筑师、少年周恩来、几种良好的学习习惯、赵明与李杰、Internet与资源共享
第三单元	宋佳的材料、女生须知、小明的梦、男生指南、男女生的生理发育、青春的萌动、小峰的"自白"、一位女中学生的信、做不做淑女、顾琴的材料、刘浩的材料、李敏的材料、唐静和夏岚、我只是一个普通的孩子，口吃现象
第四单元	"人"字的结构歌词、孤独的鲁滨逊、囚徒与小草、人的需要、狼孩、联合国人权宣言、乡下人与城里人、刘南和马晓伟、收废品的人、一分钟人生感悟、吴欣与林芳的例子、一群光头男孩、一大杯牛奶、"请、谢谢、对不起"、称呼他人有学问、学会微笑、改变世界的握手、如何用"我"进行表达、学会倾听、忠实的听众
第五单元	鲶鱼效应、心理状态与考试成绩、自我期望、三个80分的同学、七嘴八舌话分数、多元智能、财富的品质、真实的80分、老实人吃亏、宋飞与张晓平、我和同桌、先努力后收获的定律

---

① 朱小蔓，魏贤超主编.思想品德，七年级上册[M].北京：教育科学出版社，2004.

二、注重了文化的承接古今与融汇中外

通过从中华优秀传统文化、外国优秀文明成果和社会主义核心价值观三个维度对我国初中德育教科书实际拥有的价值观念进行剖析总结后,可以发现我国初中德育教科书大力继承和弘扬了传统文化和时代精神的内容,将中华优秀传统文化和外国以及全人类的优秀文明成果都吸收进入了教科书的文本之中。新世纪中国道德教育应该以马克思主义为指导,以现代化建设实践为依据,坚持"古为今用"和"洋为中用"的原则,继承中华民族道德教育的优良传统,借鉴世界道德教育的文明成果,从而开拓出适合自身发展和创新的道路①。所以,初中德育教科书中所蕴含或传递的价值观应该立足中国当下,在"古今中外"维度下正确处理好传统与现代、中国与外国价值观念彼此之间的关系。围绕着教科书如何体现道德教育中传统与现代文化的平衡和中国与外国文化的整合来展开,坚持弘扬传统文化和时代精神相统一,吸纳外国成果和保持中国特色相融合,从而做到价值观的全面融合。

(一)坚持传统文化和核心价值的统一

中华传统文化博大精深,在历史长河中不断发展、充实和完善,已经成为中华民族珍贵的精神食粮。无论是铸就中华民族自强不息的精神柱石,增强炎黄子孙团结合作的凝聚力;还是构建适应社会发展的道德体系,提升国民的整体素质,都离不开中华优秀传统文化的支持和保障。因此,继承和弘扬中华优秀传统文化,人人有责。近年来,党中央、国务院以及教育部门都十分重视传统文化教育,党的十七大报告和十七届六中全会的《中共中央关于深化文化体制改革推动社会主义文化大发展大繁荣若干重大问题的决定》以及教育部关于《完善中华优秀传统文化教育指导纲要》等文件和通知都分别对弘扬传统文化做出了规定和要求。因此,作为道德教育的德育教科书就更应该大力继承和弘扬中华优秀传统文化。德育

---

① 朱永新. 我的教育理想(增补本)[M]. 桂林:漓江出版社,2009:264.

教科书中的价值理念应该与中国传统伦理道德的精华和中华民族优秀传统文化相吻合，将我国优秀传统文化的精华不同程度地体现在教科书文本之中。具体来说，在国家层面上，德育教科书需要注重渗透国家观念，突出建设社会主义国家的基本要求，体现出国家发展的诸如民主、文明、和谐的理念。在社会层面上，可以从法律和道德的角度来分别讲述如何维护社会秩序和社会公德，倡导社会的公平与正义，以便形成自由、平等和法治的社会局面，培养学生的社会责任和关爱意识。在个人层面上，德育教科书需要注重培养学生的家国情怀，强调爱国爱家的责任感，热爱自己的骨肉同胞、热爱祖国的灿烂文化；尤其突出强调个人的道德修养，努力使学生养成勤劳勇敢、诚实守信、勤俭节约、克己奉公、自尊自信、自立自强的精神品质。通过德育教科书中优秀传统文化对学生的浸润与洗礼，让学生既饱读诗书，内心充实；又落脚实践，奉君子言行，从而将学生教育成为"诚于中而形于外"的堂堂正正中国人。因此，德育教科书未来的价值理念应该是在继承几千年来传承下来的中华传统道德精华的基础上，做到与社会主义核心价值观的统一和融合，实现传统文化的创造性转化和创新性发展。

传统文化博大精深，对人尤其是青少年一代影响深远，教育意义明显。以传统文化中的家国情怀为例，自古以来，中国人就有着很强的忧国忧民、爱国爱家的情感取向，从屈原为救国救民的"路漫漫其修远兮，吾将上下而求索"，杜甫的"烽火连三月，家书抵万金"，范仲淹的"先天下之忧而忧，后天下之乐而乐"，陆游的"位卑未敢忘忧国"和"王师北定中原日，家祭无忘告乃翁"，顾炎武的"天下兴亡，匹夫有责"……再到《国歌》中的"起来，不愿做奴隶的人们……"这些都可以看出中华儿女将国与家之间的命运紧密地联系在一起，中华儿女"家国一体"的民族情感，始终在国与家中休戚与共，一脉相承。回顾中华民族的发展，在任何一个历史时期都始终坚守着"家国一体"的文化脉络，将国与家二者紧密相连。在现代汉语把"国"称为"国家"，就是一个的例证。国，是主权政府下的人民实体；家，是社会的最小细胞，二者是紧密联系在一起的。"国泰则民安，民富则国强。"人们常说的"国泰民安"的关系是因为国中有家，国才得以"泰"；家寓于国，家才得以民"安"。国和家的命运攸关，是中华民族漫长历史中最为深刻的总结。孟子说过，"民为贵社稷次之"，《尚书》有云，"克勤于邦，克俭于家，不自满假，惟汝贤。"可见，国、家、自我，在那时就被看做一种递进的逻辑关系。由此，国家看似很大，实则与每个公民都息息相关；家庭看似很小，但始终需要国家的庇护。我们的生活，以中国的地域为生存条件，以中华民族的发展为历史渊源，以中华文明的积累为现实内容，具有浓厚的中华民族特有的人文特征。作为中国人，如果离开了中国的时空条件就不能很好地生存，更不能发展。这就体现了我们对待国家、民族和家庭的千丝万缕的联系，也是中华优秀传统文化中国家国一体情怀的具体化。当代中国就是要求学生能够在社会主义核心价值观的指引下，为实现中华民族伟大复兴的中国梦而不懈努力和奋斗。

　　家国情怀强调国与家的统一、家国一体。《人民日报》曾发表评论称，"家国情怀"是一个人对自己国家和人民所表现出来的深情大爱，是对国家富强、人民幸福所表现出来的理想追求。它是人们对自己国家一种高度认同感和归属感、责任感和使命感的体现，是一种深层次的文化心理密码。国家进行价值取向的控制，不是偶然，而是与我国几千年的文化积淀和传承有着一定的关系。"中国古代国家的形成，不是由发达的奴隶制国家取代以血缘为纽带的氏族社会；恰恰相反，它是由家族走向国家。……由此，形成了中国独具特色的家——国一体的社会体制与社会结构。"①"中国的家是社会的核心。它是一个'紧密结合的团体'，并且是经过建构的，整个社会价值体系都经由家的'育化'（enculturation）与'社化'（socialization）作用传递给个人。"②以家为单位的社会关系的基本单元是宗族，在宗族内部，每一个人并不是一个独立的个体，他必须

---

①　林存阳，刘中建．中国之伦理精神［M］．成都：四川人民出版社，2000：71．

②　金耀基．从传统到现代［M］．北京：中国人民大学出版社，1999：24．

和其他人发生联系才能从这种血缘关系中找到属于自己的位置,从而实现自己的价值。当一个人成为别人的父亲或儿子的时候,他就会考虑到自己与他人的和谐关系和自己应该尽到的责任和义务,于是就产生了诸如"父慈子孝"之类的以"孝"为核心的道德观念和道德规范,正如金耀基所说,"孝"是中国大传统和小传统的核心。[①] "孝"的实质就是个体对家庭的责任和义务,具体表现为晚辈对长辈的尊敬与服从。在家国一体的社会结构中,它不但维持着整个家族的秩序,而且由家到国的扩大,由孝而忠地维护着整个社会秩序,完成了由"身"到"家"到"国"至"天下"的一个完整的层次结构[②]。正是由于我国这种家国本位的传统,由"孝"而"忠"进而"爱国"的文化习俗,将国家与人民融为一体,使国家具有无比的凝聚力,从而保证了国家对意识形态的有效控制。在灾难与辉煌的双重变奏中,将国与家的情怀紧密结合在一起,一个个小家的梦想从来都是与国家整体命运休戚相关,家国一体情感始终在历史衍生中一脉相承、不可分割。

遵循这种"家国一体"的文化脉络,中华民族建立了以血缘关系为纽带的宗法社会,并逐渐形成了家和国的对应关系——家是最小国,国是最大家。在中国的传统文化里,家占据着重要的地位,家是国的细胞,国的很多问题都是由家的问题导致的,家与国密不可分。事实上,现如今,"家事"早就超越了私事的范畴,成为"国事"的重要构成部分:一些"国事"问题,如留守儿童问题、离婚率上升问题、家庭暴力问题、青少年犯罪等,无不与"家事"出现问题相关。这也正是"家国一体"不可分割的体现。试想,如果家成碎片,国岂能安?如果我们的"家事"都是健康的、正常的,那么"国事"问题就会少很多。然而,随着社会的发展,家的规模、结构和功能都在发生着越来越大的变化。单亲家庭、留守家庭、失独

---

① 金耀基. 从传统到现代[M]. 北京:中国人民大学出版社,1999:26.
② 唐凯麟,曹刚. 重释传统:儒家思想的现代价值评估[M]. 上海:华东师范大学出版社,2008:83.

家庭等，都是值得引起国家重视的社会问题。传统意义上家所具有的繁衍、传承、互助、包容、教育等功能已逐渐被淡化乃至消失。既然"家国一体"，那么，家事不仅是一家一户的事情，而事关社会风气，是时代的事情、国家的事情。爱国首先就要爱家。对13亿中国人而言，"家国一体"的中国梦，寄托着最深厚的情感。在现代商品经济的大潮中，每个人，每个家都更应该坚守住一些传统文化中的优秀品质，把这些年失去的、淡化的"家庭意识"重新唤醒，把自己家庭中好的传统、基因传承下去。让每个人都有对上、对下的责任感，那么我们整个国家就会变得很美好。这种对上和对下的责任感，就需要通过"家"来重新实现，并演化成为中国人自强不息、奋斗不止的强大精神支柱。

为此，德育教科书需要全面继承中华优秀传统文化，将中国优秀传统文化的内容直接体现或间接渗透到德育课程标准和教科书文本之中，努力培养学生热爱祖国的光辉灿烂文化，从中华优秀传统文化中汲取力量，为维护国家富强和民族团结而努力奋斗。最新修订的教科版初中《道德与法治》教科书中，在九年级第一单元《历史启示录》的第二课"历史的昭示"中第一节就是专门关于继承和弘扬中华优秀传统文化的内容。除了对传统文化的内涵进行阐述之外，教科书中出现了《周易》《论语》等传统文化的著作，以及"百善孝为先""苏武牧羊""精卫填海""愚公移山""见贤思齐"等传统文化中经典的故事，这是教科书对中华优秀传统文化的专门集中论述。除了这些集中论述之外，在整套教科书中，有关传统文化的名言警句、典故几乎在每一章都有体现。这样的安排在一定程度上体现了未来德育教科书对待传统文化的发展方向。

另外，德育教科书在继承中华民族传统文化精华的同时，也应该及时地反映当代中国的时代价值理念。新中国成立至今，尤其是在进入新世纪的课程改革以来，我国中小学德育教科书总体价值取向符合时代发展的规律，将每个时代最需要反映的时代精神都及时地更新到对应的教科书中，并且结合时代的发展迅速及时地做出了相应调整，在体现教科书内容相对稳定性和恒久性的基础上，也强调选材内容的时代性，努力做到了与时俱进。而且，每个阶段中共中央都会颁发相关加强和改进学校德育工作的意见,将各个时代的核心价值观念及时地融入到德育课程和教科书中,而且这些文件都是以中央层面对学校德育工作提出的要求,说明国家对教科书主流价值观的重视。根据这些文件的要求,不同时期国家主流意识的具体要求也随之进入了德育教科书中,及时融入了时代精神,体现了传承与发展的理念。因此,德育教科书在今后的发展中应该继续处理好坚持与发展的关系,通过系统学习党的指导思想等层面的基本内容,引导学生紧密结合与自己息息相关的政治、经济、文化生活,经历探究学习和社会实践的过程,切实提高参与现代社会生活的能力,将时代精神的精髓融入到自己的言行之中,从而形成正确的世界观、人生观和价值观,为终身发展奠定思想与政治素质基础。

每个时代都有其独特的时代精神和价值观念。习近平总书记2014年"五四"之时在北京大学师生座谈会上的讲话指出,社会主义核心价值观体现了时代精神。在弘扬当代中国时代精神时,以德育教科书如何体现社会主义核心价值观为例,需要注重德育课程的实际,从德育课程及其教科书在如何体现时代性、把握规律性、增强实效性上入手,为弘扬当代中国时代精神服务。正如前面第四章所分析的那样,德育教科书体现了对社会主义核心价值观的渗透和融合。在实验版及其之前的德育教科书中,对社会主义核心价值观的内容是采用分散的方式来呈现的①。在新修订的德育教科书中,大多采用集中的方式进行论述,如在教科版初中德育教科书《道德与法治》修订版中,在九年级第一单元的继承弘扬中华优秀传统文

---

① 2006年10月,党的十六届一中全会第一次提出"建设社会主义核心价值体系"的重大命题,2012年11月党的十八大的"三个倡导"(即倡导富强、民主、文明、和谐,倡导自由、平等、公正、法治,倡导爱国、敬业、诚信、友善,积极培育社会主义核心价值观),对社会主义核心价值观进行了高度凝练和集中表达。因为实验版教科书的编写时间是在社会主义核心价值提炼之前,所以德育教科书中没有专门对这些内容的集中论述,但关于国家、个人和社会层面的这些价值理念都分散渗透分布在德育教科书的各个部分,这些具体的内容都已经在教科书中得到了充分的体现。

化之后，教科书又集中安排了"培育和践行社会主义核心价值观"的专门内容。在国家层面的价值目标中，通过卫星上天、当家作主、文明有序排队以及和谐相处的图片来阐明"富强、民主、文明、和谐"的理念。在社会价值取向层面，教科书中选取了关于户籍制度、医疗保险制度、义务教育和依法治国等材料来说明"自由、平等、公正、法治"的理念。在公民个人价值准则层面，教科书选取了钱学森、林亚业、孙东林和刘盛兰四人的事迹来分别诠释"爱国、敬业、诚信、友善"的个人道德品质。

（二）体现国际性和保持民族性的结合

20世纪下半叶以来，全球化的发展打破了过去世界那种壁垒分明的界限，国与国之间涉及政治、经济和文化价值观方面的交流愈发频繁，也因此引发了国际社会成员对待自身文化和国际核心文化的态度问题，而且逐步形成了国际社会的共同价值观。秉承"古今中外"的思路来考察德育教科书中所蕴含的价值取向，德育教科书除了继承和弘扬关于中华优秀传统文化和当代中国时代精神之外，还应该站在历史发展的长河中来审视社会的进步和人类的发展。因为从古至今，各个国家和民族都创造了独具特色的灿烂文化，对世界文明做出了应有的贡献。国家的繁荣与发展，在继承和弘扬本国文化的基础上，也需要开阔视野，走向国际化。《中共中央关于加强社会主义精神文明建设若干重要问题的决议》中特别指出社会主义事业的繁荣发展，应该"继承发扬民族优秀文化和革命文化传统，积极吸收世界文化优秀文明成果。"这足以说明在社会主义现代化建设的进程中，既需要坚持继承中华优秀传统和弘扬当代中国的时代精神相结合，同时还离不开对中国之外的其他国家优秀文明成果的消化吸收。多借鉴外国优秀文明成果中适合道德教育的内容为德育教科书所用，并将这些内容通过在教科书中设定外国的榜样人物以及优秀作品等形式呈现出来，从而教育学生学习外国优秀文明成果。让学生在学习时能够感受到这些外国榜样人物的人格魅力和外国优秀作品的教育意蕴，体现德育教科书的国际化意识。

中西方文化精神的基本差异在于中国文化的基石是道德和艺

术,而西方文化则以科学、法律和宗教作为基本支柱①。由此,可以看出西方文化相比于中国文化而言,更加"主理性、重法则",注重服从律令、戒律等冷冰冰的条文。在哲学中,理性是指人们能够运用理智的能力。西方理性概念源于古希腊 Logus(逻各斯,最初是言说之意,后有"规律""尺度"之意)和 Nous(努斯,本意为心灵,后指精神性的、能动超越的灵魂)。西方理性的传统来自早期的逻各斯传统。逻各斯一词有着"目的、存在的理由、内在根据"等多种含义,在亚里士多德的认识论中,理性是清楚理解事物的力量②。一般来说,理性本身包含着三种含义:第一,在存在论意义上,它表现为一种特殊的本质性存在,是独立存在的精神实体;第二,在认识论意义上,它表现为一种与感性认识相区别的、特殊的认识能力,是把握对象本质和规律的认知能力;第三,在价值论意义上,它秉承着善的价值,是有道德的和自由的生活③。理性主义对我国的影响起于 20 世纪后期,在西方哲学理性的影响下,我国学者也开始了对理性的研究,从而理性的观念也从西方传入我国。因此,我国初中德育教科书中一定程度地体现了关于理性的观念,以教科版《思想品德》实验教科书为例,在七年级上册中在讲述遵守规则时,就列举了"哈佛的校规"的故事来讲述在规则面前该如何去面对和处理,这应该算是一个比较典型的借鉴外国优秀文明成果的案例,案例中关于理性的观念呈现的较为明显,对我们借鉴这些优秀文明成果提供了很好的示范作用。

"哈佛的校规"故事出现在教科版《思想品德》实验版教科书第一单元"扬帆起航"中。遵守新规则主题文的下面安排了一篇《哈佛的校规》的阅读材料就是通过具体事例来进一步说明主题文所阐明的观点。该篇的主题文:"遵守新规则:制定校规校纪的目的在于

---

① 李信主编. 中西方文化比较概论[M]. 北京:航空工业出版社,2003:77.
② 王小飞. 道德教育文本研究[M]. 杭州:浙江教育出版社,2009:380-381.
③ 庞立生. 理性的生存论意蕴[D]. 博士学位论文,吉林大学,2003:6.

维护学校的正常教育教学秩序，保证我们能在和谐、有序的环境中学习和生活。进入中学，我们要面对各种新的规则。新的校规校纪反映了学校和社会对我们的要求。我们要更加自觉地遵守校规校纪，逐步学会自我约束、自我管理。"后面对应的阅读材料"哈佛的校规"向学生诠释了该如何遵守规则，如何更好地进行自我约束和管理。对比这个故事，我们可以试想，如果这样的事情发生在中国文化的背景下，结果会是怎样呢？有可能是上面这种处理结果，但更有可能不是上面那样的处理结果。因为，按照中国一贯的价值观念，这个学生虽然违背了规则，但他为图书馆保住了非常珍贵的图书，两相比较之下可能算是将功赎罪、功过相抵而不再将这个学生开除。但是这样的事情发生在哈佛就不可以，因为规则不可违背，规则面前不存在任何人情的因素，这也可能就是中西方价值观念的差别。在中国文化中，我们更多关注的是人与人之间的情谊，重视建立在血缘关系基础之上的血缘情感，彼此之间的情谊是最重要的，有些事情只要合情合理就行，即使可能违背了既定的规则也容易被大家所原谅和接受；但在以西方文化为主的西方，重视的是建立在公民关系基础上的公民理性，注重公平公正的规则。所以，教科书中这个哈佛校规的故事就是通过传播西方文化中理性方面的价值观念来达到道德教育的目的。

  展望离不开回顾，回顾历史可以帮助我们更好地去展望未来。可以通过对我国前期各阶段德育教科书的梳理回顾来预测未来发展。通过前面的分析，不难发现，从新中国成立一直到20世纪90年代末的初中德育教科书，在内容和形式安排上相对单一，教科书的编写都是以单一主题文形式来表达和呈现。进入21世纪新课改以来，初中德育教科书为了能够更好地阐明主题文要表达的意思，在形式上安排设置了阅读材料部分，这些阅读材料一般是对主题文所提及内容的例证，或者是对主题文中提到过的人和事的补充说明。教科书主题文中有时候需要涉及一些人物、事件和场景，但为了不影响主题文的连贯性和简洁性，文中又不便于过多阐明，只是用只言片语提到，但这些只言片语对学生来说是不够的，如果仅仅依靠这些内容可能使学生对具体详情不甚了解。为了让学生能够更好的理解上述所提及的人或事，教科书中就将这些需要补充的内容用阅读材料的形式呈现出来，为解释主题文起到了很好的说明作用，也为主题文段落之间的承上启下起到很好的衔接效果。教科书中所选择的这些阅读材料除了是学生生活场景中所熟悉的一些描述性文字及相关文件文献的汇编外，其中还有很多是一些经典的、富有哲理性的叙事作品。叙事作品是叙述学理论的主要体现形式，叙述学理论一般从"故事"和"话语"两个层面来分析叙事作品①。"故事"层面指的是叙事作品的素材和内容，而"话语"层面则是叙事作品的表达形式也就是作者读到的文本。

  初中德育教科书中的这些叙事作品中不乏很多古今中外经典的例子，诸如"二子学弈、高山流水遇知音、管鲍之交、哈佛的校规、囚徒与小草、一大杯牛奶"等这些经过时间考验、广为流传的经典哲理小故事。这些中外的经典小故事虽然很简短，但都有一定的趣味性和可读性，而且还蕴含着深刻的内涵。这些叙事在德育教科书大量的出现，无疑是一种极好的课程资源，一方面避免空洞的说教，强化了内容的趣味性和可读性；另一方面也起到了主题文难以达到的教育效果，在教科书中起到了一定的增色作用。通过这些故事的补充说明，让教科书的说理变得通俗易懂，属于真正的"小故事，大道理"。融趣味性、知识性和教育性于一体，用通俗易懂的文字言简意赅地表达了深刻的道理，让人读起来很受启发和震撼，这些哲理性的小故事在2003年教科版《思想品德》实验教科书中尤为明显。本文在此以该套教科书中的经典叙事为例来对此进行具体分析。由于有关中国的经典故事在中华优秀传统文化部分已经有所提及，故在此不作专门论述。所以主要针对教科书中所选取的外国故事来分析其所表达的意义。据统计，该套实验版教科书中共有类似中外经典叙事作品60余则。从国别上看，其中选材为国外的故事有27则，占据了将近一半的比例，这些外国的故事包括"哈佛的校规、没有赚到的钱、古罗马的双面神像、瓦匠与建筑

---

① 申丹. 叙述学与小说文体学研究[M]. 北京：北京大学出版社，1998：13-14.

师、鲁滨孙漂流记、囚徒与小草、一群光头男孩、一大杯牛奶、忠实的听众、鲶鱼效应、蝴蝶效应、生命的活力来自竞争、阿基米德发现浮力定律、德谟克利特关于一个人自觉的故事、马克思和恩格斯的友谊、异性效应、愚蠢的毛毛虫、青蛙实验、林肯的年谱、弗莱克与乔布斯、爱迪生的发明、安然效应、一个金币、庄稼汉和他的孩子、财富因爱而闪光、史蒂芬·霍金、浅水洼里的小鱼"等。这些故事涉及生活的各个方面，每个故事都体现了一定的价值观念。综合这些故事来看，它们主要反映的是社会道德规范和个人品质。社会道德部分主要包括规则意识、关爱他人、合作竞争等方面。如哈佛的校规、一群光头男孩、一大杯牛奶、生命的活力来自竞争等故事。个人品质部分主要有诚实、坚强、勤劳、执着、爱心等方面。如没有赚到的钱、林肯的年谱、庄稼汉和他的孩子、浅水洼里的小鱼等故事。这些外国的经典例子为未来德育教科书该如何接纳和借鉴外国优秀文明成果提供了很好的范例，值得进一步去推广使用。

当今世界，世界文化日益交流融合，初中德育教科书中注重对外国优秀文明的借鉴与吸纳为培养学生具备多元文化的胸襟和视野提供了便利条件。在学习世界文化并对比分析外国文化优缺点的同时，还可以帮助学生在鉴别对比过程中发现我国社会主义政治体制的优越性，从而更加坚定地热爱中华文化和我们的社会主义祖国，树立基本的文化自觉、文化自信和文化自强意识。在体现国际性的同时，通过弘扬传统文化来重建民族自信心。传统文化始终是中华民族万古长青的根基和灵魂，通过从中国历代思想家们遗留下来的思想宝库中充分汲取精神养料，保持独特的民族性。我们应该努力做到在文化反思中构建自己的民族文化，既不全盘西化，也不全盘复归，而是在反思、对话中保存、维护、改造、创新。面对中外文化交融的现实大趋势，"中国文化若能抓住这样难得的机遇，整合人类一切文化的长处，就可以建立起辉煌的现代中国文化"①。

---

① 周从标，贾廷秀. 试论全球化背景下的中国文化[J]. 学术论坛，2002(4)：145-147.

(三) 实现价值观的全面融合

关于如何处理好文化的传统与现代、外国与中国的问题，教科版初中《思想品德》实验教科书以及最新的修订版《道德与法治》教科书中都有着很多具体而生动的例子，这些例子都很好地融合了古今中外的价值观念，为如何处理这些关系提供了很好的范例。在此，选取教科版《思想品德》实验教科书中《跨越代沟》单元作为一个例子，来分析德育教科书如何处理古今中外文化之间的关系。《跨越代沟》单元以如何处理好两代人之间的代际关系为主线，教育学生如何孝敬父母，与父母和谐相处；怎样尊敬老师，和老师互敬互助。从古至今，代际之间的交流可以从玛格丽特·米德对文化类型的划分中得到启发。在其著作《文化与承诺》中从文化的传递方式出发，将人类的文化分为"前喻文化、并喻文化和后喻文化"三种类型①，为后人研究代际关系提供了良好的理论基础。两代人应该如何处理好关系，依据中国古代以及外国的经验，提出了新时期两代人之间代际关系的新思路。在中国古代，两代人之间的关系可以用"情感上亲密、物质上依赖、人格上不平等"来描述。具体来说，中国古代社会的父子因为受到血缘关系和家庭观念的影响，在感情上是非常亲近的；由于晚辈在经济等物质条件上还难以完全独立，很多时候还靠着父辈供给，因此对长辈十分的依赖；同时，受纲常思想的影响，长辈拥有绝对的权威和话语权，彼此之间的人格也是不平等的，父母的话语就是命令和权威。而在西方国家，两代人的关系却又是另外一番景象，可以用"情感上不亲密、物质上不依赖、人格上平等"来概括。受西方理性自由等思想影响，他们更多追求的是自由和独立，没有过多的家庭观念，所以相对来说，在情感上没有中国父母对子女的那种亲密无间；很多孩子在成人之后，父母就不再承担养育的责任，而且鼓励孩子在经济生活上独立，因此孩子们物质上的依赖性就小了很多；同时，在人格上没有中国古代社会那么多的纲常规定，显得相对平等。在综合这两种不

---

① [美]玛格丽特·米德著．周晓虹译．文化与承诺[M]．石家庄：河北人民出版社，1987：7-10．

同的代际关系的基础上，倡导现代社会新型的"情感上亲密，经济上独立，人格上平等"代际关系，体现传统与现代、中国与外国的融合，为怎样处理代际关系提供了新视角。

　　古今中外文化之间的关系问题，在经历了国粹化和全盘西化之争后，目前基本形成了比较一致的观点："批判传统文化的糟粕，继承传统文化的精华，借鉴西方文化的长处，并在此基础上推陈出新，发展弘扬中国传统文化。"①因此，按照这样的观点，未来德育教科书价值取向应该突出传统文化和时代精神，同时倡导国际化趋势，兼顾中西方文化之间的关系。在发展过程中需要正确处理好这两个方面的问题。一是需要在"古今文化"的继承、改造和发展中寻求属于其自身合理的坐标，正确处理好传统文化与时代精神的问题。传统文化逐渐受到重视，在教科书中有逐渐增加之势（从新中国成立以来课程标准以及教科书中关于传统文化的比重就可以看到）。时代精神继续保持着与时俱进的理论品质，教科书总是能够及时地将社会发展中的新思想、科技发展的新动态以及社会中的热点关注问题体现在教科书中为教育学生所用。二是需要在"中外文化"博弈中把握正确的文化价值定位。在走向国际化的大背景下，文明的相互交流和借鉴已是潮流和趋势，"文明因交流而多彩，文明因互鉴而丰富"。但也需要在交流和借鉴文明时注重中西方文化之间的平衡。当下年轻人热衷于国外的各种风俗习惯，喜欢将西方的圣诞节、情人节以及万圣节等节日扩大化，对待西方节日的热情远远超过对待我们中华民族传统节日的热情。对此，我们主张在教科书和教学中加大中华优秀传统文化的比重，加大对学生进行中华文化教育的力度。合理看待和配置中西方文化之间的关系和比例，努力将学生培养成既有国际化意识的现代社会公民，更重要的是有中国文化素养和特色的新时代中国公民。我们强调国际化并不是以消解本土文化为代价，反而更需要以加强中国文化的特色为依据。未来的德育教科书应该是注重弘扬国家文化、民族文化以及区域文

---

　　① 赵绪生. 传统文化与时代精神[M]. 西安：陕西师范大学出版总社有限公司，2015：57.

化，突出体现中国文化的魅力之所在，将中华民族几千年来的辉煌成就向当代学生充分展示，使学生从小树立文化自信。此任务虽任重而道远，但却应该是我们全体国民努力的方向。

对待中西方文化，既要避免对西方为主的外国文化盲目崇拜，又要消除绝对的排外思想。尤其是在国际化的当下，国与国之间的交流日趋频繁，与之对应的就产生了不同文化背景下该以不同方式面对和处理的事情。对此，德育教科书中也应该有着专门部分来对学生进行多元文化态度的教育。经济全球化的发展以及和平发展理念的指引下，国家与国家之间的交往更加频繁和密切，在交往的过程中也会由于风俗、习惯以及礼仪方面的差异导致各种文化交流时产生了文化震撼或碰撞(culture shock)。因此，如何应对这些文化的交融和碰撞就是一个值得思考的问题。从理论上讲，文化本身并没有优劣之分，所有文化都是平等的。但世界不同地区由于地域、习俗、观念等多方面的原因，会造成各种文化彼此之间的差异，从而也就因为这些差异而导致了各种多元文化之间的冲击或碰撞。这就需要教会学生树立正确的态度来对待这种现象。因为世界本来就是多样性的统一，世界文化也因彼此的差异而显得更加丰富多彩。因此，我们需要秉承着开放和宽容的态度来对待这些不同的文化。我们对待文化的态度应该是包容的，尊重多元和差异，在尊重其他国家文化的基础上保持自己的独特性，在文化多样性的基础上学会和平共处，通过相互借鉴吸纳共同谱写和谐的世界文化新乐章，努力做到费孝通先生提出的"各美其美，美人之美，美美与共，天下大同"①的境界。

新课改以来的德育课程标准中提到了对待不同文化的态度："懂得(了解)文化的多样性和丰富性，以平等的态度与其他民族和国家的人民友好交往，尊重不同的文化与习俗。"②可以通过对新课

---

① 费孝通. 费孝通文集(第14卷)[M]. 北京：群言出版社，1999：59.

② 注：(1)教育部基础教育司编. 全日制义务教育思想品德课程标准(实验稿)[M]. 北京：北京师范大学出版社，2003：7；(2)中华人民共和国教育部制定. 义务教育思想品德课程标准(2011年版)[M]. 北京：北京师范大学出版社，2012：15.

改以来教科书中如何安排多元文化问题来对未来进行展望。具体来说，在新课改以来的初中德育教科书中，人教版实验教科书在八年级上册第五课"多元文化'地球村'"一课中讲述多元文化，首先是通过外国游客在中国餐馆吃饺子的故事，引入不同国家因饮食习惯的不同而体现出来的文化差异，告诉学生"世界因文化的差异而丰富多彩"。接着正文部分从"丰富多彩的文化""和谐的文化乐章""开放的胸怀""搭起文化的桥梁"几个方面表明了对待多元文化的态度和立场："面对文化的差异，……我们主张各国文化相互借鉴，求同存异，尊重多样性，共同繁荣进步。""我们不仅要以开放的心态尊重不同的文化，还要宣传、弘扬我们的民族文化，让世界了解飞速发展的中国，了解中国源远流长、博大精深的文化。"①从而帮助学生树立正确的对待多元文化的价值观念。同样，关于多元文化问题，教科版《思想品德》实验教科书在九年级第十九课"天涯若比邻"中进行了论述，讲述了该如何面对多姿多彩的文化，从"七彩文化"和"天涯共明月"两个部分对不同国家和民族各具特色的文化问题进行了探讨。教科书讲述了文化是人类文明进步的结晶，不同国家和地区的不同民族的人民在历史发展的长河中创造了各种特色鲜明的文化。并且告诉学生这些文化包括语言文字、文学、艺术、价值观、宗教、教育、科技以及生活方式、风俗习惯等方面。

另外，在不同文化的相互交流和碰撞过程中，既可能会产生不同文化的相互摩擦和冲突，又可能会使不同民族之间的文化相互交流、相互借鉴。比如，在关于文化冲突问题上，教科版《思想品德》实验教科书通过阅读材料呈现电影《刮痧》的故事，影片以一个在美国的中国爷爷用中医的刮痧疗法为孙子治病，没想到却成了孩子父亲虐待孩子的证据，面对控方律师以解剖学为基础的西医理论的指控，孩子的父亲陷入了百口莫辩的尴尬困境。这个故事其实就是一个很好的说明东西方文化冲突的例子。刮痧在中国是传统中医

---

① 课程教材研究所思想品德课程教材研究开发中心编著. 思想品德，八年级上册[M]. 北京：人民教育出版社，2008：60-64.

的一种自然疗法，放在中国文化氛围中来理解是一种很正常的治疗身体疾病的方法，很容易被人接受且不会遭到质疑；而这样刮痧的方法如果放在以解剖学理论为基础的西方国家的西医氛围中，却是没有丝毫的依据，小孩背上因刮痧留下的淤痕也就成了父亲虐待孩子的证据，因此造成了彼此的曲解和不理解。虽然教科书没有将这个故事的结尾描述出来，但这部电影最终在人们彼此的相互尊重、诚信和爱心的推动下，使得主人公得以脱离困境，问题得以解决。这也为如何面对多元文化之间的碰撞和冲突提供了一个参考范例。在文化交流、借鉴和融合方面，教科书通过"和平绿洲"（位于耶路撒冷和特拉维夫两城市中间的一个村庄，是以色列犹太人和阿拉伯人共处的典范）、"中法文化年活动"以及"AFS 交流活动项目"（American Field Service，旨在让不同文化背景、不同民族和国家的青少年到世界其他国家的家庭中体验生活）三个阅读材料讲述了对待不同文化之间的沟通与交流的策略。世界文化是在多种文化的碰撞、交流以及融合中，在彼此汲取营养的基础上焕发出新的生命力的。万物并育而不相害，道并行而不相悖。因此，在对待多元文化时，我们应该像英国哲学家罗素所描述的那样："不同文化的接触是人类进步的路标。希腊曾经向埃及学习，……在那些情形之下，常常是青出于蓝而胜于蓝的。"在世界文化的交流与对话中，我们应该秉持开放的、世界的眼光，尊重各民族文化传统和个性，为促进世界各族文化的共同繁荣和发展而努力，这也是初中德育教科书需要体现和传递给学生应有的价值观念。同时也是我们对待中西方文化应该秉承的态度。

面对外国文化的"洋流"，我们应该有着包容接受的态度，并在此基础上不忘记我们自己富有特色的民族文化。其实，民族文化具备深厚的历史底蕴、地方特色、完整传承过程和在传承中不断发展变异的特性。随着社会发展，民族文化的信仰始终不会被丢弃。西方因素的加入只会使中国文化变得更加多元化，让民族文化在变异中与时俱进，更符合当代人的需要。习近平同志在 2014 年五四北大讲话时强调指出，社会主义核心价值观的形成和确立，把涉及国家、社会、公民个人的价值观念融为一体，不仅继承了中华优秀传统文化，也广泛吸纳了世界文明的优秀成果，同时还体现了当代中国的时代精神。从传统与现代的论述中可以发现它们之间的内在逻辑关系。传统是"根"和"源"，而现代则是"树"和"流"，是在传统基础上进一步的深化和发展。为此，需要有着"吐故纳新"的客观态度来处理和应对。德育教科书在对待文化的传统与现代的问题上，努力实现传统与现代的融合。继承传统，批判传统，开放传统，发展传统，将传统文化中的精品充分地消化吸收，为现代文化的发展注入源源不断的资源和动力；同时避免全盘接受的民族文化保守主义和全盘否定的民族文化虚无主义这两种极端倾向，从而正确处理好传统文化和现代文化之间的"血缘"关系，努力实现传统文化的创造性转化和创新性发展。

因此，当前和未来一段时间我国的德育教科书应该在社会主义核心价值观的指引下，围绕国家、社会和公民个人三个层面的价值要求，将中华优秀传统文化和外国优秀文明成果全面系统地体现出来，突出学生发展核心素养的培育，注重青少年一代的全面协调发展，从而更好地为学校德育工作服务。

第三章 价值教育论略

马克思（Karl Marx）曾在《1844年经济学哲学手稿》中说："一个种的整体特性、种的类特性就在于生命活动的性质，而自由的有意识的活动恰恰就是人的类特性。"①意思即，"自由的有意识的活动"是人的生命活动的性质，或者说是人的类特性。那么，如何理解"自由的有意识的活动"呢？简单地说，就是人自主地做自己愿意做或者想做的事情。那么，什么是人"愿意做或者想做"的事情呢？这就涉及价值问题了，因为"什么是有价值的？"（它还通常表现为"什么是有意义的？"）是人们围绕生存和发展而进行所有活动都会思考的问题，而对这一问题的不同回答也左右了人们选择不同的方式、采取不同的行为。

在中国传统社会中，以先秦诸子理论学说为主要渊源，特别是以"仁"与"礼"、"忠"与"孝"、"天"与"人"的结合为主要内容的中国古代价值体系，突出地表现了以政治伦理为主导、以血缘等关系为基本价值纽带、以教化为主要价值手段的特征。中国古代价值体系在调整社会阶层关系、稳定封建社会统治、维护家庭伦理道德等方面发挥了不可替代的作用，形成了较为稳定的文化样态和"上所施，下所效"的古代教育。在西方，古希腊的先哲们在思考"世界的本原是什么"的基础上，也在思考"人的好生活是什么"，以苏格拉底、柏拉图和亚里士多德为代表的哲学家们通过对"善"、"幸福"等的追求和实践，为后世的哲学研究奠定了灵魂、理性、价值这三个路向，与之相应的分别是宗教价值体系、理性主义价值体系

---

① ［德］马克思.1844年经济学哲学手稿［M］.中共中央马克思恩格斯列宁斯大林著作编译局，编译.北京：人民出版社，2000：57.

和生存价值体系，以及从古希腊道德政治教育萌生出来的宗教教育、理性主义教育和价值教育。中国与西方对价值问题的探求，整体包含了人们对生存和发展的愿望与思考，奠定了人类的一个普遍性问题领域，前者主要从调整人与人之间的关系出发衍生对世界本原的探寻，后者主要从世界本原出发推演人生存和发展的意义。在价值问题上，中西方分别用不同的方式进行诠释沿着不同的道路发展，形成了中西方在价值问题上的不同文化意向，构成了中西方不同的文化景象，共同促进了人类的进步和发展。

价值不是乍现的，而是历史的；不是唯一的，而是丰富和多样的；不是同一的，而是有对立和冲突的。善恶、美丑、贵贱、尊卑、荣辱、好坏、利弊，等等表示价值的词语，反映了人类生活纷繁复杂的样貌，在诸多价值交织形成的价值之网中，人们支持什么、反对什么、颂扬什么、摒弃什么，都与人的历史性和现实性密切相关。现在，全球化的浪潮已经席卷世界，国际政治经济格局也已发生变化，现时代的价值冲突比以往任何历史时期的价值冲突都更为激烈和普遍。在教育领域，虽然教育与价值研究可以追溯到斯宾塞(Spencer)的《论教育》(1861)，但为了解决理性主义、科学主义、技术主义等带来的信仰危机、精神危机、道德危机等问题，20世纪晚期西方国家才兴起价值教育的思潮，进入21世纪后，我国学者才开始系统地研究价值教育。

理性主义、科学主义、技术主义的盛行是世界各国价值教育产生的共同原因，"人如何成为有意义的存在"是价值教育的中心命题，但中西方价值教育产生的根源是不同的。在西方，价值教育的根源是世俗社会人性张扬带来的理性主义与非理性主义、科学主义与人文主义的对抗；在我国，价值教育产生的根源则是中国文化与西方文化、传统文化与现代文化的碰撞。由此，西方国家的价值教育更加偏重人性(人性与物性相比较而言)的纠偏，旨在矫正被异化的人性；而中国的价值教育则偏向个性(人与人相比较而言)的激发，重在协调人的共性与个性。所以，中国的价值教育必须要实现对传统和现代的双重超越。价值教育直指人的全面发展，把信仰、精神、道德的教化作为教育的重要内容，它不仅关乎现在，更关乎未来，它不仅要培养这一代人"为何而生？"的意识，更意在培养下一代人"为何而生？"的意识。总之，作为教育哲学的一股新思潮，价值教育不是教育活动中的一个独立领域，而是对教育中不利于人生存和发展的那一部分的反思、批判和矫正，是对教育基本立场的重申，是对人性的呼唤，是对人的生存和发展价值的张扬。

第一节 价值教育概说

一、价值教育的孕育

（一）人、价值、教育概述

在人的一生中，最初的和最大的困惑和难题是生与死的问题，生是短暂和宝贵的，死是突然和不可言状的；生是令人喜悦的，死是令人生畏的。因为生与死的不可逆转，人们才寄希望于"灵魂不死"或"投胎转世"。但仅这样做还远远不够，人越是对死充满恐惧，就越是生得执着，越是不满足于把"定数"当做结果。于是，"延续生"和"生得更好"始终是人的最大期望。"延续生"意即"生存"，"生得更好"意即"发展"，所以，生存和发展可以说是人的永恒主题，人的一切活动都在围绕这一主题而展开，进而必须解决"何以为生"和"为何而生"这两个问题。"何以为生"主要是指人生存和发展的能力以及方式问题，为此，人不断地改进生产工具，改善生活条件，改变生产方式和生活方式，努力提高认识世界和改造世界的能力。"为何而生"主要是指人生存和发展的方向、原则、精神问题，如人不断地询问自己"应该怎么做？""为什么这么做？"等问题，为的是谋求有价值的生存和发展。

可以说，人对死的迷惑和恐惧不仅促使人通过各种方式去认识世界、改造世界，还促使人不断地思考怎样使有限的生命更有价值。有学者指出，以死观生，人更充分地领悟和把握了人生的价值，更加珍惜生命的价值；因而促使自己在有限的一生中创造尽可能多的价值，让自己创造的价值滋润生命历程中的每一段时间。[①]

---

① 张书琛. 生死问题与价值哲学[J]. 哲学研究，2000(4)：58-59.

为了生存和发展，人首先要进行自然的繁衍，进行生物生命的传递，更重要的是，人还要完成文化的继承和创新，即上一代人尽可能地把已有的社会经验（风俗、习惯、知识和行为等）保存下来，并传授给下一代人，兰德曼（Landmann）说："遗传的法则在人的肉体方面占优势，人的肉体从其相隔最遥远的祖先以来，相对地没有变化；但是后来的每一代人都发现，他们自己在精神上处在不同的世界之中。"①也就是说，即使是看似处于自然本能的人类繁衍，实际上也从根本上有别于其他动物的繁衍，用马克思的话来说，就是"动物和自己的生命活动是直接同一的。……人则使自己的生命活动变成自己意志的和自己意识的对象。"②具体到生活之中，人们吃什么、喝什么、穿什么、住哪里……一切活动都是在为生存和发展着想，人们的思想、观念、意愿、态度、情绪等都在自觉或者不自觉地以生存和发展这一目的为价值取向，并反映在人们的具体活动中。因此，人的世界是文化的世界，价值不是人的世界的独立领域，而是附着在人的具体活动中的，是人类文化的重要内容。

人类文化不是给定的、静止的、抽象的，而是生成的、发展的、具体的，打个简单的比方，车间里的传送带无论多宽多长，也只能搬运物品而不能生产新的物品，同样的，人不是简单地接受和传递已有的文化，而是在对已有文化地创造和超越中实现人的生存和发展，从而使人能在新的高度上开启新的创造和超越，一步一步地把"生得更好"建立在更高的水平和起点之上。人的创造性和超越性赋予文化以生命力，其表现不在于文化的形式（语言、服装、房屋、生产方式等），而在于具体实践文化的人，因为"文化不是我们从超脱的观察者的视角所审视的东西，恰恰相反，我们参与了文化。我们必须对特定的文化模式和结构作出新的调整、规定和指

---

① ［德］米切尔·兰德曼. 哲学人类学［M］. 阎嘉，译. 贵阳：贵州人民出版社，2006：218.
② ［德］马克思. 1844年经济学哲学手稿［M］. 中共中央马克思恩格斯列宁斯大林著作编译局，编译. 北京：人民出版社，2000：57.

导,以使文化得到持续地发展"。① 教育就是这样一种培养人创造和超越能力的特殊活动,"教育使文化的延续和更新并不是以直接的传递或增添的方式实现,它是通过把人类共创的文化财富转化为个体的知识、才能、思维能力、实践能力等,再通过个体发挥智慧、才能的活动……"② 人通过教育才能有效地世世代代重复已有的活动方式,积累已有的活动能力,发展新的活动能力,在上一代人的基础上继续解答"何以为生"和"为何而生"的问题。这种积累和发展是人的非生物意义上的特殊需要,不同于其他动物的需要,因为其他动物的所有活动范围、方式、对象都是由其自然规定性确定的,尽管在动物的生命历程中会出现个别获得的适应性习惯和反应,但"动物物种的生物学-生理学结构始终限定着它的习得性反应,这是一个恒常确定的局限"。③ 人则不同,人的活动能力始终在积累和发展,而且积累和发展的程度越高,人寄予生存和发展的价值就越多样化,对教育的需要就越强烈,教育的内容就越丰富,教育的方式就越多样。

　　人对"为何而生?"的探求在教育中表现为对"为什么培养人"、"培养什么人"等问题的求解。康德(Kant)说"人是唯一需要教育的一类"④,"人"正是哲学与教育学的结合点.二者的结合在于,哲学'使人成为人',提出成'人'的方向和目标;教育则促使人成为'人',提供了成'人'的方法和途径。⑤ 人是教育的出发点和归宿,教育是以人为对象的特殊活动,时时处处体现着人的价值取向,体现着人对生存、生命、生活的感悟和意义的追寻。意即,"人作为

---

　　① [德]海因茨·佩茨沃德.符号、文化、城市:文化批评哲学五题[M].邓文华,译.成都:四川人民出版社,2008:19.
　　② 叶澜.教育概论[M].北京:人民教育出版社,2006:165-166.
　　③ [匈牙利]乔治·马尔库什.马克思主义与人类学:马克思哲学关于"人的本质"的概念[M].李斌玉,孙建茵,译.哈尔滨:黑龙江大学出版社,2011:9.
　　④ [德]康德.康德论教育[M].贾馥茗,等译.台北:五南图书出版股份有限公司,2013:1.
　　⑤ 冯建军,等.教育哲学[M].武汉:武汉大学出版社,2011:5.

价值性存在,其生存和发展之根就在于价值探索、价值实现和价值创造;而教育的价值本性则规定了其基本功能在于引领人的价值追求、提升人的价值素养和培育人的价值能力"。① 因此,教育天然具有价值性,教育活动是价值性的活动。但是教育价值又往往是千差万别的,它总是受到时代条件的限制和具体实践活动的制约,在不同的历史时期、不同的国家和民族,教育价值会有较大差异,甚至互相冲突。这是因为,每个时代、每个国家和民族不仅经济政治社会发展阶段不同,他们所持的对世界的总体认识,即哲学理念也大相径庭,"哲学理念总是不仅'反映'和'表达'时代精神,而且'塑造'和'引导'时代精神,是规范人们思想和行为的世界观、历史观、人生观、价值观意义上的标准"。②

综上所述,人们对教育的看法和态度既受到"何以为生"的影响,又受到"为何而生?"的左右,一切关于"人"的论说都会成为教育的理论渊源,一切关于价值的论说也会成为价值教育的理论渊源,考察价值教育,当然要在价值研究的理论中寻找依据。

(二)西方价值体系之源

在西方,人们用高度抽象的和思辨的形式对有关价值的问题进行探讨已有数千年历史了。但凡研究西方哲学史或思想史,无不提及古希腊的哲学贡献,甚至仅从古希腊开始就足以具有说服力,因为希腊人"不仅为后来所有的西方思想体系奠定基础,而且几乎提出了两千年来欧洲文明研究的所有问题和答案"。③ 因此,我们也从古希腊关于价值的学说开始进行一番简单但必要的梳理。

在那个西方文明的摇篮时期,哲学家以思考世界本原问题著称。被世人公认的是,受特尔斐阿波罗神庙中"认识你自己"铭文的启发,苏格拉底(Socrates)把对自然(自然世界)的研究转向了对

---

① 邱琳.人的存在与价值教育[J].教育研究,2012(5):42-47.

② 孙正聿.标准与选择:我们时代的哲学理念[J].黑龙江社会科学,2015(1):1-5.

③ [美]弗兰克·梯利.西方哲学史(增补修订版)[M].贾辰阳,解本远,译.北京:光明日报出版社,2014:3.

人自身(人的世界)研究，他几乎把有关善、恶、灵魂、德性、智慧的问题与如何实现好的生活结合起来，并作为价值的全部问题进行思考，并以其伟大的死，实践着对人生价值的追求。《斐多篇》中有这样一段记载(假定记载是真实的)，苏格拉底临死前还在和他的学生讨论灵魂问题，他说："惟独爱好智慧的哲学家，死后灵魂纯洁，才可以和天神交往。……真心爱智慧的人，就为这个缘故，克制一切肉体的欲望；他坚决抵制，绝不投降。"①《申辩篇》中还对苏格拉底拒绝以放弃他的哲学来换取性命一事进行了记载，他说："雅典人啊，以伟大、智慧和力量闻名于世的伟大雅典城邦中的公民，你们一心只想着聚敛钱财、追求名誉，却从不关心真理、追求智慧，不关心如何使自己的灵魂得到完善，你们难道不感到羞愧吗?"②通过这些记载，柏拉图(Plato)成功论证了灵魂不朽学说，突出了苏格拉底这位伟大的哲学家为高尚灵魂不惜牺牲一切的价值取向，为后人确立了一种向"善"的人生哲学路向。

　　除了灵魂的"善"或"美德"之外，苏格拉底还用他著名的定义法回答了什么是"美德"的问题，他说"知识即美德"，又说"无人自愿作恶，恶源于无知"，这样一来，在苏格拉底那里，具有"美德"的灵魂是最高价值，知识又是实现这一最高价值的最有价值的内容或方法，换句话说就是，追求美德就必须而且只能通过获得知识才能实现，于是知识就成为了人们首要追求的东西，知识的化身理性、真理就被推崇到了首要地位，这也为理性主义价值体系的构建埋下了伏笔。胡志刚认为在苏格拉底"What is X"提问式中，隐含了一种"是"的意义方向，"是的意义方向即真理无形中变为首要的"。③ 也是这个道理。总的来说，除了"善"，苏格拉底还为后世提供了知识(真理)的哲学路向。

---

　　① [古希腊]柏拉图.斐多：柏拉图对话录之一[M].杨绛，译注.北京：生活·读书·新知三联书店，2015：56.
　　② [古希腊]柏拉图.苏格拉底之死[M].吴松林，陈安廉，译.北京：北京理工大学出版社，2015：54.
　　③ 胡志刚.价值相对主义探微[M].上海：人民出版社，2012：379.

柏拉图在其灵魂不死和灵肉二分的基础上，也对人加以研究，并指出人的本性就是人的灵魂，灵魂分为理性、激情、欲望三个部分，只有三者和谐，且理性占统治地位，灵魂才能达到理想状态。在柏拉图看来，"善"是人的最终目的，是一种袪除了人的兽性的灵魂的和谐状态。策勒尔（E. Zeller）对此评价道："柏拉图的伦理学就一直是严格的二元论的伦理学，因为它认为，肉体连同其种种尘世的需求和贪欲是一切苦难和罪恶的原因；认为包括生命在内的所有人世间的善都是没有价值的，并且在特定的情况下甚至会阻碍灵魂向上帝相似的善发展，在另一个世界中，这种与上帝相似的善是唯一的准则；因为灵魂按其真正本性说是属于超感觉世界的，只有上升到那个世界，返归自己的本原，才能找到真正而充分的无上幸福。"①所以，在柏拉图的哲学中，人与神的关系是通过人的灵魂与神的灵魂之间的互通实现的，这一基本理念几乎成了基石，使得上帝及其与人的关系一度占领西方哲学高地，为中世纪宗教型的价值体系奠定了理论基础。

柏拉图的学生亚里士多德（Aristoteles）认为人的目的就是幸福，又或称为最高的善。值得注意的是，亚里士多德认为人在本性上是社会性的（或政治性的），人的幸福生活是一种德性的生活方式同时是维护这种方式的制度，所以，亚里士多德在德性要求上也更加注重人在社会生活和政治生活中的实践活动，只有在合德性的行为中才能获得德性，因为"那些自称爱智慧的人满足于空谈也不会使其灵魂变好"。② 从这一点来看，亚里士多德的论断便比苏格拉底的论断更具有社会现实意义，"他更愿意立足于现实的大地之上，承认人的自然欲望，以此调整可知的理想世界和可见的现实世界的冲突，'好人'（理想的"至善"的人）与'好公民'（积极参与现实政

---

① ［德］E. 策勒尔. 古希腊哲学史纲［M］. 翁绍军，译. 济南：山东人民出版社，2007：146-147.
② ［古希腊］亚里士多德. 尼各马可伦理学［M］. 廖申白，译注. 北京：商务印书馆，2011：42.

治生活的人)的冲突"。① 亚里士多德把德性分为理智德性和道德德性,并认为理智德性是与人的理智的那一部分灵魂相应的,主要是智慧,并通过教导发生和发展;道德德性是与感觉的(非理性的)那一部分灵魂相应的,比如慷慨、节制等,它由习惯养成。而且,亚里士多德还把道德德性与人的意愿、场合、原因等因素结合起来,希冀人们追求适度的道德德性。比起柏拉图把人分为金银铜铁质,并要人各安其分的论断,亚里士多德显得更具实践理性,他主张全体公民应遵循同一教育体系,认为积习、文教和法度可以化民成俗。

总之,古希腊哲学家们对价值的思考主要是从灵魂出发,又以灵魂为归宿,围绕"善"或"幸福",以智慧、勇敢、节制、正义等为内容,构建了道德政治价值体系。基于这样一种价值体系,古希腊的教育观和知识观对西方教育影响深远,柏拉图以他著名的"洞喻"暗指教育是使人灵魂转向理念世界,是转朝"善"的手段,他认为只有教育才能唤醒和回忆那已经植根于人灵魂中的理性,刘须宽指出,灵魂有三大类:一种是只追求善自身的义务论,一种是因惧怕惩罚而追求善的目的论,还有一种是不顾后果追求恶的虚无主义,柏拉图的整个伦理教育就是要将这三类灵魂分步骤地引导和教育。……最终使城邦中的每一个灵魂都能仰望"太阳"。② 柏拉图还认为教育的价值还在于它是培养护卫者和哲学王的手段,为此,他在原有文法、修辞、辩证法的基础上增加数学、几何、天文和音乐理论课程,构成著名的"七艺"课程体系;亚里士多德也认为教育是必不可少的,只有通过教育才能节制人的恶欲,通过教育培养公民的善德,城邦才会成为善邦。概言之,古希腊的哲学家们在思考"世界的本原是什么"的基础上,也在思考人性、人的价值等重要问题,以苏格拉底、柏拉图和亚里士多德为代表的哲学家们通过

---

① 刘良华. 柏拉图与亚里士多德教育哲学的差异[J]. 教育研究,2012(12):114-119.

② 刘须宽. 柏拉图伦理思想研究[M]. 北京:中国社会科学出版社,2015:353-354.

对"善""幸福"等价值的追求和实践,已经为后世预设了灵魂、理性、价值三个目标,为本体论、认识论和价值论分别成为西方不同时代的哲学主题奠定基础,预示了宗教价值体系、理性主义价值体系和生存价值体系出现的可能性。

(三)西方价值体系之流

价值体系是建立在哲学研究基础之上的,每一个时代的价值体系都由该时代的哲学主题决定。人类哲学的发展总是围绕着一定的主题展开的,而每个时代的哲学以什么内容为主题则是由人类认识和实践发展的水平决定的,同时也反过来影响人类的认识和实践的发展。自古希腊道德政治价值体系之后,中世纪哲学家构建了宗教价值体系,其中,人被预设为神的创造物,人只能依附于神,人的全部意义、人的全部活动都是为了得到神的救赎,所以,人们的一切思想和行为都要求根据上帝的"指示"来进行,上帝是人们价值选择和价值评判的最终权威,《圣经》是人们普遍的价值规范。中世纪是一个人性被神性统治统摄的时代,宗教价值体系塑造了以拯救人的灵魂为目的的教育观和以宗教教义为中心的知识观,教育的主要内容是宗教知识教育、宗教仪式教育等。宗教教育的另一特征是宗教禁欲主义极度地压制人的欲望,人的生存价值被彻底否定。

文艺复兴运动打破了上帝的绝对权威,人自身的价值受到了重视,启蒙运动进一步破除了人们精神上的桎梏,理性逐渐取代上帝成为新的价值权威,知识和科学作为理性的化身成为了新的价值目标、价值原则和价值尺度,理性主义价值体系就此确立。理性主义价值体系把无知视为道德沦丧和缺乏理性的根源,个人和社会都需要通过知识的教育改变愚昧落后的状态,由此,重知、重智的理性主义教育获得了合理依据,最具代表性的当属赫尔巴特学派,该学派继承了培根(Bacon)、笛卡尔(Descartes)、洛克(Lock)、康德的思想,把认识活动当作人的全部心理活动的基础和根源,把知识教育当作道德教育的手段,建立了一个系统化的以知识教育为核心的理性主义教育体系。为了弥补有关知识价值的问题,斯宾塞在其"教育预备说"中,把教育活动分为几个层次:一是直接有助于自我保全的活动,二是通过获得生活必需品而间接有助于自我保全的活动，三是目的在于抚养和教育子女的活动，四是与维持正常的社会和政治关系有关的活动，五是在生活的闲暇时间用于满足爱好和感情的各种活动。① 为了完满的生活，斯宾塞进行了各种知识的价值比较，并指出科学是挑战自然、征服自然的最有价值的知识。斯宾塞严厉批评英国崇尚古典教育的"绅士教育"，制订了以科学知识为核心的课程体系，他著名的"什么知识是最有价值的"命题迎合了产业革命和科学发展的实际需要，比起他对教育过程和德育、体育的论述来说更为人们所津津乐道。尤其是19世纪以来，在理性主义的大旗下，自然科学被认为是人类全部的或最重要的知识，只有自然科学的研究方法才是获得知识的合理途径，只有自然科学的知识才配得上"真理"二字，教育越来越突出地表现为以智力训练为主要目的，以科学知识结构为主要内容。但是别忘了卢梭（Rousseau）曾一针见血地指出："所有的科学中最为有用但发展最少的就是有关于'人'的知识。"②在科学主义的占领下，人的衣食住行无不为之改变，但是，物质生活条件优越的背后却是深层次的精神危机，迷茫、困惑、无助的人们在贫与富、弱与强、贱与贵的矛盾中挣扎，人的价值让位于金钱、权力、名誉、技术等的价值。就此，人的生存价值再次遭遇危机，生存价值体系呼之欲出。

　　罗素（Russell）曾说："哲学在其全部历史中一直是由两个不调和地混杂在一起的部分构成的：一方面是关于世界本性的理论；另一方面是关于最佳生活方式的伦理学说或政治学说。这两部分未能充分划分清楚，自来是大量混乱想法的一个根源。"③罗素所说的这"两个不调和地混杂在一起的部分"就是西方哲学发展史中一直存在着的两个相互对立的领域——事实与价值（或称实然与应然，又或称真理与价值）。事实与价值的对立最初可能是古希腊"physis

---

① 王凌皓. 洛克、斯宾塞教育名著导论[M]. 长春：吉林文史出版社，2014：93-99.
② 卢梭. 论人类不平等的起源[M]. 吕卓，译. 南昌：江西教育出版社，2014：序10.
③ [英]罗素. 西方哲学史（下卷）[M]. 马元德，译，北京：商务印书馆，2011：432-433.

(自然)和 nomos［法(则)、约定］"①之间的对立，近代以来，又主要表现为科学与人文、物质与精神、实然与应然之间的对立，事实和价值的不可通约预示着新一轮的哲学革命即将出现，如何区分或者融通事实与价值，如何彰显人的价值和意义成为近现代哲学家的主要任务。这一哲学革命主要表现为文化、生命、价值、意志、精神、欲望等突出地成为哲学研究的重要范畴。西方文化哲学的创始人维科(Vico)在他的《关于各民族共同性的新科学的原则》一书中指出："在那为密密层层的黑暗所笼罩的远古时期——离我们已太过遥远了——有着一束永恒的、无可怀疑的真理之光：世俗社会的世界必定是人创造的，因此它的原则就应当到我们自己的人类心灵中去寻找。"②应该说，维柯的贡献在于首先明确区分了文化和自然，指出了人是世界的创造者和设计者的特殊角色，人的地位得到彰显。休谟从区分"是"与"应该"、"事实"与"价值"中提出了事实命题推导价值命题的问题。接着，康德把知识分为事实的知识与价值的知识，把认知的"纯粹理性"、道德的"实践理性"和审美情感的"判断力"分别指向真、善、美的价值目标，人及其主体性在康德那里再一次得到确认。非理性主义的代表尼采(Nietzshe)继承了叔本华(Schopenhauer)的唯意志论，他抨击上帝，抨击理性，提出要"重估一切价值"。

  这些研究把事实与价值置于人类文化的总体中，为实现二者的通约提供了新的研究路径，同时，否认以理性逻辑认识世界的思维，促进了人们对价值问题的重视，为把价值上升为哲学的主题提供了可能。被称为价值哲学之父的德国哲学家洛采(R. H. Lotze)则把世界分为事实的、普遍规律的和价值的三个领域，其中，价值的领域是最高的目的领域，事实的领域和普遍规律的领域都是达到目

---

  ① 胡志刚. 价值相对主义探微[M]. 上海：人民出版社，2012：379.
  ② [意]维科. 新科学[M]. 朱光潜，译. 北京：商务印书馆，1989：52.

的的手段,① 这为价值哲学的创立奠定了基础。新康德主义西南学派的创始人文德尔班(Windelban)则期望建立能回到普遍有效的价值的基本问题的文化哲学,文化哲学的对象就是"文化价值的普遍有效性"②,即哲学的问题就是价值问题,他对价值问题在哲学中的重要地位、价值哲学的对象、价值的本质、价值与事实、事实世界与价值世界、判断与评价、自然科学与社会历史科学、价值与文化、历史等方面作了许多论述,建构了价值哲学初步的理论体系,从而使价值哲学理论成为引人注目的新的哲学学科。③ 李凯尔特(Rickert. H.)发展了文德尔班的观点,他把价值作为区分历史科学和自然科学的起始,认为"只有借助价值的观点,才能从文化事件和自然的研究方法上把文化事件和自然区别开"。④

一般认为,美国哲学家厄尔本(Urban)于1909年发表《评价:其本性和法则》一书,正式提出用"价值学"(axiology)来命名一门与认识论(epistemology)不同的学说;冯·哈特曼(V. Hartmann)1911年发表《价值学纲要》,正式把它用作书名。此后,摩尔(G. E. Moore)、胡塞尔(Husserl)、舍勒(Scheler)、杜威(Dewey)、培里(Perry)、萨特(Sartre)等20世纪著名的哲学家都在不同程度上发展了价值哲学,形成了许多价值理论。通过众位哲学家的努力,价值研究犹如哲学夜空中的一颗星星,从若隐若现开始变得光明璀璨起来,现代哲学的主题不再是本体论或认识论,而是价值论。但是对于"什么是价值"这一核心问题反而随着研究的深入和拓展越发显得难以界定,诸多学者已经在价值的定义、理论和学说方面做了大量的工作,我们在此不再一一列说,

---

① 王玉樑. 21世纪价值哲学:从自发到自觉[M]. 北京:人民出版社,2006:44-45.

② [德]文德尔班. 哲学史教程(下卷)[M]. 罗达仁,译. 北京:商务印书馆,2011:472.

③ 王玉樑. 21世纪价值哲学:从自发到自觉[M]. 北京:人民出版社,2006:56.

④ [德]H. 李凯尔特. 文化科学和自然科学[M]. 涂纪亮,译. 杜任之,校. 北京:商务印书馆,1986:76.

它们共同的倾向是重新认识人与自然、人与人、人与己等几重关系，深入探求人的生存价值和意义，努力寻找能够使人摆脱对自然的依赖和对物的依赖的新的路径，并试图构建一种彰显人的价值的生存价值体系。

相应地，在19世纪末20世纪初，为了反对赫尔巴特学派（Herbartian）科学主义和普遍主义，注重人的知、情、意全面发展的"新教育"运动在欧洲逐渐兴起，回归自然的教育、儿童本位思潮、艺术教育运动和劳作学校理论等多种教育思潮在德国兴起，① 受文德尔班、李凯尔特、胡塞尔等人的启发，文化教育学的先驱狄尔泰（W. Dithey）于1888年发表了《关于普遍的妥当的教育学的可能》一文，反对赫尔巴特学派视教育学具有普遍的妥当性的立场，他把历史主义思维引入教育学，把心理学和伦理学等精神科学作为构筑文化教育学的理论基础，建构了文化教育学的体系。② 后来，斯普朗格（E. Spranger）的文化教育学、李特（Theoolor Litt）的陶冶哲学、福利特纳（W. Flitner）的解释学教育学和博尔诺夫（O. F. Bollnow）的人类学教育学分别从不同角度丰富和发展了文化教育学。文化教育学是在反赫尔巴特学派为代表的传统教育的过程中诞生的，其核心概念"生命"、"文化"、"体验"、"理解"、"陶冶"、"唤醒"等，彰显了其尊重人的生命、价值和意义的理论特征，体现出了教育朝着人文观照的方向迈进的趋势。反赫尔巴特学派的不只是文化教育学派一家，"儿童中心"、"学科中心"、"活动中心"都明确地把矛头指向"教师中心"、"知识中心"、"课堂讲授中心"，掀起了西方教育改革的热潮，其中以杜威的实用主义教育声势最为浩大。

上文以大量篇幅介绍了西方价值体系的几次转折，主要有两个目的：

---

① 邹进. 现代德国文化教育学[M]. 太原：陕西教育出版社，1992：13.

② 陈锋. 狄尔泰教育学研究[M]. 兰州：甘肃教育出版社，2007：195-197.

一是试图说明关于价值的研究古已有之，其演进的大致路线是：在古希腊时期，物质和精神、事实和价值统一蕴含在哲学之中，关于"善"、"幸福"、"德性"等的研究被称为"价值学"（axiology）；在漫长的中世纪，价值主要以信仰为主要内容，以上帝为最高价值，以宗教教义为主要价值规范；在17~19世纪，"value"开始被引用为哲学术语；作为专门研究价值问题的价值论或价值哲学是在科学化、工业化带来人文精神缺失、人被严重异化和物化的历史背景下，于19世纪末20世纪初在西方学术界产生的。这足以说明，人对价值问题的探究经历了漫长的岁月，从人对自然世界的探索，到对人的世界的思考；从对人的生存目的的设计，到对人的社会行为的规约；从蕴含在伦理道德中，到独立成为哲学主题，人对价值的讨论和研究始终没有停止，且随着人类历史社会的发展和人类实践活动的日益广阔和丰富而逐渐清晰和深化。

二是参照哲学主题的转变和价值体系的转型，才能对价值教育的出现有更为全面的认识。西方价值体系从古希腊道德政治价值体系转向中世纪的宗教价值体系，后又转向近代理性主义价值体系，以至现代的生存价值体系（我们提出"生存价值体系"，意在凸显价值教育的时代背景。实际上，理性主义价值体系的作用还未消逝，它向生存价值体系的转型并未完成），每一次转型都是人们对人-自然、人-人、人-己关系认识的飞跃，每一种价值体系之下的教育又分别表现为道德政治教育、宗教教育、理性主义教育和价值教育。孙正聿曾把哲学对人类存在的关切方式分为"层级"性的关切与"顺序"性的关切，他所说的"层级"是指人先验地确定了"深层"文化和"表层"文化，并把"深层"文化设定为"表层"文化的基础或根源，那么，对"深层"文化的探寻就是人的根本任务；"顺序"则是要消解"层级"，打破"深层"文化和"表层"文化的两极，"在自己时代的水平上对人的思想和行为的根据、标准和尺度做出慎重的文化选择，把对终极性的'本体'的寻求转化为对历史性的"本体"的承诺。"这种关切的转变，不只是从思维方式上体现了现代哲学的从两极到中介的变革，而且是从价值诉求上实现了现代哲学的从两极到中介的变革。① 价值哲学的产生正体现了哲学从"层级"性关切到"顺序"性关切的转变，价值体系的转折和价值教育的出现与哲学"顺序"性关切具有内在的逻辑关系和历史关系。

二、价值教育的产生、讨论与反思

(一) 价值教育的产生

自近代以来，科学与技术的巨大进步和人们物质生活的极大丰富，印证了培根的"知识就是力量"命题的合理性，紧接着，斯宾塞的"什么知识是最有价值的？"命题又把科学推崇到人类最有价值的知识的地位。此后，在科学主义的碾压下，政治、历史、文学、艺术、经济、法学、教育等学科存在的合法性受到了前所未有的质疑，"伪科学"几乎成了它们共同的代名词，这些学科也几乎都在为了证明自己的合法性存在而不断申辩。现在看来，这些质疑和申辩几乎被束缚在"理性—真理—知识—科学"逻辑中不能自拔，这种理性主义的定向思维使科学或科学的方法成为人的世界的新的价值规则或价值尺度。为此，恩格斯在《反杜林论》中评论道："宗教、自然观、社会、国家制度，一切都受到了最无情的批判；一切都必须在理性的法庭面前为自己的存在作辩护或者放弃存在的权利。思维着的知性成了衡量一切的唯一尺度。"②

20世纪以来，世界各国的民族独立运动和民主制国家的纷纷建立改变了世界政治经济格局，与世界人口大规模迁徙相伴的是不同民族的不同文化背景下的多种价值观念、生活方式、宗教信仰的交汇、融合和冲突，科学的方法在解决人们信仰、观念、精神、意义等方面显得力不从心，学校教育对学生实际生活的指导也越发显得有限。为了帮助学生进行价值判断、价值选择和消除价值混乱，美国学者拉思斯(L. E. Raths)等人在《价值与教学》(1966)一书中系

---

① 孙正聿. 标准与选择：我们时代的哲学理念[J]. 黑龙江社会科学, 2015(6)：1-5.
② [德]恩格斯. 反杜林论(3版)[M]. 中共中央马克思恩格斯列宁斯大林著作编译局, 编译. 北京：人民出版社, 1999：15.

统阐述了价值澄清理论,其实,建立在道德相对主义理论上的价值澄清不过是价值中立的另一种表现,尊重个体的价值选择消解了教育对人类共同价值的信仰和追求,在个体价值越来越彰显的时代,共同体、联合体的价值比以往任何一个时代都更难实现了。在这样的背景下,西方国家的一些学者开始借助价值哲学的理论成果展开对教育价值的相关研究,为价值教育奠定了直接的理论基础。20世纪80年代末,欧美的一些国家开始把价值教育作为教育改革的主要内容或目标,如英国1988年颁布的"教育改革法案"中就明确规定,当前教育改革的主要方向,就是致力于发展所有儿童的"道德、社会、精神、文化"方面;澳大利亚自20世纪90年代至今,普通中小学实施的主要就是价值教育。① 与此同时,价值教育(values education)作为一个新的术语出现在理论研究中,如美国教育学者皮特·克勒蒂(P. Keleti)著的《从行动到交往:哲学、文化与教育中的价值、方法与目的》(1988年),澳大利亚学者奥兹(Oacles)的《价值教育:一种三维结构模式》(1990年),英国学者泰勒的《价值教育在欧洲:1993年26国的比较调查概况》和《教育中的价值与价值中的教育》(1996)。其中,泰勒(Taylor)的研究报告介绍了欧洲教育发展与研究共同体(Consortium of institutes for Development and Research in Education in Europe,简称CIDREE)设立的"欧洲教育中的价值观项目"(The Values in Education in Europe Project,简称VEEP),也总结了各个国家价值教育的重点内容以及价值教育的实践状况。②

在全球化的时代背景下,文化交流与文化冲突比以往任何一个时代都更加普遍和深入,如何应对价值普遍主义与价值相对主义带来的价值冲突与价值虚无成为世界各国的难题,信仰迷失、道德滑坡、精神空虚等成为世界性的问题,我国也不例外。世纪之交之

---

① 王坤庆. 论价值、教育价值与价值教育[J]. 华中师范大学学报(人文社会科学版),2003(4):128-133.

② 吴亚林. 价值与教育[M]. 北京:北京师范大学出版社,2009:161-165.

际，在我国教育领域中，价值冲突主要存在于以下几个关系中：科学与人文、知识与技能、知识与道德、市场与教育、政治与教育等。随着西方国家价值教育思潮的传入，进入 21 世纪后，国内王坤庆、王逢贤、石中英、吴亚林、王葎、邱琳等少数学者开始从教育价值、道德教育、价值观教育等不同方面关注价值教育，出现了一些较具代表的价值教育专题研究成果。综观目前国内的研究，由于价值的丰富性、多样性，以及价值概念的不清晰，人们很难确定价值的内涵和外延，用"……是……"的判断句式给价值下定义几乎是不可能的，即使有"价值是……"或"……是价值"这样的句式出现，也不可能是一个事实命题。同样的，目前关于价值教育的定义还没有统一的说法，已有的方法是将之与相近的概念进行辨析，或者从哲学相关理论出发探讨价值教育的内涵。

第一种是将价值教育和科学教育、知识教育相比较。如石中英所说："从概念上说，价值教育是完整教育活动的一个组成部分，它一方面区别于"科学教育"、"知识教育"、"职业教育"等教育形式，另一方面又渗透在"科学教育"、"知识教育"、"职业教育"等教育活动之中。"他进一步指出，"作为完整教育活动的一个组成部分，价值教育所关注的不是学生对于事实性知识、程序性知识或与职业活动直接有关的知识与技能的获得，而是学生价值观念和价值态度的形成、价值理性的提升、价值信念的建立以及基于正确价值原则的生活方式的形成。比起"科学教育"、"知识教育"、"职业教育"等专门性教育活动，价值教育使学习者所关注的不是现在或未来的生存与发展能力问题，而是现在与未来的生存与发展方式问题。"[1]邱琳也通过类似的对比，得出这样的结论："实际上，价值教育主要相对'知识教育'而言，二者构成了教育的'一体两面'。""价值教育，正是对这种知性教育观的矫正，即一种建立在全面教育观之上的教育实践形式。价值教育的根本目的在于丰富人性、完善人格、充盈人生意义、增进人的幸福生活。"[2]

---

[1] 石中英. 价值教育的时代使命[J]. 中国民族教育，2009(1)：18-20.

[2] 邱琳. 人的存在与价值教育[J]. 教育研究，2012(5)：42-47.

有学者指出，由于价值教育主要是在价值哲学研究兴起和科学教育成为学校教育主导的背景下产生的，这容易让人误以为价值教育是"价值的教育"或是与"科学教育"相对应的"价值教育"，前者会把价值教育局限在有关价值理念、价值知识的教育中，后者会把价值教育作为与"科学教育"并列的、互补的一种教育领域。① 当然，科学教育、知识教育等教育方式中本身也内含着精神教化的内容，不过这些内容在教育功利化、工具化后被弱化和忽视了。将价值教育和科学教育、知识教育等相区别的意义更多是为了强调价值教育不仅重视知识的灌输、能力的培养，更突出对人的精神的培养，对学习、工作、生活方式和态度的教化。西方国家价值教育产生源于理性主义与非理性主义、科学主义与人文主义的对抗，西方国家一直努力寻求人文教育与科学教育之间的平衡，他们实施价值教育的重点内容，如道德教育、公民教育、人格教育等实质上是一种发展了的人文教育。所以，价值教育试图使人们树立一种理念，那就是纯粹的知识灌输和技能培训不是教育的全貌，也不应该成为教育的全部，教育不应局限于书本知识和技能，更应教人学会感悟和思考生活、生存的积极意义。

第二种把价值教育与教育价值、道德教育等作辩析。同西方国家一样，我国的价值教育研究最初也是从教育价值的研究中脱胎出来的，20 世纪 70 年代末，随着思想解放的深入，国内价值哲学研究的兴起，教育价值的研究也受到学者们的重视，王坤庆在一定程度上区别了教育价值和价值教育，他说："从一般的意义上讲，教育价值主要是理论研究的内容，旨在判断教育活动有哪些价值以及如何去追求和实现这些价值，并形成一种有逻辑联系和基本概念的理论体系；而价值教育则主要是教育实践活动的一种类型，是人们在正确的教育价值观的引导下所从事的教育实践活动的一种称谓。这两者都离不开一定的哲学价值观的导向，因而，教育价值是哲学观指导下的教育理论的一种表述形式，而价值教育则是哲学观的教

---

① 唐本钰. 价值生成论与道德教育[M]. 中国海洋大学出版社，2014：65.

育实践运用,哲学是二者共同的基础理论。"①石中英则对价值教育与道德教育的联系和区别进行了论述,他从价值与道德的概念辨析谈起,认为价值教育在内涵和外延两个方面都是对道德教育的拓展、丰富和深化,同时又必须认识到由于"道德或道德价值在整个人类价值体系中往往处于中心的位置,是'核心价值'(core values)或'共识价值'(common values or shared values)的重要来源"②,道德教育是价值教育的重要内容。

我国价值教育的专题研究起步较晚,但有关价值规范、价值知识的教育一直存在,关于人的生活意义的讨论、人的精神教化都会重点放置在道德教育、思想政治教育中,因此,这一辨析回答了为什么不直接把道德教育更名为价值教育的疑问。大概也是出于此意,石中英对价值教育和价值观教育也进行了辨析,在他看来,中国的价值观教育以价值观念的呈现、阐释和宣传为主,偏重认知主义;价值教育则"更加关注广泛的教育目标的达成"③,关注人们接受学校的价值教育后以何种价值原则实践何种行为,以及是否有助于正当生活方式的形成。所以,价值教育内涵更为丰富,包含了价值观教育。孙迎光同样持价值教育比价值观教育范围更广的观点,他认为价值教育包含两个方面的内容,除了"静态的价值观教育"之外,价值教育还包含"提高人的价值自由意识水平的教育。"④在中国,学校教育中一直重视在政治意识形态主导下培养学生的世界观、人生观和价值观,上述辨析贯通了道德教育、价值观教育和价值教育,这不仅具有学理上的意义,更具有现实指导意义。对价值教育作出较为系统研究的学者吴亚林也没有放弃相关概念的比较,他着重分析了价值教育与知识教育、传统教育、素质教

---

① 王坤庆. 论价值、教育价值与价值教育[J]. 华中师范大学学报(人文社会科学版), 2003(4): 128-133.
② 石中英. 关于当前我国中小学价值教育几个问题的思考[J]. 人民教育, 2010(8): 13-16.
③ 石中英. 价值教育的时代使命[J]. 中国民族教育, 2009(1): 18-19.
④ 孙迎光. 主体教育理论的哲学思考[M], 2003: 103-104.

育、人文教育的异同①，值得借鉴。尽管如此，在多数研究中，将价值教育与道德教育、价值观教育混为一谈的现象仍较为普遍，或在研究道德教育时说道德教育是价值教育的核心，在研究价值观教育时又说价值观教育是价值教育的核心。

　　第三种是从人、价值和教育的关系出发界定价值教育，这其中借鉴了如哲学人类学中的人性理论、马克思主义哲学中的人性理论，价值哲学中的价值理论，教育哲学中的教育目的、教育本质理论，等等。这些研究概括起来可以表述如下：人是价值性存在，人类活动不可能是价值中立或价值无涉的，所以，教育也是人的价值性活动，没有无价值的教育；教育向人们传递知识、技术和精神，是使人从自然生命向社会生命、从个体存在向文化存在的实践活动，是引导人发现意义、朝向意义的价值性活动，是培养人价值意识和价值能力的活动；价值教育与人的存在具有本质的一致性，价值教育的"理论逻辑与人的存在逻辑之间共生共成：人的存在具有一种禀赋价值自主和教化自觉的存在逻辑，奠基于人的存在的价值本性，价值教育获得了事实的也是价值的坚实根基；而人的存在也因与价值教育的相因互成，展现出特有的自我选择、自我教化和自我提升的价值意蕴。"②

　　王逢贤依据价值的"意义说"，把价值分为物质、精神和人三种最基本最典型的形态，把真善美作为最高理想境界，把人的本质界定为价值素质和价值生命的存在，认为价值教育就是"促进人的价值素质发展的高级社会活动"③，亦即价值教育培养人的价值取向、价值判断、价值选择、价值创造、价值享用、价值评价等意识和能力，意在显示人的价值可贵之处，他又说，"如果教育能从人的价值高度上培养公民及各种社会角色的人，而人人又都能在各自

---

① 吴亚林．价值与教育[M]．北京：北京师范大学出版社，2009：180-189．

② 王葎．价值教育的存在论基础[J]．教育研究，2014(3)：19-24．

③ 王逢贤．价值教育及其在新世纪面临的挑战[J]．高等教育研究，2000(5)：53-56．

的实际活动中成为自我价值和各种价值的创造主体,从这种意义上可以说,价值教育的实质是创造人的价值的教育或真善美的人的创价教育"。① 这样价值教育就与教育目的取得了内在一致,因此,价值教育是以完善人格为目的的,是与人的全面发展的目的一致的,是趋向人们预设的真、善、美价值目标的。从价值教育与教育目的内在一致性继续阐释价值教育目的的还有吴亚林,他根据教育目的宏观、中观、微观的三个层次,更为具体地指出价值教育的目的包括:"在遵循价值的普遍性、民族性、社会性和共享性等基础上,突出教育的个人价值";"提升人的生命意义和人生境界";"追求人的价值素质的整体提高和价值结构的和谐统一,形成人的协调、合理的价值观"②,简而言之,价值教育深化了"培养什么人"的问题,更加突出人的价值性生存特性,教育培养的应是有生存价值和生活意义的真善美的人。

还有,除了价值教育定义或内涵的研究之外,在价值教育的内容和方法方面,吴亚林在《价值与教育》一书中介绍泰勒研究报告中价值教育的重点内容,如宗教、文化审美、公民、国家、个人和社会、精神关怀、教与学的过程和价值观向导等,尽管欧洲各国都普遍重视价值教育,却在具体内容上不尽相同,差异较大;价值教育的方法较为灵活多样,较为突出的有:讨论、戏剧与角色扮演、活动学习策略、合作学习和小组工作、报刊和媒体故事和报道讲述、对话与谈论、观看电影与多媒体、价值澄清、社区服务、教师示范、教育剧、主题活动、团体公正、伙伴协调,等等。③ 这些具体的方法当然主要是从道德教育中演化而来的,实际上,价值教育贯穿在教育的全过程中,任何教育内容、教育形式和教育方法都是价值教育的必然组成部分。贝克(Clive Beck)则主张把价值教育的

---

① 王逢贤. 价值教育及其在新世纪面临的挑战[J]. 高等教育研究,2000(5):53-56.
② 吴亚林. 价值与教育[M]. 北京:北京师范大学出版社,2009:198-204.
③ 吴亚林. 价值与教育[M]. 北京:北京师范大学出版社,2009:161-165.

对象拓展到成年人，他认为价值教育的方法可以是：社会化、习惯、人文教育、直接的价值指导、治疗法、认知发展法、价值分析和推理法、价值澄清、观点转化、自我指导的学习，①等等，因为，"价值教育包括两方面的内容：确定一个人的价值（包括一个人基本的生活价值和目的）应该是什么；根据这些价值来生活"。②既然人是价值性存在，价值自然不能仅局限在学生（青少年）群体，成年人的价值素质更能反映一个国家、一个社会的整体价值面貌和价值教育的效果，贝克把社会学和心理学的方法试用到价值教育中具有一定的启发意义，也符合"非制度化教育"空前发展的当代社会和契合"终身教育"思想的内涵。

由于以研究价值问题为主的价值哲学在价值的定义、分类上还未达成共识（任何研究都内涵着价值性，价值共识的达成是艰难的），价值教育也很难在短时期内明确其内容。吴亚林根据我国价值教育现存三个方面的问题：一是重智轻德，二是政治价值主导了道德教育，三是严重缺乏生活教育、精神教育、环境与健康教育、审美教育等③，在综合了已有理论和尊重教育实践操作惯例的基础上，吴亚林进一步提出了价值教育的内容谱系，即："人的价值、自然价值、物质与经济价值和精神价值四大类，每一个大类又可细分，每一大类之间亦有兼容。"④在价值教育的评价体系方面，虽然也没有形成较能操作的评价标准或方法，不过唐本钰倒是大体上为我们提供了一个价值教育效果评价的原则，他说"价值教育效果的评价标准，也应该是主体性、主体价值体系与意义诠释方式各方面的发展以及主体生存意义系统的整体建构水平，而不是价值内化的

---

① ［加］克里夫·贝克. 学会过美好生活：人的价值世界［M］. 詹万生，等译. 北京：中央编译出版社 1997：205-227.

② Beck, Clive, et, al. *The Moral Education Project*, Year 3. Toronto: Ontario Ministry of Education, 1976. PP. 1-2. 转引自：戚万学. 冲突与整合——20世纪西方道德教育理论［M］. 1995：445.

③ 吴亚林. 价值与教育［M］. 北京：北京师范大学出版社，2009：237.

④ 吴亚林. 价值与教育［M］. 北京：北京师范大学出版社，2009：243.

数量与质量"。①

(二)讨论与反思

第一点,价值是有传统的,在不同的社会历史文化背景下,价值传统、价值观念、价值规范各有其特殊性,如何正视价值的历史性、民族性和时代性是各个国家都需要直面的问题。现在人们对于人与环境等关乎人类共同生存和发展的价值普遍持认同的态度,却对一定国度内的、一定区域内的、一定群体中的人与人关系的价值持谨慎批判的态度。李泽厚曾指出:"真正的传统是已经积淀在人们的行为模式、思想方法、情感态度中的文化心理结构。……传统既然是活的现实存在,而不只是某种表层的思想衣装,它便不是你想扔掉就扔掉、想保存就能保存的身外之物。所以,只有从传统中去发现自己、认识自己从而改换自己。"②近百余年来,我国的文化重建一直是民族危机、经济危机、政治危机下的潜在主题,现在,民族危机已经解决,政治、经济重建和发展已经步入正轨,唯有文化重建的历史任务亟待解决,而文化重建不能回避价值问题。在我国,现代社会的价值冲突已经持续了一个多世纪,其中民族危机、阶级矛盾等社会政治问题始终是近代中国的历史主题,百余年前的民族生存价值、半个多世纪前的国家主权价值是当时社会历史中的最高价值,直到 20 世纪 80 年代人们的经济政治权利进一步得到确认和保障后,才给了其他价值集中发显的机会,呈井喷状的社会思潮颠覆了两千多年来一贯的、整体的、稳固的古代价值体系,人们延续了五四运动以来对民主与科学的向往,人生观、苦乐观、公私观、荣辱观、婚姻观、生活观、民族观、道德观、审美观等在科学主义、功利主义、工具主义、自由主义、个人主义、享乐主义、消费主义的流行中,在追赶物质富足的脚步中悄然改变。

进一步地讲,我国最深刻的、最全面的经济政治社会结构变革

---

① 唐本钰. 价值生成论与道德教育[M]. 中国海洋大学出版社,2014:67.

② 李泽厚. 中国现代思想史论[M]. 北京:生活·读书·新知三联书店,2010:40.

分别发生在20世纪中叶和20世纪80年代。20世纪中叶的变革突出地表现为封建政治伦理被社会主义的政治理想所取代,家庭经济被集体经济所取代。20世纪80年代以来的变革主要表现为个人取代家庭和集体成为经济、政治、社会的基本单元,民主政治取代专制政治,陌生人社会取代熟人社会,全球化时代的科学、开放、个性等最显要的生存生活价值准则侵占了社会的各个领域,人-物关系迅速取代人-人关系成为价值主题。因此,我国价值教育要超越三种价值体系的羁绊:一是根深蒂固的古代价值体系,二是曾经狂热的集体主义价值体系,三是弥漫全球的西方理性主义价值体系。这就是说,我国价值教育的根源是中国文化与西方文化、传统文化与现代文化的碰撞,西方价值教育的根源则在于世俗社会人性张扬带来的理性主义与非理性主义、科学主义与人文主义的对抗。西方价值教育的直接起因是学校教育中过于偏重事实知识的传授,忽视意识、精神、层面的,也就是价值层面的教导,学生对生活(生存)的价值选择、价值评价出现问题;而中国价值教育产生的直接原因不是缺乏价值目标、价值观念、价值规范方面的教育,而是在这些教育中偏重于政治意识形态主导的价值的教育,面对生活中日益复杂多样的价值选择,学生的价值判断能力下降,学校教育和家庭教育、社会教育价值教育的不协调。因此,西方国家的价值教育更加偏重人性(人性与物性相比较而言)的纠偏,而中国的价值教育则偏向个性(人与人相比较而言)的激发。

概括来说,我国的价值教育产生于社会转型时期,传统价值与现代价值、本土价值与他国价值冲突、融合的复杂情境,各种价值思潮此起彼伏,人们精神的迷茫甚至迷失不是因为没有价值,而是因为价值太多以至于无从选择。社会历史境遇是价值教育的基础,我国多重复杂的现实矛盾、社会转型期的文化危机和文化重建既是我国价值教育的出场背景,也赋予了价值教育不同的时代使命。价值教育无论是在理念上,还是实践中,自身就是人类价值—规范文化的一种取舍态度或行为。价值是"问题"似乎没有人会反对,但价值教育如何可能呢?

第二点,从目前价值教育的研究来看,更倾向于个人价值的认识、体悟和达成，其根源在于理性主义、科学主义、技术主义通过训练和操控，束缚了学生的个性，知识与人格产生了分离。如吴亚林鲜明地指出："我坚定地选择个体的人作为价值教育的出发点"①，"在我国教育的现代化进程中，不但要关注个体的生存问题，还要以个体的人的意义与价值世界的建构为目的，要提升人的生命意义和人生境界。"②吴亚林的研究是以生存论和人学目的论为理论基础的，这与近些年来哲学主题的变换有莫大的联系。在西方，古希腊哲学的"本原"、中世纪哲学的"信仰"、近代哲学的"理性"分别代表了不同时代的哲学主题，反映出的本质与现象、灵魂与肉体、存在与思维等关系一直是西方哲学的核心问题。简略地说，西方传统哲学把世界分为"现象界"和"本质界"，形成了二元化的思维以及逻辑地认识世界、追寻本质的方法，或者说是一种"追因"思维和"非真即假"、"非此即彼"的态度。

近代以来，哲学人类学、符号文化哲学、非理性主义、存在主义、后现代主义等哲学流派和学说的一个共同特点就是试图拓宽人类认识世界的路径，跳出西方传统哲学"本原"、"知识"和"逻辑"的框架，用"世界是如何存在的？"取代"世界是什么？"作为哲学的新命题，价值、文化、人等纷纷成为哲学的主题，宏大叙事独霸天下的景观已经不复存在，微小叙事登上舞台。价值教育不是给人灌输"何以为生"的技术、手段和方式，而是引导、启发人"为何而生"的思想、理念和精神，所以价值教育必须立足于人生存和发展的实际状况。胡塞尔的"回到生活世界"，就是要回到生活的本真状态，要保有它全部的生动和丰富的本来面目。我们认为，把握处于一定社会历史文化背景下的生活世界才能把握其本真状态，如果仅把生活世界理解为具体的个人的日常生活，而忽略其经济基础、文化传统，直接讨论个人的生活目标和生活方式，反而会助长个人主义、享乐主义的蔓延，也会把人从生活世界中抽离出来，从社会历史文化中抽离出来，容易把人引向以物质生活的丰寡作为价值评

---

① 吴亚林. 价值与教育[M]. 北京：北京师范大学出版社，2009：199.
② 吴亚林. 价值与教育[M]. 北京：北京师范大学出版社，2009：201.

判标准的误区。

但是,从另一方面来讲,宏大叙事改为微小叙事也使得人们的价值认同成为现实的难题。每一个人都以主体的身份(这是历史上前所未有的)为自己的生存和生活设定价值目标、制定价值规范,现代社会的价值普遍主义和价值相对主义为人们选择多样化的价值提供了理论可能,于是便会带来两种不良后果,一是共同价值被架空,形成一种新的"价值偏执"①;二是个体价值愈趋现实化、功利化、外在化,如胡志刚所说:"将各种价值作为……外在对象,……这就造成了价值的彻底外在化,价值本身成了货架上的大白菜,成了可以和水一样任人挑拣的东西。"②金生也指出:"现代人向自己提出了一个重新定义自我、建构自我或生产自我的任务,他必须自己确定自己的价值图景,确定自己的心态秩序,生命和生活的价值落到了纯粹的个人主观性上。现代人在自我诠释、价值选择和道德确定上是自我中心的,自我的定义和自我的实现是依照个人意志的,因此,在价值的自我确定中,现代人是相互分离的。尽管社会是发生在人与人之间的,但现代人的道德的视阈(moral horizon)却是以个人为中心的。"③我们的意思是,在中国,价值教育的困难不只是学校教育中的技能培训与人格培养的脱节、科学教育与人文教育的脱节,还有家庭教育、社会教育、学校教育三者之间的不协调,价值教育的艰巨性在于,不避讳谈人、不避讳谈具体的人的同时,也不应避讳谈整体的人、社会的人,这样才有助于人的创造性和超越性的产生。

德国学者布雷钦卡(Brezinka)的论述或许能给我们更多启示,他认为"确定特定的教育目的及其等级"先于"探讨教育方法和手

---

① 价值偏执是指"固守于某价值体系或某价值,从而否认他价值体系的合法性,忽视贬低其他价值,亦即将他价值体系、他价值的价值相对化的一种行为、状态、流溢"。参见胡志刚. 价值相对主义探微[M]. 上海:上海人民出版社,2012:160-161.

② 胡志刚. 价值相对主义探微[M]. 上海:上海人民出版社,2012:406.

③ 金生. 规训与教化[M]. 北京:教育科学出版社,2004:88.

段",教育目的可以被理解为"使受教育者通过教育获得理想的人格品质或人格特性",它"不是实际的、直接的、短暂的体验或者行为,而是获得指向特定的体验和/或行为的意愿和倾向,获得倾向于特定的体验方式、行为方式的相对持久的习惯"。如果把形成价值评价能力,或者把拥有价值选择自由视为价值教育的目的,那只是建立在个体理性上的"形式的价值教育观",在被个人主义解释后会导致"怀疑性的个体主义的人格理想","这种人格理想把所有的社会的、文化的要求视为威胁自我的'压迫和强制',因而必须加以怀疑和拒绝"。布雷钦卡进而指出,形式的价值教育是"不现实,也是危险的,与受教育者的福祉和社会的福祉并不相符"。考虑到个体必然会生存在一定的文化框架之中,其所属群体的价值规范包含了该群体认同的价值取向和价值原则,个体接受既有的价值灌输是其所属群体自我保存的必然要求,价值灌输的途径就是教化,这种"传递特定价值态度、信仰、基本道德态度和美德"的价值教育可以被理解为"实质的价值教育观",布雷钦卡所赞同的正是实质的价值教育。① 我们不主张价值教育过于突出个人价值的达成,不仅是赞同布雷钦卡的观点,更在于我国古代价值体系中个人价值与家国价值之间无根本对立或对抗,而现代的个人价值源于西方的个人价值与社会价值的对立或对抗,近几十年来我国各种价值思潮此起彼伏,人们还未能对其中的个人价值进行清醒地全面地辨识,很容易导致教育中对人的共性和个性取向的失衡,朝向极端的个性发展。

从人与教育的关系看,人从来不会以"类存在"或"抽象存在"的形象出现在教育中,他是单个的存在,是具体的人、个体的人、现实的人,他与人类的总体是个性与共性的关系,是特殊与一般的关系。人通过文化创造人自己,是通过对具体的人的塑造实现的。正是教育使具体的个人能够更好地占有"由前辈或同时代的其他人创造并对象化的能力、需要、行为方式、观念等,并纳入他自己的

---

① [德]沃夫冈·布雷钦卡. 信仰、道德和教育:规范哲学的考察[M]. 彭正梅,张坤,译. 上海:华东师范大学出版社,2008:139-144.

生活和活动"①。因为教育中的人是具体的人，是特殊的人，所以，他总是以自己的价值取向引导自己的行为，总是会在林林总总的价值中寻找自己认同并愿意践行的那一个价值或那一类价值。教育指向人的全面发展，这其中就包含了每个人的全面发展，包含了个人发展的千差万别，丰富多样的个人发展共同构成人的总体的发展，虽然每个人只能接受人类文化中极其微小的一部分，具有个人化的色彩，但这并不意味着他可以脱离人的世界而存在。

　　价值教育要引导人从现实的生活仰望理想的生活，树立对美好生活的信念，在改造现实生活的基础上不断地追求美好的生活，使人成为超越性的存在②；价值教育还要使单个的人超越个体的存在，在社会中、在文化中定位自己的人生价值，通过个体与历史文化的"交流"获得自身存在的基础，同时，也以自己的有效方式扩展个体的人生体验，使个体由"自然的存在"走向"精神的存在"，由"个别的存在"走向"整体的存在"③。所以，我们现在所谈的个人价值与社会价值的协同发展，绝不是要把政治的、经济的价值强加于个人之上，也不是要坚持传统价值的一成不变。有学者指出，"价值教育不可能是价值一统性的教育，这会走向教育上的绝对主义；价值教育也不可能是价值无方向的教育，这会走向教育上的相对主义。真实的价值教育应该是价值归序教育，是在教育过程中对价值属性、价值追求、价值体验、价值认识等每一个方面进行要素上的权重分析，并在分析的过程中对教育对象进行倾向性的价值引导。"④现代社会造成了个体与共同体之间的价值互动障碍和价值空间的压缩，如果我们一味强调价值教育的个体生命、生活、生存价值的伸张，就会和我们所批判的历史上社会本位凌驾于个人本位之

---

　　①　[匈牙利]乔治·马尔库什. 马克思主义与人类学：马克思哲学关于"人的本质"的概念[M]. 李斌玉，孙建茵，译. 哈尔滨：黑龙江大学出版社，2011：31.
　　②　鲁洁. 超越性的存在——兼析病态适应的教育[J]. 华东师范大学学报(教育科学版)，2007(4)：6-11.
　　③　王葎. 价值教育的存在论基础[J]. 教育研究，2014(3)：19-24.
　　④　林滨，等. 全球化时代的价值教育[M]. 北京：人民出版社，2011：103.

上的教育一样，走向另一个极端，我们必须认识到的是，为每一个人量身定做一套教育系统是不可能实现的，把所有人都按照统一标准进行生产也是不可能的，价值教育要走一条符合否定之否定规律的路向，敢于树立个人价值和社会价值趋向一致的新的价值观，一种人的个性与共性相互兼容的价值原则。

第三点，价值教育从理论形态到实践形态的贯通还有多重困难。从我国教育的实践形态上来看，德、智、体、美等各育的分离是价值教育实践的最大障碍。德育、智育、美育与体育（或许还有其他），最初是从人的精神发展与身体发展的角度作出的划分，在我国的德智体美全面发展的教育方针指导下，学校教育中的各"育"是形式并列的。之所以说是形式并列，是因为在科学主义、技术主义盛行的时代，"知识就是力量"、"科学技术就是第一生产力"已成为不证自明的"真理"，"分数至上主义"引导着学校教育中除了以教授和学习知识为主的智育备受重视外，德育被高高挂起、美育被偷换概念、体育被敷衍了事，各"育"的不平衡、不融合已是不争的事实。陈桂生早就此问题作出过批判，并指出："不再把三育、四育或五育的分解作为工作职能分工的基础，确立以下三个基本观念：（1）'全方位教育'观念，即每一育都是教育的一个方位；（2）'全方位德育'、'全方位智育'、'全方位劳动技术教育'等观念，即每一种教育都不能在单一措施中充分实现；（3）每一位教师都对学生与社会'全面负责'的观念。"[1]王逢贤也曾指出不要把价值教育限于道德教育的传统观念中，要把智育价值、体育价值、美育价值等吸纳到价值教育中来，[2] 我们还需要再明确地说明这一点，"从现存的教育理论和实践看，所谓全面教育是在以知能教育或智育为中心前提下的'全面'教育"，这是"要素片面（畸形）、比例失调（失衡）的片面教育，或称作重智轻德缺体少美（多

---

[1] 陈桂生."教育学视界"辨析[M].上海：华东师范大学出版社，1997：89.

[2] 王逢贤.价值教育及其在新世纪面临的挑战[J].高等教育研究，2000(5)：53-56.

劳)的教育。"①目前，关于价值教育的研究，还多从价值哲学、道德教育的关联中寻找研究起点，应尽快扩展为德育中的价值教育、智育中的价值教育、体育中的价值教育、美育中的价值教育等深度与广度中去。

　　从理论形态到实践形态，价值教育的具体化与非具体化问题也亟待探讨。价值是内隐的，又是难以量化的，为了实现价值教育，将之分解或具体化为一些具体的价值原则、价值规范是必要的，如果不把价值教育中的价值具体化，就形同价值知识、价值理论的传授，与价值教育的理念是不吻合的。可一旦把抽象的价值与具象的教育实践活动结合，价值教育就有被独立出来的危险，如将某一(或某一类)的教育活动、某一(或某一类)的教育行为、某一(或某一类)的教育资料与某一(或某一类)价值一一对应，这岂不是又陷入了把德育、智育、体育、美育分离开来的窘境？矛盾就在于，如果不把价值教育具体化或具象化，就会因其过于抽象而疏离教育生活，如果将之具体化或具象化，就会有去价值化的危险。以学校体育为例，"为了规避风险和不影响文化学习，当下从小学、初中、高中到大学，我们的体育课，都是基于'不出汗、不脏衣、不喘气、不摔跤、不擦皮、不受伤、不长跑'和'无强度、无对抗、无冲撞'的'三无七不'的温柔体育课！"②或许我们会把这种现象归咎于"高考指挥棒"，或许还会责怪"崇文尚柔""重文轻武"的文化传统，又或许还会迁怒于学校体育设施设备不够多不够好，但是试问，学校体育中关于运动知识(技战术)的传授、锻炼习惯的培养、欣赏与创造体育之美的内容都去哪里了？规避体育活动的"危险"难道不是在家长、学生、教师对生命的"敬畏"和"关怀"中变了味道吗？这是将生命价值异化或去化的表现。如果无法化解具体化与非具体化之间的矛盾，现行教育体制、课程设置、教学教法等将难以达到教人树立正确的价值观念、培养正确的价值判断能力、选择

---

　　① 魏贤超.德育课程论[M].哈尔滨：黑龙江教育出版社，2001：41.
　　② http://www.weibo.com/p/1001603902481989032080?mod=wenzhangmod，2016-04-03.

正确的价值取向、实施符合价值规范的行为等要求，价值教育也将难以实现。所以，由于教育实践的复杂性、教育者和受教育者的多样性，我们要谨防在价值教育中形成新的偏见。

价值教育实践的另一难题在于，如何处理科学教育、知识教育和价值教育之间的关系。我们不能像移植知识教育和技术教育那样从西方国家简单移植价值教育，正如我们学习西方科学与技术的过程中，只看重它们改造自然界、改善物质生活的积极作用，却忽视了寓于其中的开拓、创新、求知精神，也忽视了其探索真理的理性精神一样，科学教育、知识教育演化成为一种"唯知识、唯技术、唯能力的教育"①。以科学教育为例，在我国，虽然科学主义自科玄论战起就开始盛行，却始终没能像西方国家那样在科学领域取得话语权，学生的科学创新精神至今匮乏。梁漱溟在讲到清朝学习制造西洋火炮、铁甲、声、光、化、电时曾说人们全然不顾这些这些东西背后的文化来源，只学坚船利炮，犹似截断瓜蔓一般。② 因此，与西方崇尚理性的科学主义不同的是，我国的科学总是与技术连在一起并称为"科学技术"，实物、实用、实利等强烈的功利化色彩，加之科学总与救国兴国联系在一起的急促心理使科学教育与科学精神脱节，以至于在文科教育中无科学知识，在理科教育中无科学精神，真是斩断了科学的"瓜蔓"。因此，价值教育有其深层次的文化根源，与西方国家深厚的科学理性文化根基不同的是，在我国把价值教育与科学教育、知识教育等比较分析，尽管在理论上具有积极意义，却易使本来欠缺科学精神的国人继续陷入把科学教育与科学精神割裂开来的泥沼而不能自拔，要知道价值教育并不是弥补"社会价值漏洞"③的补丁。

早在2004年，王策三就"轻视知识"的教育思潮作过批判，他

---

① 吴亚林. 价值与教育[M]. 北京：北京师范大学出版社，2009：181.
② 梁漱溟. 东西文化及其哲学[M]. 上海：上海人民出版社，2014：14-16.
③ 唐本钰. 价值生成论与道德教育[M]. 青岛：中国海洋大学出版社，2014：导言2.

说人们错误地把中央文件中的"实施素质教育"引申为"由应试教育向素质教育转轨",把知识教育作为素质教育的对立面加以批判甚至抛弃,既不符合理论逻辑,也不符合国际国内教育实情,以实用主义、人本主义或后现代主义为理论基础,把知识教育的缺点当作知识教育本身,违背了素质教育的本义,也肢解了全面发展的教育。王策三不无深刻地说:"处在现代化(工业化)进程之中,科学和科学精神发展得远远不够。在今天的中国,任何轻视知识、淡化知识的想法和做法,都是没有真正弄清我国的国情和历史坐标。"① 其实,"轻视知识"在我国由来已久,我国古代价值体系在解决人事方面具有无比的优越性,却在知识(自然科学的、人文社科的)传授和创新、技术应用和开发方面处于明显弱势,近些年来,"情感"、"关怀"、"主体"、"个性"、"生命"等在教育中的兴盛对还没有扎下根来的科学理性而言是不利的,对"轻视知识"的教育思潮起到了推波助澜的作用,而情境式对话式等价值教育的具体方法又易把人误导至从情感、经验中发现价值、澄明价值的取向中去,这尤其值得注意。

第四点,价值教育的物质技术条件不同于以往任何一个历史时期。在人类历史上,如果说劳动工具的先进与否决定了人类生产水平的高低,那么,教育资料就决定了教育中的关系、制度、思想和价值,记载或承载、传播教育内容的教育媒介或称教育工具(语言、文字等)等教育资料是"人类教育文明的测量器"②,现在的问题是文明"本身成了一种普遍的控制工具"③。如果说第一次工业革命和第二次工业革命给教育带来的变革主要体现在科学知识教育日益被巩固为教育内容的主体部分,以及制度化教育地位的牢不可破,那么,第三次工业革命对教育的影响就是非常致命的了。之所以说是致

---

① 王策三. 认真对待"轻视知识"的教育思潮——再评由"应试教育"向素质教育转轨提法的讨论[J]. 北京大学教育评论,2004,2(3):12.
② 陈桂生. 教育原理(第三版)[M]. 上海:华东师范大学出版社,2012:22.
③ [美]赫伯特·马尔库塞. 爱欲与文明:对弗洛伊德思想的哲学探讨[M]. 黄勇,薛民,译. 上海:上海译文出版社,2008:58.

命的,是因为包含信息化、空间技术、生物技术等革新的第三次工业革命不只是在教育内容中增加了数字化、智能化、空间、生物技术等新一代的科学知识,也不仅是把可视、可听、可看、可同步的新一代技术应用到教育工具的革新上,而是在各种学习工具的普及下,学习资源无限向所有人开放,学校教育是否还有必要存在? 教师是否还有必要授课? 这便是魏贤超所说的教育的本体危机①。

大家也许不会忘记曾令世人震惊的"学校消亡论",在20世纪70年代,伊里奇(I. Illich)的《非学校化社会》和赖默(E. Reimer)的《学校已经死亡》以非常极端的态度批判了学校和教育,其中,伊里奇所指的学习和知识成为商品、学校教育就像施展炼金术一样对待学生等现象的背后,何尝不是工具理性对教育中的人的束缚? 2010年,邦克(Curts. J. Bonk)的《世界是开放的》面世,书中以网络技术为主论述的教育资料变革对教育中的关系、制度、思想和价值的影响比"学校消亡论"更能让人感同身受,它不禁促使人们思考:置身于这样一个"我们——所有人——学习"(WE—ALL—LEARN)的开放的世界,长者不再是唯一的教者,面对面教授不再是唯一的方式,但是,没有老师的教导、没有系统化的课程方案,人们依据什么原则来选择学习什么、不学习什么呢? 2012年,德国学者曼弗雷德·施皮茨尔(Manfred Spitzer)的《数字痴呆化》再次给世人以警醒,在科学技术日新月异的社会,人类过于依赖物,人的生存价值何在? 教育资料的变革对教育的存在是颠覆性的,对人的生存价值和意义是颠覆性的,这岂不是验证了马克思曾说过的"我们的一切发现和进步,似乎结果是使物质力量具有理智生命,而人的生命则化为愚钝的物质力量。现代工业、科学与现代贫困、衰退之间的这种对抗,我们时代的生产力与社会关系之间的这种对抗,是显而易见的、不可避免的和毋庸争辩的事实。"②雅斯贝尔斯

---

① 魏贤超. 教育,要回到人! 要慢慢来! [J]. 中国德育,2014(12):6-10.

② [德]马克思."人民报"创刊纪念会上的演讲[A]. 马克思恩格斯选集(第1卷)[C]. 中共中央马克思恩格斯列宁斯大林著作编译局,编译. 北京:人民出版社,1995:775.

(Karl Jaspers)说的经院式教育、师徒式教育和苏格拉底式教育①的生存根基已被撼动,作为传统"权威"的教师(其实教师自身也存在价值选择和评价的诸多问题,以至于不能很好地作为言行一致的典范)也被共享和开放的知识资源所冲击,教育必须寻找其安身立命的根本,那就是超越科学技术之上的意识、精神、信念、价值的启发、教化、传承和创造,这是价值教育存在必要性的根据,缺失了这些内容,教育就是"工厂",是"生产线"。但是,超越并不意味着彻底抛弃科学技术,因为理性主义抽离了人的价值,如果反其道而行之,那将是新一轮的事实与价值的分离。

总而言之,人的一切活动都具有价值性,从广义上来说,所有的教育活动都是价值教育,所有的教育思想都是价值教育思想,西方历史上曾经出现的几种占主导地位的价值教育,古希腊的道德政治教育、中世纪的宗教教育、近现代的理性主义教育等都分别是对同时代道德政治价值体系、宗教价值体系和理性主义价值体系的反映。价值体系蕴含着人对世界的总体看法和态度,其中对人自身的看法和追求深刻地影响着价值体系的构建,马克思说"整个历史也无非是人类本性的不断改变而已"②,每一次价值体系的转型看似是人们对价值危机的一次拯救,实际上是人们对人的价值的一次重申和对人性认识的一次深化,只要人对世界和自身的认识没有停止,关于价值的认识就不会停止,教育也不会永远只有一种模式。从狭义上来说,价值教育只是代表建立在现代生存价值体系上的一种教育主张。马克思要把人从自然的奴役、物的奴役和人的奴役中解放出来,当理性主义价值体系越来越不能满足全球化时代对生命、人格、道德、精神等共性问题的诉求时,当知识、智力、技能与人格、精神、文化之间的矛盾越演越烈时,反理性主义者越来越

---

① [德]雅斯贝尔斯. 什么是教育[M]. 邹进, 译. 北京: 生活·读书·新知三联书店, 1991: 7-9.

② [德]马克思. 哲学的贫困[A]. 马克思恩格斯选集(第一卷)[M]. 中共中央马克思恩格斯列宁斯大林著作编译局, 编译. 北京: 人民出版社, 2012: 252.

多，并整体表现为对人性的一种新的呼唤，我们称之为生存的价值体系便浮出了水面，借用李鹏程的话就是："无论从哪一方面来说，'人性论'成为人在否定宗教世界观之后对自身进行思考的根本理论构架。它成为人关于自我意识的'形而上'的学问。无论是它被称为'人文主义'还是'人道主义'或是'人学'，在其中，人们所追求的都只是自身所表现出来的生活意义和以自己的存在为中心的文化世界的意义。"①

所以，价值教育是人们对教育领域中不利于人生存和发展的，压抑、分裂人价值的价值体系（价值取向、价值目标、价值原则、价值规范等）的一种反思、批判和矫正，是对非人性（不能彰显人性的和反人性的）教育的一种超越，是教育人性化取向的具体内容。价值教育的提出是对人的生存和发展价值理念的重申，它同终身教育、整体教育、全人教育、闲暇教育一样，是现代教育哲学的一股新的思潮，其本义是使人的自主性、自觉性、自由性在教育中得到提高，在不断克服异化、不断扬弃中实现人的价值。价值教育坚持了育人的基本立场，指向人的全面发展，它不是独立于德育、智育、体育、美育之外的教育形式或教育领域，而是贯穿在显性课程和隐性课程，家庭教育、学校教育和社会教育等所有教育层次、教育形式、教育活动中的一种人性主张。

目前我国仅有少数学者从事价值教育的专题研究，尚未形成规模的研究群体，相关的学术著作还零星可数；现有的研究较为集中在国内外价值教育思潮兴起的政治、经济、社会、文化背景，以及概念界定、理论溯源方面，在研究范畴、研究方法、与其他学科之间的关系及实践路径方面还少有涉及；另外，价值教育强烈的理想色彩虽符合人们的终极关怀愿望，却与现阶段人们的生产方式、生活方式和文化心理所期望的现实关怀有一定距离。我们还应看到，虽然我国价值教育的专题研究出现较晚，但是近些年来我国学者在教育哲学、道德教育等领域的努力如鲁洁的"人是超越性存在"、

---

① 李鹏程．当代文化哲学沉思（修订版）[M]．北京：人民出版社，2008：90-91.

叶澜的"新基础教育"、朱小蔓的"情感教育"、杜时忠的"人文教育"、王坤庆的"精神教育"、金生鈜的"教化思想"、魏贤超的"慢教育"、肖川等人的"生命教育",等等,都与价值教育内涵有共通之处,为价值教育的进一步发展创造了良好的理论环境。价值教育作为一种教育哲学思潮,对"培养什么人"作出了新的解答,它对人的价值的珍视和弘扬已经撼动人心,并将继续鼓舞教育朝着"人"的目标发展!

第二节　中国价值教育的传统渊源

人自出生开始就被特定的文化包围,人的一颦一笑、一举一动,总之,人的一切活动都不能脱离或违背他所生存的文化世界,否则就会成为"异类"。按照马克思的观点,即使是吃、喝、性行为等,也是人的社会属性在起作用,因为"它不是纯粹的自然需要,而是历史上随着一定的文化水平而发生变化的自然需要"①,可以说,每个人身上都留有他那个时代、那个地域、那个族群的文化烙印,每一代人都生存在上一代人或者更早的祖辈们创造的文化中。人在被自己的过去塑造的同时又塑造着自己的未来,文化的保守与创新永远处于否定之否定的运动过程中。深入研究现代的价值教育,不能脱离中国古代价值体系这一基本文化渊源,也不能脱离经济社会转型升级的实际,尊重传统、超越传统,立足现实、超越现实是价值教育的应有之义。

在中国传统社会生活中,中国古代哲人主要围绕家国构建,系统思考了有关价值的诸多问题,建构了内容庞杂的价值体系,为人们设定了详细的现实生活价值规范和理想的价值目标,在维护封建统治、调整社会关系等方面发挥了不可替代的作用。从中国古代思想的主要渊源——先秦诸子的学说来看,内涵就颇为丰富,几乎奠定了中国古代价值体系的基本框架。其中,"仁-礼"是人们思想与

---

① ［德］马克思恩格斯全集(第四十七卷)[M].中共中央马克思恩格斯列宁斯大林著作编译局,编译.北京:人民出版社,1979:52.

行为的价值原则，"忠-孝"是个人与政权（君权）的价值纽带，"天-人"是一切价值规范的合法性根源，上述三对概念是中国古代价值体系的核心内容。中国古代价值体系的主要特征可以概括为：以政治伦理为主导，达成社会各个阶层之间的价值认同；以血缘关系为情感纽带，形成了血缘、亲缘、地缘和业缘的价值纽带；以教化为主要手段，实现政治伦理、社会伦理和家庭伦理的融通。

中国古代价值体系涵盖了价值观念、价值取向、价值判断、价值选择、价值规范、价值评价等内容，在它之下的教育整体上是一种"上行下效"的教育，形成了较为固定的教育文化心理。尽管中国古代价值体系中的弊病也常被人们指摘，但从某种意义上来讲，中国古代价值体系在现实关怀与终极关怀、生活方式和生活意义上的设定上是成功的，它与封建社会小农经济的关系是稳固的，如果我们从广义的价值教育角度来评述，以教化为主要手段的中国古代价值体系堪称价值教育的"成功典范"，中国古代价值体系的核心内容已经以思想、观念、精神等内隐的方式渗透在中国人的血脉中，形成了中国人特有的文化心理模式，影响着中国人的思维方式和行为方式。在古代较为单一和稳定的生产方式中，中国古代价值体系、中国古代教育是内在一致的，统治者的治国方略、知识分子的治国主张、封建社会的政治制度（以及与之相应的一系列制度）、社会传承的风俗、大众认同的价值和行为是一致的。但也正因为其无可比拟的成功，在社会转型升级的历史时期，以人性为指向的价值教育才遭遇了前所未有的障碍，立足传统和超越传统不可或缺地要以研究中国古代价值体系的独特样貌为必要思路。

一、中国古代价值体系的核心内容

（一）"仁-礼"：内省与外铄的价值原则

在中国早期的氏族社会中，"礼"主要是指祭祀祈福的仪式和器具，与原始巫术、宗教信仰、祖先崇拜等互为表里。经过夏、商、周朝代的发展，"礼"逐渐扩大到人们生产生活的各个方面，并和"乐"共同构成了王权统治的制度之一。《礼记》中的下述记载也说明了"礼"已经成为政治活动、军事活动、宗教祭祀、文化教育、社会生活等普遍的行为规范，"道德仁义，非礼不成；教训正俗，非礼不备；分争辨讼，非礼不决；君臣、上下、父子、兄弟，非礼不定；宦学事师，非礼不亲；班朝治军，莅官行法，非礼威严不行；祷祠、祭祀、供给鬼神，非礼不诚不庄。是以君子恭敬、撙节、退让以明礼。"①一般认为，礼乐制度与宗法制、分封制、井田制是周朝初期建立的根本制度，兼有内容与形式的"礼乐"形成了周朝等级森严的礼乐制度文化，发挥着价值原则和价值规范的作用。不过，随着"礼乐"制度对仪式规定越来越细，其本身承载的精神意义却在减损。

　　余英时根据雅斯培"轴心时代"和"轴心突破"的观点，认为以儒、墨、道为主的三家学派都对夏商周以来的"礼乐"传统有较多不满，且以哲学的思维对之进行了改造，这是中国历史上的"轴心时代"的"轴心突破"，他说"三代以来不断'损益'的礼乐传统为轴心突破提供了一个具体的历史场所"②，先秦早期学派儒、墨、道三家从礼乐传统发展出各自的学说，展现出了中国"轴心突破"。应该说，礼乐是诸子百家共同的文化背景，对周礼进行理论改造的不止儒家一派，道家从礼乐制度出发把"礼"看作"乱之首"，老子批判陷入繁文缛节而缺乏精神内涵的"礼"，庄子继而从人性人情出发，认为违背天性人情的"礼"是没有内涵的，"拘执于此种礼节，会使人性受到戕害，远离生命本真。"③墨家同样对礼乐制度进行了改造，主要体现在"节用"、"节葬"、"非乐"等观点中，意思是如果衣食超出人生存的必要限度不仅没有必要，还给百姓造成了负担；如果人人都日日享受音乐，王公大人便不能很好地执政，农民便不能很好地耕种，妇人也不能很好地纺织；如果要活的人为已经死去的人长时间服丧，也不利于生产。因此，墨子不仅号召人们

---

　　① 《礼记·曲礼上》.
　　② 余英时. 论天人之际：中国古代思想起源试探[M]. 台北：联经出版事业股份有限公司，2014：22.
　　③ 庞慧. 早期道家著作中的"礼"与"理"[J]. 南京大学学报(哲学·人文科学·社会科学版)，2013(4)：85-94.

要做道德高尚的"兼士"或"兼君",而不是做自私自利的"别士"或"别君",还坚持追求"量腹而食""度身而衣"的"自苦"境界。总之,墨家主张平等,却太过重"利";主张节制,又太过严苛,这与一个周礼虽废,但等级结构没有变更的社会是格格不入的,尤其是与当时新兴封建阶级的价值需求极不相符,这恐怕是其成为"绝学"的重要原因之一。

　　在先秦诸家中,由孔子创始,并由孟子、荀子进一步发展的儒家学派建构了以"仁"为核心的思想体系,并以"仁"为思想内核建构了一个足以调整小至家庭(个人是依附于家庭存在的)、大至国家的多重多维关系的一个庞大的价值体系。那么,什么是"仁"呢?根据《论语》的记载,颜渊、仲弓、司马牛、樊迟等人都曾问孔子"什么是仁?"孔子却根据具体的情境和不同的人给出了无一重复的答案。这不仅是因为孔子知晓因人而异,还知晓人有各种各样的需求,处在多重多维的社会关系中,必然会遇到多种价值的相遇和冲突,价值选择和价值评价都是非常现实的问题。比如,在富与贵的问题上,孔子强调:"富与贵,是人之所欲也;不以其道得之,不处也。贫与贱,是人之所恶也;不以其道得之。"①在义、利之间,虽然孔子不排斥人们追求利,但他告诉人们要"义然后取",也就是说该取的时候才能去取。那人在什么情况下才该取利呢?这就要符合"仁"的要求了。即使生命与"仁"发生了冲突,也要"杀身求仁"、"舍生取义"。荀子延续了儒家重义轻利的思想,指出:"先义而后利者荣,先利而后义者辱。荣者常通,辱者常穷。"②因此,"仁"不是空洞无物的抽象的概念,而是可教人随时随地做出价值选择、价值判断的价值原则。在不同的情境中"仁"的具体内容是不同的,在不同的人身上"仁"的具体表现也是不同的,孝、悌、忠、恕、礼、知、勇、恭、宽、信、敏、惠等都是"仁"的内容。值得一提的是,在诸多价值冲突中,孔子常用"君子"和"小人"的选择或行为来说明"仁"与非"仁"的区别,这样的做法不仅有利于

---

① 《论语·里仁》.
② 《荀子·荣辱》.

人们作出价值判断，还在人们心目中树立了一个"君子"形象，这个"君子"俨然以"仁"的化身出现在社会生活中，成为人们争相效仿的价值榜样。

那么，"仁"价值实现的路径或载体是什么呢？儒家认为通过"礼"来完成。用"礼"来规约人是由孔子所处的时代所决定的，孔子生活的春秋时期，是周王朝摇摇欲坠、诸侯国暴力扩张的历史时期，人们在心理上和思想上无所依归，对礼仪法度不再遵从，面对种种社会乱象，孔子非常不安和不满，他对季氏"八佾舞于庭"的行为表达出了"是可忍，孰不可忍也！"的愤怒，也体现出了他维护、继承周礼的思想。所以，孔子以为"不知礼，无以立也"①"民之于仁也，甚于水火"②。可是"礼"又是什么呢？难道仅仅是玉帛那样的礼物，或者是钟鼓等乐器吗？显然不是，在儒家那里，"礼"是人们的行为规范，是"经国家、定社稷、序民人、利后嗣者"③的价值原则，也就是说，大到祭天祭祖的仪式，小到家庭生活中长幼的日常问候，人的一言一行都要受到"礼"的规制。"礼"根本的价值指向在于社会群体所认可和遵循的制度体系的构建和调试，但它又是根乎人心调节人心的。儒家认为之所以会出现"礼崩乐坏"的社会状况，就是因为没有"仁"，"人而不仁，如礼何？人而不仁，如乐何？"也就是说，只有外在的规范约束，而无内心的价值或信仰，也是没有用的。由此可见，"仁"和"礼"二者的关系是价值内核与行为规范的关系，共同在维系家国秩序中发挥作用，"仁-礼"之下，"人们要根据规范性传统中的文明习惯来安排行动，这是'仁'的基本要求；通过'礼'使人们的'仁'显现出来，这是在现实生活中实现'礼'的唯一途径。"④孔子为"礼"增加了"仁"的内核，这是比周朝礼乐制度进步的地方，可以说，"正是这种不言自

---

① 《论语·尧曰》.
② 《论语·卫灵公》.
③ 《左传·隐公》.
④ [美]本杰明·史华兹. 古代中国的思想世界[M]. 程钢，译，南京：江苏人民出版社，2014：102.

明的权威性律令由外在的礼乐转向内在的情感,古代思想世界中的神秘意味开始淡去,而道德色彩开始凸显,中国思想史就完成了它的一个最重要的转变过程,从孔子儒家的这些思想中萌生出来的,是一个依赖于情感和人性来实现社会秩序、建立国家的学说"①。

诸子百家对周朝礼乐传统的继承、批判和发展丰富了中国古代价值体系的内容,不同于道家、墨家的是,自孔子把"仁"与"礼"结合在一起之后,孟子主要从人性论发展了"仁"的内涵,认为人人都有的"四端"(恻隐之心,羞恶之心,恭敬之心,是非之心),仁义礼智都是先天存在的;另一方面,孟子通过"亲亲""仁民""爱物"阐述了"仁"的"爱之情由浓至淡、由厚渐薄"和"爱之迫切由先到后、由急至缓"的双重意义②,此后人们由近及远、由亲至疏施以"仁"的思想大多源于此,"仁"的功利性和差别性逐渐显现。荀子则综合了儒家和法家的思想,把"礼"和"法"结合在一起,克服了孔子重德轻刑、法家重刑否德的缺陷,认为应当礼法并重。但荀子保留了"礼"的思想,他说"人无礼则不生,事无礼则不成,国无礼则不宁"③,凡是政治制度、道德规范、法律规范、风俗习惯等一切大小事务都在"礼"的范畴之内。不仅如此,荀子还把封建阶级的各个社会阶层、所有社会成员都纳入"礼"进行约束,加强了"礼"外在强制性,又通过"礼者,贵贱有等,长幼有差,贫富轻重皆有称者也"④确定了人的差等,"礼"成为使人安分守己的合法化工具。这样一来,儒家为中国传统社会制定了"仁-礼"这样一个内省与外铄连通的普遍价值原则,确立了个人价值自主和社会价值规范的连接点,更加符合封建统治阶级的期望和要求,同时决定了政治学说和道德学说在中国古代价值体系中的主体地位,也决定了政治伦理与家庭伦理、个人价值与社会价值之间水乳交融的必然趋

---

① 葛兆光. 古代中国文化讲义[M]. 上海:复旦大学出版社,2006:52-53.
② 魏义霞. 仁——在孔子与孟子之间[J]. 社会科学战线,2005(2):49-54.
③ 《荀子·修身》.
④ 《荀子·富国》.

势,这可真算得上是中国"轴心突破"的一大创举。

(二)"忠-孝":宗法一体的价值基础

春秋战国时期是一个旧制度、旧秩序被破坏,新制度、新秩序被确立的历史时期。在政治上,周王室势力衰微,世袭贵族逐渐脱离周王统治,原来由周王分封的各个政治实体之间兼并和争霸不断,先后形成了春秋五霸和战国七雄的基本格局;在农业生产上,铁器农具开始出现,牛耕灌溉等逐步推广,更多的荒地被开垦,为以家庭为单位的封建生产方式奠定了基础;同时,手工业和商业的发展催生了新的手工业者阶层和商人阶层,他们与新兴的地主一起构成了社会的中产阶级,成为新的社会力量,加速了社会结构的变化;在思想上,随着"天子失官,学在四夷"①,作为知识分子的士阶层前所未有地发挥了巨大的历史作用,他们纷纷著书立说,在政治、经济、军事、科学技术、文化教育等各个领域发表自己的见解,形成了百家争鸣的灿烂时期。受时局的直接影响,各国为求生存和霸权都急欲在富国强兵的谋略上胜过他国,这应该是政治学说尤其发达的一个重要原因,儒、墨、法、道、兵、纵横、杂家无不以政治社会思想为基本内容。鉴于可能即将诞生的新的统一政权的需要,政治意识的确立和统一又必须建立在既有的经济基础和思想基础上。经济基础,是在以家庭(家族)为基本生产单位的农业社会中,如何把分散的家庭(家族)联结起来,共同接受中央集权的统治是第一要务。思想基础,是在夏商周二千年的统治中,世袭王权已经定型,宗法制度已经几近成熟和完善,家、族、国以血缘为纽带形成的政治结构,既保证了中央统治,又维护了地方利益,在宗法政治社会制度代表的一种较为稳定的价值体系中,血缘已经成为非常稳定的社会关系基础。基于此,政权(君权)就必须和家庭(家族)取得某种内在的共同价值目标,为构建一种稳定的价值体系提供基本的方向性的可能,"孝"和"忠"的结合便在先秦思想渊源的基础上应运而生了。

"孝"观念的产生与周朝的宗法制有着密切的联系。从自然和

---

① 《左传·昭公十七年》.

社会的角度看，宗族是拥有共同祖先、以父系血缘延传、嫡长子继承制度形成的社会成员群体，在宗族中，个人的一切生活、安全、情感需要都且只有在宗族的范围内得到满足和保障，宗族是氏族社会和奴隶社会中生产生活的基本单位。周朝通过分封制继承并改造了自夏商以来的血缘亲族组织结构，上至贵族、下至平民，每个人都处在由血缘缔结的这一社会组织中。出于维系宗族关系的需要，敬奉祖先（祖庙）被赋予了向祖先感恩报本、同时可以得到祖先庇佑的伦理价值，由血缘关系凝聚在一起的宗族成员在共同的祭祀祖先仪式中精神无不受到浸染和震撼，虔诚的敬奉与血缘关系超乎寻常的凝聚力被拴在一起，再加上个人生死富贵的命运全由血缘决定的现实，"孝"逐渐成为一种价值自觉。《诗经》中歌颂周武王、周成王的诗歌中说道："永言思孝，孝思维则"①，"孝"在周朝已经深入人心，并被当做人人都应该遵守的基本道德准则和价值规范之一，由此可见，在宗法制度下，血缘的传承已经大大超过了其原生的生物学意义，而衍化为宗族的"心理—情感特征"，"孝"观念也正是在这一过程中被逐渐凸显出来的；同时，"孝"观念的凸显及其具体的规范要求反过来又进一步稳固了宗法关系及宗法制度。②

孔子把"孝"作为"仁之本"，因为在人的所有情感中，最要紧的、最根本的是孝和悌，它们出自父母、子女、兄弟、姐妹之间无法取代的至真情感。孔子强化"孝"这一自然情感是一种极为有效的心理暗示，使"仁"更能在人们心理上产生一种普遍的价值认同，使所有人的价值参与和价值实现具备现实的可能，李泽厚对此评论道："孔子没有把人的情感心理引导向外在的崇拜对象或神秘世界，而是把它消融满足在以亲子关系为核心的人与人的世间关系之中，使构成宗教三要素的观念、情感和仪式统统围绕和沉浸在这一世俗伦理和日常心理的综合统一体中，而不必去建立另外的神学信

---

① 《诗经·大雅·下武》.
② 张锡勤，柴文华. 中国伦理道德变迁史稿（上卷）[M]. 北京：人民出版社，2008：60.

仰大厦。"①所以，比起道家的超脱、墨家的兼爱和法家的严苛，儒家的"仁之本"实在是一个让人无法拒绝和否定的价值设定，梁漱溟认为孝悌实在是孔教唯一重要的提倡。他这也没有别的意思，不过他要让人拥有他那种丰富情感的生活，自然要从情感发端的地方下手罢了。人当孩提时最初有情自然是对他父母，和他的哥哥姊姊；这时候的一点情，是长大后一切用情的源泉；绝不能对于他父母家人无情反先同旁的人有情。②不过，以"孝"为本的"仁"不仅是对个人道德修养的要求，还是实现"仁政"国家的基础，是实现"入则孝，出则悌，谨而信，泛爱众，而亲仁"③的基础。孟子继续指出"天下之本在国，国之本在家，家之本在身。"儒家所说个人修养与国家社会的稳定和发展唇齿相依，也就是说，个人价值和社会价值是通过"仁"融通的，这是儒家学说能够和治国理政联姻的理论基础，恰恰也是"孝"和"忠"结合的思想渊源。

　　据考证，"忠"的观念比"孝"出现的要晚得多，最初"忠"作为一种社会道德观念，往往指真诚、正直、恭敬等，特别是有尽心竭力的涵义，是对所有人的一种普遍道德要求④和共同遵守的价值规范。为了吸取"礼乐征伐自诸侯出"的历史教训，诸子百家都比较重视君臣关系的重塑，准确地说是君权的重塑，所以对君臣关系都有论述，不过，"忠"从一般社会道德引向一种政治伦理主要是由法家完成的。法家学派的理论可追溯至战国时期的管仲，并以李悝、韩非子等人为主要代表人物。法家的价值体系基本上是围绕君权建立的，并由"法"、"术"、"势"构成其主体内容，体现出了鲜明的政治价值取向和依法治国的治国思想。从《管子》中"敦敬忠

---

　　① 李泽厚. 中国古代思想史论[M]. 北京：生活·读书·新知三联书店，2008：16.
　　② 梁漱溟. 东西文化及其哲学[M]. 上海：上海人民出版社，2014：143.
　　③ 《论语·学而》.
　　④ 张锡勤，柴文华. 中国伦理道德变迁史稿(上卷)[M]. 北京：人民出版社，2008：93-95.

信，臣下之常也"①来分析，"忠"被认为臣的伦理要求之一，由一种具有普遍意义的道德要求转变为一种具体的道德规范，由对于君臣双方的道德要求而转变为对于臣下的单方面的约束。②

实际上，先秦时期是"孝"与"忠"结合的萌芽期，此时主要表现为"孝先忠后"。据记载，楚国有一个名叫石奢的负责拘捕的官吏，一次他发现父亲竟然是要拘捕的杀人犯，便放走了父亲，并回去向楚王请罪，楚王赦免了他的罪行，他却说："不私其父，非孝也；不行君法，非忠也；以死罪生，非廉也；君赦之，上之惠也；臣不敢失法，下之行也。"然后自刎而死。③ 对此，孔子评论说："子为父隐，父为子隐，直在其中矣。"石奢为父徇私不仅得到楚王的赦免，还受到孔子的赞赏，其"孝"行得到了充分肯定。那么，如果"孝"与"忠"发生冲突都以"孝"为重，君权统治如何保障？战国时期，周朝所确立的天子——诸侯的政治框架已被打破，以宗法为根基的周礼丧失了权威性，如果没有强有力的君臣关系和政治结构，建立一个强有力的政权来安邦定国几乎是不可能的。当两种价值目标发生冲突时，解决办法无外乎有两种：在两者基础之上生成一个新的价值目标；其中一个价值目标以绝对优势取代另外一个价值目标。"孝"与"忠"的内在一致性在于对亲长的经济上的人身依附关系与道德上的恭敬和顺从，所以二者的价值冲突最后通过"移孝作忠"形成了新的价值。

汉朝是"孝"与"忠"结合的制度期。首先，董仲舒等大儒提出的"三纲五常"成为调整社会基本关系的价值准则，据《春秋繁露·顺命》记载："天子受命于天，诸侯受命于天子，子受命于父，臣妾受命于君，妻受命于夫。诸所受命者，其尊皆天也。……子不奉父命则有伯讨之罪，……臣不奉君命虽善以叛，……妻不奉夫之命则绝。"这段话很好地概括了君、父、君与臣、子、妻的从属关系。

---

① 《管子·形势解》.
② 张锡勤，柴文华. 中国伦理道德变迁史稿(上卷)[M]. 北京：人民出版社，2008：139.
③ 《新序·节士》.

"三纲五常"与封建政治统治的价值取向非常契合，它通过价值确认维护了君权、父权、夫权，反过来，又通过君权、父权、夫权的巩固成为普遍的价值准则。其次，儒家"孝"道系统化著述的《孝经》问世。《孝经》把"孝"作为一切道德的起始和贯穿于人一生中的道德原则，其中说道："身体发肤，受之父母，不敢毁伤，孝之始也。立身行道，扬名于后世，以显父母，孝之终也。夫孝，始于事亲，中于事君，终于立身。"《孝经》中又说："资于事父以事母，而爱同；资于事父以事君，而敬同。故母取其爱而君取其敬，兼之者父也。故以孝事君则忠，以敬事长则顺。忠顺不失，以事其上，然后能保其禄位，而守其祭祀，盖士之孝也。"这样，作为政治关系的君臣关系与作为家庭关系的父子关系挂钩，"把父和君联系起来，把子和臣联系起来，把封建道德中人和人之间的最重要的君臣关系也看作父子关系，从而使贵族和平民、官吏和百姓、上级和下级、老师和学生、师傅和徒弟等之间的关系，都变为一种父子关系。既然儿子应该绝对地服从父亲，那么封建社会的各种关系，也就只能是绝对服从的关系了"。①

"忠-孝"价值目标的确立是中国古代价值体系中政权（君权）统治与家庭伦理的价值纽带。这个价值纽带的巨大作用可以简化为两个方面，首先，个人的生命价值和生存价值都是属于家庭、家族和君王的，生杀予夺都不由己，因为生命都是父母给的，无父母就没有自己，哪里还能向父母讨价还价呢？再说，除了生育之恩，还有养育之恩，婚姻大事涉及延传子嗣的大事当然也要"父母之命，媒妁之言"了。所以，"忠-孝"简直是塑造恭顺国民的始作俑者，陈独秀也曾深刻地批判道："自古忠孝美谈，未尝无可泣可歌之事，然律以今日文明社会之组织，宗法制度之恶果，盖有四焉：一曰损坏个人独立自尊之人格；一曰窒碍个人意思之自由；一曰剥夺个人法律上平等之权利（如尊长卑幼同罪异罚之类）；一曰养成依赖性，

---

① 罗国杰. 传统伦理与现代社会[M]. 北京：中国人民大学出版社，2012：269.

戕贼个人之生产力。"①其次，这个价值纽带把家庭、社会、君臣关系融如宗法之中，为人们规划了一个"个人—家庭（家族）—社会—国家"的价值实现路径，顺理成章地成为中国古代政治统治和社会管理的基本法则，具有高度的强制性，堪称中国传统社会家国同构的理论基石和"家天下"的制度框架。

（三）"天-人"：价值之源与价值秩序的设定

在早期氏族部落和奴隶社会时期，"绝地通天"只是统治者的专权，祭祀是国家政权的一个重要组成部分，王是"天"与人中间的唯一中介，具有远超出常人的特殊权力——对"天命"的上传下达。到了春秋时期，政治的动荡和社会的纷乱使人们开始质疑"天"的权威性，麻天祥说："天神的神圣威严扫地以尽，西周的天命观发生了根本的动摇。"②辩证来看，正是这种渐趋普遍的疑天思想促使先秦时期的知识分子（士）承担起重塑"天"的威望的历史使命，毕竟在落后的生产力和动荡不安的社会中，人们不可能完全丧失对"天"的想象、敬畏和依赖心理。基于这样一个文化背景，先秦时期的哲学家在重点解决"人事"之外，还有一个较为共同的思想倾向，就是为他们的政治学说和道德学说寻找一个终极根据和来源，自古以来被人们所崇敬和畏惧的"天"很好地承担了这一角色。经过诸子百家多方面的阐释，"天"不仅成为世界的最高主宰，万事万物的合法根据，更重要的是"天"具有了价值之源和价值秩序裁决者的文化内涵。

《论语》多数篇章中都可见到孔子对"天"的论述，如君子和小人的区别之一可以通过对"天命"、"大人"、"圣人"的态度上来辨别："君子有三畏：畏天命，畏大人，畏圣人之言。小人不知天命而不畏也，狎大人，侮圣人之言。"③孔子没有直接说"天命"是什么，既然"天生德于予"，人们就应对"天"怀有敬畏之心，因为"唯天为大，唯尧则之"。可以推测，孔子从不怀疑"天"的至高无上

---

① 陈独秀. 独秀文存（上卷）[M]. 上海：东亚图书馆，1922：37.
② 麻天祥. 中国宗教哲学史[M]. 北京：人民出版社，2006：120.
③ 《论语·季氏》.

性，但他主张人不要过于研究"天"，应该"知天"、"则天"。如果说孔子的"天"与"人"还是相对独立的关系，孟子肯定了"天"作为价值源头特殊地位的思想则是非常明确的。他通过"天"和"性"的结合把"天"和"人"的价值属性联结在一起，首先，孟子把人的最基本的价值原则"仁义忠信"看作是"天"授予或赐予的，他说"仁义忠信，乐善不倦，此天爵也。"①"天"在价值层级上就比"人"高出一等；其次，孟子开创性地把人之"四端"的先天存在视为各种价值的存在基础，因此要遵循和发扬"人性"先天存在的价值，"尽心知性知天"和"存心养性事天"。《中庸》进一步指出"天命之谓性"，确定了"人性"和"天命"的直接隶属关系，以及"人性"与"天道"合一的理论可能，"天性"成为一种合理性存在。

儒家对"天"与"人"关系有一个从隐晦到显明脉络，墨家的"法天"思想却是从一开始就是坚定的，"天之志者，义之经也。"②所以，"天之所欲则为之，天所不欲则止"。③人应按照"天"的意愿行事，以"天"作为价值尺度和价值判断的裁决者。在墨家而言，"兼相爱"是对人们的道德要求，"交相利"是人们的行为内容和结果，二者共同构成了墨家的价值体系的基础，"爱"和"利"从何而来？"天欲人相爱相利，而不欲人相恶相贼"④"墨子从对人的理解中，推演出天的观念，意在把天说成兼爱原则的终极担保者。"⑤但是，墨子一方面主张各国平等、人无贵贱，他说："今天下无大小国，皆天之邑也。人无幼长贵贱，皆天之臣也。"⑥一方面又说"天"会庇佑那些利人的人，"利"是百姓的衣食，是国家的财富，是能够满足人们需要的一切物质和精神，其中，最基本的"利"应是百姓的衣食，即满足生存的物质条件，如果连这个基本条件都无法提供，将会导致百姓饥寒交迫、社会动荡不安、国家战乱频频。

---

① 《孟子·告子上》.
② 《墨子·天志下》.
③ 《墨子·法仪》.
④ 《墨子·法仪》.
⑤ 宋志明. 墨子人天学新探[J]. 中国哲学史, 2009(4): 74-80.
⑥ 《墨子·法仪》.

"天"就会立那些"利"人的人为天子,他说:"其利人多,故天福之,使立为天子,天下诸侯,皆宾事之。"这里,"天"又成了王权的护身符和授予者,以"天"之名可以行使对臣民的统治。不仅如此,墨家还进一步指出应以"利"的多少作为价值评判的依据,如在治国理政方面,墨子把尧舜禹汤文武等"三代圣王"与桀纣幽厉等"三代暴王"加以比较,凡是"利天"、"利鬼"和"利人"的就是"善政",反之,就是"力政"。

道家独到的"尊天"思想与其他学派大不一样,老子的"道大,天大,地大,人亦大。域中有四大,而人居其一焉。人法地,地法天,天法道,道法自然",① 他承认了"人"的存在价值,人们(特别是君王)的一切行为都要符合这个价值层级的要求,主张"常无为而无不为"进入一种"为"和"不为"的辩证关系,排斥过度的违背自然法则的人为,"天之道,利而不害;圣人之道,为而不争"②,仍然是一种"法天"思想。庄子的"人非天地不生,天地非人不灵"③更加肯定了"人"的价值性,同时又强调"天"的本源性;"天降朕以德,示朕以默。躬身求之,乃今得也"④,德是天降予到人身上的。庄子则更强调自然天性的发挥,最好像水那样"纯粹而不杂,静一而不变,淡而无为,动而以天行"⑤,意图达到一种自由、宁静、淡泊的境界。

以儒、墨、道为代表的诸子百家不约而同地用"天"来解释关于人的伦理道德和治国理政的思想,或者说在对人的价值规范的研究中追溯"天"的意义,将"天"与"人"结合起来,赋予了"天"世界本原的本体意义和价值之源的价值意义,既代表了古代哲人对世界的根本认识和态度,也从根本上解决了调整人们社会关系的诸多价值规范的来源,或者说是在这些具体的价值内容、价值目标、价值

---

① 《道德经》.
② 《道德经》.
③ 《达生论》.
④ 《庄子·在宥》.
⑤ 《庄子·刻意》.

规范之上设立了一个起着根本指导作用的价值源头，具有终极意义的权威性和关怀性。尽管此后的哲学家曾经对"天"这一价值源头进行了多次改造，先后出现过以"道"、"无"、"气"、"理"、"心"等为世界本原的论说，但赵馥洁评论说："中国传统哲学中标志本体的范畴无一不具有价值内涵，无一不是万物根源与价值渊源、宇宙本体与价值至境的融通合一。这种合一，是本体价值化和价值本体化的结果。"①

对中国古代的价值体系而言，诸子百家塑造了"天"这样一个极其成功的具有终极意义的价值源头，其意义主要有两个方面，首先，"天-人"关系成为古代的伦理道德和政治学说的缘起和根据，从其中衍生出"顺天"、"应天"、"制天"等不同的"天-人"关系论，成为后世对人与自然关系的理论渊源，李德顺说如果"当'天'作为世界本身或世界的本然逻辑（天命、天道、自然），而'人'作为伦理道德等人世价值的承载者（人为、人欲、人谋）时，天人之间的合一和相通就意味着真与善的统一"。② 承认"天"对"人"的决定作用，真的意味就大于善，反之，把"人"的价值看作"天"的意志的体现，善的意味就大于真。第二个意义在于，"天"之下的世界万物都有价值，是中国古代价值体系"泛价值观"的来源，朱熹的弟子陈淳说："人性之有仁义礼智，只是天地元亨利贞之理。仁在天为元，于时为春。……礼在天为亨，于时为夏。……义在天为利，于时为秋。智在天为贞，于时为冬。"③不仅如此，五行之金、木、水、火、土，甚至肝、心、肺、肾、脾五脏也都与分别与仁、义、礼、智、信相配。可见，四季之变化，方位之迁移，生命之存续都在价值之内。天地万物不但都有价值，且它们相互贯通，互为凭依。"中国传统哲学价值思维的融通性特征的最大缺陷是将价值泛

---

① 赵馥洁. 中国传统哲学价值论（增订本）[M]. 北京：人民出版社，2009：367.

② 李德顺. 价值论——一种主体性的研究（第3版）[M]. 北京：中国人民大学出版社，2013：8-9.

③ 《北溪字义》.

化，即以价值存在掩盖客观事实甚至取代客观事实，以价值评价机制制约事实甚至代替事实认知。"①自然的世界和人的世界都是有价值的，或曰一切存在都被价值化了，所以要"民胞物与"。这种将价值推广至世间万物的理念，也可用一则故事来说明，据传有沈氏兄弟二人，兄为沈仲仁，弟为沈仲义，二人同朝为官，却为家产反目成仇，争讼于衙门，得判词后羞愧难当，重归于好。该判词如下：

> 鹁鸪呼雏，乌鸦反哺，仁也；鹿得草而鸣其群，蜂见花而集其众，义也；羊羔跪乳，马不欺母，礼也；蜘蛛结网以求食，蝼蚁塞穴而避水，智也；鸡非晓而不鸣，雁非社而不移，信也。禽兽而有五常，人为万物之灵，岂无一得？兄通万卷，全无教弟之才；弟掌六科，岂有伤兄之理？仲仁，仁而不仁！仲义，义而不义！过而能改，再思可也。兄弟同胞一母生，祖宗遗业何须争？一番相见一番老，人生何时为弟兄？②

二、中国价值教育的传统路径

（一）以政治伦理为主导

我们在上文中已经指出，古希腊时期通过善和灵魂的结合构建了符合城邦国家的道德政治价值体系，与之不同的是，身处乱世的中国古代哲人普遍拥有忧国忧民情怀，受时代的限制，他们把建立君权统治的国家社会秩序作为思想体系的主体部分。尽管在战国时期和秦一统天下后，儒家学说并未受到统治者的追捧，但儒家思想的伦理性和政治化是双向同构的，呈现世俗生活的政治化和政治问

---

① 赵馥洁.中国传统哲学价值论（增订本）[M].北京：人民出版社，2009：373.

② 该故事具体出处无考，但在民间广为传颂，常作为教育子女的教材。该故事以动物的仁义礼智信反喻人的道德，正说明了古代寓价值于万物的价值观。

题的伦理化趋势，根据任剑涛的研究，夏商周的政治运作（礼制的形成）和理论总结（《礼记》是伦理政治思想的作品）是伦理政治诞生的双重条件，周公奠基、汉武定调、太宗推行、康熙践履最能体现伦理政治实践的典范性和有效性，传统社会中对伦理政治建构影响最大是早期政治哲学（孔子、孟子、荀子、董仲舒为代表）和宋明政治哲学。① 儒家学说不断凸显其伦理政治特质，最终因其与根深蒂固的王权思想和宗法制度的内在一致性而被汉朝以后的统治者所重用，确立了政治伦理主导的价值体系。因此，政治伦理主导下的中国古代价值体系始终是建立在儒家仁政学说基础上的，如"仁、义、礼、智、信"、"格物、致知、诚意、正心、修身、齐家、治国、平天下"、"立德、立功、立言"、"内圣外王"等，不外乎体现的是处理内心与外行之间的关系，以及处理个人与家、国、天下之间关系的价值原则、价值目标和价值规范。

柏格森（Henri Bergson）认为，在起码的道德和最高的道德之间，存在着一种程度上和类型上都不同的道德：义务的道德和完满的道德，"前一种道德愈是还原为非个人的形式，便愈变得纯粹而完满。而后一种道德为了达到完满，则必须体现在某个特许的人物（唯一典范）身上。前一道德的普遍性在于对某一法则的普遍接受，而后一道德的普遍性则在于对某一典范的共同仿效。"② 义务的道德是一种压力或推力，而完满的道德（抱负的道德）则是一种感召力或引力。政治伦理价值体系的优越性在于既设定了普遍的道德、起码的道德，如把己身的"格物、致知、诚意、正心、修身"等作为人们普遍的价值自觉；同时，政治伦理价值体系又设定了现实社会的完满的道德，如"齐家、治国、平天下"等，这样一来，人们的德行从周朝以前靠天子的德行来感召，实现了靠一部分社会精英的德行来感召的转变，表现为社会精英的价值自觉，只要社会精英存

---

① 任剑涛. 伦理政治研究：从早期儒学视角的理论透视[M]. 广州：中山大学出版社，1999：36-48.

② [法]亨利·柏格森. 道德与宗教的两个来源[M]. 王作虹，成穷，译. 南京：译林出版社，2011：22.

在，他们的德行就会影响人们的思想、观念、情感等。中国传统社会发挥感召作用的主要是官僚和士绅，通过塑造或培养符合政治伦理价值体系的官僚和士绅，实现传统社会自上而下的价值认同，反过来进一步巩固政治伦理价值体系。

官僚和士绅的精英地位是随着奴隶制的瓦解和封建制的建立得以确认和巩固的，这中间经历了漫长的历史岁月。先秦时期的社会上层依照宗法制度建立的世卿世禄制以血缘继承为基本根据，为了满足新生封建阶级的权力需求，春秋战国时期各国不得不在一定程度上缩减血缘继承的范围，制定出更能促进社会流动和招揽人才的制度，如客卿制度、养士制度和军功爵制度，在一定程度上冲击了世卿世禄制。但私学的兴起才是士阶层迅速壮大的关键性因素，私学打破了奴隶贵族对知识的专权和垄断，给予了平民学习知识和进入政治圈子的机会，其中的优秀者与原本依附奴隶贵族的士人一起形成了一个独立的知识分子群体——士，应该说，春秋战国时期因社会竞争导致对人才的渴求，私学对士人独立自由地开展活动能力的培养是士阶层壮大的客观条件。① 士阶层的壮大有力地瓦解着血缘亲疏和世袭官爵的选人用人制度，孔子所说"知贤"、"推贤"、"引贤"，孟子所说"尊贤"、"贵贤"、"敬贤"，墨子所说"尚贤"，韩非所说"贤才"都是个人的学识和才干成为选贤任能的标准的产物，任人唯贤或许已经成为当时的社会风尚。值得注意的是，《论语》中子夏说"仕而优则学，学而优则仕"②杨伯峻将其译为："做官了，有余力便去学习；学习了，有余力便去做官。"③我们还可把它理解为做官不忘学习，有好的学问才能具备做官的能力。与西方价值体系把学习与德性、灵魂、理性相关联不同的是，中国自先秦私学盛行之际便把学习（或学术）与政治仕途联系在一起，士人纷纷在政治方略上大动脑筋，却少有研究自然科学之人，这不得不说

---

① 白奚. 稷下学研究：中国古代的思想自由与百家争鸣[M]. 北京：生活·读书·新知三联书，1998：6-9.
② 《论语·子张》.
③ 杨伯峻. 论语译注[M]. 北京：中华书局，2012：281.

是政治伦理价值体系的内在力量在起作用。

自秦汉时起，中国封建制社会设计了一套不同于奴隶社会的官僚制度，即通过行政等级和俸禄等级来管理官吏，与之相应的选官用官制度则是成型于隋唐的科举制度。在科举制度实行之前，官僚的选拔通常采用察举、军功、门荫、捐纳等形式进行，一般读书人即使书读得再好，可能也无入仕机会，致使大量的文化精英游离于政治制度之外。调动社会底层的政治积极性是科举制度超越古代等级制、血缘亲族制和世卿世禄制的重要之处，科举制度给予了那些血统低下、出身卑微的士人以光宗耀祖、忠君报国的机会，这是他们争取政治权利的唯一途径。对于封建社会而言，科举制度是一种新陈代谢的政治机制；对统治者而言，科举则是通过制度化手段实现对社会的控制。张仲礼认为唐太宗所说的一句话"天下英雄，入吾彀中"最能说明科举制度的目的，他把这句话解释为统治者通过科举制度"将这个居于领袖地位的意向未定的社会集团置于自己的掌握之中"①。从有利于价值体系构建的角度看，科举制度通过给予平民一种貌似公平的机会进一步把"修齐治平"树立为人生价值的格式化目标，平民通过科举中了功名实现了社会阶层的跨越，直接成为"人上人"，能为子孙后代挣得一个更好的出身，在一个没有更多价值选择的社会中，科举无疑是大多数人实现这一给定的人生价值的唯一途径。

在封建君主专制的政体中，官僚与士绅（或称绅士）是介于君权（皇权）与平民之间社会中层，可以合称为"士大夫"。官僚一般指在官的"士大夫"，士绅一般是对官僚离职、退休、居乡，以至未任官以前的称呼。② 一般认为封建官僚系统以县令为末秩，士绅是地方基层管理的主角，但我们还需认识到，官僚和士绅是你中有我、我中有你的关系，士绅虽不在行政序列中，却与官僚一体组成了政治、经济、文化的利益共同体，官僚须有士绅身份才能入官为

---

① 张仲礼. 中国绅士研究[M]. 上海：上海人民出版社，2008：164.
② 吴晗. 论绅权[A]. 费孝通，吴晗，等. 皇权与绅权[C]. 上海：华东师范大学出版社，2014：37.

政，士绅通过功名才能获得政治身份，这是他们与平民之间的分界线。官僚和士绅对古代价值体系的推动作用还主要体现在对教育的垄断方面，除官学外，担任教师角色的绝大多数是有一定政治抱负，但未能通过科举入仕的人、失职的官员、退休的官员，他们深受儒学浸染，又身体力行地鼓吹儒学道义，充当了"纲常伦纪的卫道士、推行者和代表人"①，使更多意欲进入官僚和士绅阶层的人甘于皓首穷经。

中国传统社会的精英是古代价值体系最忠实的实践者、弘扬者和传播者，其所在的科举制度与官僚制度、教育制度相互连接和补益，是以政治伦理为主导的中国古代价值体系的生动写照。只要经济基础不发生根本性变革，这个价值体系就会持续发挥统摄作用。近些年来，关于科举停废对中国文化传承的研究日渐深入，学者们逐渐认识到科举制度及教育制度对中国文化传承的重大意义以及科举停废造成的中国文化传承的断裂，如萧功秦认为科举制度使中国传统社会具有高度是社会流动性，它对中国文化生命体的特点、延续与发展的意义之一在于使社会价值高度一体化，"一方面，只有按照统治阶级钦定的儒家经典所主导的价值规范来应试的人，才能获得功名地位，这就使得士人为应试而浸淫于儒家经典的过程，自然成为中国知识分子学习以儒学为立身行事的标准的社会化（Socialization）过程。另一方面，由于在士绅、官僚与地主这三大社会精英层之间存在着相对频繁的社会流动，这就使儒家价值规范在各精英阶层的对流中得以广泛的认同与普及。"科举制度"造就并形成中华民族特定的政治文化心理与价值"，科举制度的取消造成了中国农村的文化生态断层和失衡；② 关晓红认为在后科举时代有两个难解的世纪命题，一是重塑社会价值标准与实施道德教育的难

---

① 张仲礼. 中国绅士研究[M]. 上海：上海人民出版社，2008：导言一1.

② 萧功秦. 从科举制度的废除看近代以来的文化断裂[J]. 战略与管理，1996(4)：11-17.

题，二是如何继承和扬弃中国文化的难题。① 这些研究对我们全面客观分析古代价值体系的历史功过和构建新的价值体系具有重要意义。

由于官僚和士绅几乎垄断了传统社会的政治资源、文化资源和经济资源，获取功名与实现人生价值高度一致，人们不需要为自己的人生进行自我定向就自觉地朝着这个方向做出自己的行为，长期未变的政治伦理主导下的古代价值体系固化了人们的价值判断和价值取向，形成了一种世代相传的价值思维，人们的价值自主性逐渐消失。孔子说"耕也，馁在其中也；学也，禄在其中矣"②，从先秦时期士人所得超乎常人的礼遇和重用沿袭下来一种学习与仕途直接挂钩的传统，着实成为古代各个社会阶层朝着高官厚禄努力的巨大动力，把人们的价值取向引导至追求更高的官职爵位和更多的功名利禄上来，"书中自有黄金屋，书中自有颜如玉，书中自有千钟粟"作为这种价值取向最通俗的注脚成为书生们一生的追求，僵化的体制和固化的价值难怪会出现孔乙己般的悲剧。科举制度搭就的知识与权力的通途，科举功名与政治资格的连通，制度性地推动了价值取向的单一化，"万般皆下品、惟有读书高"传递给人们的信息就是"好好读书就是为了出人头地"，其潜在的逻辑是一旦读书不能和出人头地挂钩，读书就是没有用的，反观社会中功利主义教育价值取向的流行，就有这荒诞但持久的心理在作祟。

(二) 以血缘、亲缘、地缘、业缘等关系为价值纽带

中国古代价值体系以政治伦理为主导实现了社会上、中、下阶层的价值统一，科举制度在一定程度上促进了社会阶层之间的流动，但为了保证精英阶层的纯良和社会结构的整体稳定，各个朝代都对参加科举考试的人进行一定的资格限制，如唐代禁止工商业者和州县衙门的役吏参加科举；宋代主要限制不孝不悌等人参加；明清时期主要是对考生的家庭出身进行限制，凡考生家庭中三代以内

---

① 关晓红. 科举停废与近代中国社会[M]. 北京：社会科学文献出版社，2013：347.

② 《论语·卫灵公》.

有娼、优、隶、皂，或其他身世不好的人，都不能报考。俗话说"龙生龙、凤生凤"，科举考试对报考资格的限制不是针对个人的，而是针对家庭或家族的，隐含了其维护宗法社会的功能。据统计，在86位可以考证出身背景的宋代宰相（宋代共有133位宰相）中，近85%的宰相父系三代祖先中曾有人为官。① 究其根源，封建社会的政治制度、经济制度、官僚制度、科举制度、教育制度等一系列社会制度的社会根基是宗法制度。

在此，我们先对墨家的"兼爱"与儒家的"仁"进行一番对比，二者虽都被视为调整人与人之间关系的道德价值准则，却存在显著区别，构成了墨儒二家在伦理道德上的根本对立：墨家倡导的"兼爱"是"兼以易别"，即在抛弃"己身"、"己家"、"己国"观念的前提下，所有的社会成员之间平等地、无差别地"爱"；而儒家之"仁"是缘于血缘至亲的"仁"，是有亲疏远近的"仁"，是有阶级等差的"仁"，君臣、父子、嫡庶、亲疏之间的位序不能错半分，这是因为儒家的"己身"、"己家"、"己国"本来就是与"他身"、"他家"、"他国"相对的。② 于墨家而言，"兼相爱"是对人们的道德要求，"交相利"是人们的行为内容和结果，二者共同构成了墨家价值体系的基石。由此我们大致可以明白，墨家倡导的所有社会成员之间平等地、无差别地"兼爱"之所以没能撼动"仁-礼"关系的地位，便在于"兼爱"与自古以来的宗法制度不相融。

先秦时期，由周天子世封世袭的宗法大家族逐渐松散，人们开始依附那些同族中的豪强大姓、门阀世族，形成了世家大家族；至唐宋年间，随着封建人身依附关系的变化，形成了以个体小家庭组成的聚族而居的封建家族组织和累世同居共财的大家庭等两种形式的近代封建家族制度。③ 家族的形式变了，不变的是中国封建社会

---

① ［美］柏文莉. 权力关系：宋代中国的家族、地位与国家［M］. 刘云军，译. 南京：江苏人民出版社，2015：44-45.
② 梁启超. 梁启超论诸子百家［M］. 北京：商务印书馆，2012：151.
③ 徐扬杰. 中国家族制度史［M］. 武汉大学出版社，2012：283.

的"宗法一体化结构"①。李泽厚认为,"中国古代思想传统最值得注意的重要社会根基,我以为,是氏族宗法血亲传统的强固力量和长期延续。它在很大程度上影响和决定了中国社会及其意识形态所具有的特征。"②的确,血缘是宗族成员之间的自然纽带、政治纽带、经济纽带、情感纽带,更是价值纽带。家族或家庭便是基于血缘形成的"一损皆损,一荣皆荣"的利益共同体,如家族或家庭中有人中了进士,要修"进士第";中了举人,就要建"孝廉第"。哪怕中个功名最低的秀才,自家大门也可以比别人家的高出三寸,从此成为光宗耀祖的有功之人,但要是有人犯了国法,则会有满门抄斩的不幸。

当然,社会关系绝不止于家族或家庭内部,那么,如何把诸多社会关系贯通起来呢?对封建社会关系表述最为精当的当数孟子的"五伦"思想,即父子、君臣、夫妇、长幼、朋友关系,封建社会的一切社会关系都可以从这五种关系推延开来。其中,父子为直系血缘关系,须遵循"父慈子孝"的基本价值规范,这是"五伦"之中的根基,所谓家长制度、家族主义等皆来源于此,家长治家、国君治国的法宝就是"以孝治天下",君臣、臣民之间关系都如父子关系般,臣是家臣,官是父母官,没有"公权"、"公职"一说,蔡元培如此评论道:"家长制度之精神,则终古不变。家长制度者,实行尊重秩序之道,自家庭始,而推暨之以及于一切社会也。一家之中,父为家长,而兄弟姊妹又以长幼之序别之。以是而推之于宗族,若乡党,以及国家。君为民之父,臣民为君之子,诸臣之间,大小相维,犹兄弟也。"③传统社会对血缘关系的维护巩固了家长制,凡家长(族长)必须要承担起全家(全族)的生计和命运,凡子孙必须要听命于家长(族长)做出的各种安排,其共同的目标是延

---

① 金观涛,刘青峰.兴盛与危机:论中国社会超稳定结构[M].北京:法律出版社,2010:219.

② 李泽厚.中国古代思想史论[M].北京:生活·读书·新知三联书店,2008:316.

③ 蔡元培.中国伦理学史[M].北京:东方出版社,2012:11.

续家族的生存。长此以往，家长难以抑制专制者的冲动，子孙难有个性的发挥，难怪毛泽东把代表封建宗法制度和思想的族权说成是"束缚中国人民特别是农民的四条极大的绳索"①之一了。传统社会中，血缘关系的维系不只是靠意识形态的约束，还有一套自成系统的物化手段，这在农村更能找出其典型形态，如陈旭麓认为中国农村中真正的社会组织是家庭，它不属于行政体系，但其发挥的社会作用却远非行政组织可比拟，"宗祠、祖茔、族谱、族规、族长，以及场面盛大的祭祀构成了它的物质外壳。其灵魂则是'敬宗收族'"。②

除了血亲关系外，姻亲是传统社会中的另一重要社会关系基础，通过婚姻的缔结，不同姓、不同宗、不同地的家族发生了血脉联系，从某种程度上来说，姻亲扩大了宗族的范围，调整他们之间关系的价值规范自然不能脱离儒家的伦理纲常。平民家的婚姻更多局限在邻近的范围内，而王侯将相家的婚姻缔结基本上都有政治性因素在内，在地域上的跨度会更大一些，如《红楼梦》中，贾、史、王、薛四大家族便是通过婚姻织造了一张巨大的社会关系网。通过婚姻的缔结，传统社会的地缘关系也扩大了，本是地缘关系的邻里关系、同乡关系，却由于血缘与地缘的不可分性而使邻里关系、同乡关系也要受制于血缘关系，凡是红白喜事，总要有共同的长辈来主持，即使发生纠纷，在长辈的主持下也能大事化小、小事化了，这是家长制在传统社会中的又一体现。越是封闭的地方，地缘与血缘的渗透就越深，人与人见面打招呼总是要先排个辈分，近亲远邻都不免是一家人。费孝通在《乡土中国》中的表述就很好地反映了这个问题，他说"血缘是稳定的力量。在稳定的社会中，地缘不过是血缘的投影，不分离的。……世代间人口的繁殖，像一个根上长出的树苗，在地域上靠近在一伙。地域上的靠近可以说是血缘上亲

---

① 毛泽东选集(第1卷)[M]. 北京：人民出版社，1991：31.
② 陈旭麓. 近代中国社会的新陈代谢(插图本)[M]. 北京：中国人民大学出版社，2012：10.

疏的一种反映，区位是社会化了的空间。"①

业缘是一种容域宽得多的圈子，传统社会中的职业活动超出了传统村落家族的农耕活动，与整个社会的政治、经济、文化活动相结合，但同行即同乡，业缘即地缘，地缘同时是血缘，仍要受到这一纽带的牵绊。例如，城市里的工商业者组建的行会组织虽远离故土，但凡有难需要帮助时都可得到行会的救济，不过行会自有行规，可自行对违规的会员进行赏罚，"行会的互助是以限制为前提的。因此，工商业者在接受互助的同时，也接受了控制"，"行会的这个特点，使它长期成为城镇封建秩序的主要维护者"。② 在官僚阶层也可窥见血缘、地缘、业缘的强大力量，王雪华对清代吏胥群体的社会关系进行过考证，发现明代中晚期至清代的京师衙门吏胥多为绍兴人，结成牢不可破的"绍兴人脉"关系，还有些吏胥群体为了把揽政治利益而尊奉行业神，主动建立以血缘、地缘和业缘为纽带的政治关系。③

由此可见，中国传统社会中总是弥漫着一股"天下如一家"的气息，血缘关系为一切价值关系画出了价值坐标的原点，传统社会正是利用这一点来凝聚团体，融会上下的。费孝通把中国传统社会结构形容为"差序格局"的社会，人们之间不是一捆一捆扎清楚的柴，而是像丢在水里的石子所推出去的一圈圈的波纹，时间不同、地点不同，圈子也就不同。④ 因此，整个社会的稳定便是以血缘关系的稳定为前提，君臣之义、夫妇之别、长幼之序和朋友之信也不过是父子之亲血缘关系的推演，中国传统社会家国关系的调整实际上是血缘关系的不断重构的过程，家庭伦理、社会伦理和国家政治

---

① 费孝通. 乡土中国 生育制度[M]. 北京：北京大学出版社，1998：70.

② 陈旭麓. 近代众社会的新陈代谢(插图本)[M]. 北京：中国人民大学出版社，2012：13.

③ 王雪华. 清代吏胥的血缘、地缘和业缘关系[J]. 武汉大学学报(人文科学版)，2012，65(3)：69-76.

④ 费孝通. 乡土中国 生育制度[M]. 北京：北京大学出版社，1998：26.

伦理实际上也都是血缘伦理的变形。孝是仁之本，家是国之本，传统社会的横向和纵向关系始终没有脱离血缘纽带的缠绕，由血缘关系串起的亲缘、地缘、业缘价值纽带便把家庭伦理、社会伦理和国家政治伦理牢牢地拴在一起，增加了古代价值体系的整合性和普适性。血缘等价值纽带在传统社会中的显著作用在于有利于增强人们的价值自觉，这恰恰是现代社会所欠缺的。但是，封闭的生产方式、牢固的熟人关系，和以血缘、亲缘、地缘、业缘为价值纽带的价值体系必然通过道德泛化来强化人身依附关系，从而追求整体、和谐、稳定的价值结果，传统社会也便不可能具有市民社会和公民社会中个人观念生长的土壤。对此，邹千江的观点不无道理："人们过于看重整体、均质和中庸，为政治上的专制提供了重要条件，使得社会系统的某一维度不能得到突出的发展，从而为近代遭遇西方引起的失败埋下了伏笔。"①

(三) 以教化为主要价值手段

上文已述，先秦时期的诸子学说是中国古代价值体系的主要思想渊源，经过世世代代的继承和完善，其价值目标、价值内容、价值规范等都深刻地影响着中国传统社会的面貌，如果说以政治价值为主导，以血缘等情感为价值纽带的这些特征主要反映了古代的价值原则和价值内容，那么，同样应该引起重视的是中国古代价值体系的另一主要特征，即以教化为主的价值手段。这里有必要从对此后两千多年中国传统社会影响至深至远的儒家和法家的价值手段谈起，对于人的欲望之争和利益之争，儒家以仁作道德上的要求，法家却要用法来规制；在国家治理方面，儒家明确倡导德治，孔子说"道之以政，齐之以刑，民免而无耻；道之以德，齐之以礼，有耻且格"②，孟子也说"善政，不如善教之得民也。善政，民畏之；善教，民爱之。善政得民财；善教得民心"③，二人共同的意思是

---

① 邹千江. 冲突与转化：中国社会价值的现代性演变[M]. 中国传媒大学出版社，2008：23.
② 《论语·为政》.
③ 《孟子·尽心》.

政法、刑罚和礼仪道德教化相比而言，礼仪道德教化能使人心归服、百姓拥戴；法家则倡导法治，管子以为社会之所以动荡不安，过失不在君主，而在于老百姓没有节制，法才是"天下至道"和"圣君宝用"，法、律、令的作用就在于"兴功惧暴"、"定分止争"、"令人知事"，只有"法立令行"，群臣才会奉法守职，百姓才会服从，礼仪教化才能有效，"下从，故教可立而化可成也。夫民不心服体从，则不可以礼义之文教也"①，"民者，服于威杀然后从，见利然后用，被治然后正，得所安然后静者也"②，为此，梁启超特别对照近代中国的社会现实，认为儒墨道的放任主义倒不如法家的干涉主义更能改变国家之堕势，"故管子之言，实治国之不二法门，而施之中国，尤药之瞑眩而可以疗疾者也"。③ 从以上说法可以看出，儒家主教化的价值手段，其构建的价值体系是以"仁"为核心的伦理价值取向；法家倡刑罚的价值手段，紧紧围绕君权构建了政治价值取向的价值体系。

  在二者截然不同的价值手段中，古代统治者采用何者推行价值体系呢？根据关万雄的研究，儒家、法家的主要思想是在吸取西周王权文化不同成分的基础上形成的，儒家主要对王权政治中"善"的成分，如"礼"、"德"、"孝"、"中"等文化精神和伦理传统进行新的阐释，法家主要从王权政治瓦解的经验中继承商代以来的酷刑政治，进而总结出一套政治方法论体系，儒法二家的关系是人文主义与王权思想，或伦理与政治之间的关系，构成了中国古代社会和思想史最突出的矛盾与核心关系④。历史地看，自秦朝起，中国古代社会一直保持着中央高度集权的政治形态和简单再生产的小农经济形态，这是古代价值体系构建和完善的重要成因和现实基础。基于此，根源于王权文化的儒家学说和法家学说都成为了封建君权或

---

  ① 《管子·正世》.
  ② 《管子·正世》.
  ③ 梁启超. 梁启超论诸子百家[M]. 北京：商务印书馆，2012：54.
  ④ 关万维. 先秦儒法关系研究——殷周思想的对立性继承及流变[M]. 上海：上海人民出版社，2015：1-4.

政权的武器，儒家教化和法家刑罚分别因其"诛心"和"诛形"的功能被用做封建社会"阳儒阴法"或"外儒内法"治国策略，对此，余英时有"儒学法家化"之说，李泽厚有"儒法互用"之论，关万雄则认为汉武之后儒家的文化精神主导着除了政治模式以外的主流社会，形成了一种"法为体，儒为用"的模式①。所以，从价值手段上来分析，阳儒阴法也好，外儒内法也罢，中国古代价值目标、价值规范、价值内容等正是通过不断地政治化、法律化和道德化得以巩固，最终中国古代价值体系所呈现出来的其实是礼、乐、政、刑合于教化的整体面貌。《礼记·乐记》中早已指出，"礼以道其志，乐以和其声，政以一其行，刑以防其奸。礼乐刑政，其极一也，所以同民心而出治道也"，礼、乐、政、刑等都是教化的具体手段，所以，儒家的教化也正是在历朝历代统治者对价值目标、价值规范、价值内容等的政治化和法律化中得以确认和强化的，这是我们把握中国古代价值体系的重要思路。

在《说文解字》中，许慎把"教"解释为"上所施、下所效也"，把"化"解释为"教行也"，段玉裁将二者分别注为"教学相长"和"教行于上，化成于下也"。用一句话概括，教化就是上行下效，所谓"上"是指一切长者、尊者，所谓"下"是指长者、尊者之下的人，按三纲的原则，君、父、夫为上，臣、子、妻为下。《论语》中记载了这样一则故事：季康子曾问孔子"使民敬、忠以劝，如之何？"孔子答道："临之以庄，则敬；孝慈，则忠；举善而教不能，则劝。"②也就是说，为政者用什么态度对待事情、孝敬父母和慈爱幼小，老百姓也很会用相同的态度对待为政者，这无异于是说为政者要树立"仁"的表率，老百姓才会纷纷效仿，这叫做"政者，正也。子帅以正，孰敢不正？"③实际上，先秦诸家创始人及其继承人作为中国早期的政治哲学家，其自身都是上行下效的价值榜样，他

---

① 关万维. 先秦儒法关系研究——殷周思想的对立性继承及流变[M]. 上海：上海人民出版社，2015：362.

② 《论语·为政》.

③ 《论语·颜渊》.

们把民生安康、社会昌平、国家富强等视为己任，他们不仅提出了有关国家、社会和人的思想和学说，把鲜明的价值取向、价值目标、价值关怀蕴含在政治主张中，还身体力行地践行他们的价值主张，孔子、孟子、荀子为天下而周游列国，墨子以"自苦"形象闻名，他们自身就已经是"修齐治平"的价值典范。朱熹说"上行下效，捷于影响"①，中国古代价值体系就是通过"上行下效"的教化体系得以巩固和实现的。当然，在这个教化体系中，个人只是教化的主体之一，更为系统的教化是通过家庭、学校、朝廷和官府等主体来实施的，由此构成了一个以儒学为核心或原则的覆盖全社会的教化网络，余英时称之为"建制化（institutionalization）"，即"上自朝廷的礼仪、典章、国家的组织和法律、社会礼俗，下至族规、家法、个人的行为规范，无不包括在内"。②

中国传统社会重家庭教化的传统与古希腊城邦社会的教育传统有着明显不同，美国学者史华兹（Benjanminz Schwartz）在比较孔子和柏拉图思想时指出，在孔子那里，"家庭很埋想地成为德性的第一所学校，而且还是使好社会得以可能的那些价值的来源。与此截然相反的是，柏拉图则为我们提供了家庭不成为德性来源的全部理由。因为家庭是城邦（polis）内部、其主要目的是改善自身经济利益的一种特殊主义的'私人'团体。它不是把人们的心思集中在更广阔的公共事务上，而是把人禁闭在最大限度地关心其他家庭成员的卑微的欢乐与悲伤的天地之中。由于仅有妻子和儿女相伴，所以几乎没有为知识上的扩展提供任何空间。因而，'公共性'的德性只有在公共领域之中才能得到发展。"③在宗法制度根深蒂固的中国古代社会中，家庭作为基本的经济组织单位和政治社会组织单元，天然地成为教化的重要主体。在家庭教化中，建祠堂供奉的是同血缘的祖宗；立家规约束的是同血缘的子孙；传家谱记载的是同血缘

---

① 《四书章句集注·大学章句》.
② 余英时. 现代儒学论[M]. 北京：人民出版社，2010：32-33.
③ [美]本杰明·史华兹. 古代中国的思想世界[M]. 程钢，译. 南京：江苏人民出版社，2014：134.

的成员。这些手段在根本上是用以保障儒家宗法制度的重要"法器",维护的是"亲亲、尊尊"的"公共性"德性。从家庭教化的内容上看,既可大至光宗耀祖的功名之举,也可小至端茶倒水的待客之行,但几乎是"仁-礼"的生动写照。梁治平从中国古代社会家国同构与西方社会家国分离的角度分析中西法律文化的异同时指出,家国同构没有构成西方社会私域与公域分立的基础,也没有古罗马公法与私法一类的区别,我们只有联结家国的单一的规范——礼①,所以,西方古代社会的公域是"公共",而中国传统社会的公域则是"皇家",按照冯友兰的说法就是"皇帝之皇家,即是国,国即是皇帝之皇家,所谓家天下者是也"②,既然是"家",长幼尊卑就要依"礼"而行,做到"君君,臣臣,父父,子子"③。因此,中国传统社会家庭教化培养家庭成员的原则、内容、手段等与封建君权对社会成员的要求几乎是一致的。而在中国社会中广泛存在的族规、族谱的教化功能实在是家规、家谱的另一种版本,二者在功能上并无本质区别,在此不作赘述。

学校是传统社会教化的另一重要主体。不过,"学校"一词是近代学制的产物,在这里用来统称古代的官学和私学。官学主要指朝廷兴办的以培养官吏为主的教育机构,如西汉的太学、唐代的"六学一馆"、明朝的国子监等都是历史上著名的官学机构。纵观汉唐之后历代官学传授的科目,无不围绕儒学经典大做文章,以唐朝国子学、太学、四门学所教授的经学为例,《周易》、《尚书》、《周礼》、《仪礼》、《礼记》、《毛诗》、《春秋左氏传》、《公羊传》、《谷梁传》各为一经,兼习《孝经》、《论语》和《老子》。④ 私学主要指以化民成俗为功能的"庠"、"序"、"塾"等,经过发展,私学的名称多有变化,但其功能可用《白虎通·论庠序之学》中所说的来

---

① 梁治平. 寻求自然秩序中的和谐[M]. 北京:中国政法大学出版社,1991:6-32.

② 冯友兰. 新事论:中国到自由之路[M]. 北京:生活·读书·新知三联书店,2007:51.

③ 《论语·颜渊》.

④ 孙培青. 中国教育史[M]. 上海:华东师范大学出版社,2008:164.

概括，"乡曰庠，里曰序，庠者庠礼仪，序者序长幼也。……古者教民者，里皆有师，里中之老有道德者为里右师，其次为左师，教里中之子弟以道义、孝悌、仁义。"与学校教育制度一体化的是科举制度，从科举考试的科目上来看，虽在各个朝代有所变化，但都以儒学经典为中心内容，以明代的八股文为代表，它"以四书、五经为写作的旨归，以四书义，经义的科目考试来对应试的士子加以衡量"；① 发展至明代后期，八股文就是高度程式化的考试文体，考试内容，以四书、五经等儒家经典为核心，以及朱熹的《四书章句集注》、代表儒家的程朱理学都成为了科举的标准教材和解经依据②。在科举制度的晚期，学校与科举呈一体化进程，清朝在遵循明制的基础上，建立了一套从蒙学教育到科举考试的制度体系，童生、生员、监生、贡生等各级考试逐级升高，每一级都按照科举序列进行教学安排，学生"一开始就要学做八股程文，一开蒙便是直应未来的科举考试"。③ 所以，中国古代学校教育的中心内容是伦理价值，培养的是以科举为导向的价值传播和价值践履的仁人君子。即使是在学术思想最为自由的书院，也在官学化后逐步沦为普及儒学、教化民众的机构，通过朱熹制定的《白鹿洞书院揭示》部分内容也可窥探一二：

    父子有亲。君臣有义。夫妇有别。长幼有序。朋友有信。
    右五教之目。尧舜使契为司徒。敬敷五教。即此是也。学者，学此而已。而其所以学之之序。亦有五焉。其别如左。
    博学之。审问之。慎思之。明辨之。笃行之。
    右为学之序。学问思辨，四者，所以穷理也。若夫笃行之事。则自修身以至于处事，接物，亦各有要。其别如左。
    言忠信。行笃敬。惩忿。窒欲。迁善，改过。

---

① 王凯旋. 中国科举制度史[M]. 沈阳：万卷出版公司，2012：202.
② 王凯旋. 中国科举制度史[M]. 沈阳：万卷出版公司，2012：198-199.
③ 王凯旋. 中国科举制度史[M]. 沈阳：万卷出版公司，2012：298.

右修身之要。

正其谊，不谋其利。明其道，不计其功。

右处事之要。

己所不欲，勿施于人。行有不得，反求诸己。

右接物之要。①

　　古代学校培养的是维护封建统治的官僚和士绅，对统治者即皇帝的教化如何实现呢？据杨念群的研究，"经筵会讲"或许是士大夫接近王权以教化帝王的唯一途径。明朝以前，皇帝对经筵讲官还是有较多尊重或忌惮，到了清朝康熙年间，讲官讲经改为皇帝先讲，而后再由讲官进讲，教化角色的颠倒带来的危险是"经筵讲官不但失去了对儒家经典的权威解释权，而且还极易不知不觉地变成了帝王意识和思想的修正补充者，而不是思想灌输者。"②相比之下，柏拉图却为哲学王专门设置了数学、几何、天文和音乐理论等课程，为护卫者设置了"七艺"课程，为被统治者安排了"金银铜铁隐喻"，教被统治者各安其分，服从哲学王的统治。一般来说，在中西方的"轴心时代"，哲学、政治、经济、科学、道德、教育等是合一的，关于真、善、美的观念或思想还不准确和系统，但是从学校课程设置的差异上来看，以四书五经等育人朝向求善，以数学、几何、天文等育人朝向求真，前者试图通过伦理纲常"化性起伪"，后者努力通过科学真理唤醒"善的灵魂"，中国古代学校与古希腊学校在课程设置上的显著差异简直就是中西方价值体系分野的缩影。从中国传统哲学的特点来看，张岱年认为真善本就是同一的，他认为中国哲人认为真理即是至善，求真乃即求善。真善非二，至真的道理即是至善的准则。即真即善，即善即真。……中国思想家总认为，致知与修养乃是不可分的；宇宙真理的探求，与人

---

① 《朱文公文集》卷七四.
② 杨念群. 何处是"江南"：清朝正统观的确立与士林精神世界的变异[M]. 北京：生活·读书·新知三联书店，2010：98.

生至善的达到,是一事之两面。穷理即是尽性,崇德亦即致知。①所以,先秦时期虽然在哲学本体论、认识论上都有发端,却始终没能跨越以善统真的思想洪流,以至于教化子孙过于偏重伦理价值,其利弊已经由历史证明,李德顺曾评述道,"合真善"的传统"长处是它从哲学上锻炼出了一整套独具特色的价值范畴系列,并形成了关于社会人生问题的庞大而深邃的思辨洪流,对造就中华民族文化传统和民族心理起到了持续的强大作用。短处就是它从理论上消磨了敲开自然界真理大门的意志,从而也堵塞了向大自然学习思维方法的道路"。②

客观地说,"合真善"传统遏制哲学本体论和认识论的发展还应从政治意识形态中去寻找原因。战国时期,各国不仅在政治、经济、军事上相对独立,还各有一套相对独立的价值体系,秦汉建立大一统的封建王朝之后,为了对地域广袤、民族众多、风俗各异的庞大国家进行有效统治,必须塑造适应大一统国家的政治意识形态,因此,忠孝节义等社会基本道德便成为基本的教化内容,不过秦朝的暴政酷刑掩盖了教化的积极作用,因此为汉朝提供了治国的经验和教训,统治者显然意识到建立一套系统的封建伦理和教化体系来调整阶级矛盾和阶级内部矛盾是必要的统治手段,重教化的儒家学说恰好符合封建统治的需要。这其中,一大批儒学家把哲学本体论和认识论作为道德教化的阐释工具,如董仲舒说"王道之三纲可求于天"③,他把"三纲"解释为"天"的意志,以"天"的神圣性赋予"三纲"合法性,又在《春秋繁露》中说:"天,仁也"、"人之受命于天,取仁于天而仁也","董氏通过天意和阴阳之道,给仁赋予了终极的价值支撑"④,进一步丰富和发展了儒家学说的内容,

---

① 张岱年. 中国哲学大纲[M]. 北京:中国社会科学出版社,1982:序论 7.

② 李德顺. 价值论:一种主体性的研究(第 3 版)[M]. 北京:中国人民大学出版社,2013:11.

③ 《春秋繁露·基义》.

④ 刘学智. 儒家仁学及现代开展之困惑论纲[A]. 张树骅,宋焕新. 儒学与实学及其现代价值[C]. 济南:齐鲁书社,2007:191.

同时确立了以政治伦理为主导的价值体系的主体地位。所以，中国传统社会政治意识形态的塑造过程中没有给哲学本体论和认识论太多发展的空间，中国古代哲人又大多具有"为天地立心，为生民立命，为往圣继绝学，为万世开太平"的价值情怀，"合真善"的传统并非历史的偶然。

在中国传统社会中，一套系统的封建伦理和教化体系的建立是由朝廷和官府来完成的。作为教化主体的朝廷和官府，其教化职能主要体现在四个方面。一是通过制度化、法律化手段保证教化手段、教化内容的合法性。东汉白虎观会议后颁布的《白虎通义》就是其中极具代表性的一例。由皇帝亲自主持的白虎观会议对作为思想学说的"三纲"、"五常"进行了更为完整的理论论证，所形成的官方文件汇编《白虎通义》是"一部由皇帝亲自主持编辑的有关政治、文化、教育、伦理、法律以及日常生活准则的辞典或百科全书，几乎对当时社会的各种问题都作出了一个标准答案"，① 从而树立了维护封建等级制度、封建家长制度的价值体系的权威性。二是通过组织化手段推行教化。自汉朝起，中央和地方无不以办学、兴学为职责，各级官吏也都视"广教化，美风俗"为己任。到了明清时期，地方官员不仅兴学、督学，还时常亲自授学，为导民向善作出了不小的贡献。三是通过选官用官制度弘扬业已确立的价值目标、价值内容和价值规范等。在这一方面，科举制度显然是中国古代价值体系的产物，反过来，它又巩固了这个体系的认受性。四是通过旌表制度树立价值模范。在中国传统社会中，凡在忠、孝、节、义等道德方面有突出表现的人被官方认可后，可获得封号、赏赐，或者立碑、树匾等，其教化作用在于为"生于斯，长于斯"的人们树立现实的价值模范，形成稳定的价值心理。四是把教化作为统治边疆和民族地区的政策，以实现移风易俗、同化思想的目的。例如，明朝时期规定民族地区土官的应袭子孙都要入学接受儒学教育，据《明实录·太祖洪武实录》记载："其云南、四川边夷土官，

---

① 罗国杰. 传统伦理与现代社会[M]. 北京：中国人民大学出版社，2012：296.

皆设儒学，选其子孙弟侄之俊秀者以教之，使之知君臣父子之义，而无悖礼之争，亦安边之道也。"并规定"不由儒学读书习礼者"不得承袭土职。①

综上所述，中国古代价值体系自夏商周时期酝酿，在先秦时期萌芽，经秦汉时期确立，再经过隋唐朝至清朝的巩固和完善，表现出强大的生命力。蒋梦麟曾说过："我生在这个世界，对于我的生活，必有一个态度；我的能力，就从那方面用。人类有自觉心后，就生这个态度。这个态度变迁，人类用力的方向也变迁。"他接着说，"西洋人民自文艺复兴时代改变生活态度以后，一向从那方面走——从发展人类的本性和自然科学的方面走——愈演愈大，酿成十六世纪的'大改革'，十八世纪的'大光明'，十九世纪的'科学时代'，二十世纪的'平民主义'。"②而建立在千年未变的封建农业经济和封建王权基础之上的中国古代价值体系常常给人一种近乎死寂般的稳定性，"从孔子到孟子，又由孟子到荀子，儒家学说一直沿着有利于实现宗法一体化结构的方向推进，其伦理、行为结构不断向着有为和现实主义方向发展"③，中国人用力的方向没有偏离人伦、人道或人事，出现像西方那样的价值转折的可能性也就微乎其微了。其实，中国古代价值体系的稳定性恰恰体现了其价值设定的普遍适用性。孔子生活在乱世之中，自是要以恢复社会秩序为目标；董仲舒生活在汉初，止乱是其主要任务；宋明诸儒在建构仁学体系时，佛、道盛兴，复兴儒学是他们的历史使命。也就是说，自孔子之后，后世从来没有停止过对儒家学说的改造，尤其是以董仲舒和宋明理学为代表，尽管现在看来有些改造并非孔子的本意，也给中国传统价值体系注入了一些较为极端的元素，可是历史又证明这些改造在当时的政局中是极其适用的，也总是能很快适应和推动

---

① 颜勇. 明清贵州苗族教育述论[J]. 贵州民族研究，1994，58(4)：150-157.

② 蒋梦麟. 改变人生的态度[J]. 新教育，1919，1(5)：451-453.

③ 金观涛，刘青峰. 兴盛与危机：论中国社会超稳定结构[M]. 北京：法律出版社，2010：290.

中国传统社会的变迁。站在人类历史的角度看，变革与稳定或者创新与保守之间始终保持着一种张力，西方变革与创新的面貌使得西方价值之变显于形，中国稳定与保守的面貌却使中国价值之变隐于内，前者的内在连贯性在于人-物关系的辩驳，后者的内在连贯性在于人-人关系的维系。

人-人关系即人伦、人道或人事，以此为核心内容的价值体系，塑造了中国人特殊的文化品性，"世事洞明皆学问，人情练达即文章"成为一种"集体无意识"的价值认同，伦理纲常是一种"日用而不觉"的价值规范，这些都是价值教育的理论渊源。柏格森曾说："义务愈是复杂，它就愈不抽象，就愈容易被接受。当义务变得完全具体，它就等同于这样一种倾向（如此的习以为常以至于我们认为它是自然的），即在社会中履行由我们所处的地位分配给我们的角色。只要我们服从于这种倾向，我们就很少觉察到它的存在。如果我们要与之相分，那它就会呈现出一种专断的面貌，就像所有根深蒂固的习惯一样。"①中国古代价值体系的成功之处在于"纳国家于伦理，合法律于道德，而以教化代政治"②，中国古人的人生意义价值就是伦理价值，学问就当以此为目的，"教育，应当就是教导培养这个的；舍是无教育。"③把政治的、法律的、道德的等一切社会化的内容认为是自然的义务，在家庭教化、学校教化和社会教化的目标、内容、手段上取得超乎想象的一致，这堪称是最成功的教育了。但一事有两面，中国古代教育的最失败之处恰恰也在于长期执着于人-人关系，以至于忽视了人-物关系的研究，西方恰恰又在一直朝着人-物关系用力，按照冯友兰的说法就是，"中国所以没有近代自然科学，是因为中国的哲学向来认为，人应该求幸福于内心，不应该向外界寻求幸福。近代科学的作用不外两种：一种是求认识自然界的知识，另一种是求统治自然界的权力。……如果有人

---

① [法]亨利·柏格森.道德与宗教的两个来源[M].王作虹，成穷，译.南京：译林出版社，2011：10.
② 梁漱溟.中国文化要义[M].上海：上海人民出版社，2005：122.
③ 梁漱溟.中国文化要义[M].上海：上海人民出版社，2005：122.

仅只是求幸福于内心，也就用不着控制自然界的权力，也用不着认识自然界的确切的知识"。①

　　正如柏格森所说的，如果我们一直服从于这种自然的倾向，就不会感受到它强大的约束力，在传统的经济政治社会结构中，人们世世代代生活在封闭的空间内，教化的内容主要是熟人社会的生存生活法则，服从自古以来的价值规范使人们生活自如，没有什么令人感到别扭的地方。"上行下效"的教育教给人们的道理就是"都按老祖宗说的去做"，一旦有所变异就是冒天下之大不韪。而近代以来，西方求真的价值体系凭借先进的器物一举击中了老祖宗的弱处，接着制度的、精神的等一系列价值蜂拥而至，经世致用的生存生活法则突然变得毫无实用，但曾经习以为常的倾向不甘于轻易被抛弃，毫不留情地暴露出它那专断蛮横的一面来，令人十分别扭，近百年来人们把传统与现代的关系定格为守旧与创新的关系、或者落后与先进的关系基本来源于此。于是，失去了根基的"上行下效"教育突然变身为一副令人窒息的枷锁，在此，可借用蔡元培抨击"旧教育"的一段话来说明：

　　　　吾国之旧教育以养成科名仕宦之材为目的。科名仕宦，必经考试，考试必有诗文，欲作诗文，必不可不识古字，读古书，记古代琐事。于是先之以《千字文》、《神童诗》、《龙文鞭影》、《幼学须知》等书；进之以四书、五经；又次则学为八股文、五言八韵诗；其他若自然现象，社会状况，虽为儿童所亟欲了解者，均不得阑入教科，以其于应试无关也。是教者预定一目的，而强受教者以就之；故不问其性质之动静，资禀之锐钝，而教之止有一法，能者奖之，不能者罚之，如吾人之处置无机物然，石之凸者平之，铁之脆者煅之，如花匠编松柏为鹤鹿焉；如技者教狗马以舞蹈焉；如凶汉之割折幼童，而使为奇

---

① 冯友兰. 三松堂自序[M]. 北京：人民出版社，1998：192-193.

形怪状焉；追想及之，令人不寒而栗。①

从教育与文化的关系来看，文化的现存形态决定了教育的性质和程度，决定了具体教育活动的形式和内容，文化传承的突出表现之一是强化和再生已有的精神力量，由此构成不同文化形态的持续性，文化传承的另一突出表现是给定的文化形态中，总是蕴藏着人进一步的创造性和超越性，如何突破人创造出来的文化反过来给人的钳制是人要实现自我过程中的永恒主题。所以，人的创造性和超越性必须通过人们对给定的文化惯性的创造性和超越性的自主性的行为才能实现。百年前因经济和科技落后暴露出中国古代价值体系的弊端不利于促进封建社会向现代化社会转型，百年后现代化社会发展中的人—物关系的紧张导致人-人关系的紧张，人们似乎患上了群体性的价值病症，价值选择困难症、价值目标迷茫症、价值评价焦虑症等，在人-人关系方面见长的中国古代价值体系重新展露出一定的优越性。我们应该认识到，价值教育不是被设定的，而是永远在设定之中，人类发展的历史始终都是朝着设定的价值目标前进的，所有的传统、习惯、法则不过是人们在解放人性的过程中的一个阶段性内容，价值教育旨在摆脱传统、习惯、法则的束缚和奴役，必须正视传统、习惯、法则中蕴含着的合理取向，不断地吸收传统、习惯、法则中有利于人性发展的因素，赋予人一种超越和发展人类世界的能力。

---

① 蔡元培．蔡元培全集(第3卷)[M]．中国蔡元培研究会，编．杭州：浙江教育出版社，1997：337-338．

第四章 中国美育价值的嬗变

美育有助于促进人的全面发展，是现代教育的重要组成部分。全球化、市场化和信息化改变了传统美育所处的社会环境与人文环境，重构当代的美育体系势在必行。面对这一重大的历史性课题，需要探讨的问题非常复杂，涉及美育的目标、内容、方式等多方面的问题。在所有这些问题中，美育价值关乎在审美上培养什么样的人这个关键性问题。而要较好地探讨美育的价值问题，很重要的一个方面就是把握好美育的实然价值和应然价值的关系，将它们之间的关系问题置于中国历史发展的脉络中，或者说置于传统与现实的互动中思考、把握。无视中国历史发展的脉络，抛开传统与现实的互动语境和文化背景，研究中国美育的价值，所提出的思想、观点难免是"无根的"，既缺乏历史的根基，也缺乏现实的根基。本章将对中国美育价值的嬗变做出较为客观的梳理和分析。

第一节 引 论

一、问题的提出

在经历了长期低迷后，1986年，国家"七五计划"把美育列入教育方针，美育迎来了复苏。1999年6月中共中央、国务院颁布了《关于深化教育改革全面推进素质教育的决定》，将美育列为素质教育的重要组成部分。2013年11月12日，中国共产党第十八届中央委员会第三次全体议通过《中共中央关于全面深化改革若干重大问题的决定》，明确提出"深化教育领域综合改革，改进美育教学"，提高学生审美和人文素养的教育改革任务。2015年9月28

日,国务院办公厅印发了《关于全面加强和改进学校美育工作的意见》,具体提出了当前和今后一个时期加强和改进学校美育工作的指导思想、基本原则、总体目标和政策措施。

国家有关文件对教育方针的表述,表现出对美育重要性认识的连贯性、一致性,但是从现实看,美育存有一些亟待解决的问题。

(一)实践的困境

1. 对美育作用的轻视

在基础教育中,许多受教育者把美术课、音乐课等美育课程,视为一门很轻松的自习课。2014年,在B市小学中开展的一项调查中,58.1%受访学生表示,美术课是可听可不听的,因为对考试没什么用。① 在高等教育中,美育课程多属于选修课的范围,不仅选修美育课程的人少,而在选修美育课程的学生中,有相当数量的学生不能像必修课一样,认真学习美育课程。在2013年某高校的一项调查中,有超过半数的在校学生认为,"课程枯燥乏味,没有意义"。② 受教育者的态度,也影响着教育者。在调查中,多数学生赞同这一观点:由于学校所开设的艺术类课程不列入考试范围,因此,老师与学生都不认真对待。必须承认的是,在教育实践活动中,美育并不受到重视。

2. 美育的"功利化"倾向

出于考试加分、利用艺术特长升学的考虑,美育经常被当做一种应试的"工具",具有鲜明的功利化特征,甚至经常挤压美育原有的价值。正如叶朗教授所指出的,"物质的、技术的、功利的追求在社会生活中占据了压倒一切的统治地位,而精神的活动和精神的追求则被忽视、冷落、挤压、驱赶。这样发展下去,人就有可能成为马尔库塞所说的单面人,成为没有精神生活和情感生活的单纯

---

① 郭莹. 普适与专业:学校美育困境分析[D]. 华东师范大学,2015:36.

② 卢梦沁. 对高校美育现状的思考[J]. 漳州师范学院学报(哲学社会科学版),2013(01):145.

的技术型动物和功利性动物"。①

总之,被寄予厚望的"美育",哪怕与德育、智育、体育处于同等的地位,在现实中的处境却较为尴尬,面临危机。

(二) 理论的困境

1793 年,当席勒第一次提出美育(astheiische erziehung)的概念时,他认为把美与崇高结合起来构成的美育,能够使人性达到完整,使人由必然王国,经过审美王国,最终进入道德的自由王国。

自近代,作为"舶来品"的美育理论进入中国之后,学界对美育的研究持续不断。当代中国的美育理论研究,以马克思主义关于人的全面发展的理论为指导,结合历史和现实,涌现出大量建设性的成果。例如结合中国古典美育观构建的"生态美育"、继承民国时期美育为人生价值服务的"人生美育"、借助后现代身体美学建立的"身体美育"、还有"环境美育"、"生成美育"等。中国的美育研究者,为了美育理论的深化和扩展不懈努力。但是,美育的理论和美育实践活动之间还存在着脱节的现象。美育没有真正地走进课堂,走入学生当中。比如说,现代科学技术的进步,身体的人造美与精神的内在美之间的冲突,已经超出了原有关于身体美学的解释范围②,而身体美育尚未解决这一现实问题。又比如,如何在美育实践活动中,将现实的课堂教学和互联网教学深入结合,也有待美育研究者进一步探究。

除了美育理论转化为实际存在一定的困难,美育理论研究也面临着困境。从中国美育学科建设的历史来说,中国美育理论的发展是以西方为参照系的,按照西方美学理论构建的,这间接造成了中国本土的、传统的、美育思想在美育理论研究中的"缺席"。而在西方美学思想的理论框架下,抽象的体验、感性是美育研究的逻辑起点,美育研究带有明显的思辨色彩。这一方面致使学界在美育的

---

① 叶朗著. 胸中之竹:走向现代之中国美学[M]. 合肥:安徽教育出版社,1998.

② 席格. 当代美学转型与美育的理论困境——兼论美学与美育的关系[J]. 郑州大学学报(哲学社会科学版),2011(02):98.

性质、目的和价值等基本问题上没有达成共识；另一方面，也间接造成了抽象的美育理论转化为实际的困难，从而使美育理论研究难以突破。

总体上看，当前中国美育的理论和现实正面临着这样一个困境：美育培养和提高了受教育者的审美能力，实现了美育的部分价值，但是美育并没有依据理论所设想的那样，完成它"启蒙"、"救赎"、"成人"[①]的任务。我们认为，改变美育的现状，要向更深层次挖掘，追问美育的价值。而回答这一问题的前提，是对美育价值的概念做一定的辨析。

二、概念辨析

这一部分涉及四个关键词：美学、美育、价值、美育价值。每一个关键词可能都尚无明确的定义和范围，容易造成理解上的偏差。我们将分别对这四个概念做具体的说明，以确保论述的针对性。

(一) 美学和美育

1. 美学

美学 aesthetica 的词源来自于希腊文的 aisthesis，意为对感官（感觉）的认识。18 世纪德国哲学家鲍姆加登据希腊语 aisthesis，创造了一个拉丁词根的新词美学 aesthetica。希腊语的 aisthesis 意为对感官（感觉）的认识。所谓美学，就是一门研究感官、感觉的学科。鲍姆加登认为，美是现象的完善，美学是与研究理性思维相对的，研究感性思维的科学。虽然鲍姆加登为美学正式确定了名称，划定了美学的研究对象和范围，不过，美学思想并非源于鲍姆加登，而是古已有之。朱光潜在《西方美学史》中提到，"美学思想"与"人类历史一样的古老"。[②] 西方学者也持此观点，如鲍桑葵就认为，一直到 18 世纪后半叶，人们才采用了现今公认的'美学'一词，用来

---

① 张泽鸿. 百年西方美育中国化的理论反思[J]. 安徽电气工程职业技术学院学报，2013，18(2)：9.

② 朱光潜. 美学拾穗集[M]：桂林：漓江出版社，2011：8.

称呼美的哲学，把它当作理论研究中一个独立的领域。但是，美学事实的存在却要比'美学'一词早得多，因为，即使从某种意义上来说不能从更早的哲学家算起，那么至少可以说早在苏格拉底时代，希腊思想家们就已经开始对美和美的艺术进行思考了。①

因此，要理解美的概念，理解美学这一门学科，离不开对西方美学思想的考察。西方美学对美的认识较为复杂，有现象与本质之分、内容与形式之分、感性与理性之分、主观与客观之分等等。为了简明起见，我们沿用美学界较为普遍的观点。西方关于美的概念有三个理论基础：对事物的本质追求；对人的心理知、情、意的明确划分；对各艺术门类的统一定义。② 这三个基础形成了美学的三个研究对象：美的本质、审美和艺术哲学。

对事物的本质追求，源于古希腊人认为，普遍寓于特殊，在千差万别的事物背后有一个共相。柏拉图称之为"理念"，美有美的"理念"。这一观点发展到近代，成为了美学中关于"美的本质"的研究。

在鲍姆加登看来，美学是指感性学，也就是对感性思维的研究。康德虽然没有使用鲍姆加登的"感性学"概念，但康德按照知、意、情的心理结构，认为审美是研究人的心理的"情"的部分。康德将对美的本质的研究，转换为对审美的研究，即将什么是美的问题，转换为了物何以美的问题。目前，对审美活动的研究是美学研究的重要领域。

艺术哲学的含义则复杂得多。在古希腊，"art"一词原有技术的含义，可做"技艺"理解。绘画、音乐、建筑等"技艺"有着统一的性质；对美的追求，用黑格尔的观点来解释，美是理念的感性显现。艺术就是美的结晶。美只有在艺术中才能得到最集中和最纯粹的表现。③ 这形成了以艺术为主要研究对象的美学。

总而言之，西方美学的概念有美的本质、审美、艺术哲学三种

---

① [英]鲍桑葵著. 张今译. 美学史[M]. 北京：商务印书馆，1985：5.
② 张法. 美学导论[M]. 北京：中国人民大学出版社，1999：4.
③ 彭锋. 美学导论[M]. 上海：复旦大学出版社，2011：6.

不同的理解方式。受到现代哲学思想的影响,目前美学界的主要研究对象是审美和艺术哲学。这主要是受到了哲学发展的影响。分析哲学将美的本质斥为一个假问题。在维特根斯坦看来,美只是表达主观情感的感叹词而不是描述对象性质的形容词,因此传统美学关于美的本质的争论,实际上是一场极大的误会。① 这一观点得到了许多学者的认同。本节的主要讨论对象是广义上的美育,因此我们认为,美育中的美主要是指审美。

2. 美育

最初提出"美育"概念的席勒认为,美能够使"人性"得到自由解放与发展。在他看来,美育是实现人"全面发展"的必然选择,也是重塑"审美生存"人文精神的必由之路。马克思在《共产党宣言》里批判资本主义社会的教育时指出,资本主义的教育"对绝大多数人来说不过是把人训练成机器罢了"。② 在《1844年经济学哲学手稿》里,马克思论述了人"按照美的规律创造",扬弃人的"异化",恢复人的自由本性,实现人的全面发展。在《〈黑格尔法哲学批判〉导言》中,马克思还曾提出"德国唯一实际可能的解放是从宣布人本身是人的最高本质这个理论出发的解放开始的"。③ 可以发现,席勒和马克思关于"美育"内涵的观点是基本一致的,他们都把人的"自由、全面发展"作为"美育"的内涵。

美育是一门介于美学、心理学、教育学之间的边缘交叉学科④。美育不仅是艺术教育,更是一种综合性的教育,是"所有教育中的一个方面"⑤。结合前文对美的分析,在本章节中,美育的

---

① 蒋孔阳主编. 二十世纪西方美学名著选[M]. 上海:复旦大学出版社,1988:80.

② 中共中央编译局编译. 马克思恩格斯全集(第一卷)[M]. 北京:人民出版社,2007:268.

③ 中共中央编译局编译. 马克思恩格斯全集(第一卷)[M]. 北京:人民出版社,2007:232.

④ 曾繁仁. 美育十五讲[M]. 北京:北京大学出版社,2012:327.

⑤ Francis T. Villemain. Toward a Conception of Aesthetic Education [J]. Studies in Art Education,1966,8(1):30.

概念可以定义为：美育是通过教育的手段与方法，借助美的形象，培养人的审美能力，陶冶人的情感，最终使人自由、全面发展的教育。

(二) 价值与美育价值

1. 价值

价值，相当于英语的"value"，在拉丁文词源中有"掩盖、保护、加固"的含义。作为一个学术概念的"价值"一词，起源于古典经济学，指数、数字、数量的在场。哲学家尼采使用更广泛的意义来理解价值的概念，他用"审美价值"一词论述了美的价值。继尼采之后，19世纪中叶的新康德主义者们——赫尔巴特、文德尔班、李凯尔特等，强调价值的哲学属性。① 价值一词的使用后来又扩展到了心理学科和其他人文社会学科。富兰克纳归纳了价值的用法②：

(1) 用作抽象名词

①在狭义上只包括可以用"善"、"可取"和"值得"等术语来恰当地表示东西。

②在广义上包括了正当、义务、美德、美与神圣。

(2) 用作具体名词

在人们谈及一种事物的某种价值或多种价值时，具有如下的含义：

①往往是用来被评价、判断为有价值的东西，或被认为是好的、可取的东西。

②也被用来指有价值或是好的东西。

(3) 用作动词

如在"评价"、"做出价值"和"被评价"等词组中。

本章节中的价值概念，不是经济学的价值概念，而是抽象意义上的价值概念，是哲学范畴中的"人"的价值。马克思在《1844年经

---

① 石磊编. 哲学新概念词典[M]. 哈尔滨：黑龙江人民出版社，1988：116.

② 卓泽渊. 法的价值论[M]. 北京：法律出版社，1999：2.

济学哲学手稿》中指出,一个种的全部特性,种的类特性就在于生命活动的性质,而人的类特性恰恰就是自由自觉的活动。① 人类通过实践创造了价值。我们论述的美和美育,也离不开人的实践活动,所以在本章节所使用的价值概念,是指一般的价值概念。

进一步说,马克思认为,"价值"这个普遍的概念是人们对待满足他们需要和外界物的关系中产生的。② 这就说明,价值是主体与客体关系相互作用的结果。恩格斯也指出,"相互作用是我们从现代自然科学的观点考察整个运动的矛盾时首先遇到的东西";"我们不能追溯到比这个相互作用更远的地方"。③ 因此在使用"价值"概念时,我们将价值看作一个关系范畴,用以表示事物具有满足主体需要的属性、作用和意义。④ 价值可以满足人的需要,即对人的生存、发展和享受具有积极意义的一切东西。⑤

由于价值是一个关系范畴,那么价值就具有两重性。它一方面是客体满足主体需要的关系。马克思认为,实践是人类世界的本体的同时,又确认实践是人的生存的本体。⑥ 在某种程度上,我们可以这样理解:人具有能动性,是实践活动的主体,能够对外在价值进行评价。"一切价值都是人的价值。"⑦另一方面,价值是主体对客体的肯定关系。张岱年认为,一切价值都有其客观标准。⑧ 把握

---

① 中共中央编译局编译.1844年经济学哲学手稿[M].北京:人民出版社,2000:57.
② 中共中央编译局编译.马克思恩格斯全集(第十九卷)[M].北京:人民出版社,1963:406.
③ 中共中央编译局编译.马克思恩格斯全集(第三卷)[M].北京:人民出版社,2007:562.
④ 徐少锦,温克勤主编.伦理百科辞典[M].北京:中国广播电视出版社,1999:426.
⑤ 杜齐才.价值与价值观念[M].广州:广东人民出版社,1987:9.
⑥ 杨耕.关于马克思实践本体论的再思考[J].学术月刊,2004(01):86.
⑦ 李德顺.新价值论[M].昆明:云南人民出版社,2004:187.
⑧ 张岱年.张岱年全集(第8卷)[M].石家庄:河北人民出版社,1996:328.

价值概念，应该把握价值的两重性，不能有所偏颇。

2. 美育价值

美和价值概念的确立，是研究美育价值的理论前提。基于上文关于价值的概念辨析，我们将"人"和"人的价值"作为美育价值的最终归属。人是美育的起点和目的。美育价值包括两个方面的含义：第一，美育价值是人的意识或理解的产物。直接从自然界产生的人，只是纯粹自然的本质，而不是人。人是人的作品，是文化、历史的产物。① 这就是说，人的本质不是"自然的存在"，而是"社会的存在"。人在实践活动中，意识到自身活动的意义，意识到人是社会的存在时，社会、文化、历史作为客体才产生价值，美育价值也是如此；第二，美育价值符合人的"目的"，"人"的价值是美育的目的。人的社会实践活动是为了满足自身需要，为了自身的生存和发展。在美育中，人并非只有"自我"，人的活动是建立在一定的社会、文化、生产生活方式之中。人的存在有赖于他人的存在。离开了他人，人的生存只是"动物的生存"。因此我们认为，美育价值的主体的"人"不是具体的某个人，而是马克思所说的"类"的意义上的人。美育价值是一个价值范畴，而价值范畴无论从其创生还是保存方面说，都只是依存于人的群体，而不依存于任何人类个体。② 只有在群体的概念下，人才有价值，从这个意义上说，美育价值是一种结合了个人与群体的价值。

当"类"的意义上的人作为一种"存在"体时，人是价值的存在基础和最终的依据。美育价值是人作为"类"的存在物的价值，在把握美育价值时，需要注意以下三个方面的原则：

首先，美育的本体价值必须与美育的工具价值相区分。价值是人在实践活动中产生的，人的自由、全面发展是美育的目的。在研究美育价值时应该以人为本，根据人的最根本的需要展开。

---

① [德]费尔巴哈著. 荣震华, 王太庆, 刘磊译. 费尔巴哈哲学著作选集[M]//邓晓芒. 实践唯物论新解: 开出现象学之维. 武汉: 武汉大学出版社, 2007: 57.

② 尹星凡. 价值的本质和本体[J]. 学术研究, 2003(04): 47.

其次，人是类的存在物，也是独立的个体。个体意义上的人，与他人之间必然具有内在差异性。在把握美育价值时，一方面要考虑到个体作为主体的需要，个体能力的限制，将价值建立在个体的认识能力和需要的基础上；另一方面，也要考虑到群体的价值问题。

最后，美育价值是以人为主体建构。通过实践活动，人认识客体的能力也在不断发展。这就意味着，虽然美育价值在终极意义上的人的本质属性是永恒不变的①，但在不同的历史、社会、文化背景下，美育价值有所不同。美育价值应随着社会实践和历史发展自我调节，否则美育价值就会陷入永恒性和历史发展变化之间的矛盾，因此，美育价值不是绝对的，而是相对的。

以上所述，简单分析了美育价值的概念，同时揭示了一个问题：当我们讨论美育的价值时，必须面对时间和空间转换带来的价值变迁问题。中国美育是建构在西方美学思想的基础上，当代的美育价值与传统美育价值相比，不仅有古今的区别，还存在中西的差异。接下来，我们将对中国传统美育价值做出梳理，研究中国传统美育价值是如何在近代逐渐被西方的美育价值所替代的，以此为当代中国美育价值的研究提供一定的理论基础。

第二节　中国传统美育价值

研究中国传统的美育价值，不能绕开中国传统教育中智育与德育的关系问题。而教育中美育与德育的关系问题，也一直是当代美育研究的重点之一。从现有研究来看，人们普遍认为，一方面，美育具有其区别于德育的特殊价值；另一方面，美育与德育又互相促进，密不可分。但是从现实来看，美育价值或是有政治化、伦理化、道德化的倾向，亦或是美育走向工具化，失去了美育的本真价值。这种情况，与美育的实践困境不无关系，而且，对于中国这样一个，按梁漱溟语具有"伦理本位"传统的国家来说，美育价值的

---

① 喻文德. 论本体价值的建构[J]. 求索, 2007(06): 161.

政治化、伦理化、道德化似乎也可称为一项古已有之的"倾向"。从价值的定义来看，中国当代美育价值的本质是人作为价值的主体，对美育是否满足自己的需要所做出判断、评价的过程。在这一过程中，价值的主体即受教育者，对美育的需求是动态的、发展的。与此同时，他们的需要又不可避免地受到社会历史条件的影响和制约。这就意味着，不论中国当代美育价值的实然形态如何，都必然受到传统美育价值的积极或消极的影响。

一、礼教、乐教和诗教中的美育价值

从总体角度审视中国历史上的美育价值，会发现其有较为明显的历史发展顺序，大体可以划分为两个阶段。第一阶段是中国古代时期。杜卫教授指出，美育思想在我国自古有之，且较为丰富。① 美育内容虽然丰富，但中国古代的美育具有美善不分的特点，如《论语》中记载："子谓《韶》，尽美矣，又尽善也。"② 中国美育的第二个发展阶段是中国近代至今。在这一时期中，近、现代之交的20世纪上半叶，美育价值的变化最大。本书将着重对这一时间阶段进行研究。在本节中，我们将分析探究中国传统美育中蕴含的价值，并对形成美育价值的思想基础和现实因素做出综合考察，探析中国传统美育价值造成了何种影响。

在中国古代，美育是由原始社会的宗教祭祀活动衍生而来的。美育观念的发生与巫文化有紧密的联系。③ 原始社会生产力水平低下，巫祝之事盛行。"夫人作享，家为巫史。"④ 人人都可以与"天"或"神"沟通和对"天"或"神"祈福。这些祭祀活动多以歌舞的形式进行，人们可以在歌舞中充分展露、宣泄情感。"巫以歌舞事神，故歌舞为巫觋之风俗也。"⑤ 祭祀活动不直接生产物质产品，但是以

---

① 杜卫. 美育论[M]. 北京：教育科学出版社，2014：51.
② 《论语·八佾》.
③ 李天道. 中国古代美学之自由精神[M]. 北京：中央编译出版社，2013：190.
④ 《国语·楚语》.
⑤ 《尚书·伊训》.

非理性的形式作用于人的情感意志,进而对氏族中的个体进行组织和协调①,这些活动具有陶冶人的情操、净化人的心灵的作用。按照马克思的观点,人与动物作为类的区别,正是在这些活动中显现出来了。中国原始社会的祭祀活动虽然糅杂了宗教、道德、政治等多种因素,但已有美育的萌芽。《尚书》中"命汝典乐,教胄子……予击石拊石,百兽率舞"②的记载,就反映了这一时期的美育已颇具规模。

随着社会经济的发展,宗教祭祀活动的形态发生了变化,美育活动也随之变化。社会的组织化程度不断加深,人人自以为能知神意③的状况逐步改变,祭祀活动"民神不杂"、"绝地天通",唯有特定的"巫、卜"可以进行祭祀活动。这种变化不仅可以杜绝人人日夜求神,不知勤奋、不事生产,终致"民匮于祀而不知其福"④的可能,还能够有效地防止"民渎齐盟,无有严威"的情况出现。也就是说,祭祀活动的变化暗合了统治者垄断祭祀权的政治需要。殷商开始,宗教祭祀活动与国家制度结合了起来。对先祖们的崇拜和祭祀可为商王们的神权统治提供心理上和精神上强有力的支持,使政治权力高度集中合法化。⑤ 需要注意的是,与原始社会早期的自然崇拜相比,商代的宗教活动具有强烈的祖先崇拜特点。这一特点深刻影响了中国之后的宗教信仰和崇拜方式,可以说,祖先信仰强化了中国古代社会的伦理价值基础,间接影响了中国古代的美育价值。

当政治权力和原始宗教权力紧密地结合,国家组织形式和社会

---

① 李泽厚.华夏美学[M].北京:生活.读书.新知三联书店,2007:4.
② 《尚书·舜典》.
③ 劳思光.新编中国哲学史(第一卷)[M].北京:生活·读书·新知三联书店,2014:27.
④ 劳思光.新编中国哲学史(第一卷)[M].北京:生活·读书·新知三联书店,2014:28.
⑤ [美]张光直著.张良仁等译.商文明.沈阳:辽宁教育出版社,2002:193.

结构随之变化，继而产生了较为成熟的礼乐制度。这一制度成熟于周代，故此王国维说，"中国政治与文化之变革，莫剧于殷、周之际"。① 周代形成了一套完整的国家价值准则和行为规范。对于周代的统治者来说，祭祀不仅是个人活动，还是一件重要的国家活动。"国之大事，在祀与戎"。祭祀活动意味着"通天地"，唯有统治阶级可以与"神"交流，祭祀权是统治合法性的来源之一。周公通过"制礼作乐"，使上古礼乐教化传统发生质的转变。② 在巫术祭祀从属于国家的社会政治生活之后，其神秘性、神圣性大大降低。与此同时，祭祀活动的政治和伦理氛围日益浓厚起来，特别是祭祀所规定的种种繁琐的仪式，无形中加强了仪式的影响力。于是，原本伴随祭祀出现的美育活动，在国家权力的支配下，逐渐褪去了原始巫术的色彩，走向"自然的人化"。美育也由此走向成熟。祭祀活动的教育意义不断增强，致使美育由一种混沌的、非正式的状态，从祭祀活动中分化出来，演变为"礼教"、"乐教"、"诗教"三种主要形式。在中国古代思想中，儒家思想自汉以来就是社会思想的主流。儒家思想的代表人物孔子重视周礼，可以说，儒家思想是中国传统教育思想的核心，也是中国传统美育思想的核心，中国传统美育的主要内容就是儒家所重视的礼乐教化。在下文中，我们将具体分析礼乐教化所分化出的礼教、乐教、诗教三种教育形式所蕴含的美育价值。

（一）"礼教"中的美育价值

中国传统美育是由礼乐传统发展而来的。礼与乐是中国美育的源头。③ 首先考察"礼教"中的美育价值，而不是"乐教"、"诗教"或是其他形态的传统美育，是出于以下三个方面的考虑。第一，礼教是出现时间较早的、有一定规模的美育，在中国古代美育中最具

---

① 王国维. 王国维手定观堂集林（卷十）[M]. 杭州：浙江教育出版社，2014：247.

② 曾繁仁. 现代美育理论[M]. 郑州：河南人民出版社，2006：233.

③ 聂振斌. 中国古代美育思想史纲[M]. 郑州：河南人民出版社，2004：1.

代表性。正如我们在前文中提到的，中国传统美育从不自觉的社会活动走向自觉的教育活动，具体表现为礼教、乐教和诗教的分化，这种分化的结果是礼和礼教地位的上升。在后文中，我们会对这一变化及其影响详细展开论述；第二，礼教在中国传统教育的发展以及社会的发展中起到了不可替代的作用。这是因为儒学在中国古代具有核心地位，而儒学的代表人物孔子非常重视"礼"，有人甚至将中国传统教育直接视为礼的教育；第三，尽管中国古代存有大量的文艺评论著作，或是专授某一类艺术技巧的书籍，但是这些作品大多规定和强调的是美的形式、技巧和方法。礼教规定的是文艺作品的主题，是文以载道的"道"之所在。就像李泽厚所说，儒家（礼教）对后世文艺的影响主要在主题内容方面。① 从这个角度看，礼教的价值突出地反映了中国传统的美育价值。

中国传统美育从一种社会活动转化为专门的教育活动的标志，是原始的祭祀活动中分化出了礼教、乐教和诗教。我们尝试以礼的内容变化为切入点，阐释这种分化及其影响。只有准确把握礼的内涵，才能全面、客观地分析中国传统美育的思想特征和价值。

礼教以"礼"为教育内容。礼最早的含义，目前学界有多种观点。在甲骨文中，礼写作"豊"。根据王国维对甲骨文的考证，礼最早指用器皿盛两串玉献祭神灵，后来也兼指以酒神献祭神灵，再后来指一切献祭神灵之事。② 这一观点得到了郭沫若等学者的认可。郭沫若认为，大概礼之起于祀神，其后扩展而为对人，跟其后扩展而为吉、凶、军、宾、嘉的各种礼制。③ 在《说文解字》中，礼有另一种含义。禮，履也。所以事神致福也。示，神也。豊，行礼之器也。④ 从字面意义上看，礼是描述向神献上贡品的意思。而《礼记》中写，夫礼之初，始诸饮食。其燔黍捭豚，污尊而抔饮，

---

① 李泽厚．美的历程[M]．北京：生活·读书·新知三联书店，2009：57．

② 王国维．王国维手定观堂集林（卷十）[M]．杭州：浙江教育出版社，2014：291．

③ 郭沫若．十批判书[M]．北京：东方出版社，1996：96．

④ 《说文解字》．

蒉桴而土鼓，犹若可以致其敬于鬼神。① 《礼记》的解释表明，礼最初的含义是指为了向鬼神表示敬意，献上水和食物。因此也有一些学者认为，礼是从表示酒器的"豊"字转化而来。以上列举了学界对"礼"的起源的三种不同的认识。虽然对礼的起源学界有认识上的分歧，但是从人类学角度来看，巫术在一切原始民族中都十分盛行。因地域、发展程度，祭祀仪式的细节有所差别，但总归是人处于科学落后阶段的迷信产物。对于"礼"的含义的不同解读，可以视为当时中国境内不同民族所采取的不同祭祀仪式、规制的差异。根据考证，古中国原有三民族集团，华夏发源于西北，东夷居山东、河北沿海地区，南方则有苗蛮。② 朝代更替带来的民族交流和融合，使得不同的祭祀制度也出现了一定程度的融合。"礼"可以说是经夏商周三代演变传承下来的祭祀制度的代称。总之，礼原本表示的是一种祭祀的仪式，在历史发展进程中，其内涵不断扩充。刘师培认为，"典礼为一切政治学术之总称"③，正是指礼的含义的变化。礼从原生的涵义，一切祭祀活动的总称，衍生出人文性、政治性的功能，泛指人们日常生活中所应遵守的规则。必须指出的是，不论是"礼"的宗教性意义或者政治性意义都是在美的形式下，以美感愉悦为纽带串联和发生的。

礼的含义的变化导致两个较为明显的结果。首先是礼乐的彻底分化。从后人的追述中可以清楚地看到这种变化的产生以及造成的影响。根据《史记》的记录，周公"兴正礼乐，度制于是政，而民和睦，颂声兴"。④ 在《新语》中也有类似的描述："周公制礼作乐，郊天地，望山川……故无为也。"⑤由此可见，在周代前期，礼和乐虽然有一定的区分，但一度是含糊不清、二者混用的。但是西周末年，"礼"和"乐"的功能已经有了明确的区分。这种分化主要表现

---

① 《礼记·礼运》.
② 劳思光. 新编中国哲学史(第一卷)[M]. 北京：生活·读书·新知三联书店, 2014：43.
③ 刘师培. 左庵外集(卷十)[M]. 宁武南氏校印书, 1934：1.
④ 《史记·周本纪》.
⑤ 《新语·无为》.

在两个方面：一方面，礼开始被单独使用，有其独立的功能，这种功能比起乐来说，更倾向于世俗的、伦理的、政治的功能。"礼节民心，乐和民声"①的记载，说明了礼的目的在于控制和调节人们的内心，乐的目的在于使人们的所思所想相一致。另一方面，原本在原始社会的祭祀活动中，礼乐具有同等的地位。事神之道必虔，故礼乐之具必设。② 这段话说明，作为尊神活动的礼，原本与唱歌跳舞来娱乐神的乐并行不悖、地位相同，都是人们表达对神的敬意的活动，但周代以后，礼开始做"事神"讲，礼的内容不仅包括原本的尊神活动，还包括了"娱神"和"娱人"的活动，礼可以泛指一切与祭祀有关的事情。与祭祀活动密切相关的"巫术"，则开始纳入"方术"、"礼仪"的系统来考虑。③ 换句话说，乐的"娱神"功能成了礼的"事神"功能的一部分。这两方面的变化，侧面反映出社会经济的发展，使人们的世界观由"重神"走向"重人"。一言以蔽之，礼乐的分化是社会发展的必然结果。

　　礼的变化引发的更为重要的后果是，"礼"的地位上升了。《礼记》中六艺归礼的记载，就直接反映出西周时期，礼的的重要性已经超过了"乐"和"诗"。到了春秋战国时期，礼已经被摆到了"天之经也，地之义也，民之行也"④的位置。这是因为，礼的伦理性、政治性的功能对社会稳定有促进作用，所以礼与国家制度的关系日益密切起来。西周时期，礼制已发展成为一套与国家权力结构相配套的制度，这套制度详细规定了天子、诸侯贵族和平民的行为准则，从而明确而严格地划分出了社会等级。春秋战国时期，原有的权力结构失衡，造成了诸侯割据、社会动荡的局面，礼乐制度也被破坏，如从"礼乐征伐自天子出"到"礼乐征伐自诸侯出"的记载。换言之，国家权力结构失衡的重要表现之一就是礼崩乐坏。孔子对"周礼"的维护，本质上说是对国家权力结构及其匹配的等级制度

---

① 《礼记·乐记》.
② 吕思勉. 读史札记[M]. 上海：上海古籍出版社，1982：453.
③ 李零. 中国方术续考[M]. 北京：东方出版社，2000：131.
④ 《左传·昭公二十五年》.

的维护。他希望通过对礼的学习,"以礼节之"①,使社会重新回到"有序"的状态,以此改变"不义"的现实。东汉独尊儒术以后,礼的政治性作用进一步加强,逐步演化为一套完整的用来维护和巩固国家既定秩序的规则和方法。

通过分析礼的含义,我们认为礼教是一种社会规范的习得,其主要内容是"三礼",即《礼记》、《仪礼》和《周礼》。② 由于礼兼具了宗教祭祀和世俗封赏的功能,礼教本质上是宗教性目的和政治性目的的统一。所谓宗教性目的,正如梁启超所指出的,"礼之能范围群伦,实植本于宗教思想"。③ 礼教原本是为了宗教祭祀活动的顺利进行而设置的,其后,"宗教上的礼,亦渐变为政治上的礼"。④ 当宗教性目的与政治性目的互相融合,礼教就呈现出政治化、伦理化、道德化的一面。经过汉代天人感应学说以及宋朝的天人合一思想的改造后,礼教已不尽与神权有关,而是将外在的社会性的约束和规范,通过审美的方式,转化为个体的感性行为和活动。总之,对于美礼教是做出了外在的规定,其本质则是对人的道德、情感的塑造,以此节制欲望,最终目的是使个体自觉地顺从中国古代的社会制度。

这样一来,我们能够得出一个初步的结论:礼教是通过对繁琐礼仪的学习,将礼仪之美浸润在人的日常生活中,不知不觉间形成的一种对于什么是美的共同认识。这种对于美的共同认识,能够促使人们认同和遵守封建等级制度。因此,中国传统礼教中蕴含的美育价值具有显著的政治化、伦理化、道德化倾向。必须指出的是,学者们对于礼教是美育还是德育,有不同的意见。有一部分学者将

---

① 《论语·学而》.
② 三礼的成书年代大概在春秋战国时期,但其内容主要是记录西周的礼乐制度,可从三礼中管窥周代礼乐制度。
③ 梁启超. 梁启超全集(第十一卷)[M]. 北京:北京出版社,1999:3593.
④ 钱穆. 中国文化史导论[M]. 北京:九州出版社,2011:60.

礼教纳入道德教育的范畴①；另有一些学者认为，礼和乐都是美育，礼是外在的有序，而乐是内在的和谐。因为，"就政与教言，基本在教，就礼与乐言，基本在乐"②。我们更倾向于后一种观点，礼教不完全是道德教育。如果我们褪去礼教伦理化、道德化、政治化的外在特征，就会认识到，在中国古代，礼教之所以对人们具有巨大的约束力和强制性，是因为它不仅是一套成熟而稳定的社会组织形式，更具有某种不可抗拒且牢不可破的神圣性质。礼的广泛而神圣的力量的运作是不可知见的……在神圣礼仪中的完美，既是精神性的，又是审美的。③ 从这个角度看，礼教具有丰富的美育因素，兼具神圣和世俗的特点。礼教的美育价值是复杂的。虽然礼教在其发展过程中越发推崇世俗的政治和伦理价值，但仍保留着一定的美育价值。

(二)"乐教"中的美育价值

在对乐教中的美育价值做出分析之前，先要对"先王乐教"这个概念做一个澄清。一般来说，先王乐教是指夏商周时代的美育活动，尤其是夏朝的美育活动，如史书中"伏羲做琴"的记载。曾繁仁认为，美育发展历程应该对不自觉的美育活动、自觉的美育活动、美育学科与美育的现代意义四个层次加以区分。④ 事实上，由于原始社会的美育活动是伴随着宗教祭祀进行的，生产、祭祀和美育是作为一个整体，是同时间进行的人类社会活动。这一社会活动中，礼、诗、乐处于混沌一体、不分彼此的状态。聂振斌指出，先王之乐，其性能和实质就是礼。⑤ 也就是说，三代之时，先王乐教

---

① 吴俊. 美学理论与美育实践[M]. 贵阳：贵州人民出版社，2001：340.
② 贺照田编. 朱光潜学术文化随笔[M]. 北京：中国青年出版社，1998：107.
③ [美]赫伯特，芬格莱特著. 彭国翔，张华译. 孔子—即凡而圣[M]. 南京：江苏人民出版社，2010：9.
④ 曾繁仁. 现代美育理论[M]. 郑州：河南人民出版社，2006：319.
⑤ 聂振斌. 中国古代美育思想史纲[M]. 郑州：河南人民出版社，2004：11.

与礼几乎是不分的。在明确"先王乐教"的概念之后,我们认为,对乐教的分析应着重在礼乐二分独立之后乐与乐教的职能。

"乐"字,见于甲骨文,目前学界存有多种解读:罗振玉认为乐字作琴瑟的象形字解。乐,从丝附木上……犹今弹琵琶、阮咸之有拨矣。① 郭沫若认同罗振玉的观点,还进一步推测乐字本为琴意,这一观点影响颇广。还有一种从音乐的角度解读乐字的观点,有学者认为,乐是指骨哨或舞蹈动作的意思。如冯洁轩从原始社会乐、诗、礼不分的情况出发,认为乐是指舞蹈、音乐、诗歌的混合体。上古"乐"的涵义广泛的很,是一种混合艺术形式。② 修海林认为乐字形似谷穗,实际上是原始居民表达丰收后的喜悦之情。张国安则提出了乐与糯、傩同音,乐是奉傩神之说。《说文解字》中说:"乐,五音八声之总名,象鼓鞞,木虡也。"③周武彦的研究综合了甲骨文的研究成果和许慎在《说文解字》里的说法,他认为乐字实有两层涵义,其初义应是悬鼓。④ 即许慎所言"鼓鞶",是单指一种祭祀专用的乐器,而五声八音总名则是乐的衍生涵义,即指一切乐器及器乐和声乐的总称。我们更赞同周武彦的解读,即乐有多重含义。乐可表示为狭义的音乐,"乐,六乐之歌舞","凡事皆可弦歌入乐,故诗亦通谓之乐",还可表示喜悦、快乐。除此之外,乐的内涵还涉及政治、伦理。三代以后,礼、乐二分,乐仍有较为重要的政治、伦理价值,如"乐,所以移风易俗也。""乐,要道也。"等说法。乐的广泛涵义深刻地影响了乐教。乐教既是指狭义的音乐教育,也是指通过音乐、歌舞等艺术方式对人的伦理教化。

在中国古代,人们很早就认识到,音乐对人的情感心理有着重要的调节作用,并有意识地利用音乐对人民进行教化。《礼记》中记载,"凡音之起,由人心生也。人心之动,物使之然也。感于物

---

① 罗振玉. 殷墟书契考据三种(上)[M]. 北京:中华书局,2006:649.
② 冯洁轩. 乐字释疑[J]. 音乐研究,1986(6):18.
③ 《说文解字》.
④ 周武彦. 为乐字正义[J]. 音乐研究,1993(1):24.

而动，故形于声。声相应，故生变。变成房，谓之音。比因而乐之，及干戚羽，谓之乐。"①这段话说明了古人眼中乐与心的关系。这里的乐是包含着乐器、诗、歌、舞的音乐艺术形态。乐器的声、律是由人用心演奏出来的，当人聆听音乐，又会感受到不同的情绪、情感，进而影响到人的心理。

古人没有现代心理学的相关知识，他们为什么认为音乐与心有关系呢？这是由古人朴素的宇宙观决定的。古人对乐的理解，是建立在阴阳五行的宇宙观的基础上的。乐与六气、五行密切相关。天有六气，降生五味，发为五色，征为五声。② 也就是说，乐的五种音调与外在宇宙世界、社会秩序是相通的。五音的相互配合与社会的有序，在本质上都是宇宙同道有序的体系。所以大人举礼乐，则天地将为昭焉。③ 乐与天相应，才能具有堪称"和天地"的力量。天地欣合，阴阳相得，煦妪覆育万物，然后草木茂，区萌达，羽翼奋，角觡生，蛰虫昭苏，羽者妪伏，毛者孕鬻，胎生者不殰，而卵生者不殈，则乐之道归焉耳。④ 这段话就表明，只有旋律有序、相互配合的乐，才是"和"的乐、美的乐，才能对人产生积极的作用。

那么，什么样的音乐可以称为"和"之乐呢？古人认为是三代之乐，特别是周乐。史书中有许多赞颂周礼用乐的记载，如《左传》中就有："美哉，荡乎！乐而不淫，其周公之乐乎？""美哉，周之盛也，""圣人之弘也，""德至矣哉"⑤等记载。"物得其常曰乐极，极之所集曰声，声应相保曰和，细大不逾曰平。"⑥这些描述则清楚地说明，周乐的美学特点在于各种声音相互配合，大小适度，达到了"乐从和，和从平"的境界。《论语·八佾》中对什么样的音乐才是优美的这一问题，也有相关论述。(乐)始作，翕如也；从之，纯如也，皦如也，绎如也，以成。孔子还评价过《诗经》演唱所使

---

① 《礼记·乐记》.
② 《左传·昭公元年》.
③ 《礼记·乐记》.
④ 《礼记·乐记》.
⑤ 《左传》.
⑥ 《国语·周语》.

用的音乐。《关雎》，乐而不淫，哀而不伤。这种以配合得当为尺度的审美原则一直延续到后世的乐教中。如班固认为，"礼乐所以防淫佚"①。北宋周敦颐提出，"乐声淡而不伤，和而不淫"②。与之相反，不"和"、过于放纵的郑卫之音则是靡靡之音、亡国之音，不应加以研习。如孔子曾说，"恶郑声之乱雅乐也"③、"放郑声，远佞人；郑声淫，佞人殆"④。正因为音乐对人的巨大影响，所以从古人认识到音乐的作用起，就十分重视乐教了。

  要发挥音乐对人的正面教育作用，应当选取中和而不过度的音乐，通过聆听和学习"相济"的五音，使人产生体谅、敦厚之心，这是乐教的主要目的。《礼记》中记载，致乐以治心，则易直子谅之心，由然生矣。⑤ 荀子在《乐论》中指出："夫乐者，乐也，人情之所必不免也，故人不能无乐。"⑥这些都表明了合理的乐教对人的心理有着积极作用。

  随着中国古代社会的发展，乐教的教育目的和作用进一步得到扩展。乐教的作用不仅限于陶冶个人的情操，还起到凝聚人心的作用。乐教可以"移风易俗"，有改变民风、凝聚人心的功能。必须说明的是，这里的移风易俗不是现代人理解的改变社会不良风气的意思，而是切实的改变某个地区的风俗习惯的意思。不论是夏商周三代或是先秦时期，中国都处于民族大融合、文化大发展的时期。我们在分析祭祀制度时也已提及，不同民族的风俗之间差异较大，宗教信仰也不尽相同，更何况礼乐制度的显著差异了。如前面提及的商朝人不仅重视神明崇拜，也非常重视祖先崇拜。《孔子家语》的部分记录就可作为乐教改变民族风俗的佐证。夫南者，生育之乡。北者，杀伐之域。故君子之音温柔居中，以养生育之气，忧愁

---

① 《白虎通德论·礼乐》.
② 《周子通书·乐上》.
③ 《论语·阳货》.
④ 《论语·卫灵公》.
⑤ 《礼记·乐记》.
⑥ 《荀子·乐论》.

之感不加于心也，暴厉之动不在于体也。① 这段话描述了南北地理环境所造成的民族心理之差异以及"圣人"的对策。周王为了维持社会结构的稳定，利用统一的礼乐制度将不同的民族（氏族）组织起来。《左传》也有类似记载。伶州鸠对周王说："夫乐，天子之职也，……天子省风以作乐。"这里的风是指风俗，换言之，风不是指现代意义的风气，而是指人们居住的土地，或者说民族所在的国家。杨伯峻在《春秋左传注》中引用颜师古在《汉书》的注疏："风，土地风俗也。省中和之风以作乐，然后可移恶风，易恶俗也。"②《礼记·乐记》中也有类似的观点："乐者，圣人之所乐也，而可以善民心，其感人深，其移风易俗易。"可见，乐教对感化民心、稳定社会有着重要作用，相比礼教对外在行为的规定，乐教直接从人的内心感化情感入手，手段更为隐蔽、效果更为显著。不过，乐教之所以能产生如此大的作用，离不开背后深刻的社会经济背景。三代之时，民族之间的差异，除了风俗习惯等方面的不同，还有生产劳动方式的区别。不同民族经济发展程度不一，有些民族已有较为成熟的农耕制度，有些民族的生产方式仍以游猎为主。用马克思政治经济学观点来看，就是各个民族之间既有经济基础的差异，也有上层建筑的差异。从这个意义上说，移风易俗实际上也有一定的经济价值。《周礼》记载的周代官职系统中，执掌乐教官员的职责就是"掌教六鼓、四金之音声，以节声乐，以和军旅，以正田役"。③ 如果我们将这一官职与周代推行的井田制相联系，就能更为全面地理解乐教是如何通过"移风易俗"来"和人心"的了。

上述乐教的多种教育目的，实际上都包括在乐教的核心思想——"中和"的观念里。乐教"和"的功能是丰富的，它规定了审美的标准，也促进了个体与群体的相谐。荀子说："执其干戚，习其俯仰屈伸，而容貌得庄焉；行其缀兆，要其节奏，而行列得正焉，进退得齐焉。故乐者，出所以征诛也，入所以揖让也。征诛揖

---

① 《孔子家语·辩乐》.
② 杨伯峻. 春秋左传注[M]. 北京：中华书局，1990：1424.
③ 《周礼·地官·鼓人》.

让,其义一也。出所以征诛,则莫不听从;入所以揖让,则莫不从服。故乐者,天下之大齐也,中和之纪也,人情之所必不免也。"①这段话表明,乐教感染、熏陶人的内在心理,进而使人自然而然地遵循礼仪,依中和的尺度行事,达成"齐天下"的目的。乐教遵循的审美规则本质上是道德的、伦理的,或者说是"美善合一"的。乐教是一种抒发、表达个体情感的美育,又同时可以达到道德教育的目的和作用。

礼教和乐教礼外、乐内的两条路径,即文质彬彬的外在行为和温柔敦厚的内心感受,最终殊途同归,"管乎人心"。礼教的价值是层层递进的,而乐教的价值则更为辩证。乐教既重视人情感的自由抒发,也重视社会的伦理道德,具有将美育价值政治化、伦理化和道德化的一面。礼教和乐教的政治化、伦理化和道德化倾向,能够促进社会稳定,但是长此以往,社会将会缺乏活力。一旦人的个性长期受到压抑,反而不利于社会稳定。美育是培养和发展人的感性的教育,在中国古代,如何通过美育解放、抒发个体的情感呢?这就需要诗教对人和社会的关系做出再调和。

(三)"诗教"中的美育价值

一般来说,诗教的"诗"特指《诗经》。《诗经》属于六经之一,自古以来,有众多版本的官方《诗经》注解,所谓诗教就是指对《诗经》及其经解的学习。从这个角度看,诗教是一种经学。仅从《诗经》及其经解的角度来考察诗教的美育价值还不够全面。众所周知,中国古代有许多专门评论诗歌的文论、诗论,有一些诗论直接影响了后世《诗经》的经解。分析诗教的美育价值,也需要将文论对诗教的影响纳入考察范围。因此,我们对诗教的美育价值的考察将从诗教的起源入手,将中国古代诗论与《诗经》的经解相结合,分析和探讨诗教中的美育价值。

研究诗教的起源,首先是分析《诗经》中的诗的起源。据王国维等人考证,《诗经》形成之初,每一篇都有相应的音乐和舞蹈,诗是配合音乐、舞蹈朗诵的"祝词"。在《诗经》以及其他诗歌仍存

---

① 《荀子·乐论》.

有乐谱的时代,诗教的意义超越了单纯的文学教育的意义。诗教是与礼教、乐教相配合的一种综合性的艺术教育。在《周礼》中,记录了诗教萌芽阶段的情况。(大师)教六诗:曰风、曰赋、曰比、曰兴、曰雅、曰颂。以六德为之本,以六律为之音。①;以乐语教国子:兴、道、讽、诵、言、语。② 在诗教中,还有乐器瞽蒙的配合,"讽诵诗,世奠系,鼓琴瑟。掌九德六诗之歌,以役大师"。③瑟是周代时期重要的乐器,也是祭祀的法器。从这段记录中,我们可以发现两个值得注意的现象:第一,在诗教的萌芽阶段,诗和礼、乐都是国家祭祀和政治活动的重要组成部分。诗教、礼教、乐教都是维护礼乐制度的一种手段;第二,虽然人们已经认识到诗教和礼教、乐教在功能上的区别,但是诗教从属于乐教,并未取得独立地位。诗被称为"乐语",说明在当时,乐的作用、功能和地位都高于诗。执掌诗教的官员不仅被放置于乐教官员体系中,而且品阶不高,是一种纯技术性的职位。可以说,诗教是源于"先王乐教"的。

　　诗教和乐教同源一体的关系,直到春秋战国时期才逐渐改变。这段时期,诗教开始从乐教中独立出来。一个客观的原因是,乐教曲谱的失散,让诗的文本脱离曲谱和舞蹈的记录,得以单独流传下来,成为自成一体的文学。春秋战国时期,人们就已经十分重视诗教了。孔子非常重视对诗的学习。他说,不学诗,无以言。意思是说,学了诗,语言风度就是好的,去除粗鄙的习惯。根据朱自清的研究,《论语·阳货》中诗可以"兴观群怨"的记录,即诗教意念的源头。④ 兴、观、群、怨的观念对后世诗教产生了较为深远的影响。那么,何谓兴、观、群、怨呢?实际上这是一个以孔子的诗教思想为中心的诗学研究范畴。

---

① 《周礼·春官·大司乐》.
② 《周礼·春官·大司乐》.
③ 《周礼·春官·瞽蒙》.
④ 王元化. 释中国(第四卷)[M]. 上海:上海文艺出版社,1998:36.

人们对"兴"的解释不尽相同。孔安国将"兴"解释为"引譬连类"①，朱熹认为"兴"是指"感发志意"②。如果从美学角度来看，实际上兴可以大略看作审美意识的显现，是人们体验到美、感受到美的意思。有学者认为，感发生意有一个由此及彼的引譬连类过程。③ 审美体验发生之后，可以连续不断地诉诸于人的心理结构中，继而指向人生志向的感发。这是较为合理的解释。荀子中记载了一段话可以作为"兴"的解释。子贡问于孔子曰："赐倦于学矣，愿息事君。"孔子曰："《诗》云：'温恭朝夕，执事有恪。'事君难，事君焉可息哉！""然则赐愿息事亲。"孔子曰："《诗》云：'孝子不匮，永锡尔类。'事亲难，事亲焉可息哉！""然则赐愿息于妻子。"孔子曰："《诗》云：'刑于寡妻，至于兄弟，以御于家邦。'妻子难，妻子焉可息哉！""然则赐愿息于朋友。"孔子曰："《诗》云：'朋友攸摄，摄以威仪。'朋友难，朋友焉可息哉！""然则赐愿息耕。"孔子曰："《诗》云：'昼尔于茅，宵尔索绹，亟其乘屋，其始播百谷。'耕难，耕焉可息哉！""然则赐无息者乎？"孔子曰："望其圹，皋如也，巅如也，鬲如也，此则知所息矣。"子贡曰："大哉，死乎！君子息焉，小人休焉。"④在这段话中，孔子不断地引用《诗经》中的句子，以此激励子贡建立自强不息的人生志向，正是诗可以兴的解释。

"观"的概念起源于三代之时采诗观风的传统。《孔丛子》中说，古者天子命史采诗谣，以观民风。⑤ 郑玄释观为"观风俗之盛衰"，朱熹则解释为"考见得失"⑥。这里的观，是指统治者通过采集诗篇，了解各地的风俗民情，从中考察政治得失，纠正自己的决策的意思。除了帝王之外，王侯贵族也可以观诗听政。《左传》中季札听乐"观止"的记载，就反映了这一现象。在重视《诗经》的汉代，

---

① 刘宝楠. 论语正义[M]. 北京：中华书局，1954：374.
② 《四书章句集注》.
③ 陈桐生. 礼化诗学[M]. 北京：学苑出版社，2009：116.
④ 《荀子·大略》.
⑤ 《孔丛子·巡狩》.
⑥ 刘宝楠. 论语正义[M]. 北京：中华书局，1954：375.

官府延续了采诗以观政治得失的传统，如两汉流传的《乐府诗集》。因此，孔子所说的诗可以观，应该是归纳了采诗的三层意义：观风、观政和观志，分别是指对国家、统治阶层和个人的考察记录。

"群"的含义较为复杂。孔国安释"群"为"群居相切磋"。理解"群"，可以适当结合孔子授徒讲学的情境。《论语》中存有较多孔子鼓励学生对同一问题发表不同见解的记录，师生对同一个问题共同交流就可以称为"群"。《礼记·学记》中说"独学而无友，则孤陋而寡闻"，也是"群"的思想的体现。朱熹注群为"和而不流"①，也就是说，"群"不仅有人们相互交流各自不同意见的意思，还有"和同"的含义。群可以加强个体之间的凝聚力。现藏于上海博物馆的《孔子诗论》第四简中也涉及了群。竹简上记载，"贱民而逸之，其用心也将何如？曰：《邦风》是已。民之又罢倦也，上下之不和者，其用心也将何如？"②这一记录进一步将群的意义与诗、礼、乐相联系，认为观摩、交流、切磋能够疏导个人的情感。总之，"群"具有重要的教育价值。

"怨"的重要性仅次于"兴"。《诗经》中存有较多讽刺上层统治者的诗歌，如《硕鼠》等，被称为"怨诗"。孔国安注怨为"怨刺上政"，但是怨的含义除了讽刺上政，其他种种遭受挫折、人生失意导致的怨愤情绪，也都可视为怨。怨诗其实是作者内心忧愤情绪地宣泄。"怨"的功能在后世进一步发展，我们将在下文做出详细说明。

要加以补充的是，在《论语·阳货》中，孔子对诗"兴、观、群、怨"功能的论述之后，紧接着这样一句话："迩之事父，远之事君，多识于鸟兽草木之名。"这一段话与"诗可以兴、可以观、可以群、可以怨"一句，应当作为一个整体来看待。这一段话揭示了"兴、观、群、怨"的深层目的，是为了"事君、事父"。还有一个附加功能是识名，即后世所谓"博物"。可见，在孔子这里，诗教

---

① 《四书章句集注》.
② 马承源. 上海博物馆藏战国楚竹书[M]. 上海：上海古籍出版社，2001：130.

蕴含了丰富的教育功能，它的主要功能是美育，同时也有与礼教、乐教一致的道德教化功能以及智育功能。

总之，兴、观、群、怨可以视为孔子对诗的功能的总结。从含义来看，兴与观、群、怨不在一个逻辑层面上。兴是区别艺术与非艺术的根本标志。① 兴关于文艺创作，而观、群、怨则是关乎文艺鉴赏。不过，兴、观、群、怨都有美育的因素，属于美育的范畴。傅斯年指出，兴、观、群、怨是将文学的感化力说重了，其意若曰，有了诗的培养，才可以性情发展的得宜。② 这样来看，兴、观、群、怨都体现了文学作品感化人心的作用。从关乎艺术与否的角度来说说，诗教是一种较为纯粹的美育。

先秦以后，诗教有一个重要的作用是"言志"③。诗言志的说法来自《尚书·尧典》中的记载，"诗言志，歌咏言"。在这里，志主要是指诗人内心所想。而根据《论语》中的记载，诗言志主要是指政治抱负，这与怨诗有一定的内在联系。由于"诗言志"的观念不仅涉及诗歌的审美，更涉及诗歌的创作。从影响来说，诗言志对后世诗歌创作和诗教产生的作用可能略大于"兴、观、群、怨"。

"诗言志"的观念在汉代得到了延续与发展。两汉时期，诗教的内容增加了。诗教已不囿于《诗经》，还包括了《离骚》和许多汉赋。之所以出现这种变化，一方面是由于《离骚》蕴含的深厚情感和政治抱负，在汉代引起了强烈的反应。例如，刘安和司马迁都认为《离骚》突破了儒家诗学"怨而不怒"，"哀而不伤"的原则，给予

---

① 陈桐生. 礼化诗学[M]. 北京：学苑出版社，2009：119.
② 傅斯年. 诗经讲义稿[M]. 上海：上海古籍出版社，2011：164.
③ 除了诗言志，历史上存有另一个颇为重要的诗论主题"诗缘情"，二者的关系涉及心、情、志、性等诸多观念，学者之间一直存有争论。相关的重要研究可见闻一多的《中国上古文学史讲稿》、朱自清的《"诗言志"辩》和《文学的标准和尺度》、周作人《中国新文学的源流》等。近年来陆续出土的"郭店楚简"和"战国竹书"为我们理解诗言志也提供了新资料。在本书中，我们从美育价值的角度，采信言志和缘情本是一体的观点，因为诗的旨趣是一个历史建构的动态发展过程。不论诗言志或是缘情，皆发于人的心理情感。为了突出主题，本书不对诗缘情再做过多论述。

了《离骚》很高的评价。司马迁评价《离骚》："《国风》好色而不淫，《小雅》怨诽而不乱。若《离骚》者，可谓兼之矣。"①另一方面，在新文体的不断产生和发展的影响下，诗教内容的扩充可谓文学艺术发展的必然结果。可以说，汉代的诗教体现了诗从巫史文化、礼乐制度下的宗教政治作品向抒情的文学作品过渡，甚至越来越注意情感的抒发的特点。《毛诗·序》也侧面反映了这一特点。虽然《毛诗·序》开篇就阐明，"诗，正得失，厚人伦"，但《毛诗·序》也同时指出："诗者，志之所之也，在心为志，发言为诗；情发于声，声成文谓之音。"②诗教内容的增加，引起了诗教功能的变化。人们认为诗教不但具有道德教化的功能，还能够抒发个人的情感志趣。

两汉以来，诗歌创作与欣赏，在重视伦理教化和追求个人情感抒发之间，不断往返折中。这种情况在魏晋南北朝时期出现了变化。随着社会变迁，特别是在东汉末年动荡的政治局势的影响下，在艺术表达上，人们开始不满于伦理政治的限制，想要更为直接地表达个体的情感。宗白华说，汉末魏晋南北朝是最富有艺术精神的一个时代。③ 在这一背景下，大量的，与政治伦理无关，仅为抒发个人情怀而创作的诗歌出现了。诗歌不再婉转地表达政治目的，而是更为直抒胸臆。《古诗十九首》就是这其中的代表，钟嵘评价它："文温以丽，意悲而远。惊心动魄，可谓几乎一字千金。"这种以个人情怀为主旨的美学和诗学潮流对后世产生了重要影响。更重要的是，这种变化让诗教必须正视个体自身的情感志趣。

到了隋唐时期，孔颖达做《诗经正义》，他吸收了魏晋南北朝的诗论，强调了诗的"言志"功能，重视诗歌的情感抒发的特征。"诗言志"不再仅限于先秦两汉典籍所指的思想、志向、抱负，而是包含了个人丰富的生活阅历、情感和思想。必须注意的是，由于中国古代诗歌的创作者多为知识分子，在学而优则仕观念的影响下，他们的诗歌中虽然有大量借诗歌讲述个人的仕途遭遇的作品，

---

① 《史记·屈原列传》.
② 《毛诗·序》.
③ 宗白华. 美学散步[M]. 上海：上海人民出版社，1982：177.

甚至将《诗经》的不少篇章作"政治解读",但诗人多是从个体境遇的角度出发,借诗歌表达个体的情感。

"诗言志"含义变迁的影响是巨大的。两宋时,《诗经》注疏多达四种,但"始于道情,终于明理"是它们的共同特征。诗教较为重视个体的情感。朱熹在《诗集传》中"以诗说《诗》",他认为诗歌是感物道情之作,将理和情结合起来,提出了"涵咏"的观点。两宋时期,虽然诗教作为经学,仍以《毛诗·序》为权威,以"载道"、"名志"为目的,但由于诗歌创作和鉴赏越来越倾向于个人情感的自由抒发,这种审美上的变化已经深远地影响了诗教的目的和方法。明代以后,四书代替五经成为官学,诗教作为传统经学的地位大不如前。虽然明代以后,仍有许多有价值的,甚至总结性的诗论出现,然而整体上看,诗歌创作和鉴赏逐渐成为了士大夫阶层赏玩性质的活动,诗教因此走向衰落。诗教的衰落是必然的。诗歌抒情的特点已经不能仅用"美刺"等理由来解释了。大量表达对社会现实的不满和讽喻的作品,使诗歌表达个体意愿,抒发个体情感的功能越来越强,这无疑违背了中国古代社会贬低、压抑个性的政治需要。

总的来说,诗教所体现的美育价值较为辩证。诗教是古代经学的一部分,诗教一方面重视对社会伦理、世俗规范的学习,有政治化、伦理化、道德化的特点;另一方面,大量的诗歌创作和批评,令诗歌成为表达个人情感和主张的重要渠道,诗教有重要的美育价值。中国传统诗教实际上长期处于价值的道德化和审美化的拉锯战之中。唐宋之际,诗教对诗言志思想的吸收,看似弥合了这一矛盾,然而这一短暂的弥合随着程朱理学在明清的影响,迅速分崩离析了。随着在科举中四书替代了五经,诗教的地位急剧下降,诗教的美育价值被政治、伦理、道德的价值所挤压。

二、中国传统美育价值的思想基础

从前文的分析中我们发现,礼教、乐教和诗教在某种程度上,都可称为美育,因其都蕴含了一定的美育价值,但三者所蕴含的美育价值不尽相同。礼教是通过学习外在的、社会角度所规定的美而认识美、欣赏美，而乐教和诗教更多的是从个体心理的角度出发进行美育。也就是说，与诗教和乐教相比，礼教由于更受外在的、社会角度的束缚，其美育价值政治化、伦理化和道德化的程度更深。

中国传统美育价值的政治化、伦理化、道德化倾向，与中国传统社会的意识形态和社会结构之间具有密不可分的关系。中国古代社会的意识形态，又与中国古代社会的思维方式具有密切的联系。可以说，中国古代社会的思维方式、思想特点和意识形态影响了中国美育的教育目的，中国古代家国一体的社会结构则有助于将美育理论转化为现实，造成美育价值的政治化、伦理化、道德化倾向，在实践活动中非但不会被纠正，反而越来越稳固，得以长期存在。

中国古代的思维方式是一种整体的思维方式。万物相通，大化流行的整体观，是中国古代最基本的哲学观念。① 而"天人合一"观念是整体思维的根本特点。② 整体思维产生的"天人合一"观念，是中国古代美育价值的思想基础。天人合一观念的演变成熟经历了漫长的发展过程，钱穆认为它是"中国传统文化之归宿处"。天人合一思想对中国哲学、美学均产生了重要的影响。整体的思维方式和"天人合一"思想对中国古代美育产生了较为深远的影响。曾繁仁认为，"天人合一"是中国传统美育的重要特征。祁海文从中国传统美育形成的角度指出，天与人、自然与社会、主体与客体是融合一体的。而在这两方面的融合中，以"中和论"为核心观念的中国传统美育思想起着极其重要的中介作用。③ 天人合一观念塑造了中国古代以中为尺度的审美观，影响了古代美育思想和美育价值。就结果而言，天人合一思想对中国古代美育思想产生了深远的影响。就过程来看，天人合一思想从发端到成熟，实际上经历了一系列漫长的历史演变，它对中国古代美育价值造成的影响不是一蹴而

---

① 黄济，郭齐家主编. 中国教育传统与教育现代化基本问题研究[M]. 北京：北京师范大学出版社，2003：56.

② 张岱年. 中国思维方式[M]. 北京：中国社会科学出版社，1991：21.

③ 祁海文. 中国古代"中和论"美育观略论[J]. 社会科学辑刊，2008（3）：192.

就的，而是不断生成和变化的。因此，我们在下文中将具体分析的是天人合一思想这一复杂命题对美育价值的影响，分析天人合一思想的演变与中国传统美育价值政治化、伦理化、道德化倾向之间的关系。

理解天人合一思想的演变，先要明确两个认识：第一，天人合一的前提是人们认识到了天、人的两分，天人之合是在天人之分的基础上建立的；第二，天人合一观念实际上是中国古代对天与人的关系的一种解读。理解"天"和"人"的含义的变迁，能够更好地解读天人合一思想。"天"的概念最早起源于原始社会的巫文化，是一种原始宗教信仰。三代之际，天之主宰在于人力所不能控制之问题。① 天主宰和控制人，拥有至高无上的权威。这里的"人"不是作为个体的人，而是作为集体存在的"民"。人只能通过特定的仪式和人选表达对天的崇拜，与天沟通。如前文所述，三代之时，美育就包含在这些仪式中。美育与宗教活动、政治活动混杂进行，美育活动自身虽然有一定的价值，但美育价值是混沌而模糊的。更进一步说，在这一时期，"人"的个体意识，"人"的自我价值也同样处于模糊、朦胧阶段。

春秋战国时期，天人合一的观念有了革命性的变化。"天"和"人"的关系不再限于天单方面对人造成影响、支配着人的命运。天不再是鬼神的世界，而是成为了一种形而上意义上的存在，可谓一种超越人间的精神领域。这一时期，各家各派都将形而上意义上的"天"称为道，其中，道家思想最具代表性。同样在春秋战国时期，"人"的意义也从集体的"民"转向了个体的人。人的自我意识彻底觉醒，具有了作为个体的独立价值。孟子的"人皆可以为尧舜"就清楚地表达了这种人的自我意识和自我价值的觉醒。刘殿爵论及"天命"时说："在孔子时代的唯一发展，是天命不再局限于君

---

① 劳思光. 新编中国哲学史(第一卷)[M]. 北京：生活·读书·新知三联书店，2014：69.

主。所有人都受天命的约束。"①这一时期的美育价值，不论礼教、乐教或是诗教，都出现了明显的"立人"的价值取向。但是，"天"对"人"的作用并没有就此消失，"天"的作用主要体现在政治层面，"天"具有主宰政权更迭的力量，仍然影响和支配着"人"。因此，人们认为教育中，个体的价值与群体的价值应该相谐一致，这样就可以顺应天道，稳定政权。也就是说，个体也具有社会性、政治性的价值。美育价值受到了这种价值观念变化的影响。美育不仅要满足个体的审美需要，也应让人与人之间、人与群体之间建立情感上的联系。从"人"的含义的角度来看，美育价值深刻体现了从集体的"人"过渡到个体的"人"所产生的价值变化。在春秋战国时期，个体与群体的价值不是矛盾的，而是通过美的调和来化解对立，使个体融于社会，使两种价值趋于一致。

先秦以后，天人合一观念的日趋成熟，影响了美育。在吸收春秋战国思想成果的基础上，董仲舒将天人相关的观念进一步深化，提出了天人感应学说。关于天人合一观念和天人感应学说的区别，学界有不同的认识。我们较为认同主流的观点，即天人感应学说是天人合一命题的一个历史发展阶段。天人感应学说是天人合一观念在汉代的新发展，它延续了前一阶段天人相关的观念，并加以改造，"天"与"人"组成了同构一体的整体。"天"保留了其神圣性、超越性的特点，延续三代以来万物主宰的地位。"天"是一个复合概念，"天"既是指宇宙整体，又是整个宇宙结构中的一个重要的因素。天还是上帝意味的天，是自然之天、道德之天。董仲舒认为，天与人之间的结构是相似的，于是，天与人变相具有了"血缘关系"。结构上的相似，使人能够与天感应。在宇宙图式中，人具有特殊的地位。自然规律与社会伦理都体现了天道，人如果不遵守，就会受到天道的惩罚。斋木哲郎称此为"人一起被同化进自然界悠久的运动当中"，李泽厚则称这是"自然的人化"在中国古代哲学和美学中的粗略的和扭曲的表现。

---

① D. C. Lau. The Analects[M]. Hong Kong: The Chinese University Press, 1992: p. xxxvii. // 余英时. 论天人之际[M]. 北京：中华书局，2014：112.

天人感应学说及其发展为美育价值提供了稳固的思想基础。在人副天数观念的影响下，作为个体的人的审美需要和情感心理也应当遵从天道。对于美育价值而言，主体的审美需要不是任何具有审美价值的客体就能满足，而是只有符合特定标准的，也就是符合天的秩序的才是美的，才能真正满足人的审美需要，具有审美价值。然而，作为特定标准的天道却是遵循政治、伦理规则，而不是遵循人的审美规律和心理规律制定的。这就意味着，美育价值是由政治的、伦理的、道德的价值以"天"的名义所掌控的。先秦时期美育价值中那种群体性、共通性的审美价值，从"人"（群体的人）的价值范畴中剥离，划入了与"天"一致的价值范畴中。美育价值不再要求多种价值的协调，而是要求个体的价值归顺于自然—社会价值，以压抑、控制达到"和"的目的。我们可以再次以《离骚》为例，说明先秦以后美育价值的变化。在汉代，官方大力推崇《离骚》，将其纳入美育的范围。在《离骚》中，作者运用了高超的写作技巧，使诗歌不仅文字华丽，而且具有较为丰富的情感，可以激发读者的情感体验，但是，后世人们对《离骚》的大多数解读，主要是围绕作者的忠君爱国之情。这种解读的角度，折射出美育价值逐渐被社会价值所控制的特点。

　　到了宋代，由于天人合一思想的进一步成熟，美育价值的政治化、伦理化和道德化倾向越来越明显。唐代以后，天人合一思想不断受到道家思想和汉传佛教思想的冲击。天人感应学说的理论基础是阴阳五行的宇宙观，具有一定的神秘主义色彩，这使它抵挡不住唯物主义者的批判，在唯心主义内部也无力同玄学和佛学争胜，容易造成儒家伦理道德自主性的消解。在此背景下，宋代的天人合一观念有了新的突破。沟口雄三称其为由天谴的天向天理的天的变化。① 张载第一个明确提出了"天人合一"这个说法。张载反对佛教以人生为虚妄、幻觉的主观唯心主义，他认为"天"和"人"都是实在的，天、人之用也是同一的，但"天"与"人"都处于不断地运

---

① 沟口雄三. 孙歌等译. 中国的思维世界[M]. 北京：生活·读书·新知三联书店，2014：5.

动、变化之中。程颐也认为"天"与"人"是合一的，他强调天道与人道的同一性。他说："道一也，岂人道自是天道，天道自是人道？"①又说，"称性之善为之道，道与性一也。"在程颐看来，天就是理，人的本性也是理，理将人与天联系起来。朱熹继承了程颐的学说。他把《周易》中讲解天的德性的"元亨利贞"与儒家伦理的"五常"联系起来，由此推导出，"天"和"人"都遵循着同样的道德律令。总的来说，宋明理学的"天人合一"说，充分吸收了魏晋以来的道家思想和佛教思想，深化了天人合一命题。理学家们持有的天人合一观虽然略有差别，但有共同的特点，即都认为天人合一是最高觉悟，是人的自觉。②他们都从天道引出人伦道德来，发展了东汉以来的天人感应学说，伦理道德不仅与自然规律是一致的，而且伦理道德是把"天"和"人"统一起来的媒介。两宋以后，二程与朱熹的学说成为思想主流，他们的天人合一观影响较大。天道以伦理道德的形式内化到具体的人，控制人的言行举止。如果不承认"人与天地一物"，就是"自小"，就是麻木不仁。这一变化对美育价值产生了重大影响。自汉代独尊儒术以来，美育深受儒家思想及其价值影响。虽然美育对个体的自由发展的功能不断被边缘化，但魏晋玄学和唐朝佛学的兴盛，使它得以留存下来。例如，在唐代儒生中，背诵经典只是一种初级能力的象征，对于地位更高的儒生，必须更重视表达感情的能力。③宋代天人合一观念达到了新的理论水平，将维护社会秩序的道德原则绝对化，抬高到天经地义、不容置喙的地位。这样一来，道德伦理的价值就成为了美育价值的唯一衡量标准，在传统教育中，美育的本真价值，在很大程度上处于一种被遮蔽的状态。

中国哲学中的天人合一观念，发源于周代，经过先秦和两汉的发展，到宋代的张载、二程达到成熟。天人合一观念是中国古人对天人

---

① 《程氏遗书》卷十八.
② 张岱年. 文化与哲学[M]. 北京：中国人民大学出版社，2006：142.
③ 金观涛，刘青峰. 中国现代思想的起源：超稳定结构与中国政治文化的演变[M]. 北京：法律出版社，2011：117.

关系的认识不断理论化的结果。中国传统美育价值的政治化、伦理化和道德化倾向，是随着天人合一观念的发展成熟而不断加剧的。

三、对中国传统美育价值的评价

中国传统美育是建构在天人合一思想之上、以礼乐教化为载体的，在此基础上，形成了中国传统美育的丰富内涵。中国传统美育价值具有政治化、伦理化和道德化的突出特征，客观地说，这些倾向是历史发展的必然产物。美育价值政治化、伦理化、道德化倾向的根源是天人合一思想及其背后的整体思维方式，再进一步说，是中国古代社会形态决定的。天人合一命题作为中国古代社会的意识形态，与家国一体的社会结构组成了一个严丝合缝的整体。作为整体的一个部分，中国传统社会的政治体制、生活行为抑或日常观念等许多基本方面，都存在政治化、伦理化和道德化的倾向，更不用说美育价值了。归根结底，中国古代社会是农耕社会，劳动力的多寡对经济生产有至关重要的作用。除了利用血缘情感将个体通过家庭组织起来，使用伦理道德使个体服从于家庭、群体和国家是一种重要的控制手段。中国传统美育价值的政治化、伦理化、道德化的倾向，其本质是中国古代农耕社会的生产方式决定的。因此，我们对中国传统美育价值及其倾向应做一分为二的评价。

一方面，必须肯定的是，中国传统美育认识到了美育的价值离不开个体在生活世界中的感性认识。个体的个性自由的发展，情感自由的抒发，不是脱离社会产生的，而是在外部世界中"移我情"，使事物成为美的对象①，从对外部实际的认识中产生的。

另一方面，中国传统教育带有鲜明的社会本位的特征，群体的价值取向与个体的价值取向可能存在一定的冲突。有别于西方美育将个体与社会尖锐对立、放大个体价值、突出个性的特点，中国传统美育具有以中和为审美原则，试图将个人的价值与社会的价值统一起来的特点。正如杜卫教授所指出的，中国古代美育观的实质是以理化情，它不完全排斥情，但并不肯定个性的情感欲望本身的合

---

① 宗白华. 美学散步[M]. 上海：上海人民出版社，2012：20.

理性，而是要求情在理中，情服从理。① 这种抒情言志的传统在诗教中表现得最为明显。随着历史的发展，中国古代社会的封闭性和保守性所带来的问题不断暴露、放大。过于强调"中和"的观念对美育价值产生了消极的影响，它贬低、压抑个性，试图"灭人欲"，强调社会功能，这种倾向在明清时期达到了顶峰。礼乐教化成为了借助美的形式实现道德、政治教育目的的手段。强调个性、强调超功利的美育价值被边缘化，成为了"无用"之物。近代开始，中国美育受西方思想影响，特别是引入了审美无功利思想后，许多学者认识到传统美育价值的不足，由此展开了对传统美育价值的政治化、伦理化、道德化倾向的批判。在下一节中，我们将对中国美育价值的第二个发展阶段，近代的美育价值做出深入分析。

第三节 中国传统美育的现代变迁

一种新的价值观念的形成，必然建立在对原有价值观念的解构和置换的基础上。近代中国美育价值的形成进程中，传统的美育价值观念虽然受到了学者们的批判。但是，由于战争等社会历史因素的影响，在当时的中国，现代西方的美育理论并未真正和长期指导美育实践。② 美育价值的现代变迁，很大程度上体现为中国近代学者们美育观的变化。因此在这一部分，我们主要对中国近现代学者们的美育思想，特别是他们在新文化运动前夕的美育思想，做出较为深入地分析，探讨中国传统美育的现代变迁。

一、新旧美育价值观念的交汇与融合

（一）新旧美育价值观念的交汇

我们先对中国美育价值观念的现代变迁做简单的背景介绍。鸦

---

① 杜卫. 美育论[M]. 北京：教育科学出版社，2000：43.
② 必须指出的是，通常意义上讲的现代美育观，是指在18世纪席勒的美育思想基础上建立的美育观。而从历史上看，中国近代学者们学习的西方美育观，就是这种以席勒美育思想为代表的现代美育观。为避免引起理解上的混乱，文中统一用现代美育观一词，特此说明。

片战争之后，传统而封闭的中国社会受到了来自西方的全面冲击。大量有识之士认识到，要改变中国落后的现状就必须向西方学习。向西方学习的思潮，正如许多学者所指出的那样，是由表及里、由浅入深的。从鸦片战争爆发到甲午战争前夕，国人对西方的学习主要集中于器物层面。这场"三千年一大变局"令举国震惊之余，许多官员和学者提出，应全面地学习西方先进的科学技术，但是他们未能对西方的社会体制和哲学思想进行深入的研究。这是因为，战争的失利并未触及封建制度的根本，无论是清政府官员还是学者，都无意、或者无力去动摇中国传统社会结构和意识形态。然而，一系列不平等条约的签订和甲午战争的失败，加剧了民族危机。人们开始认识到，应该更为深入和全面的学习西方的各项制度。严复、梁启超等人开始关注政治体制的改革，主张"道器全变"。辛亥革命的失败，进一步促使人们对西方的学习延伸到文化思想领域。

向西方学习的思潮深刻地影响了中国的教育。中国传统教育逐步解体，新式教育渐渐发展。从设立京师同文馆、派遣留学生、设立福州船政局，到兴办学堂和新式学校、推行新学制，再到使用和推广白话文，实施新式的教育理念，推行"五育并举"。种种举措都表明，中国传统封建教育不断受到西方教育思想的冲击。值得注意的是，在新式教育的迅速发展中，西方美育及其美育价值观念在中国的确立和发展是相对滞后的。聂振斌指出，中国社会从1840年就开始向现代转变，而中国美学的现代化迟至60年后的19世纪末才开始现代转化。① 他认为，中国美育发展的滞后是因为人们总是先看到事物的形质，而后才透视到精神本质。我们赞同这一认识，还要加以补充的是，美育发展的滞后是受到了中国传统美育的影响。几千年来，中国传统教育以儒家经典为主要内容，以选拔官员为教育目的，包括美育在内的教育具有显著的价值一元化的倾向。以天人合一观念为思想基础，传统的价值观念与社会组织结构有机整合，形成了一种深层次的传统文化心理积淀。这种传统的、

---

① 聂振斌. 稽古征今论转化：中国艺术精神[M]. 上海：上海锦绣文章出版社, 2010: 97.

稳定且自洽的文化心理结构很难被解构。礼乐传统既是中国封建意识形态的重要组成部分，也是中国传统文化心理的"典型"，中国传统美育价值更是通过礼乐教化实现的。只有当传统文化心理结构遭到破坏，才可能建立新的文化心理，建立新的美育价值观念，而这种心理结构要到新文化运动时才被彻底打破。

除了社会政治经济和文化思想的影响，现代美育观的形成和建立，也顺应了美育自身的发展规律。在前一章中我们提到，天人合一思想在宋代达到成熟后，加剧了美育价值的政治化、伦理化、道德化倾向，美育成为了德育的附庸。但是美育之所以"存在"，归根结底是出于人对美、情感、自由和全面发展的需要。这种需求可以被外部因素所贬低、否定，但不可能完全被消解、抹杀。这样，当明清"存天理，灭人欲"的理学成为社会主流思想时，无论是民间艺术还是礼、乐、诗教都显示出道学色彩的时候，美育并未消失殆尽，而是转向更为私人的家庭领域。

我们可以从明清士大夫热衷的园林艺术中看出端倪。按当代的艺术分类，园林可以纳入建筑艺术的范畴之中。古典园林将孤立的建筑和自然的景色巧妙地结合，使有限的空间内生出无限的意境，可以说是一种综合性的艺术。在中国古代，园林不仅是作为固定不变的建筑被欣赏，还派生出了丰富的审美价值。例如，历代诗词文集中，记载了数目繁多的观赏园林的游记。园林艺术在明清时期发展至顶峰。明清时期，营造私家园林蔚然成风。仅以可查的园林游记为例。据统计，元代的园记数量为 143 篇，而明代则多达 423 篇，比元代多了三倍。明清交替，历经战乱，园记数量有所回落，但清代也留存园记 373 篇之多。① 这些数字仅是有记录可查的，更为普遍的情况是，由于园林多是私人营造，在严格的营缮制度和战乱的毁坏下，许多园林没有留下明确的记录。明清园林艺术发达的另一个显证是园林艺术著作的涌现，如《园冶》、《长物志》、《闲情偶寄》等。可以说，明清时期观赏园林已成为了中国人审美生活不可或缺的一部分。园林是审美的对象，人们通过感悟自然之美，消

---

① 韦雨涓. 中国古典园林文献研究[D]. 山东大学，2014：57.

除社会对人的束缚和规范，回归自由的人性。从这个意义上说，明清时期园林艺术的繁荣不是偶然的。当人们面对社会政治和伦理价值对审美的规训时，园林艺术已成为一种隐性的美育。宗白华这样评价园林审美，"无论是借景、对景，还是隔景、分景，都是通过布置空间、组织空间、创造空间、扩大空间的种种手法，丰富美的感受，创造了艺术意境"。人们在建造园林，观赏园林和描绘园林的时候，无不受到美的熏陶，得到间接美的教育。进一步细究，如果我们将明清的园林欣赏作为美育来考察，那么，在园林中占有核心地位的"石"景，其美育价值是什么呢？我们知道，在一处园林景观中，石景往往占据视觉的中心。石与水是对应的阴阳关系。石为山的缩影，而《论语》中"仁者乐山"评价，使观赏石头直接与儒家对于君子的最高品质——仁，联系在了一起。但是，看似代表古代社会最为推崇的仁义品质的石头，自唐以来，其审美标准却始终围绕着"无用"二字。丑、怪和无用成为奇石的基本意象和母题。唐代白居易就用"磨刀不如砺，捣帛不如砧"来形容他钟爱的太湖石。人们对于石头"无用"的审美原则一直延续到了清代。叶燮说："寓目则草堂前一二顽石，既非灵璧宣城，又非尧峰湖石，惟山趾之黄沙石块，以暇日渐致之。"①与叶燮交好的曹寅，他的后代曹雪芹起初把小说命名为《石头记》，曹雪芹笔下无补天之才的石头，背后正是沿袭了这种"无用"的价值标准。"石"的作用是纯观赏性而全然不考虑实用性。石景的美育价值是"无用"，这较为符合美育的本真价值。

古典园林的审美由于其传播范围的限制，注定无法在社会中产生更大的影响力。然而，以明清对园林艺术的欣赏为线索可以发现，虽然美育成为了一种道德教化手段，但美育本真的价值没有消失。与之呼应的，是明中叶以后新的美育思想的萌芽和传播。黄宗羲、顾炎武、王夫之和李贽等是其中的代表人物。在本书中，我们选取李贽的"童心说"观念，说明这一时期思想界的变化。之所以选取李贽表明美育思想的发展，是因为在明清之时，李贽的思想与

---

① 《二弃草堂记》.

传统礼教之间的对立较为尖锐。李贽提出了一种朦胧的新人思想。① 这种新人思想，又与近代时，美育所要塑造的"新人"有一定的相似之处。

"童心说"是李贽思想的核心。他认为童心是人生来就有具有的，未被功利世俗沾染的"本心"。他说，夫童心者，真心也。若以童心为不可，是以真心为不可也。夫童心者，绝假纯真，最初一念之本心也。若失却童心，便失却真心；失却真心，便失却真人。人而非真，全不复有初矣。② 一旦失去童心，人就会言不由衷，"欲求一句有德之言，卒不可得"。③ 李贽认为，读书明理使人失去了童心。其长也，有道理从闻见而入，而以为主于其内而童心失。④ 这里的读书明理不是指现代人所理解的识文断句，而是专指宋明理学。也就是说，李贽反对宋明理学对孔子学说的解释，他认为这是迂阔门徒、懵懂弟子。李贽将矛头直指封建礼教，他认为这种教育压抑了人的童真本性，他要求抛弃外在强制性的教条和限制，从真实自然的人性出发，建立新的教育。天生一人，自有一人之用。⑤ 要顺应人的天性自然发展，而不是使用礼教"强而齐之"。

那么，应该改用什么内容进行教育，恢复童心呢？李贽认为要用"至文"。所谓"至文"就是文中的真品，它是"童心"的创造，没有沾染世俗和名利。李贽指出流行的小说戏曲就是至文，因为这些文学作品都有真情实感的流露，能够打动人心、陶冶情感。李贽强调"兴于有感"、"情有所激"，提倡个性的自由发展。这一认识与明中叶以来强调自然感性的审美追求是相一致的。

遗憾的是，李贽等人思想的影响仅存于一时，没有继续发展。它们成为了中国美学和美育思想的酵母，直到近代才真正发酵成熟。在鸦片战争前期，龚自珍写出了那篇著名的《病梅馆记》，认

---

① 单世联，徐林祥著. 中国美育史导论[M]. 南宁：广西教育出版社，1992：303.

② 《焚书·童心说》.

③ 《焚书·童心说》.

④ 《焚书·童心说》.

⑤ 《焚书·答耿中丞》.

为当时的人"无一完美者"。他继承了李贽的观点,例如他说,"既壮周旋杂痴黠,童心来复梦中生",中国的美育观念正式步入现代化的进程。

总之,近代之所以能够形成新式的美育观,有外部和内部两个因素在起作用。从外部来说,西学东渐愈演愈烈,激进的革命主张一步步席卷了中国的思想、文化领域,美育及其价值也不例外。从内部来说,建立一种新的以个体的人为核心的美育,改变以往以中和为名义压抑个体的传统美育观,符合美育发展的客观规律。

虽然很多学者已经隐约认识到:有必要创造一种新的美育,培养一种"新人"。可是,在19世纪的中国,封建礼教及传统文化的力量仍然十分强大,在社会中占支配地位。西方文化输入并未对中华帝国的主干带来结构性的影响,居于支配地位的士大夫阶层,仍然对新事物视若无睹。① 我们可以从三个方面来看中国传统思想文化的影响力。首先是思想方面。义和团运动和鸦片战争,足以令士大夫阶层意识到清政府的衰弱。以此为背景,思想界有了新认识,学者们对"古文"经籍提出了质疑,但他们仍普遍地采用"托古"的方法陈述自己的观点。"经世致用"的研究方法也复兴了。"经世"学派主张由书斋走向现实。魏源是这些学者中的代表人物。他一方面主张"师夷长技以制夷",另一方面竭力维护传统的礼乐制度。他说,曷谓道之器?曰礼乐。曷谓道之断?曰兵刑。曷谓道之资?曰食货。道形诸事谓之治,以其事笔之方策,俾天下后世得以求道而制事谓之经……以"易"决疑,以"洪范"占变,以"春秋"断事,以"礼""乐"服制兴教化,以"周官"致太平……谓之以经为治术。② 魏源所提出的"经世良策"并未脱离传统制度与文化,他的观点很大程度上是对中国传统思想和制度的"新解"。

其次是在美学领域。1877年,刘熙载完成了他的艺术评论著作《艺概》。在这一年,中国社会经历了巨变,由于鸦片战争的失

---

① 李仁渊. 晚清的新式传播媒体与知识分子:以报刊出版为中心的讨论[M]. 台北:稻乡出版社,2005:22.
② 《古微堂内集·学篇九》.

败，洋务派掀起了"师夷长技以制夷"的改良运动，而更为激进的革命也在酝酿之中。但是，社会的动荡对美学思想的影响不大。《艺概》在详细总结传统美学的时候，依旧延续了"忠臣孝子，义夫节妇，皆世间极有情之人"①的陈腐观念。这一说法折射出传统的道德伦理仍对美学具有指导性作用。

最后，我们可以从社会的风俗习惯看到传统文化强大而持续的影响。以摄影艺术在中国的流行为例。两次鸦片战争之后，有识之士们翻译了大量介绍西方科学知识的新书，创办了许多报刊、杂志。但是这些书刊所附加的插图都是绘画，从不刊印照片。原因是不少中国人迷信拍照会被"摄魂"，所以哪怕照片比绘画更为写实，出版商也不会冒天下之大不韪刊登照片。直到1902年，《外交报》才首次刊印了出版物上的第一张照片，传统的力量可见一斑。

从以上的分析可以发现的是，虽然西学东渐已经动摇了传统的价值观念，但是在美育领域，传统的思想文化仍起着支配作用。换句话说，伦理道德依旧是美的最高价值，也是美育的最终目标。

(二) 新旧美育价值观念的融合

社会环境的变化，使美育价值也逐渐发生了变化。甲午战争的失败，令许多知识分子意识到，仅仅依靠技术层面的学习不足以改变被侵略的现状，他们开始学习研究西方的思想和制度，进行思想启蒙。其中，严复翻译的《天演论》在社会上引起了巨大的反响。《天演论》让人们获得了许多新知识，更重要的是，它带来了新的世界观和人生观。人可以征服自然、改造自然。人之所以成为"万物之灵"，并不是遵循了"道"或天命，而是自己奋斗的结果。严复说："万类之所以底于如是者，咸其自己而已，无所谓创造者也。"②从表面上看，《天演论》对中国美育似乎并未造成实质性影响，其实，《天演论》从认识论的层面动摇了中国几千年来美育的目的和原则。我们知道，中国传统的美育重视万物的有序与和谐，这里的"有序"虽然披着超验的神圣外衣，归根结底是封建统治者

---

① 叶朗. 中国美学史大纲[M]. 上海：上海人民出版社，1985：550.
② 赫胥黎著，严复译. 天演论[M]. 北京：华夏出版社，2002：5.

所规定好的社会结构。进化论打破了这一旧识，它令人们意识到人在世界、在宇宙中的核心地位，不是由于人副天数，而是由于人具有主观能动性，可以通过自己的努力改造外部世界，人无需受到"道"或天命的控制。除此之外，从美育是教育的重要组成部分来看，严复也认识到了传统教育，特别是以德育为尊的弊端，他说，生民之大要三，而强弱存亡莫不视此。一曰血气体力之强，二曰聪明智虑之强，三曰德行仁义之强。① 甲午战争前夕，以严复为代表的知识分子们，已不再将德育视为教育的唯一目的和最终目的，这一认识，为美育能够获取独立的地位提供了可能。如果说，鸦片战争的失败，外部环境和思想文化上的变化，使知识分子认识到了传统美育的不足之处，那么到了甲午战争之后，传统的美育观已开始瓦解，这为传统美育价值的近代转换提供了基础。

为了进一步说明美育价值的变化，我们将分析几位具有代表性的人物的美育思想，从中把握中国传统美育近代变迁的历史脉络。

1. 康有为的美育价值观念

康有为、梁启超等知识分子不是专门的教育家，而是戊戌变法的参与者。康有为、梁启超等人非常重视美育，他们的美育思想很大程度上是出于政治斗争的需要。康有为、梁启超等人所提倡的美学观、美育观实际是他们政治理想的反映。康有为、梁启超等人将美育的目的从提升个体的道德境界，转变为培养个体的责任感，他们认为每一个人都应担负起国家存亡、民族兴衰的责任。

康有为的美育思想具有鲜明的新旧杂糅的特点：一方面，康有为已经突破了道德化的礼乐传统的束缚，隐约认识到了美育的本真价值。1898 年，时为光绪二十四年初夏，康有为上书《请开学校折》。在美育史上，这份简短的奏折有较为深远的意义。② 康有为

---

① 严复. 原强：第一册//冯契著. 中国近代哲学史（上）[M]. 北京：生活·读书·新知三联书店，2014：271.

② 近年来，随着一批新史料的发现，学界对康有为在戊戌变法中的作用和评价有了新的认识。为了简明起见，我们不对戊戌变法中康有为的真实言行做出进一步研究，而是在此以康有为呈给光绪的奏折为切入，分析这一时期美育价值表现出的传统与现代交织的特点。

开篇就以狂愚自嘲这份奏折的内容,"请废八股……立下明诏"①。他指出,"为去国家的宿疾,宜疾补养以培其中气,广开学校为最要紧之处"②。紧接着,康有为简要回顾了西周的学校制度,提出学校制度应向欧美学校学习,"限举国之民,自七岁以上必入之,教以文史、算术、舆地、物理、歌乐"③。在这里,康有为认识到了"歌乐"的重要性。结合他在《大同书》中的言论来看,康有为认为美育符合儿童的发展需要,美是人性的一部分。他认为:"人情之爱恶,则莫不爱美而恶恶,若是者岂非天之性,犹人之性哉?"所以他指出童蒙教育应具有美的因素。如"儿童好歌,当编古今仁智之事,令为歌诗,俾其习与性成"。如果没有美育因素"无歌乐、图画、乐器、雏形之美备欢乐……其间相去,何啻天渊"。

另一方面,康有为的美育思想不能完全摆脱传统礼乐教化思想的影响。他虽然认识到了"歌乐"对舒展"性情"的作用,但这种作用仅仅是针对儿童而言的。童蒙阶段一旦结束,人就要接受社会化的教育,性情的自由舒展就变得不那么重要了。在《大同书》关于学校制度的章节中就反映出了康有为的这种思想上的"退缩"。《大同书》中规定,儿童十一岁离开小学之后,就应当接受"育德为重,学礼习乐"的教育。康有为说,"乐以涵养其性情",这里的"性情"已不是指儿童的童稚,而是指"德性之养正"。实际上,康有为的"学礼习乐"与儒家传统的礼乐教化没有本质上的区别。

康有为美育思想的矛盾性,反映了他哲学思想的矛盾,也是其所处时代思想的缩影。与十九世纪思想界流行的"托古"以"致用"相比,康有为"致用"思想的哲学基础已不再是纯粹的儒家思想了。康有为把人性看做一个物质性的自然存在,④ 人性不仅不是唯心

---

① 康有为. 康南海教育文选[M]. 广州:广东高等教育出版社,1989:88.
② 康有为. 康南海教育文选[M]. 广州:广东高等教育出版社,1989:88.
③ 康有为. 康南海教育文选[M]. 广州:广东高等教育出版社,1989:89.
④ 李泽厚. 中国近代思想史论[M]. 北京:三联书店,2005:111.

的，更是在"善"前就存在的。因此，康有为虽然认为教育具有"辅翼其德"的作用，但是教育"化之"的人性已经超越了单纯的善恶之分。人具有独特的个性，人的德性不依赖于"天"，人的价值是先于"天"的。认识到这一点，我们就不会把康有为的美育思想与传统的封建礼教完全等同。但是，我们也应当认识到，康有为思想脱胎于旧文化传统，他的思想实际上延续和发展了洋务运动教育救国的理念。美育之于康有为，是他整个社会政治活动的一部分，确切的说，是他身为传统社会知识分子的家国理想。不论是否出于政治投机目的，康有为都希望效仿日本明治维新中"大政奉还"的臣子，使国家走上富强之路。然而，这一理想不仅没有实现，反而连同他所维护的礼乐教化传统，随着清王朝的覆灭戛然而止。曾经作为时代进步象征的康有为个人理想的幻灭，实际是他试图实现的新旧杂糅的矛盾理想的幻灭。美育作为这个理想的一面镜子，反映出的就是礼乐传统所代表的旧的、僵化的美育价值观念与外来文化所代表的新的、开放的美育价值观念间的尖锐对立。

2. 王国维的美育价值观念

如果康有为代表的是直接参与国家政治的知识分子的美育思想，那么，王国维作为更少涉及政治的学者①，他的个人经历及其美育思想更能够侧面印证这一时期美育价值观念的复杂性。

一般来说，王国维被认为是中国美育的第一人。这不仅因为美育一词由他翻译引入中国，更是由于王国维致力于从理论上将传统的美育与西方的美学思想相结合，以达成救"国人之精神"的目的。1898年，康有为因为变法失败流亡海外，这一年年底，不问政治的王国维第一次接触到了康德和叔本华的哲学。他在《静庵文集续篇》的自序中写道："是时1898年社中教师为日本文学士藤田丰八、田冈佐代治二君。二君故治哲学，余一日见田冈君之文集中，有引汗德、叔本华之哲学者，心甚喜之。顾文字暌隔，自以为终身

---

① 从史料中看，王国维并非完全不涉政治，他也参与过一些政治活动。但是王国维对政治斗争的态度是深恶痛绝的，他更倾向于做一个纯粹的学者。具体可参考《王国维书信集》中的记录。

无读二氏之书之日矣。"①辛亥革命之后，王国维的研究从哲学改为史学，思想出现了重大转变。我们今天对王国维美育思想的解读多是立足于其前期的"新"的一面，但是从历史发展的角度来说，王国维美育思想的复杂性更加值得我们探讨。王国维关于美育的论述，有助于我们深入地了解传统美育价值在近代的瓦解，以及新的美育价值形成和建立。这也是我们将王国维的美育思想置于康有为之后探讨的原因。

理解王国维对美育价值的认识，必须结合王国维的哲学观和美学观。王国维主要受到康德、叔本华和席勒思想的影响。王国维早期非常推崇叔本华哲学，称叔本华为哲学领域的哥白尼、达尔文。其有绍述汗德之说，而正其误谬，以组织完全之哲学系统者，叔本华一人而已矣。② 在《叔本华之哲学及其教育学说》中，王国维系统地介绍了叔本华哲学，其中不少内容涉及叔本华的美学和伦理学。王国维将叔本华的唯意志论翻译为观念论，他对叔本华关于世界的本质是意志的观点极为推崇。王国维认为，人的意志就是生活的欲望。这一观点与中国的宋明理学也有相似之处。需要注意的是，王国维认为叔本华把意志当作世界的本源，而意志又是罪恶的源头。王国维对此解释道："既志此矣，既知此矣，于是满足与空乏希望与恐怖，数者如环无端，而不知其所终。"③王国维从叔本华的唯意志论出发获得了两点结论：第一，人生来有"欲望"而产生痛苦。为免除痛苦，应当竭力消除自己生活的欲望。值得注意的是，王国维从德国哲学家叔本华哲学出发进行研究，但结论似乎又绕回了明清以来流行的"灭人欲"的说法。只是这结论是由更为思辨、更讲逻辑的西方哲学中推演而来。第二，论及如何消除欲望，王国维认为唯有美可以使人达到纯粹无欲。审美可以使人暂时脱离具体的形式，消除痛苦继而消除欲望。这两点结论里，结论一是结论二的前提，它奠定了王国维的唯心主义哲学观基础。

---

① 王国维. 观堂集林[M]. 北京：北京燕山出版社，1997：469.
② 王国维. 观堂集林[M]. 北京：北京燕山出版社，1997：292.
③ 王国维. 观堂集林[M]. 北京：北京燕山出版社，1997：295.

王国维受叔本华哲学思想影响的同时，也受到了叔本华的美学、美育思想的影响。王国维的美育思想最早见于1903年的《论教育之宗旨》。在这篇文章中，王国维的教育思想是按照西方哲学对知、意、情的传统划分构建的。王国维说："人之能力分为内外二者：一曰身体之能力，一曰精神之能力……而精神之中又分为三部：知力、感情及意志是也。"①王国维认为，人们通常能认识到智育和德育的作用，却很少发现美育的独特作用。他认为美育有两个作用：一是使人感情发达，达到完美的境界；二是德育和智育的手段。显然，王国维将发展人的情感作为美育的主要价值。王国维不仅从人的发展的角度重视美育的价值，还认识到美育有别于德育。王国维在《论小学唱歌之材料》一文中，明确提出了美育的第一目的是调和感情，第二目的是陶冶意志。两者相比较，第一目的为重、为先，美育不应作为德育的"奴隶"。这就是将美的"无用"的价值放在首位。王国维认为，只有美育能改变当时社会的功利与浮躁，使社会进步。在1904年发表的《论哲学家与美术家之天职》中，王国维批评了知识界缺乏学术独立的精神，学术研究往往为功名利禄所诱。他说："披我中国之哲学史，凡哲学家无不欲兼为政治家者……一切学业，以利用之大宗旨贯注之。"②更进一步说，王国维认为中国以往没有纯粹的哲学，只有道德哲学和政治哲学发展的较为完备，而文学艺术则以劝诫为宗旨，不追求无功利的美。王国维这篇文章主张以"无用"的态度投入学术研究和文艺创作中。结合时代背景来看，这篇文章的写作动机是为了反对知识分子的政治投机，以及批评当时流行的政治讽刺小说热潮，他认为这两种风气都容易造成学术的纯粹性的失落，纠正这种风气就要在教育中推行美育。

然而，在1904年前后，王国维已经意识到，他所介绍和理解的叔本华哲学，与他自己的美育思想之间存有一个不可解决的矛盾

---

① 王国维. 观堂集林[M]. 北京：燕山出版社，1997：145.

② 王国维著. 佛雏编. 王国维学术文化随笔[M]. 北京：中国青年出版社，1996：18.

之处：如果意志是世界的本源，那么使用美消除了意志之后，人和世界都会不复存在。依此类推，如果美会消灭人和世界的存在，那么美育的价值也就陷入了虚无。在《红楼梦评论》中论证贾宝玉解脱之伦理价值时，王国维以叔本华"拒绝意志"之解脱来分析贾宝玉的解脱，产生了作为伦理学上之最高理想的"解脱"之终极可能与否的"绝大之疑问"。如果个体的意志的解脱与否在于世界是否完成解脱，那么个体的解脱就是不可控的。故王国维感慨，"小宇宙(我)之解脱，视大宇宙(世界)之解脱为准的"①。

在王国维认识到叔本华哲学的局限之后，他转而研究起康德的哲学思想。他曾说，"去夏所做《红楼梦评论》，其立论虽全在叔氏之立脚地，然于第四章内，已提出绝大之疑问……今岁之春夏返而读汗德之书，嗣今以后将以数年之力研究汗德。"②这段话写于1905年。我们不能说，王国维1905年后完全抛弃了叔本华哲学，但确实从此以后，在王国维研究中，叔本华的影响越来越弱，康德的影响则越来越强。其实，这种变化早在1904年的《孔子之美育思想》中就有征兆。王国维在文中将叔本华的无我之境与席勒的美丽之心等同。无希望，无恐怖，无内界之争斗，无利无害，无人无我，不随绳墨而自合于道德之法则。一人如此，则优入圣域；社会如此，则成华胥之国。③ 曾繁仁也认为，从(王国维)思想主要汲取的来源来说，对于康德的借鉴更多。④ 从某种程度上说，王国维思想的转型是综合了叔本华、康德和席勒等人的思想，但是康德对王国维美育思想的成熟有较深刻的影响。为什么会有这种深刻的影响呢？我们可以援引李泽厚的一段话加以理解。康德认为，真正具有更高的审美意义和审美价值的，却是具有一定目的、理念、内容

---

① 王国维. 观堂集林[M]. 北京：北京燕山出版社，1997：203.
② 王国维. 观堂集林[M]. 北京：北京燕山出版社，1997：468.
③ 王国维著. 佛雏编. 王国维学术文化随笔[M]. 北京：中国青年出版社，1996：152.
④ 曾繁仁. 现代美育理论[M]. 郑州：河南人民出版社，2006：272.

的"依存美"使感性到理性的过渡成为可能。① 在中国，王国维一向被视为审美无功利思想的代表。王国维对审美无功利思想有较为恰当的解释。他说："美之性质，一言以蔽之，曰可爱玩而不可利用者是也，虽物之美者，有时亦足供吾人之利用。但人之视为美时，决不计及其可利用之点。"②但这不代表，王国维认为美可以独立于人生，相反，在王国维的后期思想中，越来越重视将美的价值和人生价值贯穿起来。王国维强调美能够改善国人的精神与心理状态。他说："夫中国之衰弱极矣，然就国民之资格言之，故无以劣于他国民……其原因存于感情上而已……而雕刻、绘画、音乐、文学等，彼等果有解之之能力，则所以慰藉彼者。"③比较康德美学思想和王国维的美育思想可以发现，康德美学支持了王国维对人生价值的认识。所以，虽然王国维没有完全摆脱叔本华哲学里的唯心主义和悲观主义的影响，但是在王国维重拾康德哲学之后，吸收了康德的哲学和美学思想，王国维的思想进一步发展成熟。王国维将美的价值由从痛欲中解脱的价值，转为了从形式中获得境界提升的价值。

在康德哲学的影响下，王国维的教育思想进一步发展。王国维早期对道德教育的态度较为复杂，更推崇美育和智育。这是因为他认为道德压抑着人的意志。他说，德者利之宾也，欲望之宾也，道德的背后，潜伏着不可告人的功利目的。辛亥革命以后，王国维对于道德的态度发生了变化。他说，如汗德之严肃论中气质与义务对立，犹非道德上最高之理想也。最高之理想存于美丽之心，其为性质也，高尚纯洁，不知有内界之争斗，而唯乐于守道德之法则，此性质唯可由美育得之。④ 这段王国维引自文德尔班的话，清楚地表达了王国维的三个认识：其一，道德是自发的；其二，道德是美

---

① 李泽厚. 批判哲学的批判[M]. 北京：生活·读书·新知三联书店，2007：411.

② 王国维. 观堂集林[M]. 北京：北京燕山出版社，1997：246.

③ 王国维. 观堂集林[M]. 北京：北京燕山出版社，1997：259.

④ 李明辉. 王国维与康德哲学[J]. 中山大学学报(社会科学版)，2009(3)：126.

的；其三，道德境界是由美达成的。值得注意的是，有学者指出，王国维所理解的康德的伦理学与康德本人的伦理学有所出入。道德责任与决定论可以相容，而不必预设意志之自由。① 这项观点与康德的伦理学观点完全对立。尽管如此，王国维对康德关于美和善关系的把握还是相对准确的。如果说道德是自发的这一认识，是王国维延续了叔本华的唯心主义哲学，那么美善同一，善自美得的结论，不仅闪烁着康德哲学思想、席勒美育思想的火花，更是与中国传统的美育思想极为相似。也就是说，王国维的美育价值在承认美的无功利的同时，有意识地保留了其伦理化的一面。例如，王国维认为美育对社会有重要的作用。他在《去毒篇》中提出用审美减少国民精神上的痛苦。故禁鸦片之根本之道，除修明政治，大兴教育，以养成国民之知识及道德外，尤不可不于国民之感情加之意焉。其道安在？则宗教与美术二者是。② 王国维的美育思想没有忽视美育对道德养成的促进作用。他强调德育是教育的中心，而他所认识的道德仍是传统的儒家伦理道德。

总的来说，王国维对于康德哲学的吸收和理解是有选择性的。虽然与同时代的人相比，王国维对于康德的理解较为深刻，但也不乏误读之处。除了前面提到的王国维对康德的伦理学"自由意志"的误读，王国维将"优美"和"壮美"的范畴类比于"美"和"崇高"，其内核更近似中国传统美学的"阴柔"和"阳刚"论，与康德"美"与"崇高"关系理论也有出入。另外，王国维对理性的解释也有儒家理学思想的色彩。也就是说，不论是哲学上的本体论、价值论还是美学观，王国维对康德哲学并非全盘接受。王国维深受中国传统文化熏陶，虽然他对西方哲学有过向往和推崇，但他的思想根植于中国传统思想，传统思想和文化的影响是不可消解的。这一定程度上折射出了王国维身处的半殖民地半封建社会的时代背景。

在王国维1907写给西方哲学的"告别书"《自序二》中有一段

---

① 王国维著. 佛雏编. 王国维学术文化随笔[M]. 北京：中国青年出版社，1996：150.

② 王国维. 观堂集林[M]. 北京：北京燕山出版社，1997：258.

"名言",哲学上之说,大都可爱者不可信,可信者不可爱。余知真理,而余又爱其谬误。伟大之形而上学,高严之伦理学,与纯粹之美学,此吾人所酷嗜也。然求其可信者,则宁在知识论上之实证论,伦理学上之快乐论,与美学上之经验论。知其可信而不能爱,觉其可爱而不能信。此近二三年中最大之烦闷。① 冯契认为,这里的可爱与可信,是非理性主义与实证主义之间的矛盾。其实,这种知其可信而不能爱,觉其可爱而不能信的矛盾心情,恰好也是王国维在西方哲学与中国传统哲学之间摇摆不定的真实写照。王国维在功利与非功利的人生理想之间不断徘徊,他既不能完全抛弃传统彻底转向西学,也不能放弃西学,完全折返到中国传统哲学中,他只能退避到另一领域。正是这种无从选择,使王国维难以在新文化运动和复辟的双重冲击中立足,他的"一意退避",其结果是他关于美和人生的理想彻底幻灭。叶嘉莹认为,王国维之死并非为了向清廷效忠。在心理上,(王国维)对于逊清与民国的任何一方实在都不能完全归属。② 从某种意义上说,王国维生前彷徨而无奈的心态也清楚地反映在了他复杂而矛盾的美育思想中。一方面,他认识到美育对人的发展有独有的价值;另一方面,他又不由自主地退回到传统美育价值的伦理化、道德化的倾向中去了。

　　通过结合王国维思想的发展脉络,我们可以更为全面地评价王国维的美育思想。前面已经提到,今天我们对王国维的美育思想的认识,多在其"新"的一面,这些研究大致以下面三个方向为立足点:第一种是建立在他对于审美无功利原则的推崇的基础上;第二种是建立在陈寅恪所言王国维思想中西"相互参证"的基础上;第三种则是建立在王国维的人生境界学说的基础上。由于王国维思想较为复杂,这几种观点都有一定的道理。我们认为,应当辩证地看待王国维美育思想的"新"与"旧"。王国维对于美育价值的看法,对比康有为而言是进步的,因为王国维明确提出了何为美育的独立

---

① 王国维. 观堂集林[M]. 北京:北京燕山出版社,1997:471.
② 叶嘉莹. 王国维及其文学批评[M]. 北京:北京大学出版社,2008:81.

价值，美育价值对人的影响。在某种程度上可以说，虽然充满悲观情绪，但王国维比康有为更为积极地肯定了作为个体的人的存在价值。然而，我们也必须承认，王国维对于美育价值的认识与康有为类似，他没有完全抛离传统的美育价值观念，他论述的美育价值仍有传统道德、伦理的色彩。

二、现代美育价值观念的正式形成

（一）梁启超的美育价值观念

辛亥革命以后，知识分子们的美育思想处于一种不断变化的状态中。传统美育价值观念接连受到冲击，而现代美育价值观念已有萌芽，但仍未发展壮大。"新"的美育价值观念的形成，离不开"新美学"、"新道德"的确立。所以，现代美育的建立在辛亥革命后一直处于酝酿阶段，直到新文化运动才得以完成。我们将辛亥革命到新文化运动这一时间阶段，划定为近代美育发展的第三个阶段。

现代美育价值观念的形成，是教育现代化的重要组成部分。近代中国教育的发展离不开两件大事的影响。第一，是太平天国运动对礼教的批判；第二，是辛亥革命的影响。这两件事看似时隔甚远，实际对近代国人的影响较大。太平天国运动前期，出于起义的需要，洪秀全在著作中坚决反孔。太平天国运动的反孔主张影响了许多知识分子，甚至社会中的一些激进分子如汪士铎也不满和斥责起孔孟来。① 太平天国运动虽然只是在形式上打倒塑像，删改经典，但它开启了近代反封建的先声，可以说在中国封建意识形态上打开了一丝裂缝。1911 年的辛亥革命成功推翻了清朝统治，依附于封建制度的思想文化、意识形态失去了主体，民主和共和的观念深入人心。这两件事都是瓦解封建意识形态的代表性事件，破坏了旧观念、旧价值，为现代美育观的建立提供了前提。

作为康有为的学生，梁启超的思想在戊戌变法失败后，与康有为渐行渐远。他虽然没有明确地提出美育的字眼，但是他的一些与

---

① 李泽厚. 中国近代思想史论[M]. 北京：生活·读书·新知三联书店，2007：12.

美育相关的论述对于我们理解近代美育价值建立的复杂过程有重要意义。金雅认为，梁启超实际上构建了一个隐形的美育理论体系。① 我们同意这一观点，下文将简要分析梁启超的美育价值观念。

戊戌变法之后，康有为坚持他的"尊孔卫国"立场，他尊孔子为先知、圣人，主张立孔学为宗教。康有为的这一思想一度影响了梁启超，因此在梁启超思想的前期，他的美育所思想带有明显的传统儒学色彩。

在1989年后，梁启超流亡日本接触了大量西方思想家的著作和学说，他对孔教和西学的态度都发生了变化。这一转变直到1902年梁启超访美后才彻底完成。梁思想已经开始出现了明显的国家主义倾向，但这归根结底并不完全代表一个新的起点，而是他思想中已潜伏的某些基本倾向的一个最终的发展。② 梁启超在赴美后提出，教育的作用就是养成一种特色之国民，便之结为团体，以自立竞存于优胜劣败之场。③ 梁启超的教育思想主要是围绕着改造国民性展开的。他认为，要实现国家和社会的现代化，必须要改造国民性，使其具有现代国民的基本素养。美育在教育中有重要的地位。梁启超说，盖欲改造国民之品质，则诗歌音乐为精神教育之一要件。④ 梁启超认为诗歌和音乐对于改造国民性有积极的作用，他尤其重视音乐教育。梁启超指出，今日不从事教育则已，苟从事教育，则唱歌一科，实为学校万不可缺者。举国无一人能谱新乐，社会之羞也。⑤ 可见，梁启超对美育的看法是从现实出发的，他的美育价值观念带有一定的功利性，但是这种功利性，已经与传统美育价值有很大的不同。王国维主张培养完全的人，梁启超则更进一

---

① 金雅．梁启超美学思想研究[M]．北京：商务印书馆，2005：231．
② [美]张灏著．崔志海，葛夫平译．梁启超与中国思想的过渡1890—1907[M]．南京：江苏人民出版社，1995：169．
③ 梁启超．梁启超全集(第四卷)[M]．北京：北京出版社，1999：911．
④ 梁启超．梁启超全集(第十三卷)[M]．北京：北京出版社，1999：3995．
⑤ 梁启超．梁启超全集(第一卷)[M]．北京：北京出版社，1999：42．

步，他的美育所要塑造的人是"新人"。梁启超反对封建礼教对个性的压抑，主张用西方的、现代的伦理来改变中国的旧伦理，培养独立、自由的新人格。梁启超说，旧伦理所重者，则一私人对于一私人之事也；新伦理所重者，则一私人对于一团体之事也。① 这一时期，梁启超的美育思想有两点进步性：其一是他力图将传统的伦理、政治观念从教育、从美育中剥离出来；其二、他是站在个人本位的立场上讲美育的。以现代的眼光看，这两点已是常识，但以价值观念变迁的角度来说，这在当时却是全然不同于康有为和王国维的观念，在近代美育价值的确立过程中发挥了重要的作用。

梁启超美育思想在1918年前后又有了转变，他由于政治救国理想的破灭去欧洲一游，他在《欧游心影录》中谈到了这第二次思想上的变化。要从思想界尽些微力，这一席话，要算我们朋辈中换了一个新生命了。② 赴欧洲之前，梁启超看重美在生活中的作用。他说，我确信"美"是人类生活一要素，或者还是各种要素中之最要者，倘若从生活所有内容中把"美"的成分抽出，恐怕便活得不自在甚至活不成。③ 这里的生活已不是传统的士大夫生活，而是经过了革命洗礼后新人的生活。正因为美很重要，梁启超主张在学校教育中引入美育。赴欧洲之后，梁启超的美育思想从生活论转向情感论。梁启超认为情感是人类生活的原动力。天下最神圣的莫过于情感……用情感来激发人，好像磁力吸铁一般，有多大分量的磁，便引多大分量的铁……所以情感这样东西，可以说是一种催眠术。④

引发梁启超的美育思想转向"情感论"的原因主要有两个：其一是上文提到的，梁启超1920年前去欧洲，他目睹了第一次世界

---

① 梁启超. 梁启超全集(第三卷)[M]. 北京：北京出版社，1999：661.
② 梁启超. 梁启超全集(第十卷)[M]. 北京：北京出版社，1999：2836.
③ 梁启超. 董方奎，陈夫义主编. 梁启超论教育[M]. 海口：三环出版社，2007：132.
④ 梁启超. 董方奎，陈夫义主编. 梁启超论教育[M]. 海口：三环出版社，2007：134.

大战后欧洲的惨况。梁启超发现，他过去推崇并且热情鼓吹过的西方文明也无法避免战争的蹂躏，这让梁启超对近代理性主义和科学主义产生了怀疑。梁启超认为这是由于"外部生活变迁急剧，内部生活随而动摇"。① 梁启超已经隐约意识到主智主义可能会引发人的生活危机，而中国哲学的特点是人生哲学，可以从体验生活中拯救机械的、庸俗的人生观；在这一认识的前提下，促成梁启超转变的第二个原因是他深受柏格森生命哲学和直觉主义美学的影响。梁启超认为，柏格森的生命哲学深刻反思和批判了西方近代理性主义和科学主义的弊端。在梁启超看来，柏格森把世界分为生命和物质，而推动世界的根本力量是生命持续不断的运动。与二分的本体论相对应的是柏格森的认识论，他将人们的认识分为理智和直觉两种。对生命的认识只能依靠本质上与生命同一的直觉。艺术就是一种直觉，艺术可以穿透物质直接到达生命的本体，这样一来，柏格森就把艺术和生命通过直觉体验联系起来。艺术能够以情感人。梁启超认为情感具有神圣性。情感能引人到超本能的境界，进入生命之奥，把我的思想行为和我的生命迸合为一，把我的生命和宇宙和众生迸合为一。② 梁启超所说的情感，本质上就是柏格森的直觉。直觉将人引入到生命，到达唯一的实在，这个实在既是生命之奥，也是宇宙的精神实质。不过，梁启超在接受柏格森哲学的同时，思想中也不自觉地掺入了中国哲学的因素。梁启超说，生活就是宇宙，宇宙就是生活。③ 这句话与陆九渊所说"吾心便是宇宙，宇宙便是吾心"几乎是一个意思了。

　　基于对情感的认识，梁启超进一步提出，情感是分善恶的，不能说所有的情感都是善的、美的，情感也有恶的、丑的一面。因此，情感教育要扬善抑恶，把人的情感引向高尚美好的境界。情感

---

① 梁启超. 梁启超全集（第十卷）[M]. 北京：北京出版社，1999：2847.

② 梁启超. 梁启超全集（第十卷）[M]. 北京：北京出版社，1999：2844.

③ 梁启超. 国学小史[M]. 北京：商务印书馆，2004：131.

教育的目的，不外乎将情感善的、美的方面尽量发挥，把那恶的、丑的方面渐渐压伏淘汰下去。这种功夫做了一分，便是人类一分的进步。① 这一观点带有传统美育"以礼节情"的含义，梁启超把情感教育的实质看作真善美的教育，情感教育寄托了他的社会理想。他说，中国向来不是不讲美术，而且还有很好的美术，但据多数人见解，总以为美术是一种奢侈品，从来不肯和布帛菽粟一样看待，认为生活必需品之一。我觉得中国不能向上，大半如此。② 梁启超的"情感论"美育思想延续了他改造国民性的观点，将美育和国家发展联系在一起。

梁启超美育思想的另一个重要范畴是趣味，趣味美育思想是改造国民性观点的进一步发展，它不仅深化了梁启超前期的美学思想，还突出地体现了梁启超对于美之意义与人生价值的追询。③ 梁启超认为，趣味是人生活情感的重要因素，高级的趣味能够将人引向高尚美好的境界。梁启超希望美育能够培养人的趣味，服务于社会的改良。审美本能，是我们人人都有的……一个人麻木，那人便成了没趣的人；一民族麻木，那民族便成了没趣的民族。美术的功用，在于把这种麻木状态恢复过来，令没趣变为有趣。④ 梁启超认为趣味的培养应该从四个方面入手：游戏、艺术、学问、劳作。前两者我们较好理解，游戏和艺术是十分重要的美育手段。梁启超很早就认识到音乐的重要性，他曾说，音乐、美术、文学这三件法宝，把情感秘密的钥匙都掌住了。⑤ 学问、劳作则不同于游戏、艺术。梁启超认为劳作虽是一种社会分工，然而劳作需要奋斗，会获

---

① 梁启超著. 董方奎，陈夫义主编. 梁启超论教育[M]. 海口：三环出版社，2007：131.
② 梁启超著. 董方奎，陈夫义主编. 梁启超论教育[M]. 海口：三环出版社，2007：131.
③ 金雅. 梁启超美学思想研究[M]. 北京：商务印书馆，2005：244.
④ 梁启超著. 董方奎，陈夫义主编. 梁启超论教育[M]. 海口：三环出版社，2007：132.
⑤ 梁启超著. 易鑫鼎编. 梁启超选集(上卷)[M]. 北京：中国文联出版社，2006：327.

得成就，这个过程会给人带来乐趣。可见，梁启超所谓的趣味不是单纯的享乐主义，而是具有一定的功利主义倾向。梁启超对"学位"的理解与今天的科学一词类似，梁启超重视应用性知识，他认为科学与艺术有相似之处，都是从观察自然入手。美术家之所以成功，全在观察"自然之美"，怎样才能看出自然之美，最要紧是观察"自然之真"，能观察自然之真，不惟美术出来，连科学也出来了。① 梁启超认为求美要从求真入手，美术之所以产生科学，全从"真美合一"的观念生发出来。② 总而言之，梁启超的趣味美育思想是在趣味的引导下，提高人们的鉴赏力和同情心，引领人们进入超越的境界的教育。梁启超的美育思想不局限于个人境界的提升，他还希望通过美育提高全体国民的科学精神、道德水平和思想觉悟，实现改造国民性的目的。

与康有为、王国维不同，梁启超的美育价值观念始终是随着时代不断变化的。康有为曾评价他"流质善变"，梁启超也承认自己"太无成见"，但他的思想不是随心所欲地变，他的善变背后是改造国民性的理想。因此，要全面和综合地看待梁启超的美育价值观，首先应当认识到梁启超的美育思想和教育思想都是围绕改造国民性展开的，根本目的在于实际的社会政治变革。曾繁仁指出，梁启超的功利主义是一种与中华民族命运相联的宏大的民族功利，直到今天仍然具有现实的价值③；其次，梁启超对于传统美育价值的态度是理性和客观的。梁启超承认中国传统思想和文化中的不足，但他反对"打倒孔家店"。梁启超的美育思想里蕴含了中国传统哲学、传统美学的因素，不过，梁启超的教育目的与传统教育有本质的区别。梁启超的教育思想以培养"新国民"为目的，他倡导通过趣味教育、情感教育实现一种打通"物界"和"心界"、调和个性和

---

① 梁启超著. 董方奎，陈夫义主编. 梁启超论教育[M]. 海口：三环出版社，2007：130.

② 梁启超著. 易鑫鼎编. 梁启超选集（上卷）[M]. 北京：中国文联出版社，2006：456.

③ 曾繁仁. 梁启超美育思想的贡献与启示[J]. 文艺争鸣，2008(3)：144.

社会性的生活，这一观点突破了传统美育礼乐教化的界限。与中国传统美育价值的伦理化、道德化倾向相比，梁启超对美育价值的认识具有全新的意义；再次，梁启超的美育思想受到了审美无功利思想的影响。趣味主义教育引导人们对自然、社会和人生采取一种无功利的，超个人利害得失的审美态度。他说，人不是在披枷带锁的石缝里生活，没有丝毫开拓余地，而是一种自由的生活，也不是在一种一点润泽的沙漠中生活，而是一种充满活力的生活。① 梁启超认识到美育有别于其他教育形式，有着独特的价值，那就是对人的现实生活的超越作用。总体而言，梁启超对于美育价值的认识是新颖和复杂的。说它新颖，是因为梁启超的美育价值观念有别于传统；说它复杂，是因为他试图调和美育的功利和非功利价值。

（二）蔡元培的美育价值观念

将康有为、王国维的美育思想和梁启超的美育思想相比较，可以看到传统的美育价值观念逐渐被新的美育价值观念所替代。在下文中，我们将深入探究蔡元培的美育思想，以此分析中国传统美育价值在近代的衰落。

同参与新文化运动的许多学者一样，蔡元培出身旧传统，有深厚的国学功底，深受传统文化熏陶。蔡元培的著述中不时可见儒家文化的深刻烙印，但他的美学和美育思想完全来源于西方美学。蔡元培留学德国莱比锡大学期间，深入研究了西方的哲学、美学、心理学和艺术史，在此基础上形成了自己的美学观念。西方哲学、美学思想，尤其是康德哲学，影响了蔡元培的美育观。

蔡元培的美育观主要受到了三种思想的影响。蔡元培深受康德认识论的影响，蔡元培认为世界可分为实体和现象两个部分。现象界的一切事物只是可变的物质与形式，是实体或诸如实体的存在方式。实体世界是永恒不变的。康德的实体，是指向自然界的永恒物

---

① 梁启超著．董方奎，陈夫义主编．梁启超论教育［M］．海口：三环出版社，2007：130．

质自身①；其次，蔡元培也吸取了叔本华的"唯意志论"思想，他将世界的本质看做意志。结合康德对实体世界与现象世界的区分，蔡元培认为实体世界是"自由意志"世界，是"超物质形式之畛瑜儿自在者"②；最后，蔡元培还受到了社会进化论思想的影响，他认为现象世界与实体世界是可沟通的。总之，蔡元培是将世界划分为现象世界和超越世界。现象世界是相对的、经验的、功利的世界，超越世界是绝对的、先验的、非功利的世界。

那么，怎样才能达到蔡元培所说的"实体世界"呢？蔡元培认为主要是依靠教育。在教育里，主要是依靠美育。蔡元培说，现象世界之事，为政治，故以造成现世幸福为鹄的；实体世界之事为宗教，故以摆脱现世幸福为作用。而教育则立于现象世界，而有事于实体世界也。故以实体世界之观念为其究竟之大目的，而以现象世界之幸福为其达于实体观念之作用。③ 在蔡元培看来，虽然人类社会和个体都是遵循进化的法则从现象世界一步步走向实体世界，但是现行政治和宗教都不利于这种进化。政治只追求功利，宗教则不承认现世的幸福，只有教育可以促成这种进化，把两个世界有机地联系起来。教育能够帮助人们获得现实世界的幸福。想要获得现实世界的幸福，需要扫清人们在现象界的种种思想障碍。军国民实利两主义，所以补自为力自存力之不足，道德教育，则所以使之互相卫互相存。④ 蔡元培所谓"有事于实体世界"，就是培养人的道德。教育的首要任务是培养人们的道德意志，蔡元培称其为人道主义。道德的演进，是从小我到大我，所以这个道德意志是贯通了个人、国家和世界的最高目的，也就是蔡元培所指的世界观教育。⑤ 世界

---

① 李泽厚. 批判哲学的批判[M]. 北京：生活·读书·新知三联书店，2007：141.

② 蔡元培. 中国伦理学史[M]. 北京：中国画报出版社，2010：223.

③ 蔡元培. 蔡元培全集第二卷[M]. 北京：中华书局，1984：12.

④ 蔡元培，高平叔编. 蔡元培教育论集[M]. 长沙：湖南教育出版社，1987：42.

⑤ 需要注意的是，蔡元培重视世界观教育，不代表他轻视智育。相反，他把智育看得非常重要，他认为学生应该"爱国不忘读书，读书不忘爱国"。

观教育，必须通过情感活动才能进行。美是沟通现象世界和实体世界的线索，美育是世界观教育的主要途径。在这里，蔡元培实际上是继承了康德的美学思想。蔡元培说："美感者，合美丽与尊严而言之，介乎现象世界和实体世界之间，而为津梁。此为康德所创造。"这种审美活动是无功利的。蔡元培认为审美只与形式有关，而与审美对象的存在无关，因此可以超脱动物性或伦理性的关系范畴。他说，美术，则即以此等现象为资料，而能使对之者，自美感以外，一无杂念。① 可见，蔡元培已经形成了较为现代的美育价值观念，他将美育价值视为一种超功利的价值。

　　受社会现实的影响，蔡元培非常重视美育的超功利价值。蔡元培经历了辛亥革命与新文化运动，他希望使用无功利的美育替代封建的礼乐教化，用形式主义来净化传统美育中的封建伦理。蔡元培的美育观蕴含着一种积极的人生态度，他希望用美育调节个人与他人、与群体之间的关系。他说，使人超于生死利害之上，而自成兴趣，故欲养成高尚、勇敢与舍己为群之思想者，非艺术不为公。② 蔡元培强调美育对实际人生的超越，是以普遍人性为前提的。蔡元培将普遍人性特征称为"人类公性"。泊乎周代，家给人足，人类公性，不能以体魄之快乐自餍，恒欲进而求精神之幸福。③ 人类都希望超越动物性、追求精神上的快乐幸福。所以审美也具有普遍性，这一认识与传统美育是类似的。不过，蔡元培使用普遍人性来解释审美的同时，他也强调美育需重视人的个性。强调人的个性，是出于当时中国社会思想、文化变革的需要。蔡元培反对传统美育对个性的压抑。蔡元培说，与其守成法，毋宁尚自然。与其求划一，毋宁展个性。④ 他认为美育应当取相对而非绝对，尊重个体

---

　　① 蔡元培著．高平叔编．蔡元培教育论集[M]．长沙：湖南教育出版社，1987：43.
　　② 蔡元培著．高平叔编．蔡元培美育论集[M]．长沙：湖南教育出版社，1987：192.
　　③ 蔡元培．中国伦理学史[M]．北京：中国画报出版社，2010：46.
　　④ 蔡元培著．高平叔编．蔡元培教育论集[M]．长沙：湖南教育出版社，1987：207.

差异。

还要补充的是，蔡元培有一著名的美育观点，"以美育代宗教"说。蔡元培曾多次以相似的题目发表演讲或文章，表达的观点也大致相同。"以美育代宗教"说是蔡元培的美育思想走向成熟后的产物，可以说集中体现了他对美育性质、功能和地位的独特见解，是蔡元培美育思想的关键所在。

蔡元培之所以提出"以美育代宗教"说，很大程度上是针对当时的社会现实。当时的中国社会经历了从意识形态到生产技术的大变革，曾经一定程度上起到宗教作用的儒家思想受到了强烈的冲击，传统礼乐教化受到了尖锐的批判，人们在信仰上处于"真空期"。这里的"真空"并不是指一片空白，而是社会上充斥着多种思想、学说，这些思想、学说之间激烈冲突。在这个背景下，一些知识分子注意到宗教对西方的道德和文化所起的建设性作用，提出了"宗教救国论"。有的人主张发展基督教，也有人提倡尊孔为教。除此以外，中国当时处于半殖民地半封建社会，许多外国传教士借助开放口岸开办教会学校，这也起到了一定的宗教宣传作用。蔡元培宗教是"今日重要问题"。他反对宗教对人的干涉，他认为宗教和美育虽然都关乎感性，但区别很大。蔡元培说，美育是自由的，而宗教是强制的；美育是进步的，而宗教是保守的；美育是普及的，而宗教是有界的。① 他进一步指出，外国的发达，乃由于教育普及，科学发达，法律完备，与宗教的关系不大。

除了时代背景的影响之外，蔡元培本人的宗教观也是他提出"以美育代宗教"说的重要原因。他的宗教观受到了西方哲学思想和中国传统文化的影响。就西方哲学来说，蔡元培反对神秘主义，赞同康德用纯粹的道德律令来替代基督教教义的观点。而且，前文提到过，蔡元培接受了孔德的社会进化理论。蔡元培在《真善美》一文中说，人类探求真善美的状态，经过三大时期，略如孔德所说：一是神学时期，神话与宗教；二是玄学时期，思想与哲学；三

---

① 蔡元培著．高平叔编．蔡元培美育论集[M]．长沙：湖南教育出版社，1987：43.

是科学时期，实证科学与哲学。① 蔡元培认为中国社会应当"进化"到科学时期，"用不着去请教宗教"。再加上蔡元培出身旧传统，受到了中国传统文化不注重宗教的影响。梁漱溟曾说，世界上宗教最微弱的地方就是中国，最淡于宗教的人是中国人。② 钱穆也指出，中国自身文化传统之大体系中无宗教。③ 蔡元培清楚地认识到了中国人这种不需要任何宗教也可以泰然生活的传统，他说，中国人自来在历史上便与宗教没有什么深切的关系，也未尝感到非有宗教不可。④ 可见，蔡元培的美育思想不仅吸收了西方美育思想的精华，也很符合中国的文化和教育传统，不是照搬西方价值观念。

蔡元培在"以美育代宗教说"的相关文章中，还论证了美育的独立价值。蔡元培反对将美育和宗教混为一谈。蔡元培从人的心理结构划分论证了以美育带宗教的可能。美学观念者，基本于快与不快之感。与科学之属于知见，道德之发之意志，相为对待。⑤ 他认为，最早的宗教可以综合地对人的知、意、情产生作用，但是随着时代的发展，知、意、情取得了相对的独立性。被宗教神秘化了的各种自然和社会现象有了科学的解释；道德原理被学者不断总结和归纳，而宗教不足以解释许多具体的现实伦理问题；感情则看似与宗教有关，但艺术史的发展实际上逐渐脱离宗教。蔡元培以西方艺术世俗化的趋势证明自己的观点。蔡元培认为，宗教反而影响美育价值的实现，他还考虑到了宗教战争的危害。他提倡的"以美育代宗教"说，对处于战乱状态的中国来说，是很有必要的。

蔡元培的以美育代宗教说深刻地揭示了现代美育的价值。蔡元培的美育思想不仅重视美育的价值，更有效地防止了美育价值滑向

---

① 蔡元培著．高平叔编．蔡元培美育论集[M]．长沙：湖南教育出版社，1987：187．
② 梁漱溟．东西文化及其哲学[M]．上海：上海人民出版社，2006：200．
③ 钱穆．现代中国学术论衡[M]．北京：生活·读书·新知三联书店，2001：17．
④ 蔡元培．蔡元培全集第四卷[M]．北京：中华书局，1984：70．
⑤ 蔡元培．蔡元培全集第二卷[M]．北京：中华书局，1984：301．

神秘主义，因此"以美育代宗教说"在中国美育史上有举足轻重的地位。美育已经成为反对宗教愚昧，推进科学民主的重要方式。①

　　蔡元培对美育价值的历史贡献，不仅在于思想理论，更在于实践。蔡元培提出了美育实施的具体办法。蔡元培将美育分为家庭教育、学校教育和社会教育三个方面，三个方面相互协调、相互补充。蔡元培认为美育要从婴儿开始，他对胎教院和育婴院提出了详细的布置方法。在学校教育中，凡学校所有的课程，都没有与美育无关的。② 它要求以审美的态度贯穿一切可能利用的学校教育因素，使学生无时无刻都受到一定的审美教育。经过这种通识性质的美育后，再进入专门的艺术教育。蔡元培反对将艺术教育和美育混淆，他说，有的人常把美育和美术混在一起。自然，美育和美术是有关系的，但这两者范围不同。③ 蔡元培十分重视社会美育，他认为美术馆、音乐会、优美的环境等，都是接触美的机会。

　　我们用蔡元培的美育思想作为代表，阐述中国近代美育价值观念的最终形成，主要是因为：蔡元培不仅认识到了美育的独特价值，更设计了一整套现代美育的实施方案，使美育价值观念的实现成为可能。我们认为，蔡元培对于美育价值的认识是简单而复杂的。简单在于，蔡元培的美育价值观念较为现代，他重视美育的自由的、超功利的价值，反对传统美育的伦理化、政治化倾向。复杂在于，蔡元培的价值观是人道主义价值观。蔡元培研究美育的根本目的是为了实现他的人道主义理想。④ 人道主义理想是一个道德的理想。所以，蔡元培的美育思想不仅关乎个体，更关乎国家和世界。蔡元培说，我以为吾国之患，固在政府之腐败与政客军人之捣乱……美育足以药之。从这个角度看，蔡元培的美育思想与王国维

---

　　① 单世联，徐林祥. 中国美育史导论[M]. 南宁：广西教育出版社，1992：497.

　　② 单世联，徐林祥. 中国美育史导论[M]. 南宁：广西教育出版社，1992：502.

　　③ 蔡元培. 蔡元培美学文选[M]. 北京：北京大学出版社，1983：160.

　　④ 杜卫. 审美功利主义：中国现代美育理论研究[M]. 北京：人民出版社，2004：87.

以及梁启超类似，都认为美育有改造传统文化和国民性的作用，他的美育价值观有一定的功利性。

三、对中国传统美育价值现代转型的评价

在上文中，我们对康有为、王国维、梁启超和蔡元培四位先生的美育思想做出了深入的分析。以他们的美育价值观念作为线索，可以清楚地看到中国传统美育价值逐步衰落的过程。这一过程反映了中国传统美育价值的现代转型，它是时有反复的非线性过程。中国传统美育的现代转型是在新旧价值的不断冲突与调和下完成的。这一过程是基于对传统美育价值的批判。美育价值的政治化、伦理化、道德化倾向超过了美育自身的价值，压抑和扭曲了人的本性，使人不再是"完全之人"。傅斯年评价旧伦理说，不许有我，不许我对于遗传下来的道德条文有惑疑。硬拿着全没灵气的人生信条当作裁判人生的一切标准。① 在认识到传统美育价值的局限性后，学者们试图构建一种新的美育价值观念，继而探讨如何将现代的美育观付诸实践。

我们必须进一步思考的是，虽然学者们认识到中国传统美育价值的不足，但在近代、现代之交的 20 世纪，传统的美育价值不可能完全从美育中削除。这是历史因素与美育自身发展规律相叠加的必然结果。

现代美育价值观念的真正确立是在新文化运动期间。从新文化运动的角度看，现代美育价值观念的确立是新文化运动宣扬的反儒家、反传统的成就之一。由于新文化运动很大程度上摧毁了中国传统的文化秩序，人们往往容易产生一种误解，以为民主、科学、自由、平等等新观念的确立，是来源于新文化运动。其实，从中国近代思想史的发展来看，这些新观念早在新文化运动前就已萌发。而新文化运动起到的是催化和推广的作用。新文化运动期间，个人本身的解放已成为伦理改革的主要目的，如陈独秀所说，人间百行，

---

① 傅斯年. 中国人的品德[M]. 北京：金城出版社，2014：154.

皆以自我为中心。① 美育价值观念受到了新文化运动的影响。蔡元培、陈独秀都曾表达过"新文化运动莫忘了美育"的意见。如陈独秀说:"要拥护那赛先生,便不得不反对旧艺术、旧宗教。"②现代美育价值观念体现了人的自由、独立、超功利的价值,它纠正了传统美育中扭曲人性的错误。不过,新文化运动虽然倾向于个体本位的价值观,但也隐含着合群的前提,很少有人把个体解放置于国家民族之上。至五四运动爆发,外患当前,个人让位于群体,为国家、为社会成为了社会舆论的主流。傅斯年说,从五月四日以后,中国算有了"社会"了,紧跟着社会责任心的发明,便要是社会道德的发明。③ 思想观念的起伏对教育的影响是显而易见的。新文化运动后期,《学生杂志》的主编杨贤江提出了"社会我"的概念,他认为今后的个人生活法,应当向着充分地发挥社会我的责任一条路上走,因此个人的奋斗精神和团体的互助精神,都要竭力的去发挥。④ 在国家民族危亡的大背景下,美育价值观念是不可能完全脱离社会价值观念的影响的。因此从一定程度上来说,现代美育价值依然延续了传统美育重视伦理、道德价值的倾向,这是由历史现实决定的。

就美育自身发展规律而言,中国 20 世纪建立起的现代美育观,充分体现了美育价值的复杂性特点。这一点蔡元培的总结较为完善,他认为美育是超脱和普遍的合一。超脱是指美育的超功利的作用。普遍则是人心所同然。美育的目即在于超脱而普遍,在情感的陶冶下养成高尚的人格,使人生审美化。马克思认为,人是社会的产物。从这个意义上说,现代美育有非功利的一面,但现代美育不能脱离社会环境,美育价值也不可能完全摆脱社会伦理、道德的影响。

---

① 陈独秀. 常识之无[M]. 西安:陕西人民出版社,2013:9.
② 陈独秀. 陈独秀文章选编(上)[M]. 北京:生活·读书·新知三联书店,1984:317.
③ 傅斯年. 傅斯年集[M]. 广州:花城出版社,2010:117.
④ 杨贤江著. 钱忠源编. 杨贤江文选:青年修养与青年教育[M]. 天津:天津人民出版社,1982:7.

还要补充的是，在现代美育价值的建立过程中，觉醒后的中国知识分子彻底抛弃了封建帝制，也喊出了打倒孔家店的口号，却在国际竞争甚至国际战争与经济掠夺中找不到一个新的民族认同形式。① 正是这种情感上的无归属感，才让宗教在当时的中国社会风行一时，相比哲学思想，艺术、文化在当时发挥了更为鼓舞人心的作用。从这个角度来说，现代美育价值观念的变化，还深刻地蕴含着中国传统美学、传统文化的现代变迁问题。

综上所述，现代美育价值的形成是中国传统美育价值的一次"更新"，它重新认识了美与人生的关系。中国现代美育观念是在中国社会的现代化进程中确立和发展的，它积极地汲取了西方哲学思想，着眼于人的健全发展。与此同时，现代美育价值观念部分地延续了中国传统美育价值中的伦理化和道德化倾向。现代美育价值基于中国社会发展的现实，将审美作为一种个性解放与时代精神的象征，强调美育对德育、智育的重要辅助作用，具有理论和现实的合理性。

第四节 启 示

首先，发展中国的美育事业，应当坚持以马克思主义理论为指导。中国古代美育价值的近代变迁，具有现实主义与理想主义交织的特点。在变迁过程中，美育的提倡者有改造社会的愿望，但缺乏社会基础，最终或折返回中国传统美育思想中，或使美育仅停留在一种乌托邦式的设想阶段。现代的美育观念没有得到实现的原因有二：一是当时的中国，社会经济发展较为落后，缺乏物质基础；二是缺乏马克思主义哲学的指导。马克思在《1844年经济学哲学手稿》中写道："动物只是按照它所属的那个种的尺度和需要来建造，而人懂得按照任何物种的尺度和需要来进行生产，并且随时随地都

---

① 聂振斌. 稽古征今论转化：中国艺术精神[M]. 上海：上海锦绣文章出版社，2010：99.

能用内在固有的尺度来衡量对象，所以，人也按照美的规律来塑造。"①人是在社会实践中，按照美的规律改造自然和社会，也是按美的规律要求和改造自身。美育的根源在社会实践。美育的价值在于使受教育者摆脱异化，能够感受美、欣赏美和创造美，在美中获得自由的、全面的发展。因此，研究中国美育和美育价值，必须以马克思主义审美观为美育的指导思想，建立在中国的社会经济发展的基础上，不能脱离现实、凭空规定。

其次，中国美育的发展应当立足于中国传统思想和文化，对中国传统的美育思想做出合理扬弃。中国近现代学者大多认为，中国美育价值的根基在传统美育和传统美学。中国当代美育的发展，要认清美育价值不在"西学"，而在中国固有的文化传统、美育传统之中。《礼记》中说："鹦鹉能言不离飞鸟；猩猩能言，不离禽兽。今人而无礼，虽能言，不亦禽兽之心乎？夫唯禽兽无礼，故父子聚麀。是故圣人作，为礼以教人，使人以有礼，知自别於禽兽。"在中国古代，人与动物的重要区别就在于人能够遵守礼的规范。礼、诗、乐不仅构成了中国传统美育的主要内容，还蕴含了丰富的中国优秀传统文化。我们应当辩证地认识和对待中国传统美育价值。

辩证地认识中国传统美育价值，应当充分肯定传统美育的积极因素。中国的社会现实使五四的新文化精英常常把传统与中国现实当成自己的文化"敌人"，② 这种认识是片面的。我们应当看到，传统美育在化解矛盾方面所起到的积极作用。从社会变迁来看，美育价值的政治化、伦理化和道德化倾向，在一定程度上保证了国家的稳定，促进了经济的发展。中国自古以来幅员辽阔，中国不同区域间的文化之所以能够融合，中国与周边国家之所以关系融洽，传统美育的中和观念起到了一定的促进作用。以民族大融合的唐代为例，"胡服"、"胡床"的流行就体现了民族和民族之间如何通过审

---

① 中共中央编译局编译.1844年经济学哲学手稿[M].北京：人民出版社，2000：50.

② 丁钢.历史与现实之间：中国教育传统的理论探索[M].北京：教育科学出版社，2002：90.

美文化得到交流和融合。从个人来看，美育价值的政治化、伦理化和道德化倾向，在调节人与人之间、人与社会之间的关系方面，也起到了较为有益的作用。传统美育"厚人伦"、"美教化"的道德追求，培育了中国传统有识之士的高洁品质，有了"先天下之忧而忧，后天下之乐而乐"的胸怀。从人与自然的关系来看，中国古代美育重视自然，主张天人合一的观点，在工业时代下，有了新的历史意义，通过美育可以培育人们尊重自然、保护自然的意识。

辩证地认识中国传统美育价值，也应当合理批判传统美育价值的消极因素。传统美育片面夸大了美育的道德教化的作用，美育价值的道德化、伦理化、政治化倾向随着历史发展不断加剧。这种倾向严重地压抑和束缚了人的性情，也致使社会风气压抑，缺乏活力。

再次，中国美育的发展应当合理选择外国美育的优秀成果，进行有效的本土转化。近代美育价值观念是学者们在中国传统美育价值的基础上，吸收了西方文化的异质因素形成和建构的。近代学者认识到了西方美育思想的审美无功利原则，冲出了封建思想的束缚，充分肯定了人的价值追求，对中国美育、中国教育产生了积极的影响。当前，西方美育研究涌现出许多新的成果，如美国的STEAM课程理念中列入了艺术，就充分体现了美国教育学界对美育认识的不断深化。中国应当积极学习外国美育研究的有益成果，选取适合中国国情的部分，进行合理转换，发展中国的美育事业。

最后，美育理论需要现实的检验，只有美育实践才能彰显出真正的美育价值。近代学者们构想的美育实践活动，是通过家庭、学校和社会三种途径进行美育。当前的美育实践，也应该充分开展家庭美育、学校美育和社会美育，家庭、学校和社会三者紧密配合，形成合力，有目的、有计划地开展。只有这样，美育才能真正落到实处，促进人的自由、全面发展。

第五章　非正式教育及其价值取向研究

　　非正式教育及其价值取向研究是基于寻求教育正义以及解决新技术对于教育世界冲击的困境而出发的。在面对现代世界对教育乃至非正式教育的价值所提出的拷问，非正式教育作为致力于全体社会成员发展的一种普遍教育形式，它以自身所具有的生活性、隐蔽性、非强制性等特性，更好地促进个体层面的教育正义以及社会整体层面的教育结果正义的实现，保证社会各阶层的公共幸福以及私人幸福，这对于真正实现人的自由全面发展具有非常重要的价值，这也是本章第二部分的主要内容。本章的第一部分是关于当前国内外学术界对于非正式教育相关研究进展的综述。第三部分是关于非正式教育价值取向的研究，也就是本章的主体部分。具体考察非正式教育的两个价值取向：一是非正式教育的教育正义的价值取向。教育正义的价值取向是非正式教育的基本价值取向，可以说是非正式教育的本性担当。在教育正义的价值取向里，需要把握西方教育思想史上关于教育正义思想的发展历程以及教育正义取向的现代境况。关于如何理解非正式教育的自然正义与承认正义价值取向以及如何处理它们之间的关系，本部分也做了详细的论述；二是非正式教育的无立场价值取向。无立场价值取向并不是教育本身的无立场，而是在去遮蔽之后的"无立场"或者自然立场。在非正式教育发展当中对于无立场的认识，就是要通过思维方式的根本改变让人们看到被异化的现实世界中仍存在着超越现实琐碎生活之外的可能生活。

第一节　非正式教育概念界定与当前国内外研究进展

一、非正式教育概念的提出与演变

（一）国外"非正式教育"概念的提出

非正式教育的概念首先产生于西方语境中，之后经翻译进入我国学术界。"formal"在外语教学与研究社出版的《大英汉词典》中的解释有：一是外形的，形式的，形态的（相对内容而言）；二是合乎格式的，正规的，正规教育的，等涵义①。"informal"在《大英汉词典》中的解释有：非正式的，非正规的，尤指不按习俗的，日常使用的，随便的，等涵义。②

非正式教育在当前的西方学术界已经是一个专门的研究领域，具有独特的研究地位。当前，国外学者主要是将非正式教育看作正式教育的对立存在来进行相关研究。国内学者对非正式教育的关注和研究始于20世纪末，但当前学界对于"formal"和"informal"的确切译法仍然存在差异。综观国内学者对"Informal Education"的相关研究，发现"formal"一词有两种译法，一种是"正规"，另一种是"正式"；相对的"informal"的译法也有两种，一种是"非正规"，另一种是"非正式"。自然而然，人们会认为非正式教育与非正规教育两者意思相近。但是，西方学者除了提出非正式教育（informal education）的概念，还有学者和研究机构提出了非正规教育（Non-Formal Education）的概念。

目前西方学术界比较认同"informal education"，"informal education"首次明确出现在20世纪50年代中期由布鲁（Josephine Macalister Brew）所著，并于1946年出版的 *Informal Education: Adventures and Reflections*（《非正式教育：冒险和反思》）一书当中。

---

① 李华驹编．大英汉词典[M]．外语教学与研究出版社，1992：614.
② 李华驹编．大英汉词典[M]．外语教学与研究出版社，1992：812.

此书是关于非正式教育的第一本专著。但是在这之前，西方教育史上已有大量的教育思想家以及社会活动家鼓励和推动非正式教育思想在普通民众间的传播。比如从古希腊时代开始，当时的一些哲学家如苏格拉底等所采取的教育方式主要就是非正式教育；以及法国18世纪的著名思想家、教育家卢梭在其著作《爱弥儿》当中，在爱弥儿去学校上学之前所实行的消极教育实质上就是非正式教育；以及在1931年获得诺贝尔和平奖的美国社会活动家简·亚当斯（Jane Addams）女士就一直致力于非正式教育活动的传播和推广①。之后，在布鲁研究的基础之上，出版了一系列关于青少年以及女子的社会教育的著作。半个多世纪以来，非正式教育概念在国外也获得了比较长足的发展，同时也获得了更广泛的阐释和应用。例如，当前成人教育领域的很多著作都专门论述了非正式教育在成人教育、女子教育、社区教育中的重要作用等。此外，在哲学领域当中，哈贝马斯关于理想的谈话环境和福柯对于知识的论述，以及后来分析哲学的影响等等，都已经深深地影响了非正式教育概念的内涵和外延。

（二）教育史上国外著名教育家对"教育价值"概念的界定

马克思指出，"价值"这个普遍的概念是从人们对待满足他们需要的外界物的关系中产生的②；价值是人们所利用的并表现了对人的需要的关系的物的属性③，表示物的对人有用或使人愉快等等的属性，实际上是表示物为人而存在。④ 这表明，价值不仅仅是在关系中，更是在人们的自觉能动活动特别是劳动中形成的。价值不是孤立的物，而是主体的劳动条件或劳动产品，不是外在物满足人

---

① 来源于英国伦敦乔治威廉姆斯学院所创立的 Infed 非营利性组织的网络资料：http：//infed.org/mobi/jane-addams-and-informal-education/
② ［德］马克思，恩格斯著．中央编译局译．《马克思恩格斯全集》第19卷．评阿·瓦格纳的"政治教科书"［M］．北京：人民出版社，2002：406.
③ ［德］马克思，恩格斯著．中央编译局译．《马克思恩格斯全集》第26卷［M］．北京：人民出版社，2014：139.
④ ［德］马克思，恩格斯著．中央编译局译．《马克思恩格斯全集》第26卷［M］．北京：人民出版社，2014：326.

的需要，而是人的劳动使得外在物成为价值存在物。①

在教育史上最早提出教育价值问题的是19世纪英国哲学家、教育家斯宾塞，他提出"什么知识最有价值"的问题，他认为凡是人们所学的各种知识都有一定的价值，但是价值的大小却不一样。在他看来，知识有无价值或知识价值的大小，应当看这种知识与人的生活的关系。对于人们生活最有用的知识就是最有价值的知识，因为教育的主要任务是使每个人知道怎样生活，怎样过"完满的生活"。"为我们完满的生活做准备是教育应尽的职责"。② 自斯宾塞之后，美国实用主义哲学家、教育家杜威把价值分为"内在的价值"和"工具的价值"。所谓内在的价值，是表明人们珍视某事物的态度，觉得这件事物本身有价值。依此意义，人们说某事物有价值实际上就是说人们能欣赏它。③ 在德国，当时研究教育价值的代表人物是斯普兰格，斯普兰格的价值观总体上可以称为"文化价值观"。他认为教育有两方面的意义：一方面在于由外部摄取客观的文化价值来发展人的内部的人格价值，另一方面在于由主观的内部创造新的文化价值。教育的目的是促使人们通过摄取外部客观的文化价值来发展其人格价值，并通过发挥其内部的主观作用去创造新的文化价值。④

(三) 国内外学者对非正式教育等相关概念的区分

要分清各种译法和含义的区别，离不开一个与非正式教育以及正式教育最密切相关但又在不同范畴上所对应的概念——正规教育(formal education)的解释，因此对教育在"教育的正规度"这一范畴

---

① 朱平."价值……是从人们对待满足他们需要的外界物的关系中产生的吗？"——读马克思的《评阿·瓦格纳的"政治经济学教科书"》及相关论著[J]. 探索与争鸣，2012(12)：60-61.

② 王卫东. 教育价值概念的历史考察与理论分析[J]. 北京师范大学学报(社会科学版)，1996(2)：29-35.

③ [美]约翰·杜威著. 王承绪译. 民主主义与教育[M]. 北京：人民教育出版社，2001：115.

④ 王卫东. 教育价值概念的历史考察与理论分析[J]. 北京师范大学学报(社会科学版)，1996(2)：29-35.

内的分类将影响"informal"和"non-formal"的译法和含义的不同，而只有弄清非正规与非正式教育的归属分类的理论基础、依据及其内涵，才能理清两者的含义和关系。目前国内外对"教育的正规度"这一范畴的分类通常采用的是三分法与二分法。本文将选取被引用数较多、更具代表性的观点，对非正式与非正规教育的不同归属分类作详细阐述。

1. 三分法：正式教育，非正式教育，非正规教育

顾明远先生在他本人主编的《教育大辞典(第一卷)》中指出非正规教育是在正规教育体制以外所进行的有目的、有计划、有组织的教育和培训活动。① 其在要求上达不到正规教育的要求，但又有正规教育的特点，内容表现为各种具有选择性或随意性(但很少具有强制性)的活动，这些活动是由学校、青年组织、与家长或各文化协会合作的学校或学生自己组织的，它们或在学校进行，或在校外进行。这些活动的内容、方法和时间长短原则上由学生们确定。如农民教育、成人识字计划、社区教学计划，以及在教师的帮助下，学生可以自己负责辩论、竞赛、远足等活动。②

库姆斯(Coombs)和艾哈迈德(Ahmed)在1974年首先区分了这三个概念：informal, non-formal，以及formal education。③ 这两位研究者将"informal education"定义为"非正式教育，是存在于受教育者的一生当中，通过日常经验让受教育者获得关于知识、技能、态度等一切内容。"而"non-formal education"是指"非正规教育，它是

---

① 顾明远. 教育大辞典[增订合编本](上)[M]. 上海：上海教育出版社，1998：354.

② [美]S. 拉塞克，G. 维迪努著. 马胜利译. 从现在到2000年教育内容发展的全球展望[M]. 北京：教育科学出版社，1992：200-201.

③ Thomas J, La Belle. Informal, Nonformal and Education: A Holistic Perspective on Lifelong Learning [J]. International Review of Education / Internationale Zeitschrift für Erziehungswissenschaft/Revue Internationale de l'Education, 1982(Vol. 28, No. 2)：159-175.

存在于学校之外的一些亚群体的学习生活,也是一种系统性的教育活动。"①

将教育分为正规、非正规与非正式教育的三分法主要来自成人与职业教育领域中终身学习或终身教育的概念。关注终身教育的国内研究者冯巍等人引用了1996年OECD成员国各教育部长签署的宣言中对终身教育的概念,即终身教育指一个人从摇篮到坟墓的整个生命过程所受的教育,包括正规教育(formal education)、非正规教育(non-formal education)和非正式教育(informal education)。他认为,非正规教育既包括非正规教育,也包括非正式教育②,但没有区分非正规教育与非正式教育的差异。台湾成人与职业教育学者黄富顺认为国际上普遍把教育分成正规教育(formal education)、非正规教育(non-formal education)以及非正式教育(informal education)。他参考UNESCO在1979年出版的《成人教育的名词》及英国成人教育学者泰特缪斯(Colin J. Titmus)、美国学者库姆斯(Coombs)等人的定义,认为"非正式教育"是指来自于日常生活或环境中所获得的知识、态度的改变,它是没有组织与结构的,常伴随另一种主要活动而发生。发生于正规学校教育外的教育活动,通常不要求学习者注册。③

2. 二分法:正式教育与非正式教育,正式学习与非正式学习

国内对非正式教育概念、理论的介绍和引入来自教育界的不同领域,主要有教育技术领域和科学教育领域的研究者。其中教育技术领域颇具代表性的是余胜泉等人的观点,主要借鉴了美国学者克罗斯(Jay Cross)和康纳(Marcia L. Conner)等人关于e-Learning应用

---

① Thomas J, La Belle. Informal, Nonformal and Education: A Holistic Perspective on Lifelong Learning [J]. International Review of Education / Internationale Zeitschrift für Erziehungswissenschaft/Revue Internationale de l'Education, 1982(Vol. 28, No. 2): 159-175.

② 冯巍. OECD国家终身学习政策与实践分析[J]. 比较教育研究, 2003(1): 72-76.

③ 黄富顺. 台湾地区非正规学习成就的实施与展望[J]. 成人教育, 2009(1): 9-14.

于企业培训的研究结果,他们主要是对学习的研究:将学习分为正式学习与非正式学习两种基本形式。他们认为"正式学习"(formal learning)主要指在学校的学历教育和参加工作后的继续教育;而"非正式学习"(informal learning)指在非正式学习时间和场所发生的、通过非教学性质的社会交往来传递和渗透知识,由学习者自我发起、自我调控、自我负责的学习,主要指做中学、玩中学、游中学,如沙龙、读书、聚会、打球等。① 虽然余胜泉已经注意到非正规学习的存在,但他将其列入正式学习的范畴,关注的是正式与非正式学习的区别,并没有明确指出非正规与非正式学习的区别。

另外,在张艳红、钟大鹏等人在非正式学习与非正规学习关系的研究中提到,澳大利亚两位从事成人教育的学者贝克特(David Beckett)和哈格(Paul Hager)将教育分为正规(formal)与非正式(informal)学习。他们认为传统教育标准范式是正规学习,而这种标准范式是以笛卡尔有关思维与身体的二元论为基础的,即思维先于身体,更强调学生的认知发展和实践的理性。而贝克特和哈格认为笛卡尔的二元论在哲学与经验上是站不住脚的,实际上非正式学习不但更大众化,而且比正规学习更有效。②

二、本研究对非正式教育的概念界定

(一)国内外学者对于什么是"非正式教育"的不同说法大部分是描述性的

一是把非正式教育看作是在日常生活中发生的学习和无知觉的教育。例如和朋友的聊天中可以得到鼓励,受到启发。在日常生活中,父母可以指导孩子学习基本生活常识。在读书看报中,可以接受信息,受到启迪。参加一场球赛,看一场电影,甚至听到一段音乐,不同的人都会从中学到不同的东西。二是认为非正式教育就是

---

① 余胜泉,毛芳. 非正式学习——e-Learning 研究与实践新领域[J]. 电化教育研究,2005(10):18-23.
② 张艳红,钟大鹏,梁新艳. 非正式学习与非正规学习辨析[J]. 电化教育研究,2012(3):24-28.

自学。例如，我们完全可以找来一些专业书，买些杂志或者通过咨询一些专业人士、组织来学会缝纫、学会画画等等。三是认为非正式教育是来自于一些组织、团体里的学习，这些组织可以是一些青年人的组织，也可以是社区内的组织。在这些组织里，有专业的指导人员，他们的职责就是鼓励本团队的人们去仔细学习别人的经验，认真观察自己所处的环境。在生活中，父母或者朋友会对将要发生的事情作出自己的判断，直接告诉我们，但是作为专业的工作人员会在工作中给予专业的解决方法。

(二) 本研究对"非正式教育"概念做出的界定

许多人期待有研究者能够给非正式教育做一个准确的界定，但概念都是具有局限性的，一个涵盖所有现实教育活动的准确概念并不存在。如果用我们传统的理论概念的结构——教育的发生必须要有教育者、受教育者和教育方法、教育内容、一定的教学计划和目的——来界定非正式教育，不难发现非正式教育与传统教育理论有许多不同之处：非正式教育中教育者的角色有时候是缺失的，即使有专业的非正式教育的从业者，他们的功能和我们传统教育里面的老师的角色功能也有很大的不同；教育方法、内容和手段非常灵活多变；没有非常明确的计划和目的。正是这些不同之处，使之成为"非正式"的。

1. 关于"正式"与"正式教育"

"正式"一词在《辞海》中的含义有：标准的格式。《文心雕龙·风骨》载："若能确乎正式，使文明以健，则风清骨峻，篇体光华。"它引申指合乎手续的，法定的。如：正式比赛；正式会谈。①正式教育(formal education)指有明确的目的、严密计划，按照严格章程组织起来的向受教育者进行的培养和教育，主要是学校教育，其内容是由学校当局确定的。学校学习是按部就班地进行的，具有系统性，呈密集型，因为它有教师指导，有教学法规范和学校时间表可循。

---

① 辞海(1979 版增补本). 辞海编辑委员会[M]. 上海：上海辞书出版社，1982：414.

2. 非正式教育

在本研究中，从广义的社会层面上讲，"非正式教育"是指涵盖了除正式的学校教育之外的所有形式的教育，包括非正规教育。它不受组织形式限制，包括培养人的知识、技能或态度的各种教育形式，它们或是能够满足个人发展兴趣，或是属于职业性的，或是社区导向的。非正式教育的需求可以是由受教育个体自发提出的，也可以是社区安排的，其所需的教育资料可以由机构、组织或其他代理商提供，但这些机构或组织并非一定要具备专业资质。社会层面的非正式教育包括完整的教育活动形式：教育者，受教育者，教育目的，教育方式等。

因此，非正式教育价值就是指非正式教育作为社会系统中的一种客体，对社会主体和个体主体的发展需要的一定满足、适合、促进等。

非正式教育并不是只有广义的社会含义，它还包括从受教育个体层面出发的含义，而个体层面的非正式教育往往是趋向"无组织、无系统"的个人受教育活动。个体层面的非正式教育是从个体角度讲除正式教育之外的所有教育活动，它对个体产生积极作用，形成习惯，占用了人生中学习活动的绝大部分时间，包括个人在社会生活或经历里获得态度、价值观、启迪、信念、知识等并在自身环境中受到教育影响的过程。比如看书、上网、与人进行有意义的交谈、参与辅导班等。[①] 个体层面的非正式教育主要强调个人的领悟、思考，往往是随意的、非连续性的。其内容是通过大众传播媒介，在家庭生活、校园生活，课外活动、周末讲座、体育竞赛等场合获得的信息，其信息量非常之大，且非常多样，在每个学生那里都呈现着不同的形态；它包括关于科学技术最新成就的各种图像和观点，关于过去或未来的各种知识，关于各国、各地区或千差万别的各种现象的资料，等等。[②]

科菲尔德(Coffiled, 2000)强调，非正式教育不是劣等的教育，

[①] 吴遵民. 关于完善现代国民教育体系和构建终身教育体系的研究[J]. 中国教育学刊, 2004(4): 39-42.

[②] 闻书玲. 浅谈非正式教育的功能[J]. 黑河学刊, 2005(6): 74-76.

其本身是一种基本的、有价值的教育形式。厄劳特（Eraut，2000）认为，非正式教育有三种形式：偶发和隐性的（incidental and implicit）教育、反应性（reactive）教育和蓄意（deliberate）教育。在偶发和隐性教育过程中，新事实、观点和行为的教育对于受教育者是无意识的，受教育者可能并不清楚他们正在学习什么。比如，小孩无意识模仿母亲的动作，社会成员从同伴和长辈那里学到文化规范，凡此种种，均属偶发和隐性教育。①

三、当前国内外非正式教育研究的进展

（一）国内关于非正式教育的相关研究

1. 以"非正式教育"为篇名的学位论文

在中国知网的优秀博硕士学位论文全文数据库中以"非正式教育"为题名进行搜索，搜索结果显示：博士学位论文的数量为 0，硕士学位论文数量为 20 篇。硕士学位论文内容分析见下表 1：

表 1　　以"非正式教育"为篇名的硕士学位论文

主题	数量（篇）	内容
1. "非正式群体教育"	9	大学生、中学生以及小学生的非正式群体教育、非正式群体与思想政治教育
2. "非正式组织教育"	4	非正式微组织、大学生管理教育、大学生思政教育
3. "非正式学习"	3	博物馆非正式学习、非正式学习视角下中小学教师教育技能发展以及高校体育教育专业网络非正式学习策略
4. 其他内容	4	思政教育与非正式沟通、青少年非正式科学教育理论以及幼儿园教师的非正式评价行为等主题

从表 1 可以看出，国内题名中包含"非正式教育"的学位论文

---

① ［美］科林·莱切姆. 肖俊洪译. 发展中国家远程非正式学习和非正规教育[J]. 中国远程教育，2014(10)：5-15, 39, 95.

所论述的主要问题与本研究想要解决的问题存在很大分歧。这些研究对本研究没有实质的帮助。

2. 以"非正式教育"为篇名的期刊论文

在中国知网的期刊论文全文数据库中以"非正式教育"为篇名进行搜索，结果显示从1987年到2016年一共有194篇相关论文。

这些论文可以归纳为对于非正式教育的理论研究类型以及实践研究类型。理论主题集中在以下几个方面：一是关于正式教育与非正式教育等的关系研究①；二是关于非正式教育制度的影响②、非正式教育的功能③、非正式教育制度相关教育政策④、非正式教育影响⑤；三是关于非正式学习的研究，目前成果比较多⑥；四是关

---

① （1）张明礼．试论非正规和非正式教育的发展及作用[J]．湖北大学成人教育学报，1999(6)：35-37；

（2）张明礼．科学认识非正规教育和非正式教育的地位和作用[J]．中国成人教育，2000(3)：8-9；

（3）苏君阳，王珊，阚维．非正式教育制度与正式教育制度的冲突——基于我国当前教育改革实践的思考[J]．北京师范大学学报(社会科学版)，2015(4)：42-50.

② 李敏．论城市非正式教育制度对流动儿童教育发展的负面影响[J]．教育学报，2006(2)：75-79.

③ （1）闻书玲．浅谈非正式教育的功能[J]．黑河学刊，2005(6)：74-76；

（2）贺飞，非正式教育在农村教育中的作用——以皖南汪村为个案的社会学分析[J]．滁州学院学报，2007(4)：14-16.

④ 蔡文伯，韩琦．非正式制度规约下双语教育政策执行的实践与思考——来自新疆×小学的调查[J]．中南民族大学学报(人文社会科学版)，2015(4)：6-11.

⑤ 米占敏．非正式和偶发学习理论对成人教育教学改革的启示[J]．广东广播电视大学学报，2008(2)：74-77.

⑥ （1）胡承林．非正式学习与大学新生思想政治教育创新[J/OL]．江汉大学学报(社会科学版)，2015(06)；

（2）许谷渊．"自由选择学习"：一种新的非正式教育模式[J]．世界科学，2007(6)：43-44.

（3）宫添辉美，特里·安德森，王志军．开放教育资源、大规模开放网络课程(MOOCs)和非正式学习时代中的等效交互[J]．中国远程教育，2014(7)：66，73，78，96，等研究成果。

于非正式科学教育①。

(1)关于正式教育与非正式教育的关系研究

苏君阳等人认为在教育改革过程中非正式教育制度与正式教育制度经常会产生冲突,形成周期不确定性、潜在性与影响广泛性等特点。当前我国非正式教育制度与正式教育制度的冲突主要表现为应试教育传统与素质教育改革政策的冲突、学科中心论的课程传统与基础教育课程改革政策的冲突、片面追求升学率的功利主义理念与促进人的全面发展教育方针的冲突。协调非正式教育制度与正式教育制度冲突的过程是一个重构正当性、合理性价值与秩序的过程。张明礼认为在政治多极化、经济市场化和科技迅速发展的20世纪90年代,全民教育与终身教育已经成为当代极具影响力的两大教育思潮,正主导着世界教育改革的方向,教育的内涵逐渐扩大,与正规学校教育相对应的非正式教育和非正规教育正蓬勃发展。要了解非正规教育和非正式教育,必须首先明确正规教育的涵义。他在明确了非正规教育的概念和适用范围之后,对我国非正规教育的发展做了一些分析。

(2)关于非正式教育制度的影响、功能以及相关教育政策的研究

李敏在《论城市非正式教育制度对流动儿童教育发展的负面影响》一文中提到:在我国当前的城市化过程中,城市的非正式教育制度对流动儿童的教育发展产生了广泛的负面影响,这严重妨碍了流动儿童的教育发展。人们应高度关注城市非正式教育制度在教育发展中的影响。闻书玲认为知识经济时代对教育的使命和功能提出了更加严格的要求,而仅仅依靠正式教育远远不能满足这种要求,还需要非正式教育。非正式教育有利于学生个性全面发展、有利于充分发挥学校教育的功能、有利于推动终身教育体系的构建以及促

---

① (1)陈舒,裴新宁.正式与非正式科学教育组织的协作——美国K-12科学教育的经验与启示[J].全球教育展望,2016(1):84-93;

(2)万东升,张红霞.我国非正式科学教育发展的困境与路径选择——基于美国的经验[J].教育科学,2013(4):6-11.

进学习化社会的形成。

(3) 关于非正式学习的研究

非正式教育也为正规学校教育发展带来新契机。赵胜军在《非正式学习在学校教育中的作用》中论述道:"非正式学习是学习科学的重要领域,当前学校教育中还普遍存在忽视非正式学习的问题。非正式学习可以补充正式学习中'学'的不足,能够完成正式学习无法完成的任务,可以带来学习上的惊喜,在兴趣发展和专业知识建构方面具有重要价值,学校教育应该以开放的态度容纳甚至借鉴、应用各种非正式学习方式以丰富和改进传统的教育方式。"

不仅是技术的问题,我们需要更大的"教育生态环境"。科林·莱切姆与肖俊洪在综述发展中国家远程非正式学习和非正规教育时说"非正式学习和非正规教育有助于发展中国家人民创造公平、安全和可持续的未来。从规模角度讲,常规面授教育不可能满足这些需求,传统的自上而下的教学模式不可能实现公平、安全和可持续发展的未来所要求的社会和行为变革,只有通过远程教育的创新方法才能满足人们的这些需求",因此他们讨论了这些正在实施的创新方法后发现,信息通信技术本身不是解决所有问题的良方。我们需要一个更大的"生态环境",这个生态环境包括个人学习和集体学习,而且不仅仅应用信息通信技术和大众化媒体,也包含面授教学和传统文化形式的学习。

"自由选择学习":一种新的非正式教育模式。许谷渊认为过去人们获取系统知识的途径主要是在学校接受学历教育,进入知识经济时代后,终身学习的理念为社会广泛接受,以岗位培训等单项性的非正规学习和以"做中学"、"玩中学"等形式的非正规学习方式日益得到普及。宫添辉美等研究者试图从等效交互原理的视角来澄清开放教育资源、大规模开放网络课程(MOOCs)情境中,以及日益受到重视的非正式学习等教育领域中的设计问题。文中还探讨了在在线教育资源和教育机会都已能轻易获取且绝大部分基本免费的时代中,正式教育的角色转变问题。陈舒在研究美国K-12科学教育中多种多样的正式与非正式科学教育组织的协作情境时,指出他们的可取之处,包括补充性的课堂丰富性活动、整合的课堂资源、持续的学生学习共同体、持续的教师学习共同体以及区域基础设施开发等都对我国有借鉴意义。

关于非正式教育的实践研究主要是以下两个方面：

一是非正式教育是农村教育事业发展的一个历史机遇。贺飞在《非正式教育在农村教育中的作用——以皖南汪村为个案的社会学分析》中提到，在目前的农村教育中，非正式教育起着很大的作用。通过家庭、教育基金会、关协会、地方性知识等方式，在家庭、社会和学校之间架起沟通的桥梁，为孩子的教育创造出一个良好的环境，它和正式教育一起推动着教育现代化和乡村社会的发展。

二是关于学生中非正式群体及组织的教育，主要是思想政治教育。非正式群体教育主要针对各个层次教育中的学生群体，相关的研究数量非常多，尤其以关于大学生非正式群体教育的研究为最[1]。此外还有中小学、中职、高职院校班级中的非正式群体教育问题[2]，尤其是思想政治教育。

总体来讲，国内研究者对于非正式教育的研究尚处在比较浅层的思考阶段，包括对正式教育、非正式教育、非正规教育等基本概念的把握并不准确，在对正式教育与非正式教育的关系辨析以及对非正式教育的目的、性质、功能、机制、过程等内容都没有进行足够系统、全面的探索。因此，可以说目前国内对非正式教育的研究尚处初级阶段，亟待相关的系统研究成果的出现。

(二)国外关于非正式教育的研究

1. 国外的非正式教育研究发展迅速

在数据库 ProQuest 中以"informal education"为主题词进行搜索，结果显示学位论文有 38 万篇，学术期刊有 164450 篇；以"non-

---

[1] (1)涂德祥. 关于大学生非正式群体教育的思考[J]. 教育探索，2012(8)：117-119；(2)刘玉凤. 正确认识非正式群体并发挥其在思想教育中的作用[J]. 江西教育学院学报，2000(4)：88-90，等。

[2] (1)屠永永，尤炜. 论班级中的"非正式群体"及其教育策略[J]. 现代中小学教育，2008(4)：64-66；

(2)姚本先. 论中小学学生非正式群体功能与教育管理[J]. 中国教育学刊，1992(5)：56-58，等。

formal education"为主题词进行搜索，结果显示学位论文有 10 万篇，学术期刊有 3000 篇。

2. 概念混乱

首先，有研究者对"informal education"与"non-formal education"做过界定和梳理，但是目前国外对于这两个概念仍然使用混乱，没有严格的界定。

贾纳(Jana Petnuchova)①在 *Non-Formal and Informal Education: Where Does It Go in the Slovak Republic?* 一文中着力解决"informal education"与"non-formal education"的意义以及他们对斯洛伐克共和国的作用。贾纳指出 non-formal education 是被没有特定目的的活动组织起来的一种学习，它可能发生在个体身上，也可能发生在一个组织的活动内部。informal education 是指在每天的日常活动中只要个体有学习的动机、需求它就会发生，不受时间、地点的限制。而且 informal education 是属于 non-formal education 的一部分，是 non-formal education 的一个组成元素。

兹雄·贝克曼(Zvi Bekerman)和黛安娜·凯勒(Diana Silberman Keller)在"Professing Informal Education"②一文中所使用的"informal education"是对应中文中的"非正规教育"。

托马斯(Thomas J)与拉贝乐(La Belle)在"Informal, Non-Formal and Informal Education: A Holistic Perspective on Lifelong Learning"一文中提到"'Non-Formal education'首次被提出是在 20 世纪 60 年代，出于回应学校之外的新的、不同的教育需求而提出的，'non-formal education'除了作为校外教育的形式补充学校教育，它主要还被用在解决第三世界国家中的贫困、健康、就业等问题上。"③

---

① Jana Petnuchova, Non-formal and Informal Education: Where Does It Go in the Slovak Republic? [J]. US-China Education Review, 2012(B6): 614-625.

② Zvi Bekerman and Diana Silberman Keller. Professing Informal Education [J]. *Educational Research for Policy and Practice* 2, 2003: 237-256.

③ Thomas J, La Belle, Informal, Nonformal and Informal Education: A Holistic Perspective on Lifelong Learning [J]. International Review of Education, 1982, 28(2): 159-175.

其次，国外研究者所使用的"informal education"与"non-formal education"常常都表示同一个意思，即非正规教育。

3. 国外"informal education"（非正规教育）的研究和实践发展迅速

20世纪60年代在美国出现的"non-formal education"是为了补充学校教育的不足，它主要是指"非正规教育"。之后，不仅在美国，在东南亚的一些国家中，非正规教育作为正规教育的补充，在"扫盲教育"、"普及教育"等事业上发挥非常重要的作用。而且，他们非正规教育的教师（informal educators）、机构（professional institution）①都逐步走向专业化。斯坦福大学1988年发表的一篇博士学位论文就是研究印度的非正规教育"Policies and practice of rural nonformal education in India（1947-85）②"

在美国，非正规教育已经成为一个比较成熟的学科，研究成果众多，包括与心理学、社会学等学科的各种交叉研究：非正规教育与儿童社会化③、非正规教育与道德以及社会福利问题④、非正规教育与社会、非正规教育与科技⑤、非正规教育与儿童、非正规教

---

① Zvi Bekerman and Diana Silberman Keller. Professing Informal Education [J]. *Educational Research for Policy and Practice* 2, 2003: 237-256.

② Patel, Ila Jayantilal, Ph, D. Policies and practice of rural nonformal education in India(1947-1985)[D]. Stanford University, 1988.

③ V, A, Ivaniushina & D, A, Aleksandrov (2015) Socialization Through Informal Education: The Extracurricular Activities of Russian Schoolchildren [J]. Russian Social Science, 2015(4): 189-213.

④ Karolina Slovenko & Naomi Thompson. Social pedagogy, informal education and ethical youth work practice [J]. Ethics and Social Welfare, 2016 (10): 1, 19-34.

⑤ Technology and Informal Education: What Is Taught, What Is Learned, Author(s): Patricia M, Greenfield, Source: Science, New Series, Vol, 323, No, 5910 (Jan, 2, 2009), pp, 69-71, Published by: American Association for the Advancement of Science Stable URL: http://www, jstor, org/stable/20177122.

育与青年①等。

第二节　非正式教育价值取向研究的出发点及意义

社会正义的价值取向指向社会的稳定秩序、和谐统一及发展进步的状态。② 在人类社会发展过程中，由于经济、文化、社会等阶层差别引起的个体以及群体教育发展机会不平等，造成现代人生活境况差距悬殊的现象，非正式教育就是对这种不平等境况进行调节和补偿的适当的社会手段之一。而非正式教育面对的现实压力不仅是实现教育正义的问题，同时，技术的冲击也是教育必须面对的一个典型的现代性问题。③ 因为技术对教育活动产生的消极影响在一定阶段里具有自我隐蔽的特性，所以现代以前很少有人对它的消极影响表示重视。而与正式教育作为矛盾面存在的，没有极端确定性功利目的或者工具目的的非正式教育就更能体现自己的灵活性以及适应性，在宏观教育世界乃至布满重重隐形区隔的微观现实生活世界，让人本身在场，让人超越技术所带来的生存焦虑，赋予人存在的崭新意义，进而重新获得自由发展的可能。但即使如此，非正式教育的现实发展还是面临重重困境。

一、非正式教育价值取向研究的出发点

(一)基于社会现实对教育提出的要求

一是基于社会正义的使命感。亚里士多德说，"人一旦趋于完善就是最优良的动物，而一旦脱离了法律和公正就会堕落成最恶劣

---

① Sarah Mills and Peter Kraftl Informal Education, Childhood and Youth, Department of Geography, Southborough University, University of Leicester, UK, First published 2014 by Palgrave Macmillan.
② 李巍，仲崇盛. 论社会正义的基本内涵[J]. 理论与现代化，2006(4)：71-74.
③ 许良. 技术哲学[M]. 上海：复旦大学出版社，2004：25.

的动物"。① 对于人的堕落一面而言，社会的正义实际所蕴涵的价值(平等、自由和民主等)就不仅体现在社会的基本结构及制度当中，而且应该在非制度的领域也能够实现正义。只有这样，一个社会才能说是真正正义的。在漫长的人类社会发展过程中，由于经济文化社会背景等的阶层差别而造成个体以及群体发展机会不平等乃至人生境况差距悬殊的现象，应当通过适当的社会手段来调节和补偿，教育就是社会所能利用的最好"手段"之一。要消除群体、个体在经济或文化上贫困、不平等的现象，以及要实现给予下层社会成员享受到更好生活机会的目标，教育是能促使这些改变发生的动力之一。教育正义作为现代社会政策和教育政策的一个目标，也是实现社会正义、促进社会民主的强有力手段。而非正式教育以人的解放、自我实现和自我完善为主要目的，顺应了消除教育世界不正义的发展趋势，并以其特有的广阔视角反映现代社会中人的教育需要，因此它最终必将汇入推进社会正义的洪流当中。

　　非正式教育作为致力于全体社会成员发展的教育形式，它直接指向教育的结果正义，旨在保证社会各阶层的公共幸福以及私人幸福，对于推进正义的社会制度是有积极意义的。非正式教育作为一种适应现代社会改革的理念，在变化的世界中必然无法保持绝对的中立，它能参与和影响社会变革。一方面，非正式教育可以成为一种政策，它可以通过提供特殊机会实现平等，并对弱势群体做出实质性的保障。社会正义的实现是漫长的，但非正式教育的持续努力能够不断推动社会正义的实现。虽然非正式教育的影响只是局部的，其发展的过程也是缓慢的，然而它确实是能有力地帮助社会走出目前困境，是实现社会正义的一条正途。换言之，一个社会只有体现了平等、自由和民主等价值，它才能够是正义的。社会正义为非正式教育的切实实行提供了平等、自由、民主的理念。另一方面，国

---

① [古希腊]亚里士多德著. 颜一，秦典华译. 政治学[M]. 北京：中国人民大学出版社，2003：5.

家、社会是个体实现正义追求的现实舞台和必要条件,个体的正义追求只有通过建立正义的国家与社会才能真正实现。而正义的观念和原则必须外化为现实力量才有意义,即外化为制度、法律等具有现实性的东西。正义社会的基本制度的建立为非正式教育的推进提供了充分的政策和法制保障,并能采取一定的措施纠正教育资源和力量上分配不公平的状况,对处境不利的群体实施补偿。正义不仅与教育的效果有关,而且与教育的经验有关。在教育体系中,正式的学校教育与非正式的家庭教育、社会教育是一个有机联系的整体,应该实现正式教育与非正式教育在价值取向上的统一,但是基于目前正式教育的功利化取向,很难再将非正式教育也纳入其中,因此研究和坚守非正式教育的价值取向就显得尤为重要了。

二是基于技术对社会的冲击。 技术与人的生存是密不可分的,人创造技术,技术是人生存的展示,人与技术的关系本身是一种互利共生的关系。但是,对于五百年前就迈入全球化社会①的人类,一定想不到五百年后的今天,其面临的当代"生存困境"除了如美国思想家所言的"文明的冲突"②、局部的战争、资源短缺、环境污染等等问题,竟还包括人类生存所依靠的工具,同时也是人创造

---

① 印度尼郝鲁大学教授乌门(T. R. Oommen)在文章《用历史的眼光看全球化——对"他者"的建构与解构》中谈到:"目前对于全球化起于何时还没有定论,虽然一些研究者,比如马克思、华勒斯坦、罗伯森等认为全球化是从1500年开始的。也有一些学者认为全球化发生得要晚一些,比如吉登斯(Anthony Giddens)认为全球化的主题曲是现代性,19世纪标志着它的开端。而尼德温·皮特斯(Peters)却指出以上这些观点都意味着现代性(或全球化)的历史是伴随着西方的历史而开始的。因此,所有这些观点,无论是从地理学上还是历史学上,都是狭隘的。"乌门甚至认为,公元1500年前也曾存在着一种不同的全球化模式。出自赵汀阳主编. 年度学术 2004:社会格式[M]. 北京:中国人民大学出版社,2004:170-183.

② [美]塞缪尔·亨廷顿著. 周琦等译. 文明的冲突与世界秩序的重建[M]. 北京:新华出版社,1998:1.

的工具——技术。正如一则新闻①中所言，智能机器摒弃了人类棋谱，只是依靠深度学习，目前还没有发展到自己的学习极限，也尚未察觉到自己的学习极限。对于人所创造出来的工具来说，具有人独有的深度学习的能力，除此之外，还具有人所不能及的"无限学习"、"无限进取"的可能，这就是现时代技术给人类带来的最大危机。而一旦技术这种特性在生活的方方面面渗透开来，那么机器、技术本身所具有的无限制性、非人性等属性同样将对教育世界产生巨大威胁。

历史上任何一个时代都难以与现时代技术的发展程度相抗衡，同时历史上任何一个时代的人都不像现时代这样对未来忧心忡忡：技术物化了人所有的社会关系，也异化了人本身，让人远离自然状态。一方面由于高度专业化分工的前工业社会塑造了作为"工具体"的高度专业化的人，也是被技术异化了的人。至此，传统社会从没有出现过的"个体"首次出现在了现代性的社会当中。同时，在启蒙运动中刚刚觉醒并争取到独立和自由权利的人再次被降到与物齐平的社会地位或者事实地位，② 当然这个过程也导致个体自身的速朽性。现代社会的个体在技术发展的隐形威胁下被推到了一个被动的局面：技术驱使人与人之间、世界与世界之间区隔开来。技术不仅是在人与人关系的区隔上发挥作用，而且技术越来越趋向直

---

① "2017年1月26日，谷歌Deep Mind公司CEO哈萨比斯在17日出席德国慕尼黑举行的DLD（数字、生活、设计）创新大会上宣布推出真正2.0版本的AlphaGo。新版AlphaGo的特点是摒弃了人类棋谱，只靠深度学习的方式成长起来挑战围棋的极限。而早在在2016年3月，该程序与围棋世界冠军、职业九段选手李世石进行人机大战，并以4:1的总比分获胜；2016年末2017年初，该程序在中国棋类网站上以"大师"（Master）为注册账号与中日韩数十位围棋高手进行快棋对决，连续60局无一败绩。不少职业围棋手认为，阿尔法围棋的棋力已经达到甚至超过围棋职业九段水平，在世界职业围棋排名中，其等级分曾经超过排名人类第一的棋手。"谷歌推出真正2.0版本AlphaGo摒弃人类棋谱[N]．凤凰科技，2017-1-26，http：//tech. ifeng. com/a/20170126/44536998_0. shtml？_zbs_baidu_bk.

② ［英］安东尼·吉登斯著．夏璐译．现代性与自我认同[M]．北京：中国人民大学出版社，2016：70.

接淘汰人本身。另一方面，技术对人类的精神也产生了极大的腐蚀性：网瘾，网络暴力，非正当使用的生物技术等问题都凸显了当前社会里人对技术的失控，甚至可以说，技术对人产生了异化作用。最聪明以及最有经验的人常常走在改进或者创造技术的前列，他们看似控制着技术的命脉。但是使用技术的人，或者利用技术服务的人，在享受技术带来的便捷服务的同时，稍加不慎就会掉进被技术异化的漩涡——也就是技术控制了人，控制了人的意识，控制了人的人生意义。在教育世界，就技术对教育所产生的积极影响而言，就是在信息化时代，技术为教育创造了极大的便利：最先进的视频技术联通全世界的精品课程；最先进的网页技术保证全世界网民之间的2.0式的互动交流；最海量的教学资源和学习资源只要点击鼠标就可以即刻获取……等等，技术彻底改变了传统的教育、教学、以及学习方式。

  狭义理解的技术给人们带来的是越来越多的负面作用，肤浅的技术乐观主义和技术悲观主义同样越来越不能以理服人，并且不能在实践中从根本上解决问题。现时代的技术以一种普适性和单一化的模式（尤其现代科学中空洞的时空观念）笼罩世界，抽掉了此时此地的特殊性，抽掉了具体而丰富多彩的此岸的生活内容，留给人一个屏幕里的二维彼岸世界。"人是什么？人是差异。人是'是'和'所是'之间永恒的差异。"[1]正是这个存在的活动塑造了人和人的世界，自由与个性的人才逐渐显现出来。在这里，"政治正确取向"的正式教育在发挥着作用，但作用极其有限。而与正式教育作为矛盾面存在的、没有极端确定性功利目的或者工具目的的非正式教育就更能体现自己的灵活性以及适应性，在宏观教育生活的方方面面，包括布满重重隐形区隔的微观现实生活世界，让人本身在场，让人超越只掌握一种劳动工具、一种技能所带来的生存的焦虑，赋予人存在的崭新意义，进而希望重新获得自由发展的人能够实现对技术游刃有余的利用和控制。

---

[1] 明庆华，王洪川. 求同与求异：教育永恒且必要的张力[J]. 教育研究与实验，2010(2)：80-82.

(二) 基于教育自身发展的要求

"教育是对生活探险的训练。"①现代生活已经扩展到无所不包的地步，教育的内涵也随之发生了深刻的变革。21世纪的教育体系应是一个覆盖社会全体成员、纵横贯通、发挥各种教育资源、教育形式最大优势、尊重每个受教育者的个性和权利的大教育体系。一方面，它受到社会现实的各个层面对其提出的外部要求的制约，另一方面它也受到自己的成长发展规律的制约。虽然在当前的教育现实中，正式的学校教育仍然居于大教育体系的核心位置，非正式教育是作为正式教育的补充形式而存在②，但这并不表示正式教育一直能够满足社会的发展要求、一直处于教育事业中的主导地位。恰恰相反，正式教育越来越展示出自己在现代社会中的发展局限性，越来越需要主动与非正式教育进行协调与配合，才能更好地实现现代社会的教育目的以及受教育的个体目标。

一是正式教育在现代社会发展过程中所表现出的局限性。

在当前社会的发展进程中，面对外部社会层出不穷、亟待解决的困境，以及教育世界内部的教育资料爆炸式的丰富速度，我们无法仅仅满足于正式教育在有限的时间和空间里所提供的有限的、具有定向性的、没有特定目标受众的公共知识，以及正式教育所产生的其他有限作用和影响。在原始社会，教育最早是通过原始人群之间出于对交流生产生活经验的需要而产生的，也就是说在整个原始社会时期，教育是通过非正式教育的形式而存在的。直到文明社会的出现，由于文字的创造为文化的保存和传播提供了可能，于是人基于保存和延续自己以及其他社会成员的生产和生活经验，保存和发展当时的社会文化的需要而创造了最初的正式教育活动，包括最初的学校。在学校等机构中，将当时的社会经验、文化经验传递给年轻的一代。教育从一开始所担负的责任就不仅仅是对受教育者进

---

① [英]怀特海著．庄莲平，王立中译注．教育的目的[M]．上海：文汇出版社，2012：13.

② 安文铸．论可持续发展战略和教育改革的关系[J]．北京师范大学学报(社科版)，1997(3)：51-57.

行单纯的知识的传授以达到将其教化的目标,而且教育不论是处于何种社会形态,一直承担着教化、规训社会成员,维持社会秩序的责任。但这种"教育"与我们现代社会的制度化教育是有很大区别的,传统社会当中的"学校"所施行的是被后来研究者称为的"精英式"教育,大众仍然与当时的文化、知识相区隔。① 在这个社会形态下的教育,可以说仍然主要是以"非正式"的形式存在,家庭教育、同伴教育、社会教育,随时随地发生,主要是为了个体的生活以及生存,尚处于自我保存的阶段,与教育的个体享用功能的实现还相差比较远。法国启蒙运动之后,民主的号角吹到了世界的所有角落,中国也不例外。但是当时深陷战争和被侵略处境的古老中国并没有能力推行民主教育、普及教育。直到新中国成立之后,我国才将公民的受教育权利写进宪法,把它作为每个公民应有的权利和义务而存在。普及教育的迅速展开,推进了教育的民主目的的逐步实现,正式的制度化教育——学校教育才慢慢居于教育世界的核心地位。

现时代,由于生产力的高度发展,正式教育也随之实现了比较高的程度的发展,相较于传统社会正式教育所具有的教育内容僵化、教育资源匮乏、教学方式单一、教育对象范围狭窄等等弊病有了很大的改善。但是随着正式教育的不断发展和改善,其局限性也明显地暴露出来:正式教育只是在教育标准之下对外部的教育硬件所作的改进,事实上它的本质仍然决定它是属于公共教育,保证公民的受教育机会,但是其仍然存在无法个性化教育的问题,也就是意味着当正式教育面对作为群体形式呈现的受教育者自然就没有能力顾及受教育者个性化的教育需要问题。正式教育本身所固有的属性让其发展受到限制,也对现代教育的整体发展状态产生制约。在面对现代社会对教育所提出的种种新问题当中,包括教育目的的多元价值属性、教育对象社会背景以及人格的复杂性、教育资料的急剧膨胀等,正式教育都没有办法作出更好的回应。虽然正式教育作

---

① 吴科达. 中国古代教育的另一种解读:儒家思想的生产和消费[J]. 天府新论,2009(2):131-133.

为公共教育已经实现了自己能力范围之内的效率最大化，但是对于受教育者的高度个性化、民主化、自由化的发展要求，正式教育明显滞后于非正式教育。由于受教育者对于正式教育的依赖性以及受到的其他因素的制约，无法做到或者暂时无法做到在正式教育的基础上结合非正式教育获得更好的发展。因此，现代社会的发展现状要求非正式教育的地位在当代应该走向更高、更大程度上的复归，当然也必须实现更大范围的发展。

二是正式教育中的受教育者心灵的失落。

现代正式教育培养模式主要通过设定终极考试目标而实施的各级各类的教育活动，受教育者长期受单一的功利目的驱使着去学习、去读书、去考试，导致受教育者心灵的普遍失落与茫然。很多受教育者早已失去了对学习活动本身的原始兴趣，他们从未感受过真正的教育快乐，也从未获得过内心的真实自我实现，相反，取代这种学习本体动机的是功利动机，是学习的工具性动机，或许是为了经济地位、或许是为了文化地位或者是朝向社会地位的目标。在正式教育过程中，由于功利目的不能给人以生存的终极意义，它只能给出个体一个又一个的功利目标，一旦将这些目标全部实现或者全部放弃，受教育者就很容易走入一种虚无的心理状态，甚至还会产生抵触和厌恶的心态，更严重的会影响受教育者的学习能力、社交能力，让受教育者心理失能。就这样正式教育活动不断造就着大量"不适合"于教育的学生，同时还用狭隘而片面的预设目标否认被淘汰者的价值，不断引发对处于劣势的学生的精神伤害和价值蔑视。显然，这种不正义的正式教育形式不再是由教育基本结构决定的资源和物品的不平等占有，而是因为自我作为独立主体的人格未获得他者的承认、作为权利主体的地位未得到他者的尊重、作为独特性的存在在价值上未能得到他者的重视，是缺少承认所引发的另一种形式的不正义。而且这种不正义不是偶发的和暂时的，而是普遍和持久的存在。

现代社会的正式教育的功利主义取向，导致受教育者学习或者接受教育的动机的异化让现代正式教育饱受苛责，但是教育目的都是人所制定的，教育行为是人实施的，教育的功利价值取向也是社会所选择的,所以所有人都无法逃脱,都在一条异化教育的路途上挣扎,所有教育者、受教育者既是受害者又是始作俑者,所有人都呈现了一种对功利教育目的集体无意识的状态。在正式教育的异化中囚禁着无数已经越来越空洞的心灵,作为研究者,我们需要去了解、去改变这种现状,打破这种教育世界的集体无意识状态,需要帮助教育者和受教育者重新找到教育活动的本体动机,而不仅仅是功利动机,因为一旦功利动机实现,人就会产生一种空洞感、无意义感,但是学习的本体动机永远不会将受教育者异化,而是帮助受教育者获得更好的自我实现,实现个人和社会的幸福。

三是非正式教育在实现教育正义以及解决问题等方面具有突出优势。

相比"正式教育","非正式教育"能更加灵活地、更加艺术地解决受教育者在生活世界当中遇到的个体与社会的冲突问题、理想与现实的平衡问题等,非正式教育能够做到更有效地破解当代教育发展的难题,更有东方文化重视的"和"的意味,也就是说非正式教育所具有"更加隐藏的教育目的、更加浓郁的情感色彩、更加鲜明的交往背景"几点特征,让它能够协助正式教育一起实现现在社会的教育目的。而目前学术界对于非正式教育的目的、价值、功能以及过程等的研究,几乎接近空白。因此,在人类自身的局限性被无限放大的时代,在教育世界不断超越正式教育的时候,我们确实需要通过非正式教育所独有的灵活性、生活性、全面性等特性,去向教育乌托邦所设想的"理想人格"去靠拢,不断地推动受教育者进行自我更新,进而不断地推动社会发展前进。同时,还需要考虑到人性里所包含的自利性、惰性等等"幽暗意识"①。主要通过依靠人的自觉性而发展的非正式教育,需要考虑人性的问题,同时还需要考虑人性被制衡的问题,我们生而自由,却往往在枷锁之中。只能通过逆人性(懒惰、永远追求舒适)而为:持续不断地受教育,尤其是完善自我的非正式教育,才能为所有人争取到让人性舒适存在的生活世界。

---

① 张灏. 幽暗意识与民主传统[M]. 北京:新星出版社,2006:1.

二、非正式教育价值取向研究的意义

教育理论作为一种立足于实践并试图阐释教育发展及其变迁的学术研究，它的发展不是某些个人的建树，而是在群体乃至所有社会成员的参与下不断积累、分析、积极批判的结果。而试图仅仅用一种制度性、结构性的特征，例如，工业化时代教育特征或者信息化时代教育特征、制度教育等，去理解现代社会正式教育与非正式教育的变迁，或者仅仅做一些未经阐释的所谓调查，然后罗列出一些"客观"的数据和图表是有失偏颇的。所以需要我们辩证地把握正式教育与非正式教育之间的内在联系。

在当下的社会生活中，非正式教育仍然是作为正式教育的补充形式而存在的。但是越来越多的证据显示非正式教育在人们的教育生活中占据越来越重要的位置。教育作为培养人的实践活动，在传统社会中非正式教育与正式教育的关系是怎样的？在面向未来社会发展的过程中，非正式教育将处于什么样的地位？将发生哪些变化？价值取向是什么样的？受时代局限性影响的我们并不能立刻给出非常肯定的答案，但是有一点是肯定的：非正式教育绝不会止于作为正式教育的补充角色而存在。非正式教育指向社会人个性的塑造以及终身学习目的的实现。

（一）历史视野中的非正式教育与正式教育概览

非正式教育的生活不能根据数学与物理学的类比来理解，我们还必须理解历史，也就是理解连续成长的特殊规律；这些规律以"辩证的"冲突或其他方式，支配着彼此相互作用以及与自然相互作用中的个人与群体。① 在传统社会当中，非正式教育是先于等级森严的正式教育出现的。但是在传统社会当中，非正式教育占有比现在社会中正式教育更重要的分量，与正式教育产生的影响相比较，非正式教育的作用范围更为广泛，形式更为多样，效果更为久远。因为在传统社会当中，学校是作为向少数人或者文化资本、经济资本更为优越的人提供一种学习与生活的场所而存在的。普通的

---

① ［英］以赛亚·伯林. 自由论［M］. 南京：译林出版社，2011：191.

社会成员能够接受到的正式教育的机会非常少，相反，恰恰是非正式教育更加贴合传统社会文化生活的实际，能够为传统社会中的人们提供保存和延续生产、生活技能以及文化财富的方式，而且由于非正式教育本身形式的多样性以及时间的弹性、空间的延展性等等，"世间处处是学问"，形成一种文化适应过程。① 非正式教育在传统社会中是作为普通平民所有的一种自然的、生活化的教育形式，"口耳相传，父子相传、师徒相授"②等，都是传统社会当中非常普遍的教育形式。

与之相对，在人类进入大工业、大机器生产的现代社会之后，非正式教育的主体地位就逐渐被正式教育所取代了。因为近代资本主义工业的发展导致劳动分工的不断加深，在一次次分工，一次次精细化地分配工人任务的过程中，所有事物都逃脱不了被物化的命运，当然教育活动也是如此。当整个社会都被专业地划分，都被普遍分工，都被贴上了物质价值的标签，那么培养人的教育活动当然也概莫能外。在教育世界里，培养人的活动也被精细化地做出了分割和分类，教育从整体性的培养人的活动被分割为学科性质的教育教学活动，因为这种学科性质的教育教学活动是最优效率的培养人的方式。在面对机器大工业生产乃至现代的智能化生产活动的过程中，教育的工具价值得到淋漓尽致的展现：为经济社会又好又快的发展培养了大量其所需要的劳动力，而且是用最高效的手段来实现的，从工业生产中的标准化流水作业借鉴而来的班级形式也就应运而生。当然，现代的正式教育还存在过分重视智育等问题，过分认同"知识就是力量"或者"知识就是权力"等类似观点，这就不是我们在研究非正式教育当中主要关注的内容。

因此，在现代社会里，师徒相授式的非正式教育已经被淘汰，被赶出了主流的教育世界，代之而起的就是正式的学校教育。在学

---

① 王星霞. 学校变革发展研究[D]. 西北师范大学博士学位论文，2007：35.

② 孟凡华. "父子相传"、"师徒相授"：特点与作用——中国手工业文化传承方式研究之一[J]. 职业技术教育，2011(31)：68-70.

校里，受教育者基本能够获得其在社会生活中生存发展所需的基本知识技能；学校教育分为基础教育和高等教育，普及基础教育保证受教育者有基础知识文化技能，高等教育有研究型同时还有职业型，保证受教育者获得在就业市场的生存技能。通过学校的场域，社会将教育者和受教育者生活的世界——学校——几乎塑造成了一个真空世界，当然通过这种方式对受教育所实现的保护和净化作用不可小觑，但同时也意味着再也没有了传统社会当中非正式教育的自然性、生活性和全面性。在现代的正式教育当中，有严格的时间计划、课时目标要求以及需要遵守的相关规则等，都表明教育是作为工具而存在的，能够帮受教育者获得他们在现实生活中生存所必须的基本知识和技能。

（二）正式教育自身局限性不断显现，非正式教育的融合能力获得强化

从社会的角度看，在世界政治、经济风云变幻的时代里，在人类不断地创造和创新各种技术的过程中，作为"乌托邦"的教育世界也受到了极大的冲击；技术的速朽性让人们渐渐意识到"通过正式教育一生只掌握一种技术就可以过活"的观念已经严重落后于现时代的经济社会发展对人提出的工具性价值的要求。其次，随着教育资源的极大丰富，教育技术的快速更新，个体越来越追求高度个性化发展的要求使得大教育体系以及终身教育等理念越来越被人们接受和认可。在这个过程中，非正式教育的作用以及前景确实不可估量。再次，传统的正式教育自身的局限性正在不断地显现。普及学校教育运动的兴起是在受到西方启蒙运动精神的感召的基础上发生的，人们逐渐认识到古希腊罗马时期、中世纪时期的教育，在某种程度上都是属于"精英"教育，但是在法国发生了启蒙运动之后，民主的观念渐渐地在全世界深入人心，人们觉得自己以及所有人都是平等的，都应该接受中世纪的"精英式"教育，都应该有良好的教养以及体面的生活。所以在普及教育观念深入人心的同时，随着工场手工业的的兴起和繁荣，人们欣喜地看到了"教育工业"[①]的

---

① 杨东平．求解中国教育的深层危机[J]．中关村，2013(9)：95-96.

影子,因此迅速地将普及教育通过"工厂"(班级授课制)的形式来加以推进。

但是这三百年来,全世界各个国家的主要政权都在致力于普及教育的行动。虽然普及化的学校义务教育为许多人提供了作为普通人曾经不可能获得的学习机会,但是这种行动的缺陷也慢慢显现:从政治领域获得的"民主"观念,在教育领域推行或者实现其价值的时候,我们是不是只实现了形式上的民主,而实际上却忽略或者放弃了更深层次的不平等。生活背景、个人资质等等完全不同的一群人在同一个班级里接受同一位教师的学习指导,参与共同的学习生活。在普及教育运动过程中形成的班级授课制的教学方式以及与之相适应的学习方式无法实现个性化,也就意味着我们试图抹去或者根本无力顾及学生之间的固有差异,进而去实现我们为正式教育所设定的平等化、民主化的目标。这仅仅是一种形式上的教育正义,并不能真正实现对于每个个体自由成长发展的结果正义:每个人都获得适合自己天资的发展。但是通过班级授课制的正式教育形式确实会导致很多天资较差的学生被落下,这完全与教育平等、教育公平的目标背道而驰。在面对正式教育局限的时候,我们会用"政府管公平,市场管效率"来解释,这里的"政府管公平"就意味着政府只是提供程序正义,而不能保证对每个人的结果正义,但是"市场保效率"说的就是完成结果正义的方式。当然这里的"市场"只是广义的"正式教育之外"的活动,不一定是完全的经济活动形式的市场。

非正式教育的发展需要全社会的努力,需要共同搭建一个较为完善的教育-学习的网络共同体。家庭环境对儿童的影响,社区建设对居民的潜移默化的作用,企业对员工的管理,媒介的传播对社会成员的影响力,以及国家文化设施的建设和规划,相关政策法律的制定等等,如果能多添加一条思考的线索——从教育的角度去考虑,不仅会促进教育的改革和进步,对于社会里各种组织的建设发展、对社会的民主繁荣进步都会有巨大的推动作用。

(三)非正式教育的"基因"就蕴含教育的原始意义

从个体的角度延伸开来,教育是一个促进个体不断地进行自我完善的过程——实现个体的个性化与社会化，可以看出在"教育"的"基因"中就蕴含着"非正式教育"的特性：教育形式的生活化以及自然性、教育场域的无限性与教育时间的弹性、教育活动的连续性、教育手段的多样性、教育目的的复杂性、受教育个体主动性、内在目的性等等。事实上，在当前的时代要求中，正式教育的形式及其所发挥的功能已经显示出其自身所有的局限性，甚至已经落后于当代受教育个体对于"更好、更完善、更适合"的教育的迫切需求。因此，在受教育者对于教育的要求变得多元化、个性化以及复杂化的现时代，非正式教育作为一种被受教育主体强烈的自我意识所指向的一种教育形态，是一种更完善的、更理想化的、更具全方位、多元渗透能力和实践属性的教育形式。

此外，在正式教育中的正规教育常常受到研究者还有普通受教育者对它的批评，包括"机械性"、"灌输性"、"强制性"、"意识形态性"、"有限性"、"空间时间的紧张性"等局限性。在正式教育面对这些局限确实无法脱身的时候，非正式教育恰恰是解决这些矛盾属性的钥匙。非正式教育具有的受教育个体属性是可以根据受教育者自身所设定的内在目的和要求去开展教育活动，而拒绝外在强制目的对其产生的干预。此外，非正式教育"形式"中蕴含着学习的"实质"——个体自发地探求世界之外的未知活动，不断地完善知识和人格等。这是广义教育的最初目的，也是社会发展到现时代要求教育必须实现的一个基本要求。

自我驱动的发展意味着受教育个体是处于与世界相对的二元态势，也就是将自己置于世界的对立面，以自身作为认识世界的基本媒介，来实现个体目标，获得个体成就。由于非正式教育在传统社会当中就是作为世俗的生存手段而存在，因此，非正式教育的基因中就包含着世俗化的教育目的：通过非正式教育获得生存的技能，获得更好的生活机会，也就是从教育对个体的保存功能层面上升到个体的享用功能的层面。当个体从自我的内在意识出发去探求可能的世界与世界发生联系的过程就是教育的过程，更确切地说，是自我教育的过程。在正式教育退场之后，个体习得的自我教育能力完全能够保证个体在接下来的人生中通过非正式教育获得新的进步。

受教育个体自己意识到接受正式教育之外的教育的必要，体现了非正式教育对于个体自主性、自觉性等的绝对自信，同时也体现了受教育个体对于非正式教育手段的信任。但是在个体的成长过程中，也就是在个体面对自我不断地与外部世界产生交往和互动的过程中，个体必须要形成强烈的自我驱动发展意识。而且需要将这种意识不断地内化，进而形成属于个人的个性化学习行为模式。

三、非正式教育价值研究在现代社会中遭遇的困境

现代社会中，当西方和我国都在不约而同地将"理性主体"①作为正式教育的核心内容的时候，非正式教育只能作为正式教育的补充形式或者对于正式教育的另一种促进方式等次要形式在现代社会的夹缝中生存。尤其是当正式教育承担着来自现代社会、政治、经济等方面压力的时候，难免不走向一种功利或者倒退的路径。当在传统社会生活中发挥过主导作用的非正式教育在面对这样的现代教育发展现状的时候，确实处于比较复杂的生存处境之中。

(一) 非正式教育的合法性存续的目的常常被消解

现代社会中造成非正式教育如此尴尬处境最重要的原因是：非正式教育合法性存在和延续的目的②常常被消解，被自身性质消解，但更重要的是被与之相对的正式教育所消解。如布尔迪厄所言，现代社会的教育、文化等精神世界存续的东西，在现代社会中都成为一种可感的物质，成为一种资本。当教育成为一种资本，成为一种可以积累文化资本、社会资本的工具时，非正式教育合法性存续的命脉就完全掌握在主流的教育形式所具有的目的当中——也就是正式教育的目的。正式教育的最主要目的已经完全功利化，并不是纯粹的理想知识论或者人论的目的，而是通过将教育作为工具实现受教育个体的文化、经济地位的保存或者跨越。基于这种目

---

① 彭正梅.迈向理性主体：现代西方教育的根本原则[J].外国教育研究，2010(02)：42-47.

② 高峰.社会秩序论——本质及相关问题的总体性研究[D].中共中央党校博士学位论文，2007：15-16.

的，非正式教育开始的理想意义就荡然无存的。因为非正式教育的"基因"当中，就有一种近乎非功利的、世俗的要求促使着非正式教育的产生。

正式教育的功利主义取向不断地向非正式教育施压。非正式教育本身得以存在的空间被挤压，因为"正式教育有用，非正式教育无用"，一切教育行动都要朝着正式教育目标的发展。这种功利取向让原本就难以生存的非正式教育更是举步维艰。我们可以去批评教育者、受教育者等人短视、势力的行为和选择，但是我们无法不正视这个理性的原因：事实上，并不是受教育者不清楚非正式教育的重要意义，恰恰相反，教育者和受教育者都知道到底怎么样的教育才是真正的教育，教育的原初意蕴到底是什么，但是在受教育者有限的时间、精力情况下，社会其他方面的压力促使他只能选择做产出-投入比值结果最大、对未来发展最有利的事。

（二）受教育者不能赋予非正式教育合法存续的动机

非正式教育活动的展开最主要的出发点或者最根本的出发点是受教育者。受教育者的需要、受教育者的动机是推动非正式教育产生的起点，同时赋予非正式教育以合法性存在的目的。非正式教育是一个被动的过程，它不能自发地产生，必须要受教育者自己去点燃整个行动，之后在教育者的帮助下去推动和完成整个教育活动。虽然非正式教育活动是由受教育者发出教育需求而发起，但是仅有教育需求还是远远不够的。因此，仅仅有非正式教育合法性的存在目的是不足以支撑起整个非正式教育活动的进行和完成的。在实际的实施过程中，还有另外一些非常重要的问题，包括教育者受教育者的时间、精力，二者的教育准备，二者所掌握的教育资源，等等，都会对非正式教育活动产生直接的影响。

对于非正式教育活动当中的受教育者以及教育者的时间、教育准备等因素，都是维持非正式教育活动有效进行的保证。如果并没有时间上的存续，那么在事实上，非正式教育并没有获得相应的合法性生存环境。在现实生活当中，非正式教育恰恰遭遇的最严重的困难就是：受教育者有目的，但是没有时间。产生这种现象，一方面是因为正式教育的沉重压力挤压了受教育者的一切时间，也就是说正式教育让非正式教育失去了正当的生存空间。现代社会中非正式教育的合法性存续问题，虽然在学理的根本上是受受教育者的动机影响，但是在教育事实中，受教育者的动机一般是自然存在的，但是受教育者的时间却是极度受限的。其实这也是现代资本主义的一个弊病，西方马克思主义早期代表人物卢卡奇曾指出：资本主义社会将人与人的关系彻底物化，物化为普遍的商品而存在，人成为了时间的存在，一个人的世界被时间化，而时间事实上又被彻底地空间化了。[①] 因此，非正式教育的生存问题在事实上却是取决于正式教育所留给它们的时间和空间。当现代正式教育（这里特指义务教育）被写进宪法[②]，写进公民必须履行的义务当中的时候，这种权利也就产生了一种非常微妙的变化：权利之外有了一种强制的义务的性质，相应地，权利的特性也被相应地消解了一些。正式教育被赋予了至上的权利，但同时它也是作为基本的义务而存在的，当受教育者面对自己的基本义务的时候，这个义务已经成为他行为的导航者，直接影响他的其他行为的实施。那么留给非正式教育的空间就更小了。

（三）非正式教育自身性质制约着它的生存处境

非正式教育在现代社会的生存和发展过程中面对着一个个极端复杂的问题：因为非正式教育是作为区别于制度化形式的正式教育而存在，且非正式教育自身所具有的自然性、生活性、随意性、隐蔽性甚至不确定性等性质都从形式和功能上决定了它的有形与无形、有效与无效。而现代教育的功利目的导致受教育者以及教育者在面对无形甚至无效的非正式教育的时候，常常敬而远之。

---

① ［德］卢卡奇著．杜章智等译．历史与阶级意识［M］．北京：商务印书馆，1999：148-149.

② 《中华人民共和国宪法》的第二章公民的基本权利和义务的第四十六条规定："中华人民共和国公民有受教育的权利和义务。"第一章的第十九条规定："国家发展社会主义的教育事业，提高全国人民的科学文化水平。国家举办各种学校，普及初等义务教育，发展中等教育、职业教育和高等教育，并且发展学前教育。"来自国务院公报 http://www.gov.cn/gongbao/content/2004/content_62714.htm.

在传统社会当中，非正式教育处于教育活动的中心地位，但是在现代社会，非正式教育的地位发生了彻底的转变：我们不得不面对和应对正式教育的压力。相较于非正式教育，正式教育是来自国家的要求，代表着国家的教育目的和教育希望，同时也意味着国家主流的教育价值取向。因此非正式教育是在主流压力之下生存，那么留给非正式教育的空间必然相当狭窄，事实也是如此。在现实教育活动中，具有兴趣导向的非正式教育是完全无法与功利导向的正式教育相抗衡的，这样的形势就促使非正式教育走向正式教育的补充形式或者是作为附庸而存在。非正式教育自身所具有的独立品格就被削弱很多，它只能是作为正式教育的另一种特殊的工具存在。

面对这种生存现实，对于发端于自然状态、日常状态的非正式教育确实是一个很难接受的结果。但是好在社会体系的复杂性和多样性还是留给了非正式教育一定的生活空间：社会中存在一定的人群或者阶层，他们在主流的正式教育体系中游刃有余，同时也有时间和能力进行非正式教育的探索。这种阶层或者人群是幸运的，他们或者是有保证他们足够安全感来源的物质基础，或者是有超越一般水平的智力资源，能够有精力展开非正式教育的活动，此外当然还有其他的一些情况。

事实上，与正式教育活动的受教育者相比，非正式教育的受教育主体具有更为强烈的自我意识，具有更加积极的主动性，更鲜明的教育动机，在个人完善以及适应社会、改造社会方面，具有更大的优势。对于正式教育与非正式教育在未来社会中所形成的关系问题以及各自所承担的社会责任问题，也是我们的研究需要好好探索的内容。

（四）非正式教育价值研究还需处理的其他矛盾关系

在正式教育和非正式教育发展的过程中，虽然受教育者能够分辨出功利取向的教育、兴趣取向的教育以及混合取向或者其他取向的教育，但是从一般意义上讲，受教育者自己并没有能力改变或者朝向他向往的教育形式的轨道中去。为了帮助受教育者实现这种愿望，事实上正式教育也在努力扭转过度的功利取向、过度的智育取向等等，但是尾大不掉，在社会发展过程当中所形成的每一种教育状态都是一个利益相对均衡的超稳态,因此在教育中每做出一点儿改变都会伤害或者否定掉一大批人的利益,尤其是既得利益者的利益。因此,每一步改革都显得异常艰难,而且历史上的每一次前进确实都是无数仁人志士求索的结果。对于正式教育的完善以及非正式教育入场来说,也是这样。

关于正式教育与非正式教育对立的消解问题。目前西方一些发达国家所倡导的全纳教育,是一种广义的全纳思想,是融合多元和全纳意义,并推广到普通教育的教育理念。① 这种全纳教育正是在努力实现现代正式教育与非正式教育之间隔阂的消解与进一步的融合,包括对极端理性的消解,对极端主体性的消解,对工具性目的的消解等,教育在努力走在正式教育和非正式教育的融合深化轨道上。

关于现代性技术对教育的冲击问题。技术的冲击(传媒技术,在线学习,非正式教育形式发展等)对教育活动所产生的积极影响,一方面是促使受教育主体自我意识的觉醒,另一方面是能够推动社会层面的非正式教育逐步形成一种非学校化文化氛围、终身学习的氛围。

综上所述,在当前的教育学研究中,研究作为教育在最广泛意义上的一种形式的非正式教育价值,具有非常重要的意义。

第三节　非正式教育的价值取向

基于对非正式教育在研究缘起阶段所提出的问题,以及当前非正式教育活动常常被一些外在于教育本身的目的、意见规范所限定的境况,非正式教育的现实处境并不乐观。当前对非正式教育所提出的意见和规则通常都是利益角逐之后的产物,并不能做到对人原初多样性的保护,也不能对非正式教育的终极价值追求予以恰当、合理的评判,这样常常会在日常的非正式教育活动当中遮蔽了非正

---

① 黄志诚.试论全纳教育的价值取向[J].外国教育研究,2001(3):17-22.

式教育所有的关怀属性，偏离了教育的原初立场。我们应当形成一种面向可能生活以及可能发展的教育认识，使非正式教育真正能够从各种权力意志视角下的意见和规范的遮蔽中解放出来，让非正式教育回归教育的自然原初状态，让非正式教育坚持教育正义的价值取向。此外，还应该让每位教育主体都能以非正式教育的无立场视角去幸福且自信地发现和实现生活中的各种可能。

一、非正式教育正义的价值取向

正义是人类最古老也是最重要的伦理范畴之一。正义不仅是在西方思想史上占有核心地位，实际上乃至整个西方的社会实践活动包括教育活动在内，始终都离不开正义这一最基本的行为价值取向，同时，正义还是整个西方世界最深邃的政治哲学问题之一。正义并不是自然而然地发生的，它是在人类高度理性地看待自己与世界的关系以及自己与历史的关系的基础上建立和坚持的，正义是人类为自己斗争到的一种非常重要的价值。人类社会想要获得发展，就需要正义来为社会精神做遁甲，甚至导航。不然，社会很容易发生如霍布斯所说的所有人对所有人的战争状态，那就会成为人类最大的不幸，从历史来看，这种情况在20世纪初期就发生过，所以我们必须有坚持正义的价值取向。

在历史发展过程中，正义所获得以及呈现的内涵和外延都是非常广阔的：首先，正义是西方社会基本制度建立和确立的基本原则，规定着社会资源的分配与整合，调节着包括经济、文化、教育等社会层面上的种种差异和不平等；其次，正义也是社会个体行为的基本价值取向所应遵守的基本原则，规定和规范着社会成员的基本权利与义务问题，同时也是个体孜孜以求的伦理目标。而"教育正义"是将西方社会当中的"正义"概念推演到教育世界的一个概念。因此，首先需要对西方的教育正义的理论和实践活动进行一次基本的梳理，并对正义是如何进入教育世界并成为教育正义做一些基本的探索。教育正义本身经过了哪些发展和变化，对于非正式教育来说，其正义取向背后到底蕴含着哪些思想和实践的斗争，这些都是需要仔细思考的问题。

(一)西方教育正义思想的演变

在西方教育思想史上,应该说教育正义的思想和实践活动是以苏格拉底、柏拉图和亚里士多德为代表的古希腊哲学家为起点,经由近代教育家夸美纽斯、洛克、卢梭、康德等人的发展,到了现代以斯宾塞、赫尔巴特、杜威等教育家为代表的现代教育正义的深化阶段。在这个延绵几千年的发展历史过程当中,教育正义的理念其实大致是沿着从古典的道德正义(自然正义)走向近代的理性正义(功利正义)乃至现代的个体权利正义的发展历程行进的。教育正义思想的演变路径是由社会的自然正当转变为个体的自然权利,社会的自然正当逐步转向个体的自为之善。与教育思想相伴的教育正义的实践活动也基本上是沿着追随教育思想家们的教育正义思想而行进的。

1. 古典时期教育自然正义的思想

"正义"一词来源于古希腊词汇"ortho",其对应的英文词汇是"right",表示置于直线上的东西,或者笔直的东西,之后就引申为表示真实的、公平的和正义的东西。① 古希腊时期的很多哲学家都曾对正义进行过描述或定义,在古希腊城邦的教育实践活动中,也指向教育正义的价值追求。

在亚里士多德撰写希腊国家组织的论文的时候,他发现希腊有158个城邦值得认真研究。但是限于精力,在西方教育思想史的研究当中,主要还是只了解了两个城邦的教育思想和实践活动:斯巴达和雅典。② 但是斯巴达的教育活动中主要是重视军事训练,而雅典则是重视个体的发展和塑造,因此,就教育思想来说,斯巴达所呈现的就是集权式的教育,而雅典则是民主式教育。基于此,对于教育正义思想和实践的考察也主要是针对雅典的教育。但是对于雅典的教育思想和实践来说,也是包含非常庞杂的内容,因此,本研

---

① [法]拉法格著. 王子野译. 思想的起源[M]. 北京:商务印书馆,1963:59.
② [美]S. E. 弗罗斯特著,吴元训等译. 西方教育的历史和哲学基础[M]. 北京:华夏出版社,1987:44.

究仅选取伯里克利时代(公元前五世纪)①的教育思想与实践活动进行分析,也就是柏拉图、亚里士多德等人所生活的雅典黄金时代,但它的影响却一直持续到公元前三世纪左右。

那么在伯里克利时代的希腊教育如何体现了古典时期的自然正义的思想呢?主要是通过正式教育,也就是教育家在学校教育来践行教育思想、实现教育正义的价值取向。

伯里克利时代是个空前关注个体人各方面创造的时期,它密切关注个体的发展,竭力摒弃之前的国家价值取向,呈现一种自然正义的状态,因此这一时期社会文化氛围宽松,而且产生了很多天才人物,留下很多思想和实践财富。其中,早期哲学家都着力解决世界本源问题的时候,苏格拉底则在深究这些问题:公平还是不公平,美与丑,勇敢与胆怯,虔诚与虚伪等。② 在苏格拉底的教育思想和实践当中,他始终坚持教育应该是使人向善,使人虔敬。而教师应该是一个社会的中心。他认为教育不是在真空中产生和行进的,因而需要关注生活问题,积累经验,关心日常,这样才能培养一个人思考的力量,使他成为一个公正的人。柏拉图延续其师苏格拉底的观点,在《理想国》第四卷当中指出:"正义存在于社会有机体各个部分间的和谐关系中。每个公民必须在其所属的地位中尽自己的义务,做与其本性最适合的事情。"③柏拉图对于正义在国家和公民层面的涵义都进行了深刻的阐释,而国家和公民的正义,都包括着三种成分:智慧、勇敢和节制,这四个要素是一个和谐的整体,相互依存,不可分割。④ 可以看出,柏拉图的正义观是一种城邦和个人的德性正义,它意在寻求一种城邦以及个体灵魂秩序的双

---

① [美]S. E. 弗罗斯特著,吴元训等译. 西方教育的历史和哲学基础[M]. 北京:华夏出版社,1987:55.
② [美]S. E. 弗罗斯特著,吴元训等译. 西方教育的历史和哲学基础[M]. 北京:华夏出版社,1987:60.
③ [美]博登海默著. 邓正来译. 法理学——法哲学及其方法[M]. 北京:中国政法大学出版社,1999:253.
④ [古希腊]柏拉图著. 张斌和,张明竹译. 理想国[M]. 北京:商务印书馆,1986:154.

重和谐。在柏拉图的学生亚里士多德的论述中，正义是评价人的行为的道德道德标准，指的就是"善"。亚里士多德的"正义"当中主要指的是分配正义以及补偿正义。亚里士多德认为，正义被称为完满德性是有其依据的，正义最终的目的是促使城邦中个体幸福的实现，幸福是正义存在的根本意义。通向美德之路并不仅仅是理智，无论城邦还是个体都应该在内修和外行上实现两者的统一。①

2. 近代社会教育理性正义的思想

本研究从古典时代直接跃向了近代，而略过了古希腊之后的古罗马、早期基督教以及中世纪世界各国的教育思想与教育实践。虽然很多人认为罗马文明主要是对希腊文明的传播和保存，但事实上罗马文明对于希腊文明也做了很多丰富和创造，因为它长于物质建设劣于思想建设，所以我们现在对罗马教育研究的比较少。基督教产生于罗马帝国极盛时期，帝国衰败之后他们迅速发展起来，并且集聚了比较稳定的力量。早期基督教继承了罗马所保存和传播的希腊教育思想和文化，并在其中加入了新的宗教成分，并且逐步将其制度化、规范化，强制国民学习。对于"黑暗的中世纪"的说法，也不能完全否认，因为基督教教育后期确实出现了僵化的表现，宗教生活限制甚至吞噬世俗生活，也限制了教育思想的发展。"我思故我在。"笛卡尔做出了一次石破天惊的反思，从此标志着哲学从主要关注本体论转向了认识论的道路。在面对近代自然科学技术的勃兴，面对社会发展的变迁，教育正义也发生了巨大的转变。

首先自然科学彻底颠覆了"自然目的论"，不再相信当时的社会还存在着古典社会所坚持的"自然正义"。一方面是由于近代自然科学的迅速发展，让人产生控制自然的认识，认为自然世界是客观存在物，能够彻底掌握和控制；另一方面，随着近代社会当中个体的主体性的觉醒，人们开始对理性的功用深信不疑。个体极端相信自己的理性，一切行动和事物都要经过理性判断才能给予其相应的合法性，甚至尝试人为自然界立法。古典时代建立起来的崇高自

---

① [古希腊]亚里士多德著，颜一译. 亚里士多德选集—政治学卷[M]. 北京：中国人民大学出版社，1999：1130a.

然已经被近代工业技术发展所激起的膨胀的人类雄心击碎,世界的一切都是人类的囊中之物,人要为万事万物立法。

其次,近代教育正义的含义是基于近代以来的社会契约论传统。在西方近代思想家洛克、卢梭、康德等人的论述当中,正义是形成社会契约的起点和归宿。不论是霍布斯、洛克,还是卢梭都强调通过建立契约来确立新的社会秩序。卢梭认为:"一切正义都源自上帝,上帝是正义的唯一源泉,而且存在一种完全源自理性的普世正义。但要让这种正义能为我们所公认,它就必须是相互的。然而,就人性而言,由于缺乏自然制裁措施,正义法则在人间不起作用,而且,现实中常常出现正义法则是造福坏人打击正直人的工具。因此,需要约定和法律把权力与义务结合起来并使其目的合乎正义。"① 社会契约论是以自然状态学说为理论基础的。自然状态学说为建立契约从而确立近代国家制度创造了可行性。但在此时,正义思想还融合进了功利主义思想。功利主义思想最早可以追溯到休谟和亚当·斯密,之后是边沁和密尔将功利主义继承和发展下去。休谟提出的所谓"公共的效用是正义的唯一起源"② 被看作对功利主义正义观的最早表述,但"功利主义"一词是边沁最早确立和使用的。功利主义的主要观点是认为道德就是追求快乐,实现最大多数人的最大幸福③,而幸福的实现需要通过满足大多数人的利益需求。因此,利益最大化是秉持功利主义思想的人们施行其行为的最高的目的和标准。因此,功利主义者认为,道德就是人们在利己动机的影响之下为了增进社会成员的普遍利益而利用的工具,道德的标准就是是否满足最大多数人的最大利益。如果一个人的行动的效用有利于社会成员的普遍幸福,那么这个人的行为就是高尚的,他也就成了最有道德的人。这就是功利主义的核心。当然,教育正义

---

① [法]卢梭著. 钟书峰译. 社会契约论[M]. 北京:法律出版社, 2012:32-34.

② [德]休谟著. 曾小平译. 道德原则研究[M]. 北京:商务印书馆, 2001:95.

③ [美]约翰·罗尔斯著. 何怀宏等译. 正义论[M]. 北京:中国社会科学出版社, 1988:29.

在功利主义控制社会价值取向的境况当中也难免走向功利主义的价值取向。在这样的社会中，教育正义就会被理解为最大多数人的最大利益法则。实现社会成员整体利益最大化，是功利主义价值取向下教育正义的终极目的。

再次，近代学校的产生也受到功利主义教育正义思想的影响，19世纪之后，公共学校制度在西方世界获得了普遍的确立和发展。因此，近代教育正义的价值取向主要就是通过制度教育来实施和保证的，通过设立公立学校制度，通过班级授课制度来实行平等教育、实现教育正义。学校教育制度被大规模地复制和拓展，一方面能够保证所有阶层的公民都能够接受一定年限的义务教育，尤其是给予了在之前的时代里根本没有机会读书学习的人巨大的帮助，以至于让人与人之间的基本文化素养的差距不再像之前社会里的那么明显，从而保证了人类教育正义的最高目标；另一方面，近代学校制度的发展导致的集体教育的弊端也逐步显现，以至于直接影响了现代社会的教育正义的转向。

3. 现代社会教育个体正义的思想

从近代走入现代，一方面是受社会发展变化的作用，另一方面是思想家们的反思推动，正义问题的研究又被向前推进了一大步，直到现在，正义一直是各个领域的研究者争论的热门论题。

在现代西方伦理学以及政治哲学关于正义的研究中，以罗尔斯、麦金太尔以及桑德斯等人为杰出代表，当然还有很多思想家都论述过涉及正义的问题，但是只有这么几位是专注于正义的理论研究。其中麦金太尔是一位在现代正义理论研究中承前启后的人物，他批判性地继承了罗尔斯和诺奇克的正义理论之后，又对现代西方的正义理论及历史传统进行了全面的批判性反省。他在先后发表的《追寻美德》和《谁之正义？》两部著作中集中地表达了其美德正义理论的认识。首先，他是针对当代西方社会的道德危机和道德理论危机的现实问题出发的，批判了现代自由主义的规范正义理论，进一步确认并选择了自亚里士多德以来的美德正义传统，寄希望于通过这一传统的挖掘与弘扬来摆脱自由主义所带来的困境，解决现代社会中人们在正义观和生活实践中的种种冲突与矛盾，从而获得理论和实践的合理性。麦金太尔认为正义不仅是外在于人的规则和秩序，而且更重要的是人的一种内在能力、品质和美德。①

事实上，在整个人类教育历史发展过程当中，人们参与教育活动的目的从来没有停止过改变，而且在集体目的和个体目的之间时常发生钟摆运动，并没有将集体目的或者个体目的作为绝对目的而一直保存。近代以来，人逐渐开始注重对自己自然本性的保护和解放，以及对于个体权益的满足。卢梭在《爱弥儿》当中对爱弥儿在12岁之前的远离智识教育的消极（自然）教育就是一种对个体的个性的保护和发展，而没有急着将他塞入学校的集体教育当中。虽然思想家卢梭竭力提倡自然教育，但是我们也不能完全同意他的看法。尤其是在现代社会，劳动高度分化，生存举步维艰，人必须也可以说是被迫从幼儿开始就接受大量的智识教育，以便在学校制度内按时完成公共教育的内容之后顺利地进入劳动力市场。在这个过程中，没有时间也没有机会给个体来施行漫长的自然教育。但正是基于现代社会制度对于人的高度异化，因此个体需要反抗这种非自然状况，需要争取个体的自然权利。因此，对于现代社会的个人的自由意志来说，他更多关注的是自己想要什么，想去争取更多自然自由的权利，而不是学校的集体式的，缺少个性化关照的教育。

因此，现代的教育正义就走向以在对抗集体意志的环境当中去争取个人的自然权利同时又在个体权利获得过程中被制衡的矛盾路径上。根据以上对古典时期以及近代的教育正义理念的分析，我们发现，现代社会似乎又走向了对于古典时代自然正义的追求道路上来了，只不过现代人已经无力去争取城邦式的全体正义，只能争取个人的个体正义的权利。而在实际的教育活动当中，这个权利的获得也是举步维艰。

除此之外，还有一些问题需要解决。例如，现在人所追求的个体权利并不完全是古典时期的自然权利，而是在被异化的基础上为了实现对于物质以及私人利益的最大占有。人们已经习惯用权利的

---

① ［美］麦金太尔著．宋继杰译．追寻美德［M］．南京：译林出版社，2003：290.

获得和需求的满足作为衡量生活好坏的标准。① 古典时期教育对于个体德性的培育的正义本性被彻底抛弃。因而，现代教育正义就是在被异化的前提之下去争取对个体自然本性的保护和解放，使他们获得比较自由的发展，拿回属于自己的教育权利和发展权利。但是，现代社会一方面在积极为个体争取权利和自由，同时在另一方面却也在加强公共教育，努力通过均衡教育资源、提供平等的受教育机会来保证公共教育的结果正义。② 换言之，现代以来的教育正义实践活动，事实上就是在强调学校正式教育的规范秩序结构的前提之下，尽力为个体争取更多的权利和自由，可见它是一个极端的矛盾过程，也是一个个体与权力斗争的过程。

以上研究简略地考察了西方教育正义的思想与实践的历史演进过程，从中可见教育正义思想在不同的历史时期、不同的社会阶段的发展、所遭遇的转折等，同时亦看到在教育实践当中去争取教育正义举步维艰的现实，这些就是教育正义的事实过程。有史可鉴，人们对教育正义的追求和理论探索依然任重道远。

(二) 非正式教育的正义价值取向分析

从以上对于教育正义思想与实践的历史追溯当中可以看到，从古典时代到近代，再到现代，对于教育正义价值取向的践行，主要是通过权力阶层自上而下所推行的学校教育实践活动也就是正式教育来实现的，当然也包括思想家所推行的思想实验以及教育办学实

---

① 边沁提出，凡是能给最大多数人带来最大幸福的行为就是最大的善。所谓大多数人的幸福就是指每个人的偏好都能够被考虑到其中。因此，在功益主义者看来，社会和谐秩序达成的关键在于对人们现世利益满足的承认，它试图通过对社会中每个个体利益的最大化的满足来实现社会的良好秩序。徐向东著《自由主义、社会契约与政治辩护》，北京大学出版社 2005 年版，第 66 页。

② 杜威在《哲学的改造》一书中还特别强调教育与国家之间的关系，他认为，当个体所生活的环境无法承担促进期发展的职责时，国家必须承担起这个责任。"国家的责任就在于为一切人最大程度的"发展"提供健全的条件，不管有多大的经济上的及其他方面的困难。他进一步提出了义务公共教育的思想，认为国家应该保护弱者和依赖者，以及为一切人的发展提供平等的机会。"

践。但是在这个过程当中，恰恰是最有受教育权利和需求的普通民众并没有多少话语权和选择权：没有免费的公共教育就没学上，有就去。那么对于本研究所关注的非正式教育又是如何体现教育正义的价值取向呢？

实际上，教育正义的价值取向从来都不是正式教育的专利，只是在国家诞生之后，出于控制以及培养人等目的，国家从社会整体发展的角度，自上而下地通过鼓励、支持学校的建立和建设，从而在正式教育实践活动当中践行教育正义的价值追求。从之前对教育正义的思想和实践活动的大致梳理过程中就可以发现，教育正义是整个教育活动的基本价值标准，不论是正式教育，还是我们这里重点研究的非正式教育。而对于普通民众来说，他们除了把握公共教育资源，还能把握的就是非正式教育资源。

根据之前剖析的教育正义的思想发展演变的过程，非正式教育的正义价值取向呈现两条线索，第一层次是非正式教育的自然正义，第二层次是非正式教育的承认正义。① 自然正义在非正式教育活动当中发挥着重要的基础性作用，作为一种成长性的本色担当，但也不能否认自然正义也存在一些局限性，例如自然正义只限于非正式教育活动当中基于自身特点的要求所提供的正义支持，而对于自然之外的衍生要求则无能为力。对于非正式教育的自然正义来说，它的主要依据是受教育者自身的特点以及他所设定的发展目标的要求，也就是以受教者自己为根本主体出发的教育正义追求。而作为非正式教育的核心价值取向之一的承认正义来说，其所解决的核心问题就是"承认"，承认每个普通受教育者的"尊严"和权利，是位于自然正义之上的价值追求。

非正式教育的受教育主体在坚持自然正义的基础之上，追求更

---

① 承认正义理论是由法兰克福学派第三代领军人霍耐特、弗雷泽以及加拿大政治哲学家查尔斯·泰勒提出的，它具有典型的马克思主义批判传统，但又综合了自由主义、社群主义等流派的正义观，所以它既不同于马克思之前的思辨正义，也不同于自由主义和社群主义的正义，而是一种综合了马克思主义正义观的批判解放性和自由主义、社群主义正义理论的规范性的实践正义，因此，它更具有人性化特点。

高层次的承认正义作为自己的主要价值取向，但这并不代表实现了承认正义之后自然正义就不存在，恰恰相反，自然正义一直是作为基础而存在，不论非正式教育价值取向的高点到达哪里，自然正义的基础取向永远都无法舍弃。而且在教育事业的不断发展和深化的过程当中，承认正义也会获得更多的重视。如冯建军教授所言，承认正义是教育活动内在的必然要求，消除羞辱和蔑视是教育承认正义的底线要求，尊严的承认是教育承认正义的终极追求。①

1. 非正式教育的自然正义价值取向

根据之前对教育正义思想的历史演变轨迹的分析中可知，在古典教育正义理论当中，自然正义是古希腊时代哲学家们的一个共同追求。如亚里士多德所言："所谓正义，一切人都认为是一种由之而做出正义的事情来的品质，由于这种品质，人们行为正义和想要做正义的事情。"②也就是说，在亚里士多德看来，正义是内在于一个人的品质当中，是一种内在的道德意识，当然这种内在的品质会外化于行为之中。现代西方思想家在继承了古希腊的自然正义传统的基础上追求实现个体的自由与权利的教育正义。但是现代意义上的非正式教育正义所追求的个体权利事实上是在被整个制度异化之后的权利，这种权利是被牵制、被设定的一种有限的权利和自由，与古典的自然自由是完全不同的。在古典时代，作为公民存在的自由人，还能完全拥有自身，还是自己最彻底的掌控者；但是在现代社会当中，人处于彻底的人与人的关系之中，处于权利和权力制衡的枷锁之中，人在牵制当中享有微小的自由，他人的自由即是我们自由的边界。而当所有人的自由早就被设定好了之后，他人的自由、我的自由也无所谓边界和区隔了，都是被异化、被物化的对象。

面对这种现代性的窘迫境况，教育活动一样不可能逃脱。对于

---

① 冯建军. 后均衡化时代的教育正义：从关注"分配"到关注"承认" [J]. 教育研究, 2016(4): 41-47.
② [古希腊]亚里士多德著. 苗力田译. 尼各马可伦理学 [M]. 北京：中国人民大学出版社, 1994: 88.

正式教育来说，受教育者是没有权利对公共教育提出选择一种个性化的教育方式的，所有人只能从属于一种教育形式、一种教材、一种教育标准。在正式教育的过程当中，人的自然本性很难保存，相反，人很容易被规训、很容易呈现同一性。因此，相比于正式教育的无可奈何，在正式教育之外的非正式教育却意外获得了巨大的生命能量。非正式教育是从受教育个体自身出发的教育形式，它不受自上而下的教育目的、教育目标、课程目标等的限制，相反，从理想状况来说，非正式教育有自己的"真空世界"，而常常被称为"真空"的学校其实并不是真空，它只是将学校与社会硬生生地割裂，但是它远没有解决成人与儿童、成人与自己之间的割裂问题。所以说，称得上"真空世界"的，其实是非正式教育。在这个理想化的真空环境当中，教育的自然正义也就有了完美的成长和保存的空间。

教育的自然正义价值取向首先定位于着力矫正由当前时代不合理的教育制度所引发的教育强制行为和目的，另一方面是着力保护受教育者自己的自然生长方式和自然成长过程。事实上，对于非正式教育来说，一方面自然正义是非正式教育应该坚守的基本教育正义价值取向之一，其发挥着非常重要的基础性作用；但是在另一方面，对于非正式教育本身来说，其作为基础性的自然价值取向，可发展的空间并不是很大，它需要获得其他方式的帮助。在非正式教育世界当中，自然正义是教育者与受教育者之间在非正式教育活动之中必须坚守的基本价值，对于受教育者以及教育者自身来讲，是属于教育者和受教育者群体之间的非正式教育的内部价值。首先，非正式教育本身为受教育者获得自然生长所能提供的资源很多，也都非常重要。在非正式教育活动当中，教育者以及其他教育相关人员可提供的教育资源包括受教育权利、受教育机会、教育时间、学习时间、教育空间、教育工具和学习工具等，这些内容的利用和分配都是相对于教育者或者受教育者来说的，是一种最简单且最有效的交往方式。其次，非正式教育本身的应然价值取向应该是指向无功利性，其实就是它的自然属性，因此它其实和罗尔斯的分配正义是存在矛盾的地方的。因为罗尔斯的分配正义的前提之一是假设人们都是持功利主义的立场，追求效率最大化，但是非正式教育的原初内涵中并没有功利的基因，只是在受正式学校教育的功利目的、社会的其他功利价值追求的影响之下，才产生了功利的影响，但是也不应该作为主要的考虑因素。因此，非正式教育的价值取向当中的自然正义是在任何时候都应该坚持的基础正义，如果没有自然正义的保证作为基础的话，很难想象非正式教育是不是还会坚守在无功利的道路上。

对于非正式教育的自然正义来说，它还会时常受到正式教育的异化作用。在现代社会中，教育活动是以正式教育活动的显性目的为主要目的的，因此非正式教育活动难免受到正式教育活动价值观的侵蚀或者时间和空间上的挤压。这种情况在受教育个体身上很容易发生。当把非正式教育作为一个整体的教育活动来看待时，这种情况很少出现，教育者和受教育者一般都能够坚持自然正义的价值取向。但是对于非正式教育活动当中的受教育者来说，其行动或者其他内容将受到正式教育活动的排斥或者吸纳，很容易将非正式的教育活动作为一种事实上的正式教育活动而实施了。这是正式教育在目的论和价值观上对非正式教育的招安，受教育者受到正式教育的功利压力的作用，一般根本无力反击，甚至都无法察觉。因此，这个时候就需要非正式教育的承认正义。

2. 非正式教育的承认正义价值取向

在非正式教育的正义价值取向中，自然正义主要解决的是保护受教育者不受制度世界的异化作用，在发展过程中竭力保持原初的生长趋势，也就是发挥一种基础性的价值。自然正义的边界决定了自然正义的功能空间只限于保护受教育者的自然底色，而对于超出自然状态之外的内容和要求则无能为力。一旦超越自然正义的边界，也就意味着它已经丧失了力量。总的来说，自然正义旨在解决对受教育者原初个性的保护，但在很多情况下，教育正义不仅仅是维持自然，它还需要寻求高层次的发展和超越，包括获得认同，获得激励，获得关照，也就是承认或关照构成了更高层次的价值范畴。但是提出承认正义并不是要取代或者覆盖自然正义，而是在自然正义都无法解决的尊重、导引等问题上，承认正义能够适应社会平等和差异承认的保护性诉求，从而在实践上确定一个程序性的定位，把承认正义和自然正义二者整合为一个统一体。

承认正义标志着非正式教育作为人性化的交往活动而存在。对于受教育者个体来讲，其最需要的价值取向就是承认。正如黑格尔所言，"在承认中，自我已不复成其为个体。……人必然地被承认，也必须给他人以承认。这种必然性是他本身所固有的"①。从本质上讲，承认正义更多地着眼于人与人的关系，主要关注的是群体内部的个体的成长和发展，诉诸的是个体间的伦理关系以及个体自己与自己的关系，指向人与人之间人格上的平等与尊重。承认正义是基于主体间性而提出的正义，通过承认所有人的个体尊严的目标来定义。在教育的承认正义理论看来，首先承认概念具有核心的意义。它并没有表达一个新的社会运动目标，其核心"不是消除不平等，而是避免羞辱或蔑视代表着的规范目标；不是分配平等或物品平等，而是由尊严或尊敬构成了核心范畴"②。

首先，非正式教育是面向教育者和受教育者的交互活动，它起源于受教育者的成长需要。承认正义的首要原则就是需要原则。需要原则本身具有很复杂的涵义：我们从对教育者和受教育者都是理性人的基本假设出发，从教育对象来讲，包括受教育者和教育者在内，他们二者是相辅相成，缺一不可的。在实际教育活动当中，如果只是受教育者有需求而教育者没有需求，那么教育活动不可能发生。当然二者的需求不一定永远都是对等的，但一定都是在场的；从动机上讲，需求的要素就更加复杂了，受教育者可能是因为求知的需求、交往的需求、信任的需求、认可的需求等，那么教育者可能是基于自我实现的需求、经济的需求、交往的需求等，受教育者和教育者都带着相应的动机参与到非正式教育的实践活动当中，当然最重要的是不论教育者还是受教育者，他们的动机一定包含着寻

---

① [德]霍耐特著.胡继华译.为承认而斗争[M].上海：上海人民出版社，2005：49.
② [德]阿克塞尔·霍耐特.承认与正义——多元正义理论纲要[J].学海，2009(3)：79-87.

求认可、寻求承认的价值取向，这是实施非正式教育活动的最基本的动机要素；从教育目的上讲，受教育者可能是在追求知识的目的，追求兴趣的满足，追求道德品质的超越性，教育者的目的是做到自我实现等，都是建立在教育者对受教育者、受教育者对教育者的交互承认正义的基础上的，如果没有基本的承认正义，主要是持无功利立场的非正式教育活动是进行不了的。总体上讲，承认正义能够保证教育主体处于一个积极的互动氛围当中，并且通过主体间的关爱，满足受教育者的学习需求或者交往需求，从而在比较自然、轻松的环境中实现教育目的而避免正式教育过程中处处充斥的竞争性行为。通过承认正义，教育主体能够在互利共生的状态中成长、发展，相互信赖，相互监督。

其次，非正式教育是基于教育者以及受教育者的平等地位而开展的。承认指明了主体间一种理想的相互关系，其中一个主体视另一个主体为平等者。这种平等不是物质上的平等，而是人格上的平等。物质上的平等并不能必然带来人格上的平等。而人对交往关系当中的人格和尊严平等是有非常强烈的需求的。而且将受教育者依据其外貌、所在阶层、经济状况、文化水平等做出等级划分是与平等原则彻底相悖的，平等的权利赋予所有人平等的地位，需要所有人努力拒绝特例和特权的存在。当然，平等不是均等，如果只是形式上的均等，就远远背离了平等的目的，真正的平等是通过差异关怀以及补偿关怀来让所有人都依据自己的能力获得个性化关照。从本质上讲，平等原则是通过在非正式教育场域内承认教育者和受教育者具有平等的权利和资格，并能够依照双方都认同的平等模式展开日常的教育生活。并学会把对方理解为具有平等权利的教育共同体的成员，在对他人表达尊重的同时也从他人的平等承认中获得相应的尊重和理解。

再次，在非正式教育的教育承认正义的价值取向当中，教育者和受教育者有相互建构、相互成就的趋势。受教育者在成长发展过程中通过获得教育者对其发出的个性化的赞许语言进一步肯定自己所具有的特殊价值，从而产生自豪等个体心理高峰体验，进而促进非正式教育活动的顺利完成。成就是承认正义的最高指向，也是承认正义所追求的最高价值。因为承认就意味着教育者和受教育者之间的相互尊重、相互信任、相互成就。在非正式教育活动中的人不可能是完全相同的,每个人都是个性化的存在,根据个人所具有的特殊成就与贡献给予相应的承认,这就是成就的赞许。成就赞许具有个体化特征,不同的成就获得的赞许度会有差异,但成就赞许不应成为少数人的荣誉,真正的赞许是与其他人无关的,面向每个独立的个体。因为每个受教育者都是独特的、个性化的,需要多元的价值标准来肯定受教育者的个人成就。同时也要注意到在非正式教育中的受教育者之间的协作交流。教育心灵与心灵的沟通,灵魂与灵魂的交融,人格与人格的碰撞过程,更是"扬长避短"、"长善救失"的过程,因此在赞许活动中,让受教育者获得个体成就感,感到教育者对自己的承认、重视和尊重,反过来,也会更加肯定、承认和尊重教育者。这是一个相互成就的赞许过程,非正式教育场域中的每个人最终都获得独属自己的自尊感和自豪感。

坚守承认正义的教育是真正进行心灵交流的教育。正如一位日本伦理学家所言,"人格的真正自由而平等的关系是相互承认的关系……人格间的相互承认,是在相互尊重他人的人格及其价值(尊严)的基础上,相互保证、促进他人的人格实现"①。在承认正义标志着非正式教育作为人性化的交往活动而存在的时候,承认正义也就成为了非正式教育人性化的实践正义。非正式教育的承认正义涵盖或承认了这两个原则:平等原则与成就原则,非正式教育的承认正义不仅关注形式正义,更注重实质正义。

总之,承认正义是非正式教育人性化的实践正义,也是更为崇高的正义价值取向。非正式教育的承认正义价值取向需要适应受教育者的个性化、差异化的发展目标,进而努力培育受教育者的完整人格,在教育活动当中维护受教育者的人格尊严,从而解决自然正义所难以解决的受教育者的自我实现等问题。

---

① [日]岩崎著. 允胤译. 人的尊严、价值及自我实现[M]. 北京:当代中国出版社,1993:66.

(三) 自然正义和承认正义的辩证统一

1. 非正式教育活动中自然正义与承认正义的实际应用困境分析

一是自然正义与承认正义所面对的实际问题的隐蔽性。

行文至此,不难发现,对非正式教育正义价值的追求已在事实上被区分为两种不同的类型,一是处于基础阶段的自然正义。自然正义并不是一种新的正义取向,它在教育史上已经获得了长足的发展。只是对于自然正义的价值取向,在有些时代中,它被奉为瑰宝,在有些时代当中,它并不被看重。在不被特别重视的时代里,事实上仍然还是有人一直在努力强调它所具有的价值。但是,自然正义虽然是作为基础性正义价值取向存在的,但是由于自然正义所需要的社会认可度更高,所以这种价值取向在实际社会生活当中的可行空间并不是很大,即使获得了大众的认可,但是由于我们处于一个普遍异化的世界当中,实现"自然正义"本来就是一件非常艰难的事情。它尤其需要教育者有承担责任的勇气,有强烈的辨别世俗教育趋势的意志。另一种教育正义价值取向的类型就是最近被学界提出的承认的正义,其目的是保证所有受教育者都能够获得一种有尊严、受尊重、需求被满足、成就被肯定的教育,避免其受到教育本体之外的伤害。因为在非正式教育活动当中,伤害的方式一般都非常隐蔽,常常并不能被教育者和受教育者察觉。这种"隐蔽"并不一定是一种故意而为的行为,恰恰相反,在很大程度上,教育者所施行的非正义行为常常是受他在社会生活中的文化、习惯等影响,他已经形成了固定的行为模式,包括偏见、势力等,他坚持这种行为模式,在没有受到重大挫折或者接受重大转变的契机的时候,他未必能发现他的行为对其他人所造成伤害。比如在非正式教育活动中的隐形歧视,外貌、经济地位等,都有可能引起教育者实施这种"无意识"的伤害。那么我们的非正式教育的承认原则就要促使自己竭力克制这种伤害,或者尽力做到摆脱。

例如,目前心理学界饱受大众诟病的一个概念就是"原生家庭"。原生家庭是一个完美的非正式教育场域,在这里存在天然的教育者和受教育者。但是这种"天然的关系"反而给受教育者带来更多的困惑甚至是伤害。心理学中不乏大量批判"原生家庭"的原罪性的案例。原生家庭确实会对人的行为习惯、性格特征产生最大的影响,因为在这个场域当中,我们在教育者行为方式、言语方式的日积月累的熏陶之下,深深地印刻上了同一种"家族模式"。①但是这并不意味着就能把所有的问题都推给"原生家庭",对于原生家庭中的教育者来说,他们可能是对受教育者产生不良影响的"罪魁祸首",但事实上,他们也是上一代的非正式教育过程当中的受害者。这种隐蔽的、具有遗传性质的非正式教育消极作用就这样被一代代地传递下来,直到有人再次受到深深的伤害,同时又有绝佳的契机让他发现这种形式最为隐蔽的"伤害模式",然后找到这种深刻的最终极原因,慢慢改变。事实上,重大的改变是很难发生的,但微小的改善仍然可以做到,因此就需要非正式教育当中的自然正义以及承认正义一直在场,反身性地反观自身,发现自己所"遗传"的伤害方式,停止这种伤害行为,并且通过承认正义,对已经产生的伤害做出弥补,同时在接下来的行动中,走向新的承认正义的教育方式。这需要受教育者和教育者的共同努力,才能走出遗传性的"原生家庭代际传递"的循环怪圈②。

二是自然正义与承认正义实际应用的困境。

虽然以上对非正式教育的正义价值取向做了详细的分析研究,但是这并不能代表关于非正式教育正义价值取向的理论就是完美的,恰恰相反,理论本身与实践活动之间的差距让研究者常常警惕自己理论的限度以及其实践的有效性问题。对于非正式教育的教育正义价值取向来说,实际的非正式教育活动是一种高度复杂的社会活动,受多种因素的交互影响,包括教育者、受教育者、教育形式、

---

① 廖金花. 昨日重现:来自原生家庭的伤害及反思[J]. 当代教育理论与实践,2015(4):150-152.
② 赵郝锐,童辉杰. 原生家庭的代际影响[J]. 北方民族大学学报(哲学社会科学版),2015(5):126-129.

教育资源等因素，以及影响教育者、受教育者、教育形式、教育资源等的背后的元因素。因此对于非正式教育活动之中所涉及的教育正义问题，同样也是极端复杂的，很难找到一种纯粹的适用教育自然正义的活动或者纯粹适用教育承认正义的活动，常常是遇到既包含自然正义又涉及承认正义的实际社会正义问题（通常情况里，经济上处于弱势的受教育个体或者群体，事实上其社会地位和文化特征也处于弱势地位，因此，也容易受到别人的忽视甚至歧视，根本无力承受自然成长所需的代价，也较难获得主要来自其他主体的承认和尊重）。因此，面对实际教育活动当中的行为的分析以及矫正问题，很大程度上需要对两种非正式教育正义价值取向进行辩证地统合，才能真正在非正式教育实践活动过程中发挥理论所预想的作用。

毋庸置疑的是，对于非正式教育的实际活动所涉及这类问题的解决方法，既需要自然正义，也需要承认正义。自然正义和承认正义，虽不一定具有严密的逻辑矛盾关系，但在现实中，二者是相互缠绕、密切相关，共同承担着非正式教育活动的教育正义价值取向的责任。

2. 自然正义与承认正义的辩证关系分析

（1）对于"一元论"的批判分析

事实上，很多社会正义问题的研究者都是主张建立一种复杂论的正义观。在非正式教育的教育正义价值取向当中，这二者不是对立关系，更不是互斥的，而是相互融合、相互补充的关系。为了推进学术的研究才将一些活动设为一种理想状态下、单一因素所起作用的活动，但是在实际的非正式教育活动当中，这种冲突实际上一般不存在。当教育者遇到需要运用自然正义原则的地方，事实上，他一般还需要配合使用教育承认正义的原则。对于需要承认正义的受教育者，一般来说，他的成长过程已经获得了自然正义价值取向的护航。但是这也并不一定意味着用到自然正义的非正式教育活动一定需要承认正义。此外，政治思想家格维尔茨也指出，"社会的公平正义应该是关心每个人在社会中应该如何被我们以认为是好的方式来对待，要解决这个问题，就需要从分配的角度和关系的角度结合起来去理解"①。因此,自然正义和承认正义不是谁取代谁的矛盾问题,而是相互支撑、相互配合,共同构成教育正义的两个重要维度。

事实上,对于多元复合的正义理论来说,并不是只有自然正义和承认正义,还包括分配正义、补偿正义,也还包括以承认为主题的关系正义、多元文化正义等。自然正义所代表的是对于人的自然身份在现代更高发展程度的文明当中的保护和复归,以及对现代性异化世界的勇敢对抗,而承认正义则是在自然正义的基础之上,保证教育者对受教育者的人格特质、心理特征等的矫正性与激励性的教育实践活动的顺利进行。

(2)对"复杂多元论"的积极建构

至此,不难发现,对教育正义的价值取向已在事实上被区分为两种不同的类型,一是自古典时期产生的自然正义的价值取向,经由近代社会的曲折发展后,再到现代教育世界的更高程度上的复归;另一种类型便是最近被提出,目的在于使所有学生都能够有尊严地享受教育生活、避免在非正式教育活动过程中遭到歧视、获得偏见等伤害行为的承认范式,其对应的不正义形式是由对承认期待的伤害而造成受教育者所感受到的权利不受尊重甚至被蔑视等问题,这种不正义形式因为更为隐性、微观,难以着手处理,处理也很难获得积极显现的效果而只获得了极为有限的关注。

如此,从直观上看自然正义与承认正义构成了非正式教育正义价值取向当中的一对互为独立的范畴,两种价值取向各有自身的功能空间。自然正义的取向把自己的重心集中于从受教育者的原初状态开始对抗现代性世界对教育目的异化,而承认正义的价值取向则将自身定位于一种文化氛围当中,通过在文化生活中的互动,从心理上作用于受教育者。前者矫正的是非正式教育活动中的基础性教育模式及结构,后者的着力点则是对受教育者的超越性塑造。然而,两者之间的独立性并不意味着他们之间的相互隔离。事实上,

---

① Gewirtz, S. Rethinking Social Justice: A Conceptual Analysis[M]. New York: Palgrave, 2001: 49-64、50.

教育过程中的忽视甚至歧视虽不完全源于非正式教育本身的功能结构，但毫无疑问，其与竞争性的正式教育制度安排有着内在的关联。也就是说，非正式教育的模式常常移植自正式教育，而在正式教育过程中由于受到功利目标的趋势不得不采用最有效率的方式。因为在非正式教育当中的教育者曾经也受到正式教育的作用，所以在非正式教育发展的过程中，这种移植行为表现得非常明显。

不过自然正义与承认正义之间的这种联系还不足以使对方成为自身的根源，即自然正义的丧失并不能还原为承认正义的缺位，而尊重的缺失也不完全根源于自然正义的缺失。完整的非正式教育正义价值理应是自然正义与承认正义的复合观念，使得对正义的追求既体现在制度的正义性中，也体现在交往的正义规范之中。因此，非正式教育正义既要保持自然正义的生成，同时也要保证承认正义的实施，让自然和承认各自承担起自身的正义使命：自然正义为所有受教育者的成长发展提供基础性的公平承诺，承认正义为受教育者的成长塑造良好的环境。复合正义的观念就是要在两种正义取向的规范下，既为受教育者最初的发展阶段提供充足的源动力，同时也为之后受教育者被认可的需求提供良好的心理环境。任何一种正义的范式都不可能通过简单的化约而成为另一种正义范式的替代方案，事实上，它们有着各自不同的问题指向和预期目标。

二、非正式教育无立场的价值取向

（一）非正式教育立场的被遮蔽

所谓立场，就是一种取向、一种原则。立场是主体基于自身的价值观念、文化常识等对客体所做出的一种选择，一种基本的判断，一种态度。立场是一个主体思考问题、解决问题的基本方式。主体持有什么立场，就意味着主体所持有的标准和原则，主体所表达出来的态度，主体所呈现的思维模式，这些就是立场的基本构成。教育作为一种人类实践活动，有关教育立场的问题从未停止过争论，因为这是教育世界的最基本的价值观、态度以及思维的展现，基本的原则没有确立，就无法再进行下一步的教育实践活动，甚至会导致教育身份的迷惘，教育价值的错位，其他问题也就随之而来。

1. 非正式教育与其他社会结构作用中的立场问题

教育是人实现社会化最重要的途径，正式教育之外的非正式教育在其中起着非常重要的作用：从个体角度研究，一些重大的启发或转变，一些思想和行为永久的印记很多是来自于受教育者在非正式教育活动中所受的影响；对社会来讲，现实社会生活需要非正式教育提供一个相较正式教育更加生活化、更富人性意味、更具个性化的教育服务来保证人的发展、文化的传承和创新以及社会的进步等目的的实现和延续。

在现实生活中，非正式教育除了受到正常的生活中经济、政治、文化等因素的影响作用，还不免要受到社会中各种规则、条律以及诸如正式教育当中的（教科书、考试等可能具有规训化色彩的）一些因素的影响。这一方面表现在非正式教育的发展依靠这些因素，但又不能完全臣服于这些因素的作用力之下，不能让这些因素限制自己独立的存在和发展的条件以及道路；另一方面，它却也在隐蔽地以制造和传承这些力量为内容。这意味着非正式教育本身所具有的独立性很差，它在很大程度上依靠其他社会结构对它的支撑和引导。因此，非正式教育也反过来会做出谄媚这些社会结构的行为：它一面在拒斥控制和消极影响，一面却在默默生产未来还会控制自己的东西，而且无力逃出这个循环。换言之，在教育认识和实践活动当中，出于各式缘由，还是使得非正式教育世界同样充满了"原则"和"规范"：抑或把某个时代的政治教条作为教育的根据；抑或把某个人物的言说作为教育的根据；抑或把某个在特定条件下通常使用的教育措施或手段作为根据；抑或把教科书或某种考试作为根据，等等。这些"意见"和"规范"能够确保此时的教育有序、顺利地开展，但它却不能充分表达教育的本质要求、甚至在某种条件下会遮蔽教育的终极关怀。① 要认识到，存在的未必就是合理的，对于当下教育世界当中存在的关于教育发展的"原则"、"指

---

① 刘旭东."无立场"的教育认识与人的全面发展[J].西北师范大学学报(社会科学版),2010(2):55-59.

导"和"规范",都有自己的根本意图,而这些意图在某种程度上都带有某种利益所主宰的取向或立场,它的实现过程或者是要以失去某些内容为代价,或是生成了教育原本不需要更不想要的事物。因此,不能让"意见"或者"规范"成为教育发展的根据,更不能把这些要求当做教育实践活动和教育认识活动的唯一根据,这样做必然会遮蔽教育活动和教育认识的视野,扭曲非正式教育的真正价值。

2. 解决非正式教育实践问题的立场

非正式教育的立场问题,事实上与教育的立场是密切相关的。在研究教育以及解决教育问题的过程中,研究者所采取的思考方式、实际教育活动中的教育主体解决问题所采取的路径等,都是非常重要的问题。在面对现实世界发生的教育问题的时候,我们解决问题的基本立场常常是从知识论、或者技术论的立场去消解或解决教育实践中的困难,而摒弃了以价值思考的方式去思考生活和教育的问题[1],或者应该采取一种知识论、技术论以及价值论多元融合的方式解决复杂的教育现实问题。事实上,在研究或者解决教育问题的过程中,教育研究者们常常形成一种学院式的"理论生产方式"[2]的研究路径,这种知识论式的或者技术生产式的思考、判断、解决问题的立场常常就是我们的解决问题的方式,本质上,这种学院式的立场是将复杂的教育问题用一种线性的、简单的理论模式解决了。虽然理论研究是作为一种技术性的解决方式而合理存在,但是对于现实教育世界里交叉缠绕的、厚重的多元复杂问题来说,还在是太轻了。

对于非正式教育而言,理论思维是重要的,但更重要的是需要我们不断地去追问:什么是好的非正式教育?什么是最正义的非正式教育?怎么才能实现所有人的幸福?因此,对于基于生活、基于我们社会的文化传统而产生的教育问题、教育需求,研究者需要反

---

[1] 金生鈜.无立场的教育学思维——关怀人间、人事、人心[J].华东师范大学学报(教育科学版),2006(3):1-10,20.

[2] 孙元涛.教育学学科边界问题的再认识——关于"跨学科研究"的教育学思考[J].教育发展研究,2010(24):31-35.

观生活，需要不断地追问。研究者主要是对两方面的追问：一是不断地对自己的研究立场、研究思路的反思，在解决问题的过程中要求我们必须有一种追求更好的精神意向，这样才能不断地推动我们去延展思路、发现自身的局限性；二是不断地对问题本身进行剖析，而且剖析的过程需要和解决的思路相结合，矫正、重新陈述都是必要的，同时也要有对无法解决的问题做出消解的准备。但是这就对非正式教育研究以及现实实践活动提出了一个非常棘手的根本性问题：如何判断一种教育思想或者一种教育研究立场是，是最好的，最正义的，而有没有其他比他更好的选择呢？事实上，这个问题的提出就表明我们早已默许了一种功利主义的思维模式：寻求最好。在教育研究中，关于教育选择的思想性判断是必须要超越这样的利益立场，换言之，这种立场不是基于问题本身，而是结果取向，以一种价值立场来和另一种价值立场进行比较，或者一种作为另一种的基础等思路和做法。当然，这种研究的立场是有其存在合理性的，但是合理的并不一定就是自然的，或者说最正义的。

简言之，对于当前的非正式教育实践活动以及理论研究活动来说，我们常常采取一种习惯性的（知识论或技术论的解决立场）或功利性的前设立场来面对问题、解决问题。① 但事实上，这对于解决新的教育问题是有天然的偏见的，我们预先排除了其他的可能路径，而直接将问题同质化、简单化处理，直接指向我们期待的结果。但在非正式教育活动当中的这样一个过程，就是一个把人同质化、贫乏化、简单化的过程。当前非正式教育活动常常被一些外在于教育本身的教育目的、意见规范所限定，人为的外在标准都只能是意见或规则，而这些意见和规则通常都是利益的产物，都有自己的意图和历史性，并不能做到对人原初的多样性的保护，也都不能对教育的永恒理念予以恰当、合理的评判。单一的立场常常会在无意识的行为当中遮蔽了非正式教育所有的关怀属性，偏离了教育的原初价值。我们应当形成一种多元的、面向可能生活以及可能的发

---

① 金生鈜. 无立场的教育学思维——关怀人间、人事、人心[J]. 华东师范大学学报（教育科学版），2006(3)：1-10，20.

展的教育认识，使非正式教育真正能够从各种意见和规范的遮蔽中解放出来，让教育回归生活，让每位教育主体都能通过非正式教育去幸福而自信地开发并实现生活中的各种可能。

教育能够做到给予人一颗明智且善良的心灵，让人明辨是非，洞察事物表象背后被遮蔽的真相，进而省察自身。非正式教育同样也是能够做到如此境界的。从非正式教育本身来看，就是通过生活化的世界，教育者引导受教育者进行学习活动，习得知识，健全人格。相比正式教育，非正式教育除了重视知识域的问题，更重视受教育者的成长发展的问题，还有教育者的实际生产与生活。

显然，呈现在非正式教育面前是一条无立场的路径。

（二）从自然意义上理解立场的生成与消解

首先是关于世界的原初状态以及人类中心主义立场的出场。

自然是最本质的存在。这里的自然并不是现实生活中生物自然界意义上的自然，而是泛指一切能够自己生成自己的自因性存在，也包括人在内。万物都有自己的生存方式，都有自己的生存状态，都有过自己的原初表现形式，在理论上都能够找到一个事物本来的样子，也就是原初的形态。这就是自然。

对于人来说，人的自然就是人本来的样子，最初的状态，但是对于现代社会的人来说，人长期处于被异化、被规训的过程当中，而这个异化过程的主导者并不是人之外的世界，而是人本身，更确切地说，主要推手就是人的理性。自然直接就是自然的，但是人不是直接就是人。人有理性，人要利用理性，人还要为万物立法，换言之，人在存在之时想让自己成为万物的中心。因此，对于人之外的世界来说，人就是世界的标尺，就意味着人本身是世界一切非人事物的标尺，因此马克思在《1844年经济学哲学手稿》中曾说道："人体解剖是猴体解剖的一把钥匙。"①事实上，这不是人类中心主义的大放厥词，而是一种没有完成的自然主义的投影或者意识。

事物只能依靠对自身之外的事物的认识来认识自身，也就是具

---

① ［德］马克思，恩格斯著.中央编译局译.马克思恩格斯选集（第2卷）[M].北京：人民出版社，1995：23.

有一种反身性、反省性质。通过对矛盾物以及矛盾关系的认识、理解和解释，人总是能够暂时地将矛盾消解或者隐蔽起来。根据这种辩证逻辑的要求，那么对于自然中心主义的认识也就只能通过对让人类中心主义的分析来得到。但是从最根本的意义上讲，人类中心主义也只是自然主义的一部分，自然主义才是世界真正的原初立场——自然的立场。自然具有最自然的立场，而人的立场都是靠人类自己的理性确立起来的，人靠理性建立世界的一切，包括人自身。但是在最高意义上讲，自然中心主义应该包括人类在内。但这不是说，人可以完全按照自然欲望做出所有的社会行为，而是说，人通过理性的觉醒，来让渡人类的一切立场，甚至包括生存。(注意：放弃生存的立场不等于在事实上放弃生存)显然，这种处于超越状态下的人，实现了一种纯粹的超越性，以至于超越了一切价值，包括人本身，也就是人所谓的人类中心主义。当然这也有被思想家所诟病的集权主义的危险，但是在现时代人类理性逐步破坏价值世界当中的良善事物时，我们至少应该拿出让渡的勇气来，以期实现无限接近共存的自然状态。

其次，人类中心主义的"无立场"状态的呈现。

显然，人类中心主义立场的出现就意味着自然给人安排的使命就是要让人超出自然物所属的自然，而最终在精神中找到理性，从而自然就在人这里被完成了。自然不能完成自己，只能作为存在，而人却不一样，人能够通过自己，来实现自己，完成自己，进而完成自然。在这种完成了的自然中心主义或完成了的人类中心主义的生存状态中，人就走向了一种无生无死的超越状态也就是自然状态。因而，此时完成了自己的人类中心主义在价值论上表现为"无立场"。此时人的"无立场"实际上是包括两方面的生存意义：积极的生存意义以及消极的生存意义。"无立场"积极的意义是指人类不为自身所具有的经验的有限性而产生认识上的有限性或者认识上的被遮蔽，而是走入一种无限的、形而上的自然世界。积极意义就是通过人类无止境的思维模式实现一种真正的无限，经过这样一番人类的理性反省后，人就走入自然状态。人所实现的这样一种"无立场"的自然状态就意味着人已经完全摆脱了其他的非人的也就是物质的或者精神的等等的局限,走入一种无功利的自然境界。

而在中间环节中,人总是"不自然的"。比如人可以为了利益而作恶,可以偏离道德。如果说,人在原初意义上是善的,那么意味着儿童才是纯粹道德的,但是儿童的纯粹道德其实是一种"无道德"或者"前道德"状态,仅仅是作为一种纯粹的原初形态存在。人是要经过中介再次回到纯粹,才是最高的完成了的人。在社会关系的物化过程中,人是始终处在被控制、要妥协的中间环节,会受到各种利益的牵制和驱使,会因为想要避免失败等而发生立场的改变与转移,因此在这个意义上讲,人从来都不够纯粹,从来都不够自然。但是,站在自然的立场,自然就是"自然而然",自然本身只有存在,而没有"立场"。人超越人本身,进入自然,就是回到了原初的地方,回到了纯粹的自然境界。自然无好无坏,无善无恶,此时的人才真正消解掉了理性的一切偏执,成为自然的一员,成为了自然本身,实现最理想的自然目的。

自然状态的人,本来没有立场。而且自然状态的人不但没有立场,也无"主体"呈现。现代世界的人的异化都是在主体与客体的对立关系当中发展的,也就是说人并不是从一开始、从自然状态就具备了主体意识的,而是人赋予自己的。但是一旦人并不能实现或者完成对自身的超越,则就注定要在未完成或者未发现的人类中心主义中上下求索,这就有了人的立场问题。而对于人来说,能够引起人的立场问题的,大概就是人所谓的"生存危机"问题,那么"危机"的出发点到底是什么?危机本身是个价值概念还是事实概念?事实上,危机的概念表明,与我们主观的价值期待正相反对的某种结果即将发生,也就是说:只有当不愿意的东西相对于人类主体而出现的时候,它才会被理解为一种"危机"。① 所以,当人提出所谓的生存危机的时候,实际上预设了一种"价值"在其中了,但事实上,生存危机本身就是一种在尚未完成的人类中心主义之内才

---

① 李广昌."生活世界":哲学的憧憬与失落[J]. 齐鲁学刊,2005(6):125-128.

"有效"的概念。①

而在完成了的自然中心主义中，我们不怕危机，也没有危机；我们不追求无限的欲望，不作为主体来占有其他自然物（人在自然生命当中有些行为表现为对其他自然物的占有和利用，这是属于自然无立场行为，就如同狼吃羊一样，这种自然的生存依赖关系并不是对自然的破坏），不能认为只要是人类的生存发展就必然是一种对自然破坏的发展。为维持生存而对自然物的占有，是纯粹的自然无立场行为。否则，如果超越这个方面，就是对其他自然物的强行占有，就偏离自然中心主义了。这种态度不破坏自然，当然也就不会出现生存危机。而我们同时又具有超脱生死的立场，根本就无所谓危机。当然也就不怕危机。人停留在自然生命上，却又逃不脱自己所创造的危机的束缚。所以人类的存续问题是以完成了的自然中心主义的方式而获得的。否则，人为了生命而保护生命是不可能获得持存的，人类持存是"无意而为之"的结果。②

(三) 无立场的价值取向：回归生活世界的非正式教育

教育是起源于生活需要的实践活动。在非正式教育漫长的历史发展过程中，它没有游离于人的生活之外，天然地与生活结合在一起。当然，虽然此时的生活与非正式教育是相统一的，但此时的非正式教育认识并不是一直都有理性的在场，在很长的一段发展时期内，非正式教育都没有得到过理性的指导，带有鲜明的无意识文化适应的特点。随着生产力的发展，社会的进步，教育也随之获得更好的发展，但同时教育的功能和作用就再也不仅仅是作为生存技能的学习和传递了，而是被赋予了知识享用的内涵。因此，教育根据其功能和内容的不断分化而整体分裂为正式教育与非正式教育两部分。正式教育作为一种制度化的、高效的、自上而下的培养人的手段而获得了迅速的发展，而非正式教育则仍然坚守"教育"的原始

---

① 李丰茂. 重建技术化生存的人文主义向度[D]. 吉林大学博士学位论文, 2006: 28.

② 李广昌. "生活世界"：哲学的憧憬与失落[J]. 齐鲁学刊, 2005(6): 125-128.

含义——生活的一部分一直在缓慢地持续着。在教育分裂的这个过程中，知识与生活发生分离，正式教育渐渐远离生活，成为一种专门致力于培养人的社会活动。

因此可以说，非正式教育一直葆有教育的原初性质——生命的实践活动，对于非正式教育的价值取向来说，"无立场"的取向就显得尤为重要了。非正式教育没有对人的知识技能做出强制的要求和划分，它还是保存着最朴素的教育要求，即认识自己，认识世界，学会做人、"学会做事、学会学习和学会与他人共同生活"①。非正式教育的终极关怀并不是以终点的形式存在的，它渗透并存在于所有的教育现实中，存在于每一个具体的教育行为与每一次教育活动之中，是构成每一种教育现实的要素。尽管它只能存在于充满各种非主流、甚至是各种异己力量的教育现实中，但作为教育实践的灵魂之一，它直接影响着教育世界未来的发展方向。现实的教育活动和教育思想受各种因素的影响和作用，同时也有多种力量之间的相互博弈。当某一因素在教育活动中占主导地位，那么这一时期的教育实践活动就会重视这个因素进而朝着这个因素的要求所发展。如前所述，在这样的发展过程当中，非正式教育的价值很可能被遮蔽。例如当代信息技术、网络技术的发展，在正式教育当中，教师的作用受到了网络教学视频以及 MOOC 等通过网络手段实施的课程的影响，因此有学者就教育的未来发展形势、教育方式的未来发展路径进行了探讨②。技术在历史的发展过程中常常起着社会进步催化剂的作用，但是在当代，技术的作用是不是仅仅止步在催化剂的地位上？或许答案是否定的，技术理性以及技术非理性对人类的生存所造成的影响和恐慌不得不让我们重新慎重地思考和把握技术对于教育、非正式教育发展的影响和作用。

---

① 联合国教科文组织国际发展委员会编写.学会生存[M].北京：教育科学出版社，1996：呈述报告函.

② 在中国知网数据库仅以"MOOC 对教学发展的影响"为主题进行搜索，截至 2017 年 3 月 10 日，即可获得相关的期刊和论文 694 篇，研究成果非常丰富。

社会实践活动的价值取向大部分都是实然的，但是作为培养人的活动——非正式教育活动的价值取向应该是努力指向应然，并尽力做到教育理念能够在教育实践活动当中践行。非正式教育的价值一方面是被赋予的，更重要的是在实践活动当中形成的。在既有的体制下，非正式教育尽管受到诸多外在因素和条件的制约与限制，但是我们仍能够找到足够多的案例来证明其是有自由且可以被开拓的空间的。虽然在现有的教育发展条件下，以及在其他社会因素的影响和作用之下，非正式教育的可能空间已经极为有限了，但是我们并不能放弃对它的保护和追求。在非正式教育活动当中，受教育者和教育者仍然能够感受到一种传统文化当中的"自然教育"的魅力，这个是非常可贵的，尤其是在当下这个非正式教育被正式教育以及其他社会因素过度压榨的时代里。在非正式教育活动当中确实仍然蕴含着自然教育的生命力、活力以及希望，非正式教育乃至整个社会主义教育事业的价值都必须坚持从这个有限的空间所提供的可能的路径上走下去。非正式教育是通过被纳入到人类实践体系之中重构我们自己的生活中直观的、实践着的活动。教育之外无目的，它本身就是目的。以往对教育活动价值的最大曲解莫过于将教育的价值取向预先设立了立场，把教育活动的目的引向某个结局或某个既定的结果，这种态度离间了教育和教育目的，使得教育沦为生活之外的事件。

由前文对非正式教育发展历程所做过的回顾来看，之所以出现了当前非正式教育这样或那样放弃立场或者放弃教育正义立场的现象，一个重要的缘由就是在博弈中某些因素获得了竞争中的成功，得到了更有实力的力量的支持，而那些更富有真理意义的认识就会走上被压制的路。在非正式教育的实践活动当中，那种具有前瞻性的因素并不都是以最显性的影响因素的形式存在的，相反，通常是以不经意的、细微的，有时甚至是教育者和受教育者都根本难以察觉的方式存在于实践活动过程中的。我们不能设想非正式教育的所有过程始终是幸福和快乐的，那样不现实，也不可能，因为幸福或者快乐就是通过它的对立面——不幸福或者不快乐来实现的，如果只存在幸福或者快乐，也就意味着没有幸福和快乐。在现实中存在的把非正式教育当做正式教育的补充的做法，其实是不正常的，是非理性的人类活动。

人不会毫无根据地去做任何事情，他的一切所为都受某种动机所支配。要考察人的行为，就必须考察其背后的动机以及支配这个动机的观念是什么以及这些观念本身的合理性。而人的任何观念都不是与生俱来的，是形成于后天的教育过程以及社会文化环境影响。当要对人的任何行为做出解释之时，最后的根据就是他所受到的各种影响及其生长于其中的时代，这是人的行为的"逻辑起点"，它包含着人的行为的最原始的矛盾，是解释人的行为的最后的理由。人的行为是否能够得到最大程度的自由，在本质上取决于人对行为根据的价值澄清。我们需要对任何一种教育研究当中的主观立场，不管其权威性如何，都应该首先以一种批判和怀疑态度将之暂且搁置，先以客观的事实，尤其是生活事实，对所有可能的立场都逐个加以审视之后，才做出自己的选择或者才能实现一种可能的生活，这样一种解决问题的立场，其实就是"无立场"。之所以需要无立场或可能生活的认识，主要基于这样一个生活事实，即，人们普遍地偏执于生活的现实性，将现实生活理解为现实世界所允许的全部生活，而看不到现实世界中仍存在着现实生活之外的其他可能性，或者说看不到现实性和超越性之间本应有的辩证互动，也就失去了实现幸福生活的更多可能。在非正式教育发展当中对于无立场的认识，就是要通过思维方式的根本改变让人们看到生活的世界当中他们原来看不到的幸福或精彩所在。

最后再简要概述一下本章的主要内容：为更深刻地认识非正式教育的价值取向，本章撇开了诸多细节问题，而选取直击非正式教育价值取向要害的部分进行分析。第一节是关于非正式教育的概念界定以及当前学术界对于非正式教育相关研究进展的综述。第二节则是基于现实社会发展的问题对教育以及非正式教育的价值取向提出了现代的拷问，研究非正式教育价值取向的意义以及其在现代社会当中面对的现实困境。第三节是关于非正式教育价值取向的研究，也就是本章的主体部分。这一部分具体考察了非正式教育的两个价值取向：一是非正式教育的教育正义的价值取向。教育正义的价值取向是非正式教育的基本价值取向，可以说是非正式教育的本性担当。在教育正义的价值取向里，主要分析了西方教育思想史上关于教育正义思想的三个阶段的发展以及教育正义取向的现代两个方面的分支：自然正义取向以及承认正义取向。对于非正式教育的自然正义与承认正义价值取向，本部分做了详细的论述，具体包括二者内涵的论述以及对二者之间关系的论述等。二是非正式教育的无立场价值取向。无立场价值取向并不是本身的无立场，而是在去遮蔽之后的"无立场"或者自然立场。在非正式教育发展当中对于无立场的认识，就是要通过思维方式的根本改变让人们看到现实世界中仍存在着现实生活之外的可能的生活。

参 考 文 献

[1] [德]E. 策勒尔. 古希腊哲学史纲[M]. 翁绍军, 译. 济南: 山东人民出版社, 2007.

[2] [德]H. 李凯尔特. 文化科学和自然科学[M]. 涂纪亮, 译. 杜任之, 校. 北京: 商务印书馆, 1986.

[3] [德]阿克塞尔·霍耐特著. 为承认而斗争[M]. 胡继华, 译. 上海: 上海世纪出版集团, 2005.

[4] [德]恩格斯. 反杜林论(3版)[M]. 中共中央马克思恩格斯列宁斯大林著作编译局, 编译. 北京: 人民出版社, 1999.

[5] [德]海因茨·佩茨沃德. 符号、文化、城市: 文化批评哲学五题[M]. 邓文华, 译. 成都: 四川人民出版社, 2008.

[6] [德]康德. 康德论教育[M]. 贾馥茗, 等译. 台北: 五南图书出版股份有限公司, 2013.

[7] [德]卢卡奇著. 杜章智等译. 历史与阶级意识[M]. 北京: 商务印书馆, 1996.

[8] [德]马克思, 恩格斯著. 马克思恩格斯全集(第19卷)[M]. 中央编译局译. 北京: 人民出版社, 2002.

[9] [德]马克思, 恩格斯著. 马克思恩格斯全集(第26卷)[M]. 中央编译局译. 北京: 人民出版社, 2014.

[10] [德]马克思, 恩格斯著. 马克思恩格斯选集(第2卷)[M]. 中央编译局译. 北京: 人民出版社, 1995.

[11] [德]马克思. 1844年经济学哲学手稿[M]. 中共中央马克思恩格斯列宁斯大林著作编译局, 编译. 北京: 人民出版社, 2000.

[12] [德]马克思恩格斯全集(第47卷)[M]. 中共中央马克思恩格

斯列宁斯大林著作编译局，编译. 北京：人民出版社，1979.

[13] [德]马克思恩格斯选集(第1卷)[M]. 中共中央马克思恩格斯列宁斯大林著作编译局，编译. 北京：人民出版社，1995.

[14] [德]马克思恩格斯选集(第1卷)[M]. 中共中央马克思恩格斯列宁斯大林著作编译局，编译. 北京：人民出版社，2012.

[15] [德]米切尔·兰德曼. 哲学人类学[M]. 阎嘉，译. 贵阳：贵州人民出版社，2006.

[16] [德]文德尔班. 哲学史教程(下卷)[M]. 罗达仁，译. 北京：商务印书馆，2011.

[17] [德]沃夫冈·布雷钦卡. 信仰、道德和教育：规范哲学的考察[M]. 彭正梅，张坤，译. 上海：华东师范大学出版社，2008.

[18] [德]休谟著. 曾小平译. 道德原则研究[M]. 北京：商务印书馆，2001.

[19] [德]雅斯贝尔斯. 什么是教育[M]. 邹进，译. 北京：生活·读书·新知三联书店，1991.

[20] [法]亨利·柏格森. 道德与宗教的两个来源[M]. 王作虹，成穷，译. 南京：译林出版社，2011.

[21] [法]拉法格. 思想的起源[M]. 王子野，译. 北京：商务印书馆，1963.

[22] [法]卢梭. 社会契约论[M]. 钟书峰，译. 北京：法律出版社，2012.

[23] [古希腊]柏拉图. 斐多：柏拉图对话录之一[M]. 杨绛，译注. 北京：生活·读书·新知三联书店，2015.

[24] [古希腊]柏拉图. 苏格拉底之死[M]. 吴松林，陈安廉，译. 北京：北京理工大学出版社，2015.

[25] [古希腊]柏拉图. 理想国[M]. 张斌和，张明竹，译. 北京：商务印书馆，1986.

[26] [古希腊]亚里士多德. 尼各马可伦理学[M]. 廖申白，译注. 北京：商务印书馆，2011.

[27] [古希腊]亚里士多德. 亚里士多德选集—政治学卷[M]. 颜

一, 译. 北京: 中国人民大学出版社, 1999.

[28] [古希腊]亚里士多德. 亚里士多德选集—政治学卷[M]. 颜一, 译. 北京: 中国人民大学出版社, 1999.

[29] [古希腊]亚里士多德. 尼各马可伦理学[M]. 苗力田, 译. 北京: 中国人民大学出版社, 1994.

[30] [古希腊]亚里士多德. 政治学[M]. 颜一, 秦典华, 译. 北京: 中国人民大学出版社, 2003.

[31] [加]克里夫·贝克. 学会过美好生活: 人的价值世界[M]. 詹万生, 等译. 北京: 中央编译出版社, 1997.

[32] [美]S. 拉塞克, G. 维迪努. 从现在到2000年教育内容发展的全球展望[M]. 马胜利, 译. 北京: 教育科学出版社, 1992.

[33] [美]阿普尔, 史密斯. 教科书政治学[M]. 侯定凯, 译. 上海: 华东师范大学出版社, 2005.

[34] [美]柏文莉. 权力关系: 宋代中国的家族、地位与国家[M]. 刘云军, 译. 南京: 江苏人民出版社, 2015.

[35] [美]本杰明·史华兹. 古代中国的思想世界[M]. 程钢, 译. 南京: 江苏人民出版社, 2014.

[36] [美]博登海默. 法理学——法哲学及其方法[M]. 邓正来, 译. 北京: 中国政法大学出版社, 1999.

[37] [美]杜威. 民主主义与教育[M]. 王承绪, 译. 北京: 人民教育出版社, 2001.

[38] [美]杜威. 哲学的改造[M]. 许崇清, 译. 北京: 商务印书馆, 1989.

[39] [美]弗兰克·梯利. 西方哲学史(增补修订版)[M]. 贾辰阳, 解本远, 译. 北京: 光明日报出版社, 2014.

[40] [美]赫伯特, 芬格莱特著. 彭国翔, 张华译. 孔子-即凡而圣[M]. 南京: 江苏人民出版社, 2010.

[41] [美]赫伯特·马尔库塞. 爱欲与文明: 对弗洛伊德思想的哲学探讨[M]. 黄勇, 薛民, 译. 上海: 上海译文出版社, 2008.

[42] [美]玛格丽特·米德著. 周晓虹译. 文化与承诺[M]. 石家庄: 河北人民出版社, 1987.

[43][美]麦金太尔著. 宋继杰译. 追寻美德[M]. 南京：译林出版社，2003.

[44][美]塞缪尔·亨廷顿著. 周琦等译. 文明的冲突与世界秩序的重建[M]. 北京：新华出版社，1998.

[45][美]斯特劳斯著. 李天然译. 政治哲学史[M]. 石家庄：河北人民出版社，1998.

[46][美]斯特劳斯著. 彭刚译. 自然权利与历史[M]. 北京：生活·读书·新知三联书店，2003.

[47][美]约翰·杜威著. 王承绪译. 民主主义与教育[M]. 北京：人民教育出版社，2001.

[48][美]约翰·罗尔斯著. 何怀宏等译. 正义论[M]. 北京：中国社会科学出版社，1988.

[49][美]张光直著. 张良仁等译. 商文明[M]. 沈阳：辽宁教育出版社，2002.

[50][美]张灏著. 崔志海，葛夫平译. 梁启超与中国思想的过渡1890—1907[M]. 南京：江苏人民出版社，1995.

[51][匈牙利]乔治·马尔库什. 马克思主义与人类学：马克思哲学关于"人的本质"的概念[M]. 李斌玉，孙建茵，译. 哈尔滨：黑龙江大学出版社，2011.

[52][意]维科. 新科学[M]. 朱光潜，译. 北京：商务印书馆，1989.

[53][英]安东尼·吉登斯著. 夏璐译. 现代性与自我认同[M]. 北京：中国人民大学出版社，2016.

[54][英]鲍桑葵著. 张今译. 美学史[M]. 北京：商务印书馆，1985.

[55][英]怀特海著. 庄莲平，王立中译注. 教育的目的[M]. 上海：文汇出版社，2012.

[56][英]罗素. 西方哲学史（下卷）[M]. 马元德，译，北京：商务印书馆，2011.

[57][英]以赛亚·伯林. 自由论[M]. 南京：译林出版社，2011.

[58]班固.《白虎通德论》[M]. 上海：上海古籍出版社，1990.

[59]陈淳.《北溪字义》[M].北京：中华书局，1983.

[60]朱熹.《程氏遗书》[M].北京：商务印书馆，1935.

[61]董仲舒.《春秋繁露》[M].北京：中华书局，1975.

[62]董仲舒.《春秋繁露·基义》[M].北京：中华书局，1975.

[63]阮籍.《达生论》[M].北京：中华书局，1955.

[64]《道德经》[M].北京：中国纺织出版社，2015.

[65]叶燮.《二弃草堂记》[M].北京：中华书局，1975.

[66]李贽.《焚书》[M].北京：中华书局，1975.

[67]魏源.《古微堂内集》[M].上海：国学扶论社，1978.

[68]《管子·形势解》

[69]《管子·正世》.

[70]黎锦熙.《国语》[M].北京：商务印书馆，1992.

[71]王国轩.《孔子家语》[M].北京：商务印书馆，2016.

[72]《礼记》[M].上海：上海古籍出版社，1987.

[73]《礼记·曲礼上》[M].上海：上海古籍出版社，1987.

[74]《礼记·学记》[M].上海：上海古籍出版社，1987.

[75]《论语》.

[76]《论语·季氏》.

[77]《论语·里仁》.

[78]《论语·为政》.

[79]《论语·卫灵公》.

[80]《论语·学而》.

[81]《论语·颜渊》.

[82]《论语·尧曰》.

[83]《论语·子张》.

[84]《孟子·告子上》.

[85]《孟子·尽心》.

[86]《墨子·法仪》.

[87]《墨子·天志下》.

[88]《尚书》.

[89]《诗经·大雅·下武》.

[90]《史记》.

[91]《说文解字》.

[92]《四书章句集注》.

[93]《四书章句集注·大学章句》.

[94]《新序·节士》.

[95]《新语》.

[96]《荀子》.

[97]《荀子·富国》.

[98]《荀子·荣辱》.

[99]《荀子·修身》.

[100]《周礼》.

[101]《周子通书》.

[102]《朱文公文集》卷七四.

[103]《庄子·刻意》.

[104]《庄子·在宥》.

[105]《左传》.

[106]《左传·隐公》.

[107]《左传·昭公十七年》.

[108] 20世纪中国中小学课程标准、教学大纲汇编·思想政治卷[M]. 北京：人民教育出版社，2001.

[109] 白奚. 稷下学研究：中国古代的思想自由与百家争鸣[M]. 北京：生活·读书·新知三联书店，1998.

[110] 毕苑. 建造常识：教科书与近代中国文化转型[M]. 福州：福建教育出版社，2010.

[111] 蔡元培，高平叔编. 蔡元培教育论集[M]. 长沙：湖南教育出版社，1987.

[112] 蔡元培. 蔡元培全集[M]. 北京：中华书局，1984.

[113] 蔡元培. 蔡元培全集(第3卷)[M]. 中国蔡元培研究会，编. 杭州：浙江教育出版社，1997.

[114] 蔡元培. 中国伦理学史[M]. 北京：东方出版社，2012.

[115] 蔡元培. 中国伦理学史[M]. 北京：中国画报出版社，2010.

[116] 曾繁仁. 美育十五讲[M]. 北京：北京大学出版社, 2012.
[117] 曾繁仁. 现代美育理论[M]. 郑州：河南人民出版社, 2006.
[118] 曾天山. 教材论[M]. 南昌：江西教育出版社, 1997.
[119] 陈独秀. 常识之无[M]. 西安：陕西人民出版社, 2013.
[120] 陈独秀. 陈独秀文章选编(上)[M]. 北京：生活·读书·新知三联书店, 1984.
[121] 陈独秀. 独秀文存(上卷)[M]. 上海：东亚图书馆, 1922.
[122] 陈锋. 狄尔泰教育学研究[M]. 兰州：甘肃教育出版社, 2007.
[123] 陈桂生. "教育学视界"辨析[M]. 华东师范大学出版社, 1997.
[124] 陈桂生. 常用教育概念辨析[M]. 上海：华东师范大学出版社, 2008.
[125] 陈桂生. 教育原理(第三版)[M]. 上海：华东师范大学出版社, 2012.
[126] 陈桂生. 普通教育学纲要[M]. 上海：华东师范大学出版社, 2008.
[127] 陈桐生. 礼化诗学[M]. 北京：学苑出版社, 2009.
[128] 陈望衡. 心灵的冲突与和谐——伦理与审美[M]. 武汉：湖北教育出版社, 1992.
[129] 陈晓芬, 徐儒宗译注. 论语·大学·中庸[M]. 北京：中华书局, 2011.
[130] 陈旭麓. 近代中国社会的新陈代谢(插图本)[M]. 北京：中国人民大学出版社, 2012.
[131] 辞海(1979版增补本). 辞海编辑委员会[M]. 上海：上海辞书出版社, 1982.
[132] 辞海编辑委员会. 辞海(缩印本)[M]. 上海：上海辞书出版社, 1999.
[133] 戴茂堂, 江畅. 传统价值观念与当代中国[M]. 武汉：湖北人民出版社, 2001.
[134] 单世联, 徐林祥著. 中国美育史导论[M]. 南宁：广西教育

出版社,1992.

[135]邓晓芒.实践唯物论新解：开出现象学之维[M].武汉：武汉大学出版社,2007.

[136]丁钢.历史与现实之间：中国教育传统的理论探索[M].北京：教育科学出版社,2002.

[137]杜齐才.价值与价值观念[M].广州：广东人民出版社,1987.

[138]杜卫.美育论[M].北京：教育科学出版社,2014.

[139]杜卫.审美功利主义[M].北京：人民出版社,2004.

[140]费孝通,吴晗,等.皇权与绅权[M].上海：华东师范大学出版社,2014.

[141]费孝通.费孝通文集(第14卷)[M].北京：群言出版社,1999.

[142]费孝通.乡土中国生育制度[M].北京：北京大学出版社,1998.

[143]冯建军,等.教育哲学[M].武汉：武汉大学出版社,2011.

[144]冯契著.中国近代哲学史(上)[M].北京：生活·读书·新知三联书店,2014.

[145]冯友兰,新事论：中国到自由之路[M].北京：生活·读书·新知三联书店,2007.

[146]冯友兰.三松堂自序[M].北京：人民出版社,1998.

[147]冯友兰.中国哲学史新编[M].北京：人民出版社,1982.

[148]傅斯年.傅斯年集[M].广州：花城出版社,2010.

[149]傅斯年.诗经讲义稿[M].上海：上海古籍出版社,2011.

[150]傅斯年.中国人的品德[M].北京：金城出版社,2014.

[151]葛兆光.古代中国文化讲义[M].上海：复旦大学出版社,2006.

[152]沟口雄三.孙歌等译.中国的思维世界[M].北京：生活·读书·新知三联书店,2014.

[153]顾明远.教育大辞典(增订合编本)[M].上海：上海教育出版社,1998.

[154] 关万维. 先秦儒法关系研究——殷周思想的对立性继承及流变[M]. 上海：上海人民出版社, 2015.

[155] 关晓红. 科举停废与近代中国社会[M]. 北京：社会科学文献出版社.

[156] 郭沫若. 十批判书[M]. 北京：东方出版社, 1996.

[157] 贺照田. 朱光潜学术文化随笔[M]. 北京：中国青年出版社, 1998.

[158] 赫胥黎, 严复译. 天演论[M]. 北京：华夏出版社, 2002.

[159] 胡志刚. 价值相对主义探微[M]. 上海：人民出版社, 2012.

[160] 黄济, 郭齐家. 中国教育传统与教育现代化基本问题研究[M]. 北京：北京师范大学出版社, 2003.

[161] 季羡林. 季羡林谈东西方文化(典藏本)[M]. 北京：当代中国出版社, 2015.

[162] 蒋孔阳. 二十世纪西方美学名著选[M]. 上海：复旦大学出版社, 1988.

[163] 教育部基础教育司. 全日制义务教育思想品德课程标准(实验稿)[M]. 北京：北京师范大学出版社, 2003.

[164] 金观涛, 刘青峰. 兴盛与危机：论中国社会超稳定结构[M]. 北京：法律出版社, 2010.

[165] 金观涛, 刘青峰. 中国现代思想的起源：超稳定结构与中国政治文化的演变[M]. 北京：法律出版社, 2011.

[166] 金生鈜. 规训与教化[M]. 北京：教育科学出版社, 2004.

[167] 金雅. 梁启超美学思想研究[M]. 北京：商务印书馆, 2005.

[168] 金耀基. 从传统到现代[M]. 北京：中国人民大学出版社, 1999.

[169] 金岳霖. 形式逻辑[M]. 北京：人民出版社, 1979.

[170] 康有为. 康南海教育文选[M]. 广州：广东高等教育出版社, 1989.

[171] 课程教材研究所编著. 新中国中小学教材建设史(1949—2000)研究丛书·政治卷[M]. 北京：人民教育出版社, 2012.

[172] 课程教材研究所思想品德课程教材研究开发中心. 思想品德, 八年级上册[M]. 北京：人民教育出版社，2008.

[173] 劳思光. 新编中国哲学史[M]. 北京：生活·读书·新知三联书店，2014.

[174] 李德顺. 价值论：一种主体性的研究（第3版）[M]. 北京：中国人民大学出版社，2013.

[175] 李德顺. 新价值论[M]. 昆明：云南人民出版社，2004.

[176] 李行健. 现代汉语规范词典[M]. 北京：外语教学与研究出版社、语文出版社，2004.

[177] 李零. 中国方术续考[M]. 北京：东方出版社，2000.

[178] 李鹏程. 当代文化哲学沉思（修订版）[M]. 北京：人民出版社，2008.

[179] 李仁渊. 晚清的新式传播媒体与知识分子：以报刊出版为中心的讨论[M]. 台北：稻乡出版社，2005.

[180] 李申申等. 传承的使命：中华优秀文化传统教育问题研究[M]. 北京：人民出版社，2011.

[181] 李天道. 中国古代美学之自由精神[M]. 北京：中央编译出版社，2013.

[182] 李信主编. 中西方文化比较概论[M]. 北京：航空工业出版社，2003.

[183] 李泽厚. 华夏美学[M]. 北京：生活·读书·新知三联书店，2007.

[184] 李泽厚. 美的历程[M]. 北京：生活·读书·新知三联书店，2009.

[185] 李泽厚. 批判哲学的批判[M]. 北京：生活·读书·新知三联书店，2007.

[186] 李泽厚. 中国古代思想史论[M]. 北京：生活·读书·新知三联书店，2008.

[187] 李泽厚. 中国现代思想史论[M]. 北京：生活·读书·新知三联书店，2010.

[188] 联合国教科文组织国际发展委员会编写. 学会生存[M]. 北

京：教育科学出版社，1996.

[189] 梁启超. 国学小史[M]. 北京：商务印书馆，2004.

[190] 梁启超. 梁启超论诸子百家[M]. 北京：商务印书馆，2012.

[191] 梁启超. 梁启超全集[M]. 北京：北京出版社，1999.

[192] 梁启超著. 董方奎，陈夫义主编. 梁启超论教育[M]. 海口：三环出版社，2007.

[193] 梁启超著. 易鑫鼎编. 梁启超选集（上卷）[M]. 北京：中国文联出版社，2006.

[194] 梁漱溟. 东西文化及其哲学[M]. 上海：上海人民出版社，2006.

[195] 梁漱溟. 东西文化及其哲学[M]. 上海：上海人民出版社，2014.

[196] 梁漱溟. 中国文化要义[M]. 上海：上海人民出版社，2005.

[197] 梁治平. 寻求自然秩序中的和谐[M]. 北京：中国政法大学出版社，1991.

[198] 林滨，等. 全球化时代的价值教育[M]. 北京：人民出版社，2011.

[199] 林存阳，刘中建. 中国之伦理精神[M]. 成都：四川人民出版社，2000.

[200] 刘宝楠. 论语正义[M]. 北京：中华书局，1954.

[201] 刘济良. 价值观教育[M]. 北京：教育科学出版社，2007.

[202] 刘黔敏. 道德人的生成与流变：中国中小学德育课价值取向研究[M]. 北京：中国社会科学出版社，2014.

[203] 刘师培. 左庵外集（卷十）[M]. 宁武南氏校印书，1934.

[204] 刘须宽. 柏拉图伦理思想研究[M]. 北京：中国社会科学出版社，2015.

[205] 卢梭. 论人类不平等的起源[M]. 吕卓，译. 南昌：江西教育出版社，2014.

[206] 罗国杰. 传统伦理与现代社会[M]. 北京：中国人民大学出版社，2012.

[207] 罗振玉. 殷墟书契考据三种（上）[M]. 北京：中华书

局，2006.

[208] 吕思勉. 读史札记[M]. 上海：上海古籍出版社，1982.

[209] 麻天祥. 中国宗教哲学史[M]. 北京：人民出版社，2006.

[210] 马承源. 上海博物馆藏战国楚竹书[M]. 上海：上海古籍出版社，2001.

[211] 毛泽东选集(第1卷)[M]. 北京：人民出版社，1991.

[212] 聂振斌. 中国古代美育思想史纲[M]. 郑州：河南人民出版社，2004.

[213] 彭锋. 美学导论[M]. 上海：复旦大学出版社，2011.

[214] 钱穆. 现代中国学术论衡[M]. 北京：生活·读书·新知三联书店，2001.

[215] 钱穆. 中国文化史导论[M]. 北京：九州出版社，2011.

[216] 瞿葆奎. 教育学文集：课程与教材(下册)[M]. 北京：人民教育出版社，1993.

[217] 任剑涛. 伦理政治研究：从早期儒学视角的理论透视[M]. 广州：中山大学出版社，1999.

[218] 申丹. 叙述学与小说文体学研究[M]. 北京：北京大学出版社，1998.

[219] 石磊. 哲学新概念词典[M]. 哈尔滨：黑龙江人民出版社，1988.

[220] 石鸥，吴小鸥. 百年中国教科书图说[M]. 长沙：湖南教育出版社，2009.

[221] 石鸥，吴小鸥. 简明中国教科书书史[M]. 北京：知识产权出版社，2015.

[222] 石鸥. 百年中国教科书论[M]. 长沙：湖南师范大学出版社，2013.

[223] 孙培青. 中国教育史[M]. 上海：华东师范大学出版社，2008.

[224] 孙迎光. 主体教育理论的哲学思考[M]. 南京：南京师范大学出版社，2003.

[225] 唐本钰. 价值生成论与道德教育[M]. 青岛：中国海洋大学

出版社, 2014.

[226] 唐凯麟, 曹刚. 重释传统: 儒家思想的现代价值评估[M]. 上海: 华东师范大学出版社, 2008.

[227] 汪家熔. 民族魂——教科书变迁[M]. 北京: 商务印书馆, 2008.

[228] 王国维. 观堂集林[M]. 北京: 北京燕山出版社, 1997.

[229] 王国维. 王国维手定观堂集林(卷十)[M]. 杭州: 浙江教育出版社, 2014.

[230] 王国维. 王国维手定观堂集林[M]. 杭州: 浙江教育出版社, 2014.

[231] 王国维. 佛雏编. 王国维学术文化随笔[M]. 北京: 中国青年出版社, 1996.

[232] 王凯旋. 中国科举制度史[M]. 沈阳: 万卷出版公司, 2012.

[233] 王凌皓. 洛克、斯宾塞教育名著导论[M]. 长春: 吉林文史出版社, 2014.

[234] 王小飞. 道德教育文本研究[M]. 杭州: 浙江教育出版社, 2009.

[235] 王玉樑. 21世纪价值哲学: 从自发到自觉[M]. 北京: 人民出版社, 2006.

[236] 王元化. 释中国(第四卷)[M]. 上海: 上海文艺出版社, 1998.

[237] 魏贤超, 王小飞等. 在历史和伦理之间: 中西方德育比较研究[M]. 杭州: 浙江大学出版社, 2009.

[238] 魏贤超. 德育课程论[M]. 哈尔滨: 黑龙江教育出版社, 2001.

[239] 吴俊. 美学理论与美育实践[M]. 贵阳: 贵州人民出版社, 2001.

[240] 吴康宁. 课程社会学研究[M]. 南京: 江苏教育出版社, 2003.

[241] 吴小鸥. 中国近代教科书的启蒙价值[M]. 福州: 福建教育出版社, 2011.

[242] 吴亚林. 价值与教育[M]. 北京：北京师范大学出版社, 2009.

[243] 现代汉语词典[M]. 北京：商务印书馆, 1983.

[244] 现代汉语规范词典[M]. 北京：外语教学与研究出版社、语文出版社, 2004.

[245] 徐少锦, 温克勤主编. 伦理百科辞典[M]. 北京：中国广播电视出版社, 1999.

[246] 徐扬杰. 中国家族制度史[M]. 武汉：武汉大学出版社, 2012.

[247] 许良. 技术哲学[M]. 上海：复旦大学出版社, 2004.

[248] 杨伯峻. 春秋左传注[M]. 北京：中华书局, 1990.

[249] 杨伯峻. 论语译注[M]. 北京：中华书局, 2012.

[250] 杨念群. 何处是"江南"：清朝正统观的确立与士林精神世界的变异[M]. 北京：生活·读书·新知三联书店, 2010.

[251] 杨贤江著. 钱忠源编. 杨贤江文选：青年修养与青年教育[M]. 天津：天津人民出版社, 1982.

[252] 叶嘉莹. 王国维及其文学批评[M]. 北京：北京大学出版社, 2008.

[253] 叶澜. 教育概论[M]. 北京：人民教育出版社, 2006.

[254] 叶朗. 中国美学史大纲[M]. 上海：上海人民出版社, 1985.

[255] 叶朗著. 胸中之竹：走向现代之中国美学[M]. 合肥：安徽教育出版社, 2013.

[256] 余英时. 论天人之际：中国古代思想起源试探[M]. 台北：联经出版事业股份有限公司, 2014.

[257] 余英时. 论天人之际[M]. 北京：中华书局, 2014.

[258] 余英时. 现代儒学论[M]. 北京：人民出版社, 2010.

[259] 张岱年, 方克立. 中国文化概论(修订版)[M]. 北京：北京师范大学出版社, 2004.

[260] 张岱年. 文化与哲学[M]. 北京：中国人民大学出版社, 2006.

[261] 张岱年. 张岱年全集(第8卷)[M]. 石家庄：河北人民出版社, 1996.

[262] 张岱年. 中国思维方式[M]. 北京：中国社会科学出版社, 1991.

[263] 张岱年. 中国哲学大纲[M]. 北京：中国社会科学出版社, 1982.

[264] 张法. 美学导论[M]. 北京：中国人民大学出版社, 1999.

[265] 张进辅. 青少年价值观的特点[M]. 北京：新华出版社, 2006.

[266] 张树骅, 宋焕新. 儒学与实学及其现代价值[M]. 济南：齐鲁书社, 2007.

[267] 张锡勤, 柴文华. 中国伦理道德变迁史稿(上卷)[M]. 北京：人民出版社, 2008.

[268] 张仲礼. 中国绅士研究[M]. 上海：上海人民出版社, 2008.

[269] 赵馥洁. 中国传统哲学价值论(增订本)[M]. 北京：人民出版社, 2009.

[270] 赵汀阳主编. 年度学术2004：社会格式[M]. 北京：中国人民大学出版社, 2004.

[271] 赵绪生. 传统文化与时代精神[M]. 西安：陕西师范大学出版总社有限公司, 2015.

[272] 中华人民共和国国家教育委员会编订. 小学思想品德课和初中思想政治课课程标准(试行)[M]. 北京：人民教育出版社, 1997.

[273] 中华人民共和国教育部制定. 义务教育思想品德课程标准(2011年版)[M]. 北京：北京师范大学出版社, 2012.

[274] 朱光潜. 美学拾穗集[M]. 桂林：漓江出版社, 2011.

[275] 朱永新. 我的教育理想(增补本)[M]. 桂林：漓江出版社, 2009.

[276] 卓泽渊. 法的价值论[M]. 北京：法律出版社, 1999：2.

[277] 宗白华. 美学散步[M]. 上海：上海人民出版社, 1982.

[278] 邹进. 现代德国文化教育学[M]. 太原：陕西教育出版社, 1992.

[279] 邹千江. 冲突与转化：中国社会价值的现代性演变[M]. 中国传媒大学出版社, 2008.

撰写说明

本书各章撰写情况如下：前言部分由魏贤超撰写，第一章"学校教育价值践行"由郑国强撰写，第二章"德育教科书及其价值取向"由陶芳铭撰写，第三章"价值教育论略"由蒋红霞撰写，第四章"中国美育价值的嬗变"由王真撰写，第五章"非正式教育的价值取向"由高士晶撰写。